Investor-relations-Management

Europäische Hochschulschriften
Publications Universitaires Européennes
European University Studies

Reihe V
Volks- und Betriebswirtschaft

Série V Series V
Sciences économiques, gestion d'entreprise
Economics and Management

Bd./Vol. 2545

PETER LANG
Frankfurt am Main · Berlin · Bern · Bruxelles · New York · Wien

Kirsten Siersleben

Investor-relations-Management

Unter besonderer Berücksichtigung deutscher Großbanken

PETER LANG
Europäischer Verlag der Wissenschaften

Die Deutsche Bibliothek - CIP-Einheitsaufnahme

Siersleben, Kirsten:

Investor-Relations-Management : unter besonderer Berücksichtigung deutscher Großbanken / Kirsten Siersleben. - Frankfurt am Main ; Berlin ; Bern ; Bruxelles ; New York ; Wien : Lang, 1999

(Europäische Hochschulschriften : Reihe 5, Volks- und Betriebswirtschaft ; Bd. 2545)
Zugl.: Köln, Univ., Diss., 1998
ISBN 3-631-35147-X

D 38
ISSN 0531-7339
ISBN 3-631-35147-X

Inhaltsverzeichnis

Abbildungsverzeichnis

Abkürzungsverzeichnis

AG	Aktiengesellschaft
AktG	Aktiengesetz
APM	Arbitrage Pricing Model
Aufl.	Auflage
BAKred	Bundesaufsichtsamt für das Kreditwesen
BFuP	Betriebswirtschaftliche Forschung und Praxis
BörsG	Börsengesetz
BörsZulV	Börsenzulassungsverordnung
bum	bank und markt
BZ	Börsen-Zeitung
bspw.	beispielsweise
bzw.	beziehungsweise
CAPM	Capital Asset Pricing Model
CFROI	Cash Flow Return On Investment
CDAX	Composite Deutscher Aktienindex
CS	Credit Suisse
DAX	Deutscher Aktienindex
d. h.	das heißt
DBW	Die Betriebswirtschaft
DIRK	Deutscher Investor Relations Kreis
DVFA	Deutsche Vereinigung für Finanzanalyse und Anlageberatung
DWS	Deutsche Schutzgemeinschaft für Wertpapierbesitz e.V.
EG	Europäische Gemeinschaft
EU	Europäische Union
EVA	Economic Value Added
FAZ	Frankfurter Allgemeine Zeitung
f.	folgende
ff.	fortfolgende

GWB	Gesetz gegen Wettbewerbsbeschränkungen
H.	Heft
HB	Handelsblatt
HGB	Handelsgesetzbuch
hrsg.	herausgegeben
IAS	International Accounting Standards
i. d. R.	in der Regel
IOSCO	International Organization of Securities Commissions
ING	International Nederlande Group
Jg.	Jahrgang
Kap.	Kapitel
KAGG	Gesetz über Kapitalanlagegesellschaften
KWG	Gesetz über das Kreditwesen
MDAX	Midcap Deutscher Aktienindex
NYSE	New York Stock Exchange
Nr.	Nummer
o. Jg.	ohne Jahrgang
o. O.	ohne Ort
OTC	Over The Counter
o. V.	ohne Verfasser
RAROC	Risk Adjusted Return On Capital
RechKredV	Verordnung über die Rechnungslegung der Kreditinstitute
resp.	respektive
RORAC	Return On Risk Adjusted Capital
S.	Seite (n)
SBC	Swiss Bank Corporation
SEC	Securities and Exchange Commission
SdK	Schutzgemeinschaft der Kleinaktionäre
Sp.	Spalte
UBS	United Bank of Switzerland
US-GAAP	United States Generally Accepted Accounting Principles

VAG	Gesetz über die Beaufsichtigung der Versicherungsunternehmen
vgl.	vergleiche
Vol.	Volume
WpHG	Wertpapierhandelsgesetz
WiSt	Wirtschaftswissenschaftliches Studium
WISU	Wirtschaftsstudium
z. B.	zum Beispiel
ZfB	Zeitschrift für Betriebswirtschaft
ZfbF	Zeitschrift für betriebswirtschaftliche Forschung
ZfgK	Zeitschrift für das gesamte Kreditwesen

A Einleitung

1 Einführung in das Thema

Die Notwendigkeit der Bereitstellung von Informationen, die Aktionären eine Beurteilungsmöglichkeit im Hinblick auf Rendite und Risiko des zugrundeliegenden Beteiligungstitels ermöglichen, wurde schon früh — wie eine etymologische Betrachtung des Terminus investor relations verdeutlicht — im englischsprachigen Wirtschaftsraum, insbesondere in den USA, erkannt und als eigenständige Unternehmensfunktion thematisiert. Hingegen stellen investor relations im deutschsprachigen Wirtschaftsraum eine vergleichsweise neue Themenstellung dar, die seit Mitte der achtziger Jahre verstärkt Berücksichtigung findet.

Auf seiten der deutschen Unternehmen waren bis dato nur wenige Bemühungen zu erkennen, Informationsbegehren der Investoren adäquat nachzukommen, mit dem Ziel, bestehende Aktionäre in ihren Anlageentscheidungen zu bestärken und zusätzliche Aktionäre zu gewinnen.[1]

Vorreiter einer systematischen Kommunikationspolitik gegenüber aktuellen und potentiellen Aktionären waren in Deutschland die Chemieunternehmen, während bei Banken erst seit Ende der achtziger Jahre eine Änderung ihrer Informationspolitik zu beobachten ist.[2]

Der Übergang von einer eher als restriktiv zu charakterisierenden Informations- zu einer tendenziell offensiven Publizitätspolitik der Banken hat im wesentlichen folgende Gründe. Zunächst ist der verschärfte Wettbewerb um Eigenkapital anzuführen, dessen Zunahme sowohl in makroökonomischen Umfeldänderungen als auch in speziell den Bankensektor und hier insbesondere die deutschen Banken betreffenden Veränderungen begründet liegt.

---

1 Prägnantes Beispiel für eine mangelnde Informationsbereitschaft ist das weltweite Ranking der Informationsqualität von Jahresabschlüssen der Kreditinstitute, bei der überwiegend amerikanische Banken eine sehr gute Bewertung erhielten, während deutsche Banken lediglich untere Plätze einnahmen. Vgl. Leffson, H., Bank Annual Reports, S. 8 ff.

2 Als erste deutsche Bank institutionalisierte Ende 1988 die Deutsche Bank AG investor relations in einer eigenständigen Abteilung. Werbung für Bankaktien hingegen gab es vereinzelt schon Anfang der achtziger Jahre, z. B. bei der Bayerischen Vereinsbank AG und der Bayerischen Hypotheken- und Wechsel-Bank AG. Vgl. Demuth, A., Garbett, T., Richter, G., Unternehmenswerbung, S. 51.

Als Ursachen für den verschärften Wettbewerb um Eigenkapital aufgrund allgemeiner makroökonomischer Umfeldänderungen sind im weiteren speziell die Liberalisierung und Deregulierung der Finanzmärkte sowie die Öffnung der Grenzen für einen grenzenüberschreitenden Kapitalverkehr anzuführen. Eine fortschreitende Integration nationaler und internationaler Kapitalmärkte bewirkt, daß potentielle Aktionäre über eine Vielzahl von Anlagemöglichkeiten verfügen, denen ein grundsätzlich zunehmender Eigenkapitalbedarf der Banken nicht zuletzt aufgrund der Ausdehnung ihrer Geschäftstätigkeit gegenübersteht. Als weitere kausale Faktoren für einen weltweit steigenden Eigenkapitalbedarf sind ferner die Schwellenländer, deren ökonomische Entwicklung durch hohes Wachstum gekennzeichnet ist, sowie die anstehenden Privatisierungen anzuführen.

Für den bankspezifischen Kontext erfährt die Eigenkapitalproblematik Verstärkung dadurch, daß diese im Rahmen der aufsichtsrechtlichen Vorschriften bestimmte Eigenkapitalrelationen einzuhalten haben, die im Zweifelsfall zu einer Beschränkung der Bankgeschäftstätigkeiten führen können.

Als eine weitere wesentliche Ursache für eine wachsende Etablierung der Investor-relations-Politik von Banken ist die zunehmende Bedeutung einer shareholder-value-orientierten Unternehmensführung zu nennen. Die Anforderungen dieses Managementansatzes, der die Ausrichtung der Geschäftspolitik an den Zielen der Aktionäre postuliert, verlangt neben einer nachhaltigen Rendite auf das von den Aktionären zur Verfügung gestellte Kapital umfassende Informationen und Transparenz über die verfolgte Geschäftspolitik. Die Orientierung an dem shareholder value bewirkt, daß deutsche Banken mit einem wesentlich ausgeprägteren und differenzierteren Informationsbedürfnis konfrontiert werden, als sie es bislang gewohnt waren. Insbesondere die ausländischen performance-orientierten institutionellen Investoren fordern weitaus detailliertere und kontinuierlichere Informationen über Banken, wie beispielsweise mögliche strategische Maßnahmen der Geschäftspolitik sowie Veröffentlichung von Segmentergebnissen. Das Bedürfnis der aktuellen und potentiellen Aktionäre nach zusätzlichen Informationen wird verstärkt durch den Strukturwandel und dessen Auswirkungen auf den Gewinn, dem die Universalbanken unterliegen. Während die Ergebnisbeiträge Zins- und Provisionsüberschuß — die Säulen des klassischen Bankgeschäfts — schrumpfen, gewinnen die Erträge aus dem Eigenhandel an Bedeutung. Charakteristisch für letztgenannte Erträge sind die damit verbundenen erheblichen Schwankungen — begründet in den Volatilitäten der Finanzmärkte — des Gesamtbankgewinns. Die vorgenannte Verschiebung der einzelnen Ergebnisquellen induziert somit eine

Ergebnisentwicklung der Banken, die als zunehmend volatil charakterisiert werden kann. Diesem Aspekt ist insofern erhebliche Relevanz beizumessen, als bis dato die Banken bestrebt waren, einen Gewinn bzw. eine Ergebnisentwicklung zu präsentieren, die als kontinuierlich zu beurteilen ist. Die volatileren Ergebnisse wiederum führen zu einem erhöhten Informationsbedarf der Aktionäre.

2 Problemaufriß

Die bislang erschienenen Monographien über eine Investor-relations-Politik, die in überwiegendem Maße auf Dissertationen beruhen, fokussieren auf Unternehmen der sachgüterproduzierenden Industrie, wohingegen eine Investor-relations-Politik bei Banken unberücksichtigt blieb.[3] Daher stellt sich die Frage, ob die Investor-relations-Politik von Unternehmen und Banken als inhaltlich identisch anzusehen ist, so daß eine separate Ausarbeitung über die Investor-relations-Politik von Banken keine neuen Erkenntnisse bringt.

Grundsätzlich müssen alle Unternehmen zur Aufnahme und Aufrechterhaltung der Geschäftstätigkeit über eine ausreichende Eigenkapitalbasis verfügen. Bei Banken hingegen ist eine angemessene Eigenkapitalausstattung von besonderer Relevanz aufgrund der umfangreichen bankenaufsichtsrechtlichen Vorschriften, wobei insbesondere die Geschäftsbegrenzungsfunktion[4] des Eigenkapitals anzuführen ist. Aus diesem Grund sind die Gewinnung neuer Aktionäre und die Stabilisierung der Anzahl der Altaktionäre durch eine systematische Investor-relations-Politik von essentieller Bedeutung für das Wachstum und den Handlungsspielraum eines Kreditinstituts. Hinzu kommt, daß deutsche Banken im Vergleich zu internationalen Banken über eine vergleichsweise geringe Eigenmittelausstattung verfügen. So weisen die Großbanken eine Kernkapitalquote von 5–5,5 % und eine Gesamteigenkapitalquote von 9–9,5 % auf, während im Vergleich hierzu die Kernkapitalquote internationaler Banken zwischen 9 % und 10 % und die Gesamteigenkapitalquote aller Banken zwischen 18 %

---

3 Vgl. Link, R., Aktienmarketing; Drill, M., Investor Relations; Dürr, M., Investor Relations; Bittner, T., Investor Relations; Tiemann, K., Investor Relations.

4 Die Geschäftsbegrenzungsfunktion ergibt sich insbesondere aus den §§ 10 und 10a KWG in Verbindung mit dem Grundsatz I des BAKred, wonach die risikogewichteten Aktiva auf das 12,5fache der Eigenmittel begrenzt ist.

und 20 % beträgt. Die Eigenmittelausstattung der deutschen Banken kann somit, im internationalen Vergleich, als relativ gering charakterisiert werden.[5]

Bei einer Literaturanalyse zum Thema investor relations fällt des weiteren auf, daß eine gemeinsame Basis der Veröffentlichungen in der Einbettung in das Theoriegebäude des Marketing liegt. Eine Analyse der Investor-relations-Politik unter Berücksichtigung der gewonnenen Erkenntnisse innerhalb der neueren Entwicklung der Finanzierungstheorie resp. der neoinstitutionalistischen Finanzierungstheorie ist im Schrifttum bisher unberücksichtigt geblieben. In dieser Hinsicht strebt die vorliegende Untersuchung an, eine Investor-relations-Politik einer Bank unter einem neuen Blickwinkel zu analysieren. Charakteristisch für ein börsennotiertes Kreditinstitut in der Rechtsform der AG[6] ist die Trennung von Eigentum und Delegation. Hierdurch wird eine Integration von Wirtschaftssubjekten induziert, die über Kapital verfügen, jedoch nicht über die Qualifikation, eine Unternehmung zu leiten und vice versa. Konsequenz der Delegation ist ein heterogenes Informationsniveau, das aus der fehlenden Personenidentität von Eigentümer und Manager resultiert, und verbunden ist mit der Möglichkeit eines eigennutzenmaximierenden Managerverhaltens. Damit Eigenkapitalgeber jedoch Kapital zur Verfügung stellen, ist es notwendig, sowohl vorhandene mögliche Interessensdivergenzen als auch Informationsasymmetrien zwischen Manager und Eigenkapitalgeber abzubauen.

Hierbei stehen Banken vor dem Problem, daß ihnen gegenüber grundsätzlich, aufgrund ihrer exponierten Stellung innerhalb der Volkswirtschaft, ein latentes Mißtrauen besteht. Das latente Mißtrauen gegenüber Banken läßt sich zum einen auf die zentrale Stellung der Banken innerhalb der Volks-

---

5 So verfügten entsprechend den Angaben im Geschäftsbericht zum Jahresende 1996 die Commerzbank AG über eine Kernkapitalquote von 5,2 %, die Deutsche Bank AG von 5,6 % und die Bayerische Vereinsbank von 5,3 %. Bei der BHF-Bank und der Dresdner Bank AG erfolgte nur die Angabe der Gesamteigenkapitalquote, eine explizite Aufschlüsselung des Gesamt- in Kern- und Ergänzungskapital erfolgte nicht, was zu der Vermutung Anlaß gibt, daß die Kernkapitalquote unter bzw. um 5 % liegt, da bei dieser Größenordnung in der Regel von einer Veröffentlichung abgesehen wird. Vgl. hierzu die jeweiligen Geschäftsberichte der Banken für 1996.

6 Die Grundproblematik gilt grundsätzlich für Publikumsgesellschaften in der Rechtsform einer AG, wobei die für die Problemstellung relevanten bankbetrieblichen Besonderheiten im Verlauf der Arbeit deutlich werden.

wirtschaft zurückführen sowie zum anderen auf die Abstraktheit der Bankleistung.

Die zentrale Position der Banken innerhalb einer Volkswirtschaft resultiert aus ihrer Eigenschaft als institutioneller Träger der Akkumulation und Distribution von Kapital sowie ihrer Unabdingbarkeit für das Funktionieren des finanziellen Sektors.[7] Banken übernehmen aus volkswirtschaftlicher Sicht die Rolle von Finanzintermediären[8] und stehen im Mittelpunkt der monetären Beziehungen einer entwickelten Volkswirtschaft, indem sie divergierende Bedürfnisse von Kapitalangebot und -nachfrage ausgleichen. Neben dieser Transaktionsfunktion, durch die sie den Kontraktpartnern die individuelle Suche ersparen und dadurch Transaktionskosten reduzieren, übernehmen sie zusätzlich Transformationsleistungen[9], indem sie nicht kongruente Kapitalanlage- und -nachfragestrukturen ausgleichen.

Daß ihre zentrale volkswirtschaftliche Stellung sie in das Blickfeld einer kritischen Öffentlichkeit gerückt hat, manifestiert sich in der fast als zyklisch zu bezeichnenden Diskussion um die Macht der Banken. Diese teils populistisch motivierte Diskussion spiegelt ein offenkundiges Mißtrauen gegenüber dieser Branche wider, wobei die öffentliche Kritik sich primär auf die Kreditbanken — hierbei insbesondere auf die Großbanken als Inbegriff des Kapitalismus — konzentriert und weniger auf die öffentlich-rechtlichen Sparkassen und Landesbanken sowie Genossenschaftsbanken. Im Vordergrund der Kritik an den Großbanken steht hier die Kumulation von Einflußmöglichkeiten durch sektorübergreifenden Beteiligungsbesitz, die Ausübung von Depotstimmrechten bzw. des Vollmachtstimmrechts sowie die Wahrnehmung von Aufsichtsratsmandaten.[10]

---

7 Dieses findet ihren Ausdruck in besonderen rechtlichen Bestimmungen neben dem im Vergleich zu anderen Branchen umfangreichen gesetzlichen Bestimmungen und Reglementierungen sowie in der Existenz einer separaten Fachaufsicht.

8 Die Kreditinstitute stellen im Hinblick auf Anzahl und Volumen die weitaus größte Intermediärgruppe dar, daneben existieren in Deutschland eine Vielzahl weiterer Finanzintermediäre, Bausparkassen, Kapitalanlagegesellschaften, Kapitalbeteiligungsgesellschaften, Leasing- und Factoringgesellschaften. Vgl. Bitz, M., Finanzdienstleistungen, S. 6 ff.

9 Vgl. zu den einzelnen Transformationsfunktionen, Risiko-, Losgrößen, Fristen- und Informationstransformation Büschgen, H. E., Bankbetriebslehre, S. 39 f.

10 Vgl. Herrhausen, A., Bankenmacht, S. 299 ff; Pfeiffer, H., Macht, S. 270; Röller, W., Ethik, S. 5 ff.

Das latente Mißtrauen gegenüber Banken wird des weiteren gefördert durch die Abstraktheit der Bankleistung. Die Abstraktheit der Bankleistung führt zum einen dazu, daß diese nicht physisch darzustellen ist und ihr Nutzen somit schwieriger zu vermitteln ist. Hinzu kommt eine Entwicklung innerhalb der offerierten Leistungen der Banken, innerhalb derer Bankleistungen komplizierter und für viele Privatanleger unübersichtlicher geworden sind. Dem Geschäftsgegenstand einer Bank liegt somit eine immaterielle Größe zugrunde. Banken haben somit im Vergleich zu Unternehmen der sachgüterproduzierenden Industrie nicht die Möglichkeit im Rahmen ihrer Investor-relations-Politik den Geschäftsgegenstand gegenüber Aktionären in Form einer Produktshow zu präsentieren.

Diese Faktoren führen dazu, daß das Investor-relations-Management einer Bank vor erhöhten Anforderungen steht. Das Investor-relations-Management muß zur Erreichung seiner Ziele versuchen, das latente Mißtrauen gegenüber Banken abzubauen. Es muß glaubhaft machen, daß im Mittelpunkt die Investor-relations-Politik, die Verfolgung der Informationsbedürfnisse und der Aktionärsinteressen stehen. Bezüglich der primären Verfolgung der Bankunternehmenspolitik an den Aktionärsinteressen besteht bei Banken zusätzlich das Problem, daß diese einer Vielzahl von Anspruchsgruppen z. B. Mitarbeitern, Kunden und der Öffentlichkeit gegenüberstehen. Problematisch hieran ist, daß eine Vernachlässigung der gesellschaftlichen Interessen der verschiedenen Anspruchsgruppen negative Auswirkungen auf den wirtschaftlichen Handlungsspielraum, z. B. rechtliche Restriktionen oder Absatzeinbußen, bewirken kann.

Ein weiteres Problem der Investor-relations-Politik bei Banken stellt die Rechnungslegung nach HGB bei Banken dar, die durch die zahlreichen Bewertungsprivilegien viele Möglichkeiten bietet, die tatsächliche Ertragslage zu verschleiern. Damit ist für die Banken ein verstetigter Ergebnisausweis möglich, der zwar dem Kontinuitäts- und Konformitätsstreben der Kreditinstitute Rechnung trägt aber gegenüber den Informationsinteressen der Aktionäre als kontraproduktiv zu beurteilen ist.

3 Zielsetzung und Gang der Untersuchung

Ein wesentliches Ziel einer Investor-relations-Politik ist es, Interessensdivergenzen und Informationsasymmetrien zwischen Aktionär und Bankunternehmensleitung zu reduzieren[11], um einerseits die Risikoprämie des Eigenkapitalgebers bei Überlassung seines Vermögens möglichst gering zu halten, und andererseits aus Sicht der Bank gleichermaßen geringe Eigenkapitalkosten bei der Eigenkapitalbeschaffung zu haben.

Möglichkeiten und Zielkonflikte einer kontinuierlichen, systematischen Investor-relations-Politik sowie die damit einhergehenden bankspezifischen Besonderheiten und die daraus resultierenden möglichen Vor- und Nachteile bei der Ausgestaltung der Investor-relations-Politik deutscher im DAX vertretenen Banken bilden Gegenstand der vorliegenden Arbeit.

Ausgehend von der Zielsetzung der Arbeit werden im ersten Kapitel Erklärungsansätze, die die einzelnen betriebswirtschaftlichen Funktionsbereiche public relations, Marketing und Finanzierung für eine Investor-relations-Politik bieten, dargestellt. Es erfolgt eine Fokussierung der Investor-relations-Politik einer Bank auf den betriebswirtschaftlichen Funktionsbereich der Finanzierung. Hierbei werden zunächst die für die Themenstellung relevanten Aussagen der neoklassischen und anschließend der neoinstitutionalistischen Finanzierungstheorie knapp skizziert, um, darauf basierend, den Bezug zu der Investor-relations-Politik einer Bank abzuleiten. Dabei wird deutlich, daß die neoinstitutionalistische Theorie zur Erklärung einer Investor-relations-Politik geeignet ist, wobei ihre Problemadäquanz auf der expliziten Berücksichtigung der Informationsasymmetrien zwischen Eigenkapitalnehmern und -gebern basiert.[12] Abschließend werden die Ziele der Investor-relations-Politik einer Bank erläutert.

---

11 Zu berücksichtigen ist, daß Informationssymmetrie in dem Sinne, daß alle Individuen stets über ein vollkommen identisches Faktenwissen verfügen, unerreichbar ist. So schon von Hayek, F.: "The knowledge of the circumstances of which we must make use never exists in concentrated or integrated form, but solely as the dispersed bit of incomplete and frequently contradictory knowledge which all the separate individuals possess." Knowledge, S. 519.

12 Smith führte schon 1893 aus, daß "directors of such companies being the managers rather of other people's money than of their own, it cannot well be expected that they should watch over it with the same anxious vigilance with which the partners in private copartnery frequently watch over their own. Like the steward of a rich man, they apt to consider attention to small matters as not for their master's honour, and very easily give themselves a dispensation from having it. Negligence and profusion, therefore, must always prevail, more or less, in the management of the affairs of such a company." Smith, A., Nature, S. 582 f.

Im zweiten Kapitel wird als Lösung zur Reduzierung der im ersten Kapitel angeführten Interessendivergenzen zwischen Aktionär und Bank eine shareholder-value-orientierte Unternehmensführung bei Banken skizziert. Nachdem zunächst das Wesen und die Besonderheiten einer shareholder-value-orientierten Unternehmensführung bei Banken erläutert werden, werden anschließend selektiv marktwertmaximierende Maßnahmen dargestellt. Abschließend werden Problemfelder einer shareholder-value-orientierten Unternehmensführung bei Banken aufgezeigt.

Im dritten Kapitel wird ausführlich auf die Informationsasymmetrien zwischen einer Bank und ihren Aktionären eingegangen. Zunächst werden Informationsasymmetrien zwischen Eigenkapitalnehmer und -geber abstrakt dargestellt und Lösungsmöglichkeiten aufgezeigt, um diese glaubhaft zu reduzieren. Die Voraussetzungen zur Erzeugung von Glaubwürdigkeit werden im Rahmen von Signalling-Modellen untersucht. Anschließend wird die Transferierbarkeit auf die Problematik einer Investor-relations-Politik untersucht. Danach wird aufgezeigt, welche Informationen im Rahmen der Investor-relations-Politik einer Bank gegeben werden sollen, damit diese glaubhaft die bestehenden Informationsasymmetrien zwischen ihrem Management und ihren Aktionären reduziert und damit zu einer Senkung der geforderten Risikoprämie der Eigenkapitalgeber beiträgt.

Im vierten Kapitel wird dann ein Konzept entwickelt, das zum einen eine glaubwürdige Investor-relations-Politik gewährleisten soll und zum anderen eine operative Ausgestaltung der Investor-relations-Politik einer Bank erlaubt. Bestandteile des Konzepts sind die Aufstellung einzelner Grundsätze, die Analyse der Zielgruppen sowie die Identifikation der Konkurrenten im Wettbewerb um Eigenkapital. Im fünften Kapitel werden mögliche Instrumente analysiert, die geeignet sind, das im vierten Kapitel dargestellte Konzept zu unterstützen. Zugleich wird das Problem untersucht, den Erfolg eines Investor-relations-Konzepts zu quantifizieren und kontrollierbar zu machen.

B Hauptteil

1 Grundlegung der investor relations bei Banken

1.1 Terminologische Grundlegung

Die Beziehungen zwischen Wirtschaftssubjekten, die als Eigenkapitalgeber (Aktionär) und -nehmer (Bank) auftreten, können unter vielfältigen Aspekten analysiert werden. Neben dem rein "technisch" zu bezeichnenden Aspekt der Kapitalaufnahme, dem reinen Finanzierungsvorgang, kann ebenfalls auf die Disharmonie von Eigenkapitalangebot und -nachfrage fokussiert werden, wobei primär auf die geringe Neigung der Eigenkapitalgeber, Risikokapital bereitzustellen, abzuzielen ist. Die geringe Neigung kann unter anderem begründet sein in der mangelnden Beurteilungsmöglichkeit der Eigenkapitalgeber im Hinblick auf die Rendite/Risikoeigenschaft des zu erwerbenden Beteiligungstitels. Ursächlich hierfür ist ein ungleich verteilter Informationsstand über das betreffende Anlageobjekt zwischen Eigenkapitalgeber und -nehmer. Die Überwindung des bestehenden heterogenen Informationsniveaus durch verschiedene Gestaltungsmöglichkeiten sowie die Optionen, die zur Schaffung von Präferenzen für einen bestimmten Anlagetitel eingesetzt werden, lassen eine Einordnung in verschiedene betriebswirtschaftliche Funktionsbereiche zu.[13] Im folgenden wird gezeigt, welche Erklärungsansätze die einzelnen betriebswirtschaftlichen Teilbereiche public relations, Marketing und Finanzierung für eine ökonomische Begründung der investor relations zu leisten vermögen.

---

13 Der allgemeinen Betriebswirtschaftslehre und der Abgrenzung zu den speziellen Betriebswirtschaftslehren lag früher eine institutionelle Abgrenzung zugrunde, die aufgrund der Problematik und der Inkonsistenzen bei der Zuordnung in zunehmendem Maße durch eine funktionsorientierte Gliederung substituiert wurde. Vgl. Wöhe, G., Betriebswirtschaftslehre, S. 19 ff.; Endres, A., Ordnung, S. 274 ff.; Raffé, H., Methoden, S. 38 f.

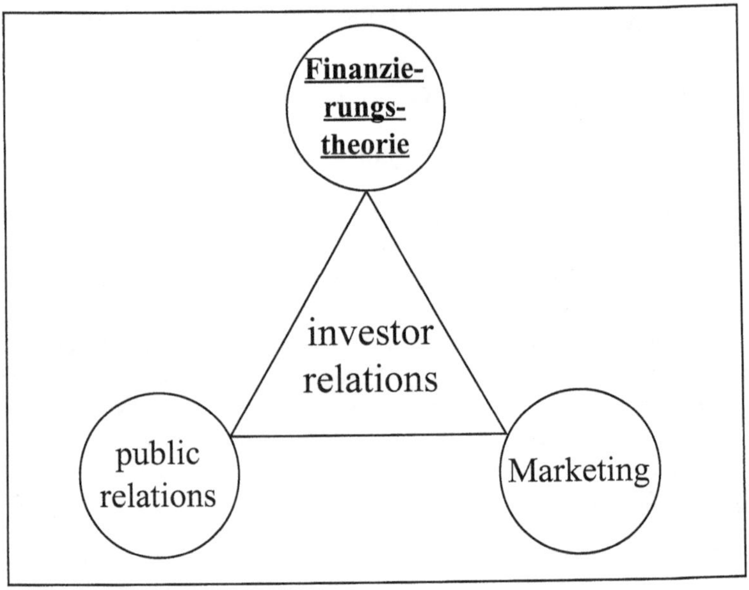

Abb. 1: Ansätze zur Erklärung von investor relations

1.1.1 Investor relations aus Sicht der public relations

Das Forschungsgebiet der public relations, übersetzt mit dem Terminus Öffentlichkeitsarbeit, befaßt sich mit der zielbezogenen und wirtschaftlichen Gestaltung von Kommunikationsprozessen mit den verschiedenen Anspruchsgruppen, die die Öffentlichkeit repräsentieren. Charakteristisch für eine pluralistische Gesellschaftsordnung ist die Existenz verschiedener Interessengruppen mit teilweise übereinstimmenden, teilweise heterogenen Interessen. Die Banken als offene, produktive, soziale Systeme stehen in vielfältigen Austauschbeziehungen mit ihrer Umwelt bzw. agieren in diesem dynamischen und pluralistisch geprägten Umsystem.[14] Da die Banken von dem Umsystem abhängig sind, sie jedoch zugleich beeinflussen, ist eine erfolgreiche Existenz einer Bank nur dann gewährleistet, wenn ein unternehmerischer Handlungsspielraum in diesem Umfeld besteht. Dieser ist dann sichergestellt, wenn es gelingt, bei den verschiedenen Anspruchsgruppen Akzeptanz für das unternehmerische Wirken aufzubauen und kontinuierlich zu pflegen. Ziel der Öffentlichkeitsarbeit ist somit "das bewußte und

---

14 Unter anderem repräsentiert das Umsystem die Eigner, die Gläubiger, die Lieferanten, die Arbeitnehmer, die Kunden und den Staat.

planvolle Bemühen um Verständnis sowie um den Aufbau und die Pflege von Vertrauen in der Öffentlichkeit auf der Grundlage systematischer Erforschung."[15] Voraussetzung für eine erfolgreiche Realisierung dieses Ziels ist eine Gliederung der Beziehungen zur Öffentlichkeit nach möglichst homogenen Interessen. So untergliedert sich der Bereich der public relations in customer relations, government relations und investor relations. Mittels gegenseitiger Informationen über Einstellungen, Meinungen und Handeln soll eine positive Haltung der Öffentlichkeit gegenüber dem Unternehmen bewirkt werden.

Durch die Fokussierung der Betrachtung auf die Zielgruppe der Kapitalgeber wird deutlich, daß investor relations unter die public relations gefaßt werden können. Investor relations bezeichnen dann die gezielte Gestaltung und Pflege der Beziehung zwischen börsennotierter Aktienbank und den relevanten Zielgruppen des Kapitalmarktes.[16] Wird hierbei nach der Rechtsstellung der Kapitalgeber differenziert, so gelangt man zu der Einteilung in creditor relations für die Fremdkapitalgeber und stockholder bzw. shareholder relations für die Gruppe der Eigenkapitalgeber.[17]

Als erste deutschsprachige Veröffentlichung, die sich wissenschaftlich mit investor relations in einer weiten Definition auseinandersetzt, die sowohl die Eigen- als auch Fremdkapitalgeber umfaßt, ist die 1968 erschienene Dissertation von Hanno Hartmann zu nennen. Dabei werden investor relations als Teilbereich der public relations definiert und "umfassen die freiwilligen Bemühungen der obersten Geschäftsleitung, durch ein geplantes langfristiges und kontinuierliches Programm von nach innen gerichteter Politik und nach außen zielenden Handlungen das dauernde Vertrauen der Investor-Öffentlichkeit zu gewinnen und zu vermehren und den Beliebtheits- und Bekanntheitsgrad des Unternehmens zu erhöhen".[18] Dieser wei-

---

15 Oeckl, A., PR-Praxis, S. 51.

16 Der Ursprung der investor relations liegt in den USA, erstmalig wurde der Ausdruck von dem Unternehmen General Motors verwendet. Vgl. Hartmann, H., Investor Relations, S. 20 ff.

17 Vgl. Lingenfelder, M., Walz, H., Finanzmarketing, S. 467; Kühner, M., Beziehungen, S. 76 f.; Krystek, U., Müller, M., Investor Relations, S. 1785 f.; Schreib, H. P., Investor Relations, S. 166.

18 Hartmann, H., Investor Relations, S. 74 ff. Gleichwohl hat diese Dissertation zu dem damaligen Zeitpunkt in der Öffentlichkeit keine hohe Beachtung gefunden. Ursächlich hierfür mag die zu dem damaligen Zeitpunkt noch ausgeprägtere Publizitätsscheu deutscher Unternehmen gewesen sein.

ten Begriffsfassung folgt auch das National Investor Relations Institute, Washington (NIRI), und definiert investor relations wie folgt: "Investor relations is a corporate marketing activity combining disciplines of communication and finance, providing present and potential investors with an accurate portrayal of a company's performance and prospects. Conducted effectively, investor relations can have a positive impact on a company's total value relative to that of the overall market and a company's cost of capital." So auch die Investor Relations Society London: "Creating an understanding of the value of a business among diverse groups of institutional and private investors, analysts and commentators, with particular emphasis on the ability of management to mould operations for future success, is the business known as investor relations".[19]

Demgegenüber findet sich ebenfalls in der angelsächsischen Literatur eine engere Begriffsfassung, die investor relations nur auf die Aktionärspflege bezieht: "Investor relations objective is to build credibility and confidence, to maximize market price and hence to minimize the cost of equity capital."[20] Der engeren Sichtweise folgen auch Beiträge aus der Praxis, die mit investor relations die systematische und zieladäquate Kommunikation mit aktuellen und potentiellen Risikokapitalgebern erfassen.[21]

Zunehmend änderte sich die Auffassung, investor relations als einen Teilbereich der public relations zu betrachten. So erfolgte Anfang der achtziger Jahre die Integration von investor relations in den Funktionsbereich des Marketing.

1.1.2 Investor relations aus Sicht des Marketing

Marketing ist eine unternehmerische Philosophie, die die Bedürfnisse aktueller und potentieller Kunden in den Mittelpunkt unternehmerischer Tätigkeiten stellt. Eine Einordnung von investor relations in das Marketing ist aus der Entwicklung heraus erklärbar, den Gedanken des Absatzmarketing auch auf andere betriebliche Teilfunktionen anzuwenden; beispielsweise sind hier das Personal- und das Beschaffungsmarketing anzuführen. Zentraler Gedanke ist dabei, betriebliche Engpaßbereiche nach den Bedürfnis-

---

19 Zitiert in Lake, D., Graham, J., Investor Relations, S. 7.

20 Applemann, M. J., Investor Relations, S. 10; Ellis, C. D., Investor-Relations, S. 34 ff.; Mahoney, W. F., Investor relations, S. 13.

21 Vgl. Paul, W., Bedeutung, S. 139; Löhr, H., Anleger, S. 1053.

sen der Marktgegenseite zu gestalten. Bezogen auf den Kapitalmarkt und die Finanzierung ist daraus seit Mitte der achtziger Jahre ein Finanzierungsmarketing[22] durch Übertragung des Marketinggedankens auf den Absatz von Finanztiteln generiert worden.

Einwendungen gegen die Übertragung des Absatzmarketingbegriffs auf die Eigenkapitalbeschaffung bei Banken könnten sich dadurch ergeben, daß im Gegensatz zu Unternehmen, bei denen die Eigenkapitalbeschaffung immer ein einseitiger Vorgang ist, mit dem originären Ziel der Finanzierung des Kerngeschäfts, bei Finanzinstituten als Besonderheit die Parallelität von Mittelbeschaffung und -absatz zu konstatieren ist. Zum Beispiel weist die Ausgabe von Bankaktien dualen Charakter auf; sie dient sowohl der Beschaffung von Eigenkapital als auch dem Offerieren von Kapitalanlagefazilitäten. Bei Banken ist somit eine scheinbar eindeutige Zuordnung nicht möglich. Gleichwohl spricht für eine absatzorientierte Betrachtungsweise, daß das Eigenkapital bei Banken nicht nur eine Finanzierungsfunktion, sondern auch eine Geschäftsbegrenzungsfunktion ausübt; die so begrenzten Geschäfte stellen selbst "Absatz" dar, so daß eine absatzmarktorientierte Betrachtung gerechtfertigt ist.

Das Finanzierungsmarketing kann — analog zu dem in der Literatur verwendeten Marketingbegriff — definiert werden als Planung, Koordination und Kontrolle des auf die risiko- und renditeorientierten Anlegerbedürfnisse ausgerichteten Absatzes von Finanzierungstiteln zur Beschaffung von Kapital.[23] Somit bildet die Orientierung am Investorenverhalten und an den Investoreninteressen den Ausgangspunkt finanzierungspolitischer Strategien und Entscheidungen. Entsprechend der Rechtsstellung der Finanztitelinhaber kann zwischen einem Fremdkapital- und einem Eigenkapital-/Aktienmarketing unterschieden werden.[24]

---

22 Süchting definiert Finanzmarketing in Analogie zu der von Kotler entwickelten und verwendeten Definition des Marketing wie folgt: "Finanzmarketing ist der an den Bedürfnissen der Kapitalgeber orientierte, zielgerichtete Einsatz finanzpolitischer Maßnahmen zur Überwindung der zwischen Kapitalnachfrage und Kapitalangebot bestehenden Marktwiderstände." Süchting, J., Finanzmarketing, S. 651.

23 Vgl. Büschgen, H. E., Bank-Lexikon, S. 1074; Cramer, J., Marketing, S. 11; Engelhard, W., Marketing, S. 269 ff.; Meffert, H., Dienstleistungsunternehmen, S. 31; Sabel, H., Bankmarketing, S. 197 ff.

24 Zu den Besonderheiten des Fremdkapitalmarketing vgl. ausführlich Klein, S., Fremdkapital-Marketing.

Innerhalb des Aktienmarketing können — entsprechend dem Gütermarketing — vier Instrumentalbereiche gebildet werden: die Produktpolitik, die Preis- oder Konditionenpolitik, die Distributionspolitik sowie die Kommunikationspolitik. [25]

Bei einer weiten Begriffsfassung werden investor relations und Aktienmarketing synonym verwendet.[26] Wenngleich der marketingpolitischen Sichtweise der investor relations in der vorliegenden Arbeit nicht gefolgt wird, sollen die Instrumente des Finanzierungsmarketing bei Beteiligungstiteln kurz skizziert werden.[27]

Produktpolitische Gestaltungsmöglichkeiten eines Beteiligungstitels sind durch gesetzliche und satzungsmäßige Vorschriften stark eingeschränkt. Gestaltungsoptionen sind lediglich bezüglich des Umfangs der verbrieften Rechte möglich. Differenziert wird hier zwischen den Stammaktien und den Vorzugsaktien; letztere gewähren den Inhabern entweder ein Vorrecht bei der Verteilung des Liquidationserlöses oder bei der Gewinnverteilung. In der Regel werden Aktien, die mit einem nachzuzahlenden Vorzug bei der Verteilung des Gewinns ausgestattet sind, vom Stimmrecht ausgeschlossen.

Distributionspolitische Gestaltungsmöglichkeiten eines Beteiligungstitels betreffen die Frage des Absatzes der Finanzierungstitel. Bei börsennotierten Titeln stellt sich hier primär die Frage des Börsensegments sowie des Börsenplatzes. Die Wahl der Börsensegmente ist abhängig von den unterschiedlich strengen Zulassungsanforderungen: Die strengsten Anforderungen werden an Titel im Segment "Amtlicher Handel" und "Neuer Markt" gestellt; abgestuft folgen dann die Anforderungen im "Geregelten Markt" sowie im "Freiverkehr".[28] Publikumsgesellschaften bevorzugen aufgrund der höheren Markttiefe und Marktbreite die Notierung im amtlichen Handel. Die Entscheidung, welcher Börsenplatz gewählt wird, wird maßgeblich von der verfolgten Geschäftstätigkeit beeinflußt. Ist diese international aus-

---

25 Vgl. hierzu ausführlich Link, R., Aktienmarketing.

26 Vgl. Paul, W., Bedeutung, S. 133 ff.; Mindermann, H., Investor Relations, S. 250; Günther, T., Otterbein, S., Investor Relations, S. 389 f.

27 Vgl. ausführlich zu den einzelnen Instrumenten des Aktienmarketing die Dissertation von Link, R., Aktienmarketing.

28 Vgl. zu den Anforderungen der einzelnen Marktsegmente Büschgen, H. E., Bankbetriebslehre, S. 210.

gerichtet, wird in der Regel ebenfalls eine Notierung der Beteiligungstitel an internationalen Börsen angestrebt.

Preispolitische Entscheidungen beziehen sich primär auf die Bestimmung des Emissionskurses bei Aktienerstemissionen[29] sowie auf die Gewinnverwendungspolitik.[30] Gegenstand der Gewinnverwendungspolitik bildet die zielgerichtete Gestaltung von Höhe und Zeitpunkt der Dividendenzahlungen.[31] Grundsätzlich kann hier zwischen einer Niedrig- und einer Hochdividendenstrategie differenziert werden, wobei die Festlegung der zu verfolgenden Ausschüttungspolitik primär determiniert wird von den Präferenzen der den Großteil der Aktien haltenden Gesellschafter und deren Einkommensteuerbelastung. So bevorzugen Aktionäre, die einem hohen Einkommensteuersatz unterliegen, tendenziell eine Gewinnthesaurierung, während Aktionäre mit einer geringeren steuerlichen Belastung eine hohe Ausschüttung vorziehen.

Die Kommunikationspolitik fungiert dann als "umhüllendes" Instrument der Produkt-, Distributions- und Preispolitik. Sie beinhaltet die bewußte Übermittlung und Gestaltung der Informationen, die eine Bank über sich selbst oder ihr Leistungsprogramm an den Markt gibt.[32] Im Rahmen des Instrumentenmix des Aktienmarketing wird die Kommunikationspolitik als investor relations im engeren Sinne bezeichnet.[33]

1.1.3 Investor relations aus Sicht der Finanzierungstheorie

Primärer Gegenstand der Finanzierungstheorie ist die Gestaltung der Kapitalgeber- und Kapitalnehmerbeziehung, wobei im folgenden auf die Finanzierungsbeziehung innerhalb der Beteiligungsfinanzierung abgestellt wird. Es werden zunächst die Aussagen der neoklassischen und anschließend der neoinstitutionalistischen Finanzierungstheorie analysiert und mittels dieser versucht, eine Begründung für die Einrichtung und Aufrechterhaltung von

---

29 Bei Kapitalerhöhungen wird in der Regel der Marktpreis der alten Aktien als Basis der Preisfindung zugrundegelegt.

30 Vgl. Jacob, K., Klein, S., Investmentbanking; Früh, H., Börsengang, S. 27 ff.

31 Vgl. König, R. J., Ausschüttungsverhalten, S 30 ff.

32 Vgl. Link, R., Aktienmarketing, S. 314.

33 So auch Steiner, M., Meinungsspiegel, S. 190; Lingenfelder, M., Walz, S., Finanzmarketing, S. 467; Jacob, A. F., Vertrauenskapital, S. 120.

investor relations herzuleiten. Grundsätzlich sind Finanzierungsbeziehungen durch ein hohes Maß an Unsicherheit geprägt. Grundproblem der Finanzierung ist, daß Kapitalgeber mißtrauisch sind und kapitalsuchende Banken das Mißtrauen überwinden müssen.[34]

1.1.3.1 Neoklassische Finanzierungstheorie

Finanzierungsbeziehungen innerhalb der neoklassischen Finanzierungstheorie können als Transformation von Risiken zwischen Kapitalgeber und Kapitalnehmer charakterisiert werden.[35] Eine Risikotransformation und -allokation erfolgt hierbei durch die Ausgabe verschiedener Finanzierungstitel, die in unterschiedlicher Weise das gegebene Risiko aus Investitionen der Banken/Unternehmen auf die einzelnen Kapitalnachfrager gemäß ihrer individuellen Risikopräferenz verteilen.[36] Während Erwerber von Forderungstiteln nur begrenzt Risikopositionen eingehen und Anwartschaften auf relativ sichere Zahlungsströme erwerben, gehen Inhaber von Beteiligungstiteln höhere Risiken ein und erwerben Anwartschaften auf unsichere Zahlungsströme.[37] Grundsätzlich kann hierbei die Unsicherheit näher spezifiziert werden in eine exogene und eine endogene Ausprägung. Während die exogene Ausprägung die verschiedenen Zustände beschreibt, die die Umwelt der Bank annehmen kann und somit eine von der Unternehmensleitung nicht beeinflußbare Größe darstellt, beinhaltet die endogene Variable die Unsicherheiten in bezug auf die Entscheidungen der Unternehmensleitung sowie deren Verhalten, das für die Kapitalgeber nicht beobachtbar ist. Aufgrund der restriktiven Prämissen der neoklassischen Modellwelt, die unter anderem einen vollkommenen Kapitalmarkt[38] mit risikoscheuen Investoren unterstellt, existiert in der Beziehung von Kapitalgeber

---

34 Vgl. Schmidt, R., Property-Rights-Analysen, S. 240 ff.

35 Vgl. Franke, G., Hax, H., Finanzwirtschaft, S. 66.

36 Vgl. Schmidt, R., Finanzierungstheorie, S. 186 ff.; Krahnen, J. P., Finanzwirtschaftslehre, S. 795 ff.

37 Investitions- und Finanzierungsentscheidungen werden in der neoklassischen Finanzierungstheorie separat betrachtet, hieraus begründen sich auch die verschiedenen Irrelevanztheoreme, so z. B. die Irrelevanz der Dividendenpolitik und die Separationstheoreme. Vgl. ausführlich hierzu Perridon, L., Steiner, M., Finanzwirtschaft, S. 444 ff.

38 Die Prämissen des vollkommenen Marktes sind: homogene Erwartungen, symmetrische Informationsverteilung, keine Transaktionskosten und Steuern sowie Informationseffizienz der Märkte. Vgl. Götz, E., Aktienanalyse, S. 40 ff.

und -nehmer nur eine exogene Unsicherheit. Dies führt dazu, daß die Unsicherheit für den Investor beim Erwerb eines Beteiligungstitels nur aus der Unsicherheit des Investitionsprogramms einer Bank resultiert.

Aus diesem Grund sind in einer solchen Welt investor relations überflüssig. Ausgehend von der klassischen Finanzierungstheorie wären Aufwendungen für investor relations unökonomisch, da alle Marktteilnehmer über den gleichen Informationsstand verfügen und durch investor relations keine neuen Informationen verbreitet werden. Die klassische Finanzierungstheorie vermag somit keine Begründung für die Existenz von investor relations zu leisten, da nur die exogene Ungewißheit erfaßt wird; die Problematik der endogenen Ungewißheit, die sich aus einer heterogenen Informationsstruktur der Marktteilnehmer ergibt, wird nicht berücksichtigt. Vermag die neoklassische Theorie auch nicht die Existenz von investor relations zu erklären, ist die kurze Darstellung ihrer Erkenntnisse gleichwohl nicht als überflüssig und realitätsfern anzusehen, sondern unterstreicht zumindest die Notwendigkeit der Herstellung der in den Annahmen unterstellten Prämissen wie die der Informationseffizienz. Eine Informationseffizienz des Marktes ist dadurch charakterisiert, daß die Wertpapierkurse täglich und in vollem Maße alle Unternehmensinformationen reflektieren; auf die verschiedenen Ausprägungen der Informationseffizienz wird nachfolgend noch ausführlich eingegangen.[39]

1.1.3.2 Neoinstitutionalistische Finanzierungstheorie

1.1.3.2.1 Einordnung der investor relations in die neoinstitutionalistische Finanzierungstheorie

Während sich die Analyse der Finanzierungsbeziehung in der neoklassischen Finanzierungstheorie hinsichtlich des Risikos eines Finanzierungstitels auf das exogene leistungswirtschaftliche Risiko beschränkt und alle Informationsprobleme ausblendet, berücksichtigt die neoinstitutionalistische Finanzierungstheorie durch die Aufgabe der Prämisse der symmetrischen Informationsverteilung explizit die aus asymmetrischen Informationen resultierenden endogenen Probleme innerhalb einer Finanzierungs-

39 Vgl. Schneider, D., Informationseffizienz, S. 1429 ff.

beziehung.[40] Die unterstellte asymmetrische Informationsverteilung zwischen den Vertragspartnern und die damit verbundene Problematik ergibt sich nicht aus der Tatsache der ungleichen Informationsverteilung an sich, sondern wird erst in dem Fall relevant, wenn die Vertragspartner befürchten müssen, aufgrund ihres schlechteren Informationsstandes übervorteilt zu werden, bzw. wenn unterstellt werden kann, daß die Unkenntnis des jeweiligen Vertragspartners von der Gegenseite zum eigenen Vorteil ausgenutzt wird, oder damit gerechnet werden muß, daß die Gegenseite nicht wahrheitsgemäß oder nur unvollständig informiert.[41] Das mögliche Verhalten bei asymmetrischer Informationsverteilung, das mit dem Begriff "opportunistisches Verhalten" belegt wird, bezeichnet die Gefahr, daß die Eigenkapitalgeber nur einen geschmälerten Gewinn erhalten aufgrund der Vorteile, die sich der Kapitalnehmer mittels der ungleich verteilten Informationsstruktur verschaffen kann.

Das klassische Beispiel eines Marktes mit einem heterogenen Informationsniveau und den daraus resultierenden Anreizproblemen bildet der Handel mit Finanztiteln. Während Kapitalgeber heute Geld bereitstellen, erhalten sie im Gegenzug ein Recht auf zukünftige, mit Unsicherheit behaftete Zahlungen. Welche Qualität jedoch das Recht tatsächlich beinhaltet, kann der Kapitalgeber erst dann verläßlich beurteilen, wenn Zahlungen fällig werden. Dabei sind die Auswirkungen der asymmetrischen Informationsverteilung bei der Beteiligungsfinanzierung im Gegensatz zur Kreditfinanzierung als gravierender zu erachten, da bei der Bereitstellung von Eigenkapital der Inhaber des Finanzierungstitels lediglich eine Anwartschaft auf

40 Den neoinstitutionalistischen Ansätzen sind der Transaktionskostenansatz, der Property-rights-Ansatz sowie der Agency-Ansatz zu subsumieren. Der Transaktionskostenansatz, der in den grundlegenden Arbeiten von Coase und Williamson entwickelt wurde, vergleicht und analysiert die Entstehung von Kosten, die durch Austauschbeziehungen am Markt oder innerhalb einer Unternehmung anfallen. Die Koordinationsform, bei der die geringsten Transaktionskosten anfallen, gilt als effizient. Picot, A., Organisation, S. 143; Williamson, O.E., Capitalism, S. 68 ff. Die Property-rights-Theorie basiert auf Arbeiten von Coase und Alchian/Demsetz und analysiert die Entstehung und wirtschaftliche Bedeutung unterschiedlicher Verteilung von Verfügungsrechten. Güter werden als Bündel von Verfügungsrechten aufgefaßt, die das Recht beinhalten, das Gut zu benutzen, das Gut zu verändern, die Gewinne und Verluste aus der Nutzung des Gutes einzubehalten sowie das Gut zu veräußern. Vgl. Coase, R. H., Social Cost, S. 1-44; Schmidt, R., Property-rights-Analysen, S. 240 ff.; Elschen, R., Agency-Theorie, S. 250.

41 Vgl. Franke, G., Hax, H., Finanzwirtschaft, S. 410 ff.

eine unsichere Residualgröße erwirbt und nicht ein vertraglich festgelegtes Fixum.

Aus diesem Grund versuchen sich die Kapitalgeber durch verschiedene Maßnahmen vor den Risiken der asymmetrisch verteilten Informationen zu schützen. Möglichkeiten hierzu bestehen in unterschiedlichen Finanzierungsformen, Kündigungs-, Mitwirkungs- und insbesondere gesetzlich kodifizierten Informationsrechten.[42] Diese Bündel an Maßnahmen werden innerhalb der neoinstitutionalistischen Theorie auch als "Institutionen" bezeichnet, wobei der Begriff und der diesen Themenkomplex subsumierende Sachverhalt sehr weit gefaßt werden.[43] Gemeinsam ist den Institutionen, daß sie die Nachteile, die den einzelnen Inhabern von Finanztiteln aufgrund der asymmetrisch verteilten Information zwischen Kapitalgeber und -nehmer entstehen, möglichst gering halten und damit opportunistisches Verhalten möglichst unterbinden. Durch diese Auffassung vermag dieser Zweig der Finanzierungstheorie auch einen Beitrag zu leisten, die in der Realität vorkommenden vielfältigen Finanzierungsformen sowie die unterschiedlichen Informations- und Gestaltungsrechte einzelner Finanztitel zu erklären.[44]

Die Bedeutung dieses Ansatzes für die Erklärung von investor relations ergibt sich aus der expliziten Berücksichtigung der Ungewißheit, die aus der Informationsasymmetrie zwischen den Marktteilnehmern und einem ihnen unterstellten opportunistischen Verhalten resultiert. Durch das Aufgeben der Prämisse der allgemeinen Verfügbarkeit von Informationen sind im Gegensatz zur neoklassischen Theorie investor relations nunmehr sinnvoll, da durch sie Informationsasymmetrien zwischen den Marktteilnehmern abgebaut werden können.

Voraussetzung für die Wirksamkeit einer Investor-relations-Politik einer Bank ist, daß sich die von den Banken veröffentlichten Informationen in den Aktienkursen niederschlagen. Ein Markt, in dem die Marktpreise zu jedem Zeitpunkt alle für den Marktausgleichsprozeß verfügbaren Informationen unverzüglich und vollständig widerspiegeln, wird als informationseffi-

---

42 Vgl. Perridon, M., Steiner, L., Finanzwirtschaft, S. 457 ff.

43 Vgl. Schmidt, R., Terbergen, E., Finanzierungstheorie, S. 390.

44 Vgl. Schmidt, R., Finanzierungstheorie, S. 188 ff.; Ordelheide, D., Institutionelle Theorie, Sp. 1838 ff.

zient bezeichnet.[45] Verursacht die Bekanntgabe neuer Informationen eine Veränderung der Einschätzung der Marktteilnehmer hinsichtlich künftiger Zahlungen, werden sich die Aktienkurse im Idealfall ohne zeitliche Verzögerung an den neuen Informationsstand anpassen. Ob ein Markt effizient ist, versucht man mittels empirischer Erhebungen festzustellen. Meßbar sind hierbei aber lediglich bestimmte Effizienzniveaus. Drei inhaltliche Präzisierungen der Markteffizienz, gegliedert nach dem Umfang der Informationen, die sich in den Aktienkursen widerspiegeln, haben sich nach Fama in der finanzierungstheoretischen Diskussion herausgebildet. Bei der schwachen Stufe der Informationseffizienz sind sämtliche Informationen über die historischen Anlagepreise im gegenwärtigen Kurs enthalten, d. h. eine heutige Kursänderung ist unabhängig von den Kursänderungen in der Vergangenheit. Bei der halbstrengen Stufe der Informationseffizienz sind sämtliche öffentlichen[46] Informationen in den Kursen enthalten. Die strenge Form der Informationseffizienz ergibt sich, wenn alle überhaupt verfügbaren Informationen im aktuellen Kurs reflektiert werden.[47]

Die Hypothese der halbstrengen sowie der schwachen Informationseffizienz ist notwendig, um zwischen der Informationspolitik und den Renditeforderungen der Aktionäre bzw. der Aktienkursbildung einen für investor relations notwendigen Bezug überhaupt herstellen zu können. Im Kurs einer Aktie spiegelt sich die Einschätzung des Marktes wider, wie die mit den Finanzierungstiteln verbundenen Anwartschaften auf zukünftige und damit unsichere Zahlungen vom Markt bewertet werden; hierbei soll eine systematische Informationspolitik die aktuelle und potentielle Leistungsfähigkeit der Bank, d. h. ihren Wert transparent machen.[48] Aktienkurse stellen somit das Ergebnis von Erwartungen über die Aktienkursentwicklung der Bank dar. Bei einer strengen Form der Informationseffizienz würden Investor-relations-Aktivitäten jeder Grundlage entbehren, da jede Informationsweitergabe durch die Unternehmensleitung unökonomisch wäre, weil sie Ko-

---

45 Vgl. Fama, E. F., Efficient, S. 383.

46 Öffentlich ist eine Information dann, wenn sie durch ein allen zugängliches Medium verbreitet wurde, z. B. Fernsehen, Radio und Zeitung.

47 Vgl. Schmidt, R., Aktienkursprognose, S. 398 ff.

48 Vgl. Hansmann, D., Scher, B., Theorie, S. 336.

sten verursacht, ohne Kursänderungen hervorzurufen.[49] Einer systematischen Informationspolitik käme keine Bedeutung zu.

1.1.3.2.2 Die Agency-Theorie

Im folgenden wird die Agency-Theorie zugrunde gelegt, die einen Rahmen zur Verfügung stellt für die Analyse von investor relations als Instrument der Kooperation bei asymmetrisch verteilten Informationen zwischen Kapitalgebern und -nehmern.

Gegenstand der Agency-Theorie sind Auftragsbeziehungen. Hierbei wird der Auftraggeber als "principal" und der Auftragnehmer als "agent" bezeichnet. Eine Agency-Beziehung wird in der Regel definiert als "a contract, under which one or more persons (the principal) engage another person (the agent) to perform some service on their behalf which involves delegating some decision making authority to the agent".[50] Wenngleich eine Vielzahl von Arbeiten sich mit Auftragsbeziehungen auseinandersetzt, existiert keine einheitliche definitorische Abgrenzung einer Agency-Beziehung, wobei dieses Defizit nicht zuletzt darauf zurückzuführen ist, daß eine Fülle von Problemfeldern innerhalb dieser Theorie analysiert wird.[51] Als Beispiele können hierzu Problemstellungen innerhalb des Leasing, der staatlichen Steuer- und Verteilungspolitik, der Umweltschutzpolitik sowie das Verhältnis zwischen Klienten und Wirtschaftsprüfern, Patienten und Ärzten angeführt werden. So vielfältig die äußeren Erscheinungsformen dieser Beziehungen sind, sind demzufolge auch die in der Literatur vertretenen Definitionen. Eine weite Definition findet sich bei Arrow und Pratt/Zeckenhauser. Hiernach ist das gemeinsame Element von Agency-Beziehungen die Beteiligung von unterschiedlichen Interessensgruppen,

---

49 In diesem Zusammenhang ist kurz auf das in der Literatur als Informationsparadoxon beschriebene Phänomen einzugehen: Preise sind sowohl Informationsaggregatoren als auch Informationsübermittler. Sind nun annahmegemäß in den Kursen sämtliche Informationen verarbeitet, besteht für die Marktteilnehmer kein Anreiz mehr, eine kostenverursachende Informationssuche durchzuführen, da sie, ohne daß ihnen Kosten entstehen, aus den Kursen ihre Informationen erschließen. Besteht nun kein Anreiz zur Informationssuche mehr, können folgerichtig auch nicht sämtliche Informationen in den Marktpreisen verarbeitet sein. Vgl. Grossman, S. J., Stiglitz, J. E., Markets, S. 393 ff.; Möller, H. P., Informationseffizienz, S. 500; Steiner, M., Finanzierungstheorie, S. 317.

50 Jensen M. C., Meckling, W. H., Theory, S. 306.

51 Vgl. Michaelis, E., Organisation, S. 35 ff.; Arrow, K. J., Agency, S. 37.

wobei der agent eine Aktion aus einer Reihe möglicher Alternativen auswählen muß.[52] Inhaltlich engere Definitionen verlangen die ausdrückliche Beauftragung des agent durch den principal. "Eine Agency-Beziehung entsteht zwischen zwei oder mehr Parteien, wenn der agent im Namen oder als Vertreter für die anderen in bezug auf ein bestimmtes Entscheidungsproblem handelt."[53] Als grundsätzliche Eigenschaften einer Agency-Beziehung können folgende Elemente angeführt werden:

- Es existieren mindestens zwei Kontraktpartner.
- Die Folgen der Handlung des agent beeinflussen die Wohlfahrt beider Parteien.
- Jeder der Kooperationspartner maximiert den Erwartungswert seines individuellen Nutzens und nicht den gemeinsamen Nutzen; beide handeln also in ihrem Eigeninteresse (opportunistisches Verhalten).
- Der principal kann das Verhalten und die Entscheidungen des agent nicht oder nicht kostenlos beobachten.
- Der principal bestimmt, wie das Ergebnis aufgeteilt wird.

Konsequenz einer solchen Konstellation ist, daß der agent aufgrund des unterstellten opportunistischen Verhaltens den Anreiz hat, seinen Informationsvorsprung bzw. das Informationsdefizit des principal zu seinen Gunsten auszunutzen, was mit wirtschaftlichen Nachteilen für den principal verbunden ist.[54] Für den agent ergeben sich somit aus der heterogenen Informationsstruktur Verhaltensanreize, die mit nachteiligen Wirkungen für den principal verbunden sind. Gleichwohl wird der principal seinen Informationsnachteil bei dem Eingehen von Agency-Beziehungen antizipieren.

Als eine typische Agency-Beziehung läßt sich auch die Beziehung zwischen Eigenkapitalgebern (principal) und Eigenkapitalnehmern (agent) cha-

---

52 Vgl. Pratt, J. W., Zeckenhauser, R. J., Agents, S. 2.

53 Ross, S. A., Agency, S. 134 ff.

54 Vgl. Swoboda, P., Finanzierung, S. 163 f.

rakterisieren.[55] Hier soll zunächst aus Gründen eines besseren Verständnisses nur kurz die Grobstruktur dieser Beziehung skizziert werden, da sich eine detailliertere Darstellung im folgenden Kapitel anschließt. Aufgrund der Spezialisierungsvorteile des agent, begründet unter anderem in seiner Qualifikation, in seinen besseren Kenntnissen und umfassenderen Informationen, delegiert der principal als Kapitalgeber die Leitungsmacht und die Verfügungsmacht über das Kapital an den agent.[56] Der agent entscheidet über das Investitionsprogramm und über die Verwendung der Ressourcen und determiniert damit den Gewinnanspruch des principal. Eine besondere Problematik bei der Eigenkapitalbeziehung ergibt sich, wie bereits erwähnt, dadurch, daß es sich hier nicht um einen Vertrag über die Kapitalüberlassung gegen ein vereinbartes Entgelt wie bei der Fremdkapitalfinanzierung[57] handelt, sondern um einen Vertrag, bei dem die Eigenkapitalgeber lediglich einen Anspruch auf einen Residualgewinn haben und nicht auf einen vertraglich fixierten Betrag. Der Residualanspruch des principal wird somit determiniert von Dispositionen des agent, dessen Verhalten der principal nicht vollständig beobachten kann.[58] Der agent kann seinen Informationsvorsprung ausnutzen, um persönliche Ziele zum Nachteil des principal zu verfolgen.

Da die Kapitalgeber wissen, daß sie aufgrund der asymmetrischen Informationsverteilung bzw. aufgrund ihres Informationsnachteils besonderen Risiken unterliegen und weniger gut über die künftige Ertragsentwicklung informiert sind, müssen sie bei Überlassung ihres Vermögens damit rechnen, daß der Kapitalnehmer seinen Informationsvorsprung ausnutzt und eigennützig handelt. Rational handelnde Eigenkapitalgeber antizipieren dies, indem die erwartete Rendite, die sie bei Kapitalüberlassungen fordern, eine

---

55 Eine weitere Differenzierung der normativen Theorie, die auf Barnea, Haugen, Senbet zurückgeht, ist die ökonomische und finanzielle Agency-Theorie. Dabei impliziert die Bezeichnung ökonomische Theorie die Vielfalt an Themen, die innerhalb dieser Theorie abgedeckt wird. Schwerpunkt der finanziellen Agency-Theorie bildet die Analyse verschiedener Finanzierungsbeziehungen. Eine weitere Differenzierung innerhalb der Agency-Theorie erfolgt bezüglich der zugrunde gelegten Methodik: Während die normative Theorie mathematisch ausgerichtet ist und im Mittelpunkt die formaltheoretische Gestaltung eines "optimalen Vertrages" steht, ist die positive Theorie als deskriptiv zu charakterisieren. Vgl. Neus, W., Agency-Theorie, S. 10 ff.

56 Vgl. Sappington, D. E., Incentives, S. 45.

57 Zu den Agency-Problemen des Fremdkapitals siehe Perridon, L., Steiner, M., Finanzwirtschaft S. 487 ff.

58 Vgl. Hax, H., Unternehmung, S. 56.

Risikoprämie enthält. Informationen sind somit von besonderer Bedeutung, um das Mißtrauen der Kapitalgeber zu überwinden. Finanzierungsbeziehungen können somit durch ein hohes Maß an Unsicherheit geprägt sein.[59]

Ziel der Agency-Theorie ist die Ausgestaltung von effizienten Verträgen und Finanzierungsbeziehungen in der Hinsicht, daß eine weitestgehende Übereinstimmung der Interessen von principal und agent erreicht wird.[60] Vertragsdesigns werden hierbei als optimal oder effizient bezeichnet, wenn sie den agent dazu veranlassen, seinen diskretionären Handlungsspielraum nicht auszunutzen.[61] Es soll ein Vertrag ermittelt werden, der das Anreizproblem und die Risikoallokation optimal löst.[62] Als Verträge fungieren in der überwiegenden Anzahl Entlohnungsregeln, wobei unterstellt wird, daß über die Einflußnahme auf die Entlohnung das individuelle Agentenverhalten gesteuert und kontrolliert werden kann. Somit bildet die Optimierung der Entlohnungsfunktion regelmäßig das Ziel modelltheoretischer Überlegungen.

Die vorliegende Arbeit befaßt sich jedoch nicht mit diesbezüglichen Entlohnungsregeln zur Reduktion der Informationsdivergenzen und –asymmetrien zwischen Aktionär und Bank. Ursächlich hierfür ist, daß Aktionäre einer Bank nicht in der Lage sind, Entlohnungsregeln vereinbaren zu können, da hierfür gem. § 84 ff. AktG der Aufsichtsrat zuständig ist. Aus diesem Grund entfällt für die Aktionäre die Möglichkeit, Anreizstrukturen zur Erstellung einer wahren Berichterstattung des agent zu erzeugen.

Zum anderen sind Verträge über die Eigenkapitalüberlassung zwischen Aktionär und Management durch das Aktiengesetz normiert. Grundsätzlich würden dann diesbezügliche Lösungen Änderungen des Aktiengesetzes betreffen und thematische Abhandlungen nach sich ziehen, die in Diskussionen über Änderungen im institutionellen Umfeld der Aktie mündeten. Zu

---

59 Vgl. Schmidt, R., Property-Rights-Analysen, S. 240 ff.

60 Vgl. Schmidt, R., Finanzierungstheorie, S. 186 ff.

61 Vgl. Elschen, R., Agency-Theorie, S. 248; Neus, W., Agency-Theorie, S. 40 ff.

62 Dabei ist der Begriff Vertrag nicht in einem juristischen Sinne aufzufassen, sondern als eine "Formel, die geschrieben ist und in Abhängigkeit gewisser Schlüsselgrößen regelt, wieviel der Agent nach Realisation der Umweltzustände erhält". Spremann, K., Kosten, S. 342.

diesen Änderungen sind bereits zahlreiche Publikationen erschienen.[63] Ein weiteres Argument beruht auf rein pragmatischen Überlegungen; in der Praxis ist es unmöglich, mit jedem Aktionär einen individuell gestalteten Vertrag abzuschließen, hier gilt es, nach anderen Lösungen zu suchen.[64]

Eine Lösung, um die Interessensdivergenzen zwischen Aktionär und Management[65] zu reduzieren, könnte z. B. darin bestehen, eine an den Aktionärsinteressen ausgerichtete Bankunternehmenspolitik zu gewährleisten.[66]

1.1.4 Problemadäquanz der Investor-relations-Politik einer Bank

1.1.4.1 Investor-relations-relevante Spezifika der Bankleistung

Eine Besonderheit der Investor-relations-Politik einer Bank gegenüber Unternehmen aus dem sachgüterproduzierenden Sektor resultiert unter anderem aus den Spezifika der Bankleistung. Der Begriff der Bankleistung wird im Schrifttum nicht einheitlich verwendet, wenngleich eine Vielzahl von Abhandlungen sich mit den Eigenschaften einer Bankleistung auseinandersetzt. Bei der Mehrzahl von Systematisierungsansätzen wird die Bankleistung aus der Marktperspektive definiert, die den heutigen Erfordernissen einer marktorientierten Unternehmensführung entspricht. Aus der Marktperspektive werden Bankleistungen wie folgt abgegrenzt: Als Bankleistungen sind die Ergebnisse aller Tätigkeiten im Bankbetrieb zu verstehen, sofern mit diesen Ergebnissen unmittelbar die Bedürfnisse der Bankkunden befriedigt werden.[67]

---

63 Vgl. hierzu u. a. Deutsche Bundesbank, Anlageinstrument; Deutsches Aktieninstitut, Aktienförderung; von Rosen, R., Aktie ; Frei, N., Schlienkamp, C., Aktie.

64 Vgl. Loistl, O., Finanzierungstheorie, S. 56 ff.; Reus, P., Emmerich, G., Vorsorge, S. 14.

65 Vgl. Kiener, S., Principal-Agent-Theorie, S. 31; Neuss, W., Agency-Theorie, S. 12.

66 Vgl. ausführlich hierzu Kapitel 2.

67 Ältere Ansätze knüpfen zur Erklärung der bankbetrieblichen Leistung an interne rechnungstechnische Erfordernisse der Bankkalkulation an und separieren die Bankleistung in eine Wert- und eine Stückleistung. Vgl. Kaminsky, S., Erfolgsrechnung, S. 3 ff. Jüngere Ansätze stellen, wie zuvor gesagt, die absatzfähige Marktleistung in den Vordergrund der Betrachtung. Vgl. Deppe, H. D., Wachstum, S. 25.

Konstitutive Elemente der Bankleistung[68] sind die Immaterialität, die Erklärungsbedürftigkeit, die Nichtspeicherbarkeit, die Nichtpatentierbarkeit sowie die Verflochtenheit.[69] Durch die Unstofflichkeit der Bankleistung ergeben sich erhöhte Herausforderungen an die Investor-relations-Politik einer Bank. Zunächst ist jedoch auf die dominierende Bedeutung, die Informationen bei der Erstellung der Bankleistung zukommt, einzugehen. Bankleistungen können erst dann erstellt werden, wenn Informationen über die qualitativen und quantitativen Eigenschaften der gewünschten Leistungsart vorhanden sind.[70] Somit steht bei nahezu allen bankbetrieblichen Leistungserstellungsprozessen die Be- und Verarbeitung von Informationen im Mittelpunkt der Erstellung der Bankleistung.[71]

---

68 Bankleistungen sind zu klassifizieren als Dienstleistungen, letztere werden definiert als durch Transformationsprozesse entstandene immaterielle Güter. Charakteristisch für Dienstleistungen ist somit die Abstellung auf die Immaterialität der Leistung zur Abgrenzung von Sachgütern als materielles Produkt. Synonym werden auch die Begriffe Unstofflichkeit und Körperlosigkeit verwandt. Weitere Eigenschaften sind der enge Transaktionsverbund, eine mangelnde Lagerfähigkeit sowie der geringe Nachahmungsschutz aufgrund fehlender Patentierbarkeit. Vgl. ausführlich dazu Meyer, A., Dienstleistungsmarketing, S. 19; Maleri, R., Dienstleistungsproduktion, S. 2; Gerhard, J., Dienstleistungsproduktion, S. 87.

69 Vgl. Siegert, T., Eigenarten, S. 33 ff.

70 Vgl. Kunz, C., Information, S. 88.

71 Insbesondere die angelsächsische Literatur begründet die Existenz von Banken als Finanzintermediäre mittels ihrer Funktion als Informationsproduzent. So definiert Diamond Banken als "delegated monitor", eine Kontrollinstanz, die Informationen beschafft. Diamond, D., Financial Intermediation, S. 395 f.; Davis, E. P., Economics, S. 41 ff.; Schäfer, H., Information, S. 54 ff.

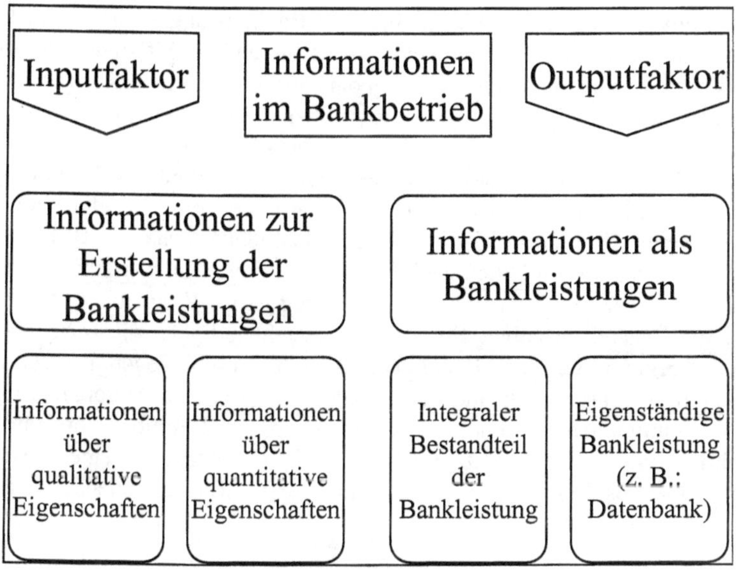

Abb. 2: Dominanz der Information im Bankbetrieb

Einerseits sind Informationen Voraussetzungen zur Erstellung der Bankleistung, stellen somit einen Produktionsfaktor dar; andererseits können Informationen eine eigenständige Leistung beinhalten.[72] Als Beispiel für Informationen als integrale Bestandteile der Bankleistung kann die Offerierung von Kredit- und Kapitalanlagefazilitäten der Banken angeführt werden.[73]

---

72 Vgl. Haas, D., Informationssysteme, S. 37. In diesem Sinne auch Müller, der Bankleistungen als Informationsprodukte definiert. Müller, W., Informationsprodukte, S. 1017 ff. Zur Dominanz der Information im Bankbetrieb vgl. Diefenbach, H., Information, S. 35f.; Knoblich, H., Beßler, H., Informationsbetriebe, S. 558 ff.

73 Beim Angebot von Kapitalanlagefazilitäten müssen Banken über Informationen verfügen, welche Anlagefazilitäten die Investorenbedürfnisse befriedigen. Es müssen Kenntnisse darüber bestehen, wie die spezifischen Risiken aus diesen Anlagen reduziert, begrenzt oder gestreut werden, es müssen Informationen verfügbar sein über den Aufbau und die rechtlichen Rahmenbedingungen der nationalen und internationalen Geld- und Kapitalmärkte. Sind die Banken hier primär Informationsanbieter, sind sie beim Angebot von Kreditfazilitäten Informationsnachfrager. Dies manifestiert sich darin, daß die Banken durch strenge Bonitätsprüfungen bei der Kreditvergabe die Ausfallwahrscheinlichkeit von Kreditengagements zu reduzieren versuchen. Durch die Beschaffung, Verarbeitung und

Die Immaterialität bzw. Abstraktheit der Bankleistung als Dienstleistung bezeichnet den grundlegenden Unterschied zu den Sachgütern der Industrie. Im Vergleich zu dem Produktionsergebnis der Industrie ist das Ergebnis der Bankleistungserstellung stofflos, wie z. B. die Erstellung von Kredit- oder Anlagefazilitäten. Da das Ergebnis einer Bank materiell nicht darzustellen ist, entfällt für eine Investor-relations-Politik einer Bank die Möglichkeit, den Geschäftsgegenstand einer Bank im Rahmen einer Produktshow zu präsentieren, wie dies beispielsweise Industrieunternehmen (BMW AG, Daimler Benz AG) möglich ist.[74] Die der Aktie von Industrieunternehmen zugrundeliegende unternehmerische Leistung ist im Vergleich zu der Bankleistung visuell erfaßbar. Bei Banken besteht lediglich die Möglichkeit, auf indirektem Weg die Geschäftstätigkeit "physisch" gegenüber den Aktionären zu präsentieren, indem beispielsweise einzelne Aktionärsgruppen zu Besichtigungen notwendiger Einrichtungen zum Betreiben von Bankgeschäften eingeladen werden. Ein anschauliches Objekt für eine Besichtigung einer Bank stellt hierbei der Aktien- und Rentenhandelsraum einer Bank dar.

Aus der Immaterialität der Bankleistung resultiert als weiteres konstitutives Merkmal der Bankleistung die Erklärungsbedürftigkeit. Die Immaterialität der Bankleistung bedingt, daß diese nicht physisch darzustellen ist und ihr Nutzen schwieriger zu vermitteln ist. Die abstrakte Natur der Bankleistung führt dazu, daß Bankleistungen ab einer bestimmten Produktkomplexität einen überdurchschnittlich hohen Erklärungsaufwand erfordern. Als Beispiel hierfür können innovative Finanzdienstleistungen wie Geldmarktfonds, Derivate und strukturierte Finanzierungen angeführt werden. Diese erfordern im Vergleich zu den herkömmlichen Anlageformen wie Sparbuch

---

Bewertung relevanter Informationen werden die Kreditfähigkeit, die auf die persönlichen und rechtlichen Verhältnisse, sowie die Kreditwürdigkeit, die auf die wirtschaftliche Lage des Kreditnehmers abstellt, ermittelt. Von zunehmender Bedeutung ist auch die Fähigkeit der Bank, als Informationsanbieter innovative Problemlösungen und hoch komplexe Finanzierungen anzubieten. Gleichfalls kann die Information aber auch eine eigenständige Leistung darstellen; beispielsweise sei hier an das Angebot der Banken, eigene Datenbanken zur Recherche zur Verfügung zu stellen, gedacht.

74 Aus diesem Grund stellt auch die Werbung oftmals auf den abgeleiteten Nutzen der Bankleistung ab, der beispielsweise durch den kreditfinanzierten Kauf von Gütern entsteht. Vgl. Büschgen, H. E., Bankmarketing, S. 242 f.

und Festgelder ein höheres Verständnis seitens des Anlegers.[75] Grundsätzlich ist eine Entwicklung innerhalb der offerierten Leistungsbündel der Banken zu konstatieren, innerhalb derer Bankleistungen komplizierter und für viele Privatanleger unübersichtlicher geworden sind. Wenngleich diese Entwicklungen Reaktionen auf marktliche Bedürfnisse sind und tendenziell ein steigendes Bildungsniveau in der Gesellschaft festzustellen ist, ist das bankspezifische know-how der Bevölkerung noch vergleichsweise gering.[76] Das Verständnis des Bankgeschäfts wird des weiteren durch das Bankgeheimnis erschwert.

Die zunehmende Komplexität des Bankgeschäfts führt dazu, daß im Rahmen der Investor-relations-Politik einer Bank insbesondere bei den individuellen Aktionären versucht werden muß, das Verständnis für das Bankgeschäft zu fördern. Diesbezüglich sollte eine Investor-relations-Politik Informationen über neue offerierte Leistungen einer Bank, über das Risikomanagement einer Bank sowie über den Ausbau neuer Geschäftsfelder vermitteln. Die Informationen sollten sich nicht nur auf die innerbetrieblichen Änderungen einer Bank beziehen, sondern sich unter Umständen auch auf gravierende Änderungen der externen Rahmenbedingungen erstrecken. In diesem Zusammenhang ist beispielsweise auf die Auswirkungen der Einführung einer gemeinsamen europäischen Währung auf die Geschäftspolitik einer Bank einzugehen.

1.1.4.2 Konsequenzen für die Investor-relations-Politik einer Bank

Die Investor-relations-Politik im bankspezifischen Kontext kann somit definiert werden als das Bemühen einer Bank, die bestehenden Informationsasymmetrien zwischen Bank und Aktionär glaubhaft durch eine aktionärsorientierte Unternehmensführung und durch die Bereitstellung umfassender Informationen zu reduzieren, um das Ziel, die in den Renditeforderungen der Aktionäre enthaltene Mißtrauensprämie zu senken, zu erreichen.

---

75 In diesem Zusammenhang ist auch die Forderung der Bankvorstände anläßlich der Zusammenkunft der Bankenaufsichtsbehörden zu verstehen, die eine Entmystifizierung der Derivate forderten, um die Vorstellungen von Externen, daß Bankgeschäfte sich im Rahmen des Unverständlichen, Mysteriösen und Beziehungslosen bewegen, zu reduzieren. Vgl. Bergler, R., Psychologie, S. 30 f.

76 Ein Vorstandssprecher einer Großbank analysierte in diesem Zusammenhang: "Wir machen zusehends undurchsichtige Dinge. Die komplizierten Vorgänge an den Finanzmärkten, z. B. moderne Terminmarktprodukte, verstehen viele Menschen nicht mehr." o. V., Banken, S. 3.

Zu überprüfen wird im folgenden sein, ob die aus den Informationsasymmetrien in den Renditeforderungen der Aktionäre resultierende Mißtrauensprämie bei der Beschaffung von Eigenkapital reduziert werden kann. Grundsätzlich ermöglichen kontinuierliche Informationen eine zeitnahe Überprüfung der Erwartungsbildung und eine verbesserte Risikoeinschätzung der Aktionäre. Demgegenüber induziert eine mangelnde Informationsbereitschaft eine höhere Risikoprämie seitens der Investoren. Somit resultiert hieraus auch für die Banken der Anreiz einer vollständigen und umfassenden Informationsbereitstellung, um Eigenkapital zu möglichst günstigen Konditionen zu beschaffen.

Hierzu bedarf es zunächst seitens der Banken der Eruierung der Informationsbedürfnisse der Aktionäre bzw. der Ermittlung der Kriterien, die ein Investor bei der Auswahl eines Beteiligungstitels zugrunde legt. Zentrale Kriterien, mit denen Aktionäre eine Kapitalanlagealternative beurteilen, sind — basierend auf der Kapitalmarkttheorie — die erwartete Rendite und das Risiko eines Finanztitels.[77] Die Rendite der Anlage ist bei Beteiligungstiteln definiert als die Summe aus Dividenden und Kursveränderungen bezogen auf das eingesetzte Kapital.[78] Unterstellt man dem Investor rationales Handeln, ist für seine Anlageentscheidung nicht nur die Rendite der Aktie relevant, sondern auch das Risiko. Die Abweichungen von der erwarteten Rendite, verstanden als Ausdruck der Unsicherheit, die über das Eintreten der Erwartungen besteht, bzw. die Schwankungen der Rendite um ihren Erwartungswert beinhalten das Risiko.[79] Das Risiko als Ausmaß der möglichen Abweichungen der Rendite von ihrem Erwartungswert wird

77 Vgl. Markowitz, H. M., Portfolio-Selection, S. 77 ff.

78 Vgl. Drukarczyk, J., Finanzierung, S. 226 ff.

79 Vgl. Schneider, D., Finanzierung, S. 522.

mittels des Dispersionsparameters der Standardabweichung oder Varianz gemessen.[80]

Das Ausmaß des Risikos einer Vermögensanlage drückt sich aus Sicht der Aktionäre also in der (In-)Stabilität des Ertragspotentials aus, die sowohl negative als auch positive Abweichungen der erzielten Rendite von ihrem Erwartungswert umfaßt.

Aus diesem Grund sollte die Investor-relations-Abteilung einer Bank Informationen geben, die dazu beitragen, Vertrauen in die aktionärsorientierte Unternehmenspolitik einer Bank bei den Aktionären zu generieren. Eine problemadäquate Investor-relations-Politik einer Bank sollte somit Informationen zur Verfügung stellen, die den Aktionären eine Beurteilung erlauben, inwieweit eine Investition in eine Bankaktie ihren Rendite-Risiko-Vorstellungen entspricht. Es ist also das Informationsbedürfnis der Bankaktionäre zu befriedigen hinsichtlich des durchschnittlich zu erwartenden Ertrags und der Komponenten, die zu einer Abweichung dieser Zielgröße von ihrem Erwartungswert führen können. Im Rahmen einer problemadäquaten Investor-relations-Politik sind somit Informationen zu vermitteln, die dem Entscheidungsproblem der Eigenkapitalgeber angemessen sind, d. h. ihren Informationsbedarf decken. Diese Informationen bewirken also, daß sich aus ihrer Benutzung für die Aktionäre eine verbesserte Entscheidungsfindung erzielen läßt.

Problematisch ist, daß die Erzielung eines Nutzenzuwachses bei der Anlageentscheidung von der Transformationsfähigkeit der Investoren, d. h. ihrer Fähigkeit der Umsetzung der gegebenen Informationen, abhängig ist. Hierbei ist das ontologische Wissen vom nomologischen abzugrenzen.[81] Ontologisches Wissen bezeichnet das Wissen über die Ausgangssituation, über

---

80 Die Standardabweichung der Renditen wird auch als Volatilität der Aktie bezeichnet, wenn diese sich auf einen bestimmten Zeitraum bezieht. Die Frage, ob die Volatilität gemessen an der Standardabweichung der Renditen als Risikomaß für Wertpapiere geeignet ist, wird teilweise kontrovers diskutiert. Vgl. Keppler, M., Risiko, S. 610 ff.; Bauer, C., Volatilitäten, S. 172. Bei einer Normalverteilung der Renditen, die für den deutschen Aktienmarkt gelten, ist die Standardabweichung als Parameter unbestritten. Vgl. Bauer, C., Aktienanlagen, S. 17 f.; Beiker, H., Überrenditen, S. 460. Eine empirische Untersuchung des deutschen Aktienmarktes bezüglich dessen Renditeverteilung führte Möller durch, der zu dem Ergebnis kam, daß sich die Renditen von Beteiligungstiteln zureichend durch eine Normalverteilung beschreiben lassen. Möller, H. P., Informationseffizienz, S. 508.

81 Vgl. Reuter, H., Aktienmarkt, S. 45.

offenstehende Handlungsalternativen und die Menge aller denkbaren Umfeldbedingungen. Nomologisches Wissen bezeichnet das Wissen über die funktionalen Zusammenhänge zwischen der Bedeutung der Informationen und der alternativen Auswirkung auf die Ausgangssituation. Die Fähigkeit, Rückschlüsse zu ziehen, wird entscheidend durch die jeweilige Bildung und berufliche Erfahrung der Aktionäre determiniert. Nach den in der Realität existierenden unterschiedlichen Intensitätsgraden bei der Auswertung der Informationen lassen sich insbesondere die institutionellen Aktionäre, die Finanzanalysten sowie die individuellen Aktionäre unterscheiden.[82]

Zu berücksichtigen ist, daß an eine problemadäquate Investor-relations-Politik nicht die Forderung gestellt werden kann, zu einer annähernd vollkommenen Befriedigung der Informationsbedürfnisse der Aktionäre beizutragen. Die reale Situation eines Aktionärs ist also durch eine nicht vollständige Kenntnis aller zukünftigen Informationen und dem Bestreben nach einer Verbesserung des jeweiligen Kenntnisstandes charakterisiert.[83]

Im Rahmen der Investor-relations-Politik einer Bank sollte ein bankenspezifisches Konzept entwickelt werden, mit dem die Ertragskraft einer Bank aufgezeigt wird und die Informationsasymmetrien zwischen einer Bank und ihren Aktionären reduziert werden. Umfassende Informationen führen des weiteren dazu, daß die Möglichkeiten opportunistischen Verhaltens des Managements reduziert werden.

1.2 Zielsetzungen eines Investor-relations-Management einer Bank

1.2.1 Das bankbetriebliche Zielsystem

Im allgemeinen werden Ziele als Antrieb und Motiv jeglichen menschlichen Handelns verstanden. Dabei sind Ziele normative Aussagen sowie nachvollziehbare, quantifizierbare und erfüllbare Vorstellungen eines Entscheidungsträgers über einen anzustrebenden zukünftigen Zustand der Rea-

82 Die Konsequenzen der Heterogenität der Kapitalmarktteilnehmer und die Möglichkeiten der Berücksichtigung eines zwischen den Investoren differierenden Informationsverarbeitungsverhaltens werden in Kapitel 4 analysiert.

83 Vgl. Reuter, H., Aktienmarkt, S. 120.

lität.[84] Grundsätzlich können Ziele in Sach- und Formalziele differenziert werden. Während sich das Sachziel an dem Gegenstand der Banktätigkeit, also den Komponenten des Leistungsprogrammbündels, konkretisiert[85], beziehen sich Formalziele auf die Ausprägung der Relation von Mitteleinsatz zu Ergebnis. Im bankwissenschaftlichen und -praktischen Schrifttum werden als Formalziele üblicherweise die Gewinnerzielung sowie das Sicherheits- und Liquiditätsstreben angeführt, wobei die beiden letztgenannten nicht als eigenständige Variablen, sondern als Restriktionen der Höhe der Gewinnerzielung wirken.[86] Während durchgängig das Gewinnstreben als dominierendes Ziel von Banken[87] angesehen wird, besteht jedoch ein Dissens hinsichtlich des verfolgten Ausmaßes des Gewinnstrebens. Während einige Autoren das Gewinnstreben im Sinne einer Maximierungsthese als *die* bankbetriebliche Zielsetzung ansehen[88], wird in jüngerer Zeit die Maximierungsvorschrift abgelehnt und durch eine Satisfizierungsvorschrift ersetzt.[89] So sind weitere bankbetriebliche Ziele, die in multivariablen Zielfunktionen abgebildet werden, die Steigerung des shareholder value, die Sicherung oder Erweiterung von Marktanteilen sowie die Schaffung einer angemessenen Kundenzufriedenheit.

1.2.2 Integration der Ziele der Investor-relations-Politik in das bankbetriebliche Zielsystem

Die Ziele der Investor-relations-Politik einer Bank stellen Imperative dar, die die Bank durch die Entwicklung und Umsetzung eines Investor-relations-Konzept erreichen will. Die Ziele der Investor-relations-Politik

---

84 Vgl. Hauschild, J., Zielsysteme, S. 2419; Heinen, E., Grundlagen, S. 38 ff.

85 Gem. § 2 Abs. 1 der Satzung der Deutsche Bank AG besteht das Sachziel in dem "Betrieb von Bankgeschäften aller Art und der Förderung von Handelsbeziehungen zwischen Deutschland und dem Ausland." Bei der Dresdner Bank AG bildet den Gegenstand des Unternehmens "der Betrieb von Bank- und Finanzgeschäften aller Art".

86 Vgl. Büschgen, H. E., Bankbetriebslehre, S. 503; Deppe, H. D., Bankbetriebslehre, S. 20 f.

87 Im Gegensatz zu den Kreditbanken sind im Genossenschafts- und Sparkassensektor Formalziele satzungsmäßig vorgegeben.

88 Vgl. Fischer, O., Bankbilanz-Analyse, S. 44; Krümmel, H. J., Bankzinsen, S. 184 u. 192.

89 Vgl. Deppe, H. D., Bankbetriebslehre, S. 22; Kolbeck, R., Planung, S. 117 ff.

einer Bank müssen in das bankbetriebliche Zielsystem integriert werden. Voraussetzung hierzu ist, daß das Oberziel der Investor-relations-Politik komplementär zu dem Gewinnziel einer Bank ist. Das Oberziel der Investor-relations-Politik einer Bank besteht in der Reduzierung der Eigenkapitalkosten. Zwischen dem Gewinnziel einer Bank und der Investor-relations-Politik einer Bank existiert somit eine komplementäre Zielbeziehung.

Charakteristisch für übergeordnete Zielsetzungen ist, daß sie als ranghöchste Stufen des bankbetrieblichen Zielsystems nicht mehr als Mittel zur Erreichung anderer Ziele im Wege einer Zweck-Mittel-Beziehung zu interpretieren sind.[90] Um aus diesen als Oberziele bezeichneten Variablen Handlungsanweisungen für das bankbetriebliche Handeln ableiten zu können, müssen sie operational formuliert werden.[91] Zur Erfüllung dieses Oberziels sind daher Subziele zu formulieren, die Mittel zur Erreichung des Oberziels darstellen.[92] Das Management muß dieses Oberziel in konkrete Handlungsziele umsetzen. Als Handlungsziele der Investor-relations-Politik einer Bank sind die Erhöhung des Bekanntheitsgrades einer Bank, die Verstetigung der Eigentümerstruktur einer Bank sowie der präventive Schutz vor Insidertrading.

1.2.2.1 Erhöhung des Bekanntheitsgrades

Seit Mitte der neunziger Jahre wird von den deutschen Großbanken eine Erhöhung des Bekanntheitsgrades der deutschen Bankaktien im Ausland, insbesondere im asiatischen und US-amerikanischen Raum, durch eine kontinuierliche Informationspolitik angestrebt. Maßgebliche Unterstützung erfährt hierbei das Ziel der Erhöhung des Bekanntheitsgrades einer Bank durch die Einführung der Bankaktie an internationalen Börsenplätzen, da

---

90 Vgl. Kirsch, W., Entscheidungsprozesse, S. 149; Heinen, E., Zielsystem, S. 105.

91 Die geordnete und strukturierte Menge von Zielen wird in der Regel durch ein Zielsystem dargestellt, das die zwischen den Zielen bestehenden Beziehungen abbildet. Hierbei wird differenziert zwischen Zielneutralität, Zielantinomie, Zielkomplementarität sowie Zielkonkurrenz. Vgl. ausführlich zu den einzelnen Zielbeziehungen Wöhe, G., Betriebswirtschaftslehre, S. 65 ff.

92 So werden z. B. anknüpfend an das Ziel des Ausbaus ertragsreicher Geschäftsfelder Marketingziele formuliert; weitere Subziele stellen Bilanzstruktur- und Produktivitätsziele dar. Vgl. Büschgen, H. E., Bankmarketing, S. 90.

internationale Börseneinführungen die Möglichkeit bieten, die Bankaktie breiten Anlegerkreisen bekannt zu machen.

Durch die internationale Einführung der Bankaktie soll der Bekanntheitsgrad der Aktie erhöht und insbesondere den institutionellen Anlegern in den jeweiligen Ländern ein unmittelbarer Zugang zum Handel mit dem Banktitel verschafft werden[93], denn oftmals gelten für institutionelle Anlagen Restriktionen in der Weise, daß Beteiligungstitel nur dann erworben werden dürfen, wenn diese in dem jeweiligen Land zum Börsenhandel zugelassen sind.[94]

Die Internationalisierungsstrategien der deutschen Geschäftsbanken Anfang der achtziger Jahre führten dazu, daß zum Teil die deutschen Bankaktien an großen ausländischen Effektenbörsen notiert wurden.[95] Die Notierung der eigenen Aktie an internationalen Börsen war Ausdruck einer internationalen Geschäftsorientierung. Eine fehlende Notierung an einem ausländischen Finanzplatz, so wurde befürchtet, induzierte ggf. für eine international agierende Bank einen Glaubwürdigkeitsverlust.[96] Man wollte somit nicht in erster Linie die Aktie einem weiten Investorenkreis bekanntmachen, sondern die Glaubwürdigkeit der Internationalisierungsstrategie des jeweiligen Bankkonzerns manifestieren. Erst in zweiter Linie ergab sich dann das Ziel, den potentiellen Investorenkreis auch international auszudehnen, um einen höheren Bekanntheitsgrad zu erzielen.

Im US-amerikanischen Raum unterstützt eine amtliche Notierung an der New Yorker Börse (New York Stock Exchange, NYSE) dieses zuvor beschriebene Ziel. Einer Listung an der New Yorker Börse kommt aufgrund des Renommees und der hohen Marktkapitalisierung eine bekanntheitswirksame Bedeutung zu, da diese die bedeutendste Börse des US-

---

93 Vgl. Kohl, M., Hübener, F., Börsen, S. 18; Reckinger, G., Börseneinführung, S. 18.

94 Vgl. Keutner, M., Euro-Aktien, S. 98 f.

95 Vgl. Deutsche Börse AG, Geschäftsbericht, S. 156. Die Aktien der Deutsche Bank AG gehörten zwei Monate nach Einführung an der Börse in Tokio (Tokyo Stock Exchange) zu den umsatzstärksten gehandelten Papieren.

96 Ende 1996 waren über 40 deutsche Gesellschaften in der Regel an mehreren Auslandsbörsen notiert. Vgl. Häuser, K., Finanzmärkten, S. 17; Steiner, M., Börsen, S. 415 f.

amerikanischen Kapitalmarktes ist.[97] Ihr wird auch die Funktion einer Weltleitbörse zugesprochen.

An der amtlichen Börse in New York sind bisher nur deutsche Industrieunternehmen, so unter anderem die Daimler Benz AG, die Veba AG und die SGL Carbon AG notiert. Deutsche Banken sind hier noch nicht gelistet.[98] Die Großbanken sind bisher nur im Rahmen von ADR-Privatplazierungen vertreten.[99] Bei Privatplazierungen werden die Aktien über eine Konstruktion nach Rule 144a an sog. qualifizierte Erwerber veräußert. Zu den "qualified institutional buyers" (QIP) zählen gem. US-Aktiengesetz ca. 150 große Kapitalsammelstellen sowie Börsenmakler.[100] Gründe für eine Privatplazierung sind die geringeren Offenlegungs- und Registrierungspflichten im Vergleich zu denen der SEC[101], da bei Privatplazierungen das besonders schutzwürdige Segment der Kleinanleger und Fonds als Käufer ausgeschlossen ist[102] und privat plazierte Finanztitel nur von professionellen Investoren erworben werden können.[103]

Gründe für eine nicht amtliche Notierung der Banken an der NYSE sind die strengen Zulassungsvoraussetzungen der SEC, welche insbesondere die

---

97 Aufschluß über das dort vorhandene Marktpotential gibt die Marktkapitalisierung des Aktienmarkts. Die Kapitalisierung des US-Aktienmarkts beläuft sich auf knapp 7 Billionen Dollar und erreicht damit die Höhe des Bruttoinlandsprodukts, während die Börsenkapitalisierung in Deutschland rund 845 Mrd. DM beträgt.

98 Vgl. Gerke, W., Börseneinführung, S. 417; Roquette, S., Engagement, S. 138 ff.

99 ADR sind auf den Namen des Investors lautende handelbare Zertifikate, die von einer US-Bank ausgegeben werden. Dieses Instrument wird von deutschen Unternehmen am häufigsten zur Erschließung des US-amerikanischen Eigenkapitalmarktes gewählt. Zu den Gründen vgl. ausführlich Gumpel, B., Ramin, A., Schiessl, F., Kapitalmarktregeln, S. 1432; Küting, K. H., Börseneinführungsmodalitäten, S. 404; Zachert, M., Zugangsmöglichkeiten, S. 207.

100 Ausführlich zu den Voraussetzungen, um als QIP zu gelten, vgl. Link, R., US-Privatplazierungen, S. 644.

101 Die Securities and Exchange Commission ist eine unabhängige Regierungsbehörde, die die Aufgabe hat, die Einhaltung der Gesetze über die Ausgabe von und den Handel mit Wertpapieren zu überwachen. Sie befaßt sich im wesentlichen mit den Publizitäts- und Überwachungsvorschriften bei Emissionen.

102 Vgl. Noller, K., US-Kapitalmarkt, S. 422.

103 Baum, T., Breidenbach, B., Verflechtung, S. 22; Päffgen, R., Privatplazierungen, S. 1903.

Anerkennung des deutschen Jahresabschlusses betreffen.[104] Während grundsätzlich der überwiegende Teil der Börsen trotz national divergierender Rechnungslegungsvorschriften nach dem Reziprozitätsprinzip verfährt, nach dem die jeweiligen Abschlüsse gegenseitig anerkannt werden, akzeptieren Börsenaufsichtsbehörden in Ländern mit angloamerikanischer Rechnungslegung die nationalen Abschlüsse nicht und fordern die Aufstellung eines zweiten Jahresabschlusses nach der eigenen Rechnungslegung bzw. verlangen entsprechende Überleitungen (reconciliation).[105] So verfährt auch die SEC, die die Nichtakzeptanz des nach kontinentaleuropäischen Grundsätzen aufgestellten Konzernabschlusses mit fundamental verschiedenen Philosophien der Rechnungslegung begründet.[106]

Aus Sicht der SEC wird die kontinentaleuropäische Rechnungslegung dem Grundsatz der "fair presentation" nicht gerecht durch das hier geltende Vorsichtsprinzip und die daraus resultierende Möglichkeit der Bildung von Stillen Reserven, da hierdurch ein erhebliches und nicht akzeptables Verschleierungspotential geschaffen werde. Die SEC fordert daher als Voraussetzung für eine amtliche Notierung an der NYSE die Aufstellung eines Konzernabschlusses nach den US-GAAPs [107] oder eine "Reconciliation".

Die deutschen Banken lehnen die Forderung der SEC, einen Abschluß nach den US-GAAPs zu erstellen, bisher ab, unter anderem wegen der damit verbundenen Offenlegung der Stillen Reserven und der unterschiedlichen

---

104 Vgl. Baumann, K. H., Rechnungslegung, S. 104; Kohl, H. W., Internationalisierung, S. 9.

105 Vgl. Büschgen, H. E., Kapitalbeschaffung, S. 27; Kleber, H., Rechnungslegungsgrundsätze, S. 382.

106 Während bei der kontinentaleuropäischen Rechnungslegung der Haftungs- und Gläubigerschutzgedanke die Rechnungslegung dominiert und diese damit in ihrer Gesamtheit durch restriktivere Vorschriften und engere Ermessensspielräume charakterisiert ist, steht in der angloamerikanischen Rechnungslegung der Grundsatz der "fair presentation" und eine grundsätzliche Bewertung zu Marktpreisen im Vordergrund. Ziel ist dabei die Übermittlung entscheidungsrelevanter Informationen für Investitions- und Desinvestitionsentscheidungen gegenwärtiger und potentieller Aktionäre. Vgl. Küting, K. H., Bilanzierung, S. 358; Haller, A., GAAP, S. 767.

107 GAAP = Generally Accepted Accounting Principles

Behandlung des Ausweises von Gewinnen.[108] Die Möglichkeit einer Überleitung wichtiger Bilanz, sowie Gewinn- und Verlustgrößen wurde von den Banken bislang ebenfalls abgelehnt,[109] da sich bei wesentlichen Jahresabschlußzahlen für ein und denselben Sachverhalt abweichende Zahlen ergaben. Befürchtet wird, bei der Veröffentlichung unterschiedlicher Beträge bei den Investoren einen erheblichen Erklärungsbedarf, unter Umständen sogar ein Glaubwürdigkeitsproblem hervorzurufen.[110]

Voraussichtlich werden die Banken dann eine amtliche Notierung anstreben, wenn die SEC Kompromißbereitschaft signalisiert, die Aufstellung der Konzernbilanz nach IAS anzuerkennen, wobei sich hier schon in der wachsenden Konvergenz der Bilanzierungsrichtlinien Annäherungen abzeichnen. Zudem gerät die amerikanische Börsenaufsichtsbehörde aber auch zunehmend unter Druck der New Yorker Börse selber, die einen Verlust an Marktpotential vor allem an den Börsen in London und Tokio befürchtet.[111]

Ist die Entscheidung seitens der Bankunternehmensleitung gefallen, die Aktien der Bank an einer ausländischen Börse notieren zu lassen, besteht für die Mitarbeiter der Investor-relations-Abteilung die Notwendigkeit, im Vorfeld der amtlichen Notierung die für Banken wesentlichen Meinungsmultiplikatoren zu filtern, um den Dialog mit ihnen zu suchen. Hierbei verfügen Banken im Vergleich zu den Industrieunternehmen über den Vorteil, daß durch die flächendeckende Geschäftstätigkeit ihrer ausländischen Tochtergesellschaften im Ausland bereits Kontakte innerhalb der financial community geknüpft sind und über die Tochtergesellschaften bereits Kenntnisse über die relevanten Ansprechpersonen wie z. B. Analysten und Fondsmanager bestehen. Hierdurch wird eine individuelle Ansprache der für Banken wichtigen Multiplikatoren sowie eine Identifikation der aktuel-

---

108 In Deutschland dürfen Gewinne erst dann ausgewiesen werden, wenn sie realisiert sind, in den USA erfolgt der Gewinnausweis periodengerecht. Eine übersichtliche Darstellung der wichtigsten Unterschiede der Bilanzierungs- und Bewertungswahlrechte zwischen der kontinentaleuropäischen und angloamerikanischen Rechnungslegung findet sich bei Küting, K. H., Bilanzierung, S. 357 ff.

109 Vgl. Kohl, H. W., Internationalisierung, S. 9.

110 Besonders offensichtlich wurde dieses bei der erstmaligen "reconciliation" der Daimler Benz AG für das Geschäftsjahr 1993, als der Konzernabschluß nach HGB einen Überschuß von 615 Mill. DM ergab, der Konzernabschluß nach US-GAAP jedoch einen Verlust von 1,84 Mrd. DM auswies. Vgl. Döring, C., Daimler, S. 4.

111 Vgl. Liener, G., Unternehmen, S. 269; Keslar, F., Taking America, S. 10.

len und potentiellen Investoren für eine Anlage in der betreffenden Bankaktie erleichtert.

Zu berücksichtigen sind auch die Synergieeffekte, die sich zwischen einer internationalen Börseneinführung der eigenen Bankaktie und dem originären Geschäft, insbesondere dem internationalen Emissionsgeschäft einer Bank, ergeben können. Wenngleich Banken aufgrund der Immaterialität der Bankleistung aus der Notierung nicht wie Industrieunternehmen eine produktbezogene Marketingveranstaltung machen können,[112] können sie mit der eigenen Aktienemission ihre Fähigkeit im internationalen Aktienemissionsgeschäft demonstrieren. Hierzu gehört neben einem marktgerechten pricing, das die Interessen von Investor und Emittent zum Ausgleich bringt, der Aufbau eines liquiden Sekundärhandels.[113] Die Pflege des Sekundärmarktes beinhaltet alle Maßnahmen, die auf die fortlaufende Information aktueller und potentieller Aktionäre, die Stabilisierung des Aktienkurses und die Förderung des Handels in den emittierten Aktien gerichtet ist.[114]

Eine erhebliche indirekte Werbung und Erhöhung des Bekanntheitsgrades der Bankaktie in dem betreffenden Land wird des weiteren induziert durch die im Vergleich zu nicht amtlich börsennotierten Unternehmen weitaus umfassendere Berichterstattung in den Unternehmensmeldungen der jeweiligen lokalen Tages- und Wirtschaftspresse.

---

112 Besonders sichtbar wurde dies bei der Einführung der Daimler-Benz-Aktie an der NYSE. Daimler-Benz war in den USA nur als "Autobauer" bekannt und nicht als Technologiekonzern. Aus diesem Grund erfolgte zeitgleich zum Zeitpunkt der Börsennotierung zur Darstellung der Leistungsfähigkeit des Unternehmens die Präsentation des produzierten Hochgeschwindigkeitszuges ICE, der seine Leistungsfähigkeit auf der Strecke zwischen Washington und New York unter Beweis stellte. Vgl. Büschgen, H. E., Kapitalbeschaffung, S. 26. Ähnlich verfuhr die Telekom, die bei der Eröffnung des Handels der Aktie die Wall Street in eine elektronische Straße umgewandelt hatte, indem sie diese telegen mit beleuchteten magentaroten Würfeln, dem Firmenlogo entsprechend, geschmückt hatte.

113 Ein Problem internationaler Emissionen stellt der flow back dar, der den Rückfluß international emittierter Aktien an den Heimatmarkt des Emittenten im Anschluß an die Aktienemission bezeichnet. Ursachen können ein gesunkenes Interesse der Investoren, eine höhere Liquidität des Heimatmarktes und Kursunterschiede sein, die zwischen Märkten bestehen, so daß Arbitrageure Gewinne durch einen grenzenüberschreitenden Handel erzielen können. Aus diesen Gründen kommt dem Aufbau eines liquiden Sekundärmarktes hohe Bedeutung zu. Vgl. Schulte, S., Aktienemissionsmarkt, S. 245 ff.

114 Vgl. Keutner, M., Euro-Aktien, S. 99; Schulte, S., Aktienemissionsmarkt, S. 210.

Mit der Erhöhung des Bekanntheitsgrades wird auch beabsichtigt, das Image der Bank zu verbessern. Das Image bezeichnet die Gesamtheit der Meinungen, die seitens der Investoren am Kapitalmarkt gegenüber der Bank bestehen, als Reaktion auf subjektiv oder objektiv vorhandene Kriterien. So ist eine kritische Einstellung der US-Investoren gegenüber dem Informationsverhalten der deutschen Banken festzustellen. Das Informationsverhalten wird als zu zurückhaltend und distanziert beurteilt, die Informationsweitergabe werde zu restriktiv gehandhabt.[115] Durch eine Notierung der Bankaktie an einer amtlichen Börse wird dokumentiert, daß die Bereitschaft besteht, sich internationalen Usancen bezüglich des Informationsverhaltens und der weitergehenden Offenlegungspflichten anzupassen. Mit entsprechenden Investor-relations-Tätigkeiten kann die Bank sowohl im Vorfeld als auch nach der Emission zeigen, daß Kommunikation wichtig genommen wird, bzw. daß einer kontinuierlichen Kommunikation ein hoher Stellenwert eingeräumt und eine Anpassung an US-amerikanische Standards bezüglich Kommunikation und Transparenz angestrebt wird.

1.2.2.2 Schutz vor Insidertrading

1.2.2.2.1 Grundlegendes zum Insidertrading

Investor relations können als ein Schutz zur Verhinderung von Insidergeschäften wirken. Insidergeschäfte resultieren aus der Ausnutzung von Informationsvorsprüngen über bewertungsrelevante Tatsachen von Wertpapieren.[116] Sind grundsätzlich Bemühungen zur Erlangung von Informationsvorsprüngen als konstitutive und essentielle Elemente eines marktwirtschaftlichen Systems anzusehen, resultiert die Problematik bei Insiderinformationen daraus, daß diese "kostenlos", d. h. nicht als Ergebnis üblicher, kostenwirksamer Informationsbeschaffungen gewonnen werden, sondern den Inhabern "nebenbei" in Ausführung ihrer grundsätzlich auf andere Inhalte gerichteten Tätigkeit zufallen.[117]

---

115 Vgl. Bimboese, B., Investor Relations, S. 138 ff.

116 Vgl. Hopt, K., Insiderrecht, S. 353 ff.

117 In der Literatur ist eine ausführliche Diskussion über die Vorteilhaftigkeit einer gesetzlichen Regulierung geführt worden. Argumente, die eine gesetzliche Regulierung befürworten, sind primär kapitalmarkt- und anlegerschutzorientiert, während ablehnende Argumente auf einer finanzierungstheoretischen Ebene basieren.

Mit Verabschiedung des Zweiten Finanzmarktförderungsgesetzes[118] wurde das bisherige sogenannte freiwillige Insiderregulierungssystem durch eine gesetzliche Insiderregelung abgelöst.[119] Die Insidertatsache gem. § 13 WpHG ist dadurch charakterisiert, daß es sich um eine noch nicht öffentlich bekannte Tatsache handelt, die sich auf einen oder mehrere Emittenten von Insiderpapieren oder auf Insiderpapiere selbst bezieht und im Falle ihres öffentlichen Bekanntwerdens in der Lage wäre, die Kurse von Wertpapieren erheblich zu beeinflussen. Derartige kursbeeinflussende Tatsachen können unter anderem Kapitalveränderungen, Abschlüsse von Beherrschungs- oder Gewinnabführungsverträgen sowie Übernahme- und Abfindungsgebote sein. Die Insider werden im Hinblick auf die für sie unterschiedlich geltenden insiderrechtlichen Verbotstatbestände in Primär- und Sekundärinsider unterschieden.[120]

---

118 Gesetz über den Wertpapierhandel und zur Änderung börsenrechtlicher und wertpapierrechtlicher Vorschriften vom 26. Juli 1994. Mit diesem Gesetz ist das Wertpapierhandelsgesetz (WpHG) neu geschaffen worden, das auch der Umsetzung der EG-Richtlinie 88/627 EWG vom 12. Dezember 1988 über die bei Erwerb oder Veräußerung einer bedeutenden Beteiligung an einer börsennotierten Gesellschaft zu veröffentlichenden Informationen und der Richtlinie 89/591 EWG vom 13. November 1989 zur Koordinierung der Vorschriften betreffend Insidergeschäfte dient.

119 Ziel des neu geschaffenen Wertpapierhandelsgesetzes ist es, durch eine umfassende Transparenz das Vertrauen in die Funktionsfähigkeit des deutschen Finanzmarktes zu fördern und damit die Wettbewerbsfähigkeit des Finanzplatzes Deutschland zu erhöhen. Zur Förderung der Transparenz sollen insbesondere die Insiderstrafbestimmungen und die Regelung der Ad-hoc-Publizität von kursrelevanten Tatsachen beitragen. Vgl. Eberstadt, G., Aufsicht, S. 4; Wermuth, D., Wertpapieraufsicht, S. 19 ff.

120 Primärinsider gem. § 14 WpHG Abs. 1 sind Personen, die unmittelbaren Zugang zu Insiderinformationen bzw. unmittelbar Kenntnis von einer Insidertatsache haben. Diese sind die Mitglieder der Geschäftsführung sowie des betreffenden Aufsichtsorgans der Unternehmung und — sofern vorhanden — auch persönlich haftende Gesellschafter des Emittenten oder eines mit dem Emittenten verbundenen Unternehmens, zweitens alle Personen, die aufgrund einer Kapitalbeteiligung an einem Unternehmen über Insidertatsachen informiert sind, und drittens alle Personen, die aufgrund ihres Berufs oder ihrer Tätigkeit bestimmungsgemäß Insidertatsachen zur Ausübung ihres Berufs erhalten, wie z. B. der Firmenkundenbetreuer einer Bank oder auch die Mitarbeiter der Investor-relations-Abteilung einer Bank. Als Sekundärinsider ist gem. § 14 Abs. 2 WpHG jede Person anzusehen, der Insidertatsachen bekannt sind, ohne daß sie selbst Primärinsider ist, so z. B. ein Verwandter des Firmenkundenbetreuers.

Gesetzliche Verbotstatbestände sind für den Primärinsider die Ausnutzung und Weitergabe von Insiderinformationen sowie das Aussprechen von Empfehlungen für Aktienkäufe oder -verkäufe.[121] Im Gegensatz hierzu gilt für Sekundärinsider von den drei gesetzlichen Verbotstatbeständen nur die verbotene Ausnutzung von Insiderwissen.[122]

Die rechtzeitige Veröffentlichung kursbeeinflussender Tatsachen wirkt durch die zeitnahe Transformation von Informationen in Aktienkurse dem Insidermißbrauch entgegen. Die beste Prävention gegen die mißbräuchliche Verwendung von insiderrelevanten Tatbeständen ist die frühzeitige Publizität kursbeeinflussender Tatsachen. Besteht nämlich der Zwang, insiderrelevante Vorgänge unverzüglich nach ihrer Entstehung bzw. Entdeckung veröffentlichen zu müssen, wird der Insideraktivität allein dadurch der Boden entzogen, daß die Information ihren Insidercharakter verliert, weil sie nunmehr einer breiten Öffentlichkeit zugänglich ist.[123] Dieses wird durch den Gesetzgeber aufgrund der verschärften gesetzlichen Regelungen der Ad-hoc-Publizität forciert.[124] Generell sollen Unternehmen und Banken durch die Ad-hoc-Publizität zu einer aktiveren Informationspolitik gezwungen werden.

Die Insiderthematik zeitigt drei wesentliche Konsequenzen für die Investor-relations-Tätigkeiten von Banken. Zunächst besteht die Chance, durch eine Investor-relations-Politik der Gefahr der Ausnutzung von Insiderinformationen entgegenzuwirken. Des weiteren resultieren aus den gesetzlichen Anforderungen der Ad-hoc-Publizität erhöhte Prüfungspflichten an bekanntzugebende Informationen bezüglich der Erfüllung der Kriterien einer Insidertatsache. Drittens besteht eine erhöhte Sensibilität in puncto Insiderproblematik des im Investor-relations-Bereich einer Bank tätigen Personals.

---

121 Vgl. Kruschwitz, L., Insiderregelung, S. 420 ff.; Hopt, W., Rechtsprobleme, S. 85 ff.

122 Kritisiert wird der weit gefaßte Begriff des Sekundärinsiders. Die Bestimmung des Sekundärinsiderkreises bzw. die konkrete Ermittlung von Sekundärinsidern verursacht in der Praxis einen hohen Verwaltungsaufwand. Problematisch erscheint, daß die aus der weiten Begriffsfassung resultierenden Kontrollaufwendungen als Vorwand benutzt werden können, wichtige Informationen zu verweigern, die unter Umständen geeignet wären, Fehlleistungen des Managements offensichtlich zu machen.

123 Vgl. Weisgerber, G., Informationskultur, S. 19; Eberstadt, G., Aufsicht, S. 4.

124 Vgl. Loistl, O., Insiderregelung, S. 456; Wittich, G., Wertpapierhandel, S. 4.

1.2.2.2.2 Schutzfunktion der Ad-hoc-Publizität

Die Wechselwirkung zwischen der Pflicht zur unverzüglichen Offenlegung kursbeeinflussender Tatsachen und dem Insidertatbestand findet in der Normierung der Ad-hoc-Publizität ihren Niederschlag. Wenngleich Ad-hoc-Publizität schon früher in Form des § 44a BörsG bestand, ist diese durch die gesetzliche Kodifizierung in § 15 WpHG erheblich verschärft worden. Danach wird vom Emittenten die unverzügliche Veröffentlichung von Tatsachen verlangt, die Auswirkungen auf die Vermögens- und Finanzlage des Unternehmens haben und deren Veröffentlichung erhebliche Kursänderungen nach sich ziehen kann.[125] Strengere Anforderungen im Vergleich zu früher ergeben sich hier insofern, als nach § 16 WpHG die Einhaltung der Publizitätspflicht durch das Bundesaufsichtsamt für den Wertpapierhandel überwacht wird und dieses auch Informationen und Auskünfte von dem Emittenten einholen darf. Darüber hinaus werden Verstöße gegen die Ad-hoc-Publizität gem. § 32 WpHG mit Geldstrafen bis zu drei Mill. DM belegt, wohingegen früher das Bußgeld lediglich 100.000 DM betrug.

Eine Problematik der zielgerechten Anwendung der Ad-hoc-Publizität für Banken und Unternehmen ist im wesentlichen in dem unbestimmten Rechtsbegriff des § 15 WpHG begründet. Aufgrund der mangelnden Operationalisierbarkeit der in diesem Paragraphen verwendeten Begriffe, wie beispielsweise "unverzüglich", "erheblich beeinflussen" oder "Planungsprozesse", bestehen in der Praxis oftmals erhebliche Unsicherheiten bezüglich mitteilungspflichtiger Vorgänge oder Entwicklungen.[126]

---

125 In Anlehnung an den § 264 Abs. 1 Satz 2 HGB, der verlangt, daß der Jahresabschluß ein den tatsächlichen Verhältnissen entsprechendes Bild der Vermögens-, Finanz- und Ertragslage vermitteln muß, unterliegen der Ad-hoc-Publizität daher nur Tatsachen, die nach den Grundsätzen ordnungsgemäßer Buchführung einen Buchungsvorgang für den handelsrechtlichen Jahresabschluß oder nach den Grundsätzen ordnungsgemäßer Berichterstattung eine Angabepflicht im Lagebericht verursachen. Vgl. Claussen, C. P., Börsenaufsichtsrecht, S. 969; Schwark, E., Wertpapiermarkt, S. 1605.

126 Der generalklauselartige Charakter dieses Ausdrucks induziert für den Rechtsanwender eine schwierig zu prüfende Tatbestandsvoraussetzung. Die Rechtssicherheit könnte hier erhöht werden durch die Vorgabe einer bestimmten Größe, z. B. angelehnt an die Börsenusance der Plus-Minus-Ankündigung bei einer 5 %igen Kursänderung. Dem Anleger wird durch die Plus-Minus-Ankündigung deutlich vor Augen geführt, daß die jüngste Kursschwankung als unüblich anzusehen ist. Vgl. Möller, A., Insiderrecht, S. 110.

Problematisch in diesem Zusammenhang ist die Definition kursrelevanter Umstände und die Vielgestaltigkeit bzw. Vielschichtigkeit der Sachverhalte, da die Festlegung eines publizitätsauslösenden Merkmals aufgrund des Fehlens einer funktionalen Beziehung zwischen Tatsachen und Aktienkursänderungen nicht möglich ist.

Oft werden nur einzelne Informationen und Entwicklungen isoliert betrachtet und lösen somit keine Publizitätspflicht aus, wohingegen eben dieselben einzelnen Informationen und Vorgänge im Zusammenhang gesehen und bewertet mit anderen Tatsachen und Vorgängen sehr wohl eine Publizitätspflicht generieren könnten. Selbst in der Theorie besteht nur ein geringes nomologisches Wissen über die im Vorfeld erläuterte Kursrelevanz, so daß folglich ein Nachweis des erforderlichen Zusammenhangs zu Kursbewegungen nur schwer darzustellen ist.[127]

Um die davon betroffenen Mitarbeiter von der schwierigen Aufgabe zu befreien, die Auswirkungen von Tatsachen auf den Aktienkurs selbst zu prognostizieren, und um eine gewisse Rechtssicherheit zu erhalten, hat die Deutsche Börse AG als Hilfestellung in einem Leitfaden der Börsenkommunikation für alle zu standardisierenden Informationen enumerativ aufgeführt, welche Sachverhalte und Tatbestände unter die Ad-hoc-Publizität fallen könnten.[128] In bestehenden Zweifelsfällen werden die offenen

---

127 Vgl. Pellens, B., Fülbier, R., Publizitätspflichten, S. 1183; Schneider, D., Finanzierung, S. 504 ff.; Schmidt, H., Finanzierungstheorie, S. 21 ff.

128 Derartige Fälle können beispielsweise sein: Änderung des Dividendensatzes, Aufnahme und Kündigung von wesentlichen Krediten, Erwerb und Veräußerung von wesentlichen Beteiligungen. Dieses Handbuch erhebt aber auf keinen Fall einen Ausschließlichkeitsanspruch, sondern will nur beispielhaft sein durch die Anführung kursrelevanter Themengebiete. In weiter bestehenden Zweifelsfällen oder bei fortgesetzter Unsicherheit hat der Emittent jederzeit die Möglichkeit, dem Bundesaufsichtsamt für den Wertpapierhandel diese evtl. zu publizierende Tatsache zur Prüfung einzureichen. Das Amt teilt dem Emittenten nach erfolgter Prüfung des Sachverhalts mit, ob es sich hierbei um eine publizitätspflichtige Tatsache handelt oder nicht. Ergänzend sei an dieser Stelle darauf hingewiesen, daß Tatsachen, die den berechtigten Interessen des Emittenten schaden könnten, z. B. drohende Zahlungsunfähigkeit, von der Veröffentlichungspflicht im Rahmen der Ad-hoc-Publizität freigestellt sind. Vgl. Deutsche Börse AG, Ad-hoc-Publizität, S. 8; Thielemann, A., Kursaussetzungspraxis, S. 21.

Punkte durch die zuständigen Gerichte interpretiert und abgegrenzt werden müssen.[129]

Problematisch im Zusammenhang mit der Herstellung der Öffentlichkeit ist der Sachverhalt, wann eine Tatsache als öffentlich bekannt gemacht gilt. Ist die Herstellung der sogenannten Bereichsöffentlichkeit durch Information mittels elektronischer Systeme bereits ausreichend oder wird hierdurch der individuelle Aktionär benachteiligt, da professionelle Marktteilnehmer einen schnelleren Zugang zu Informationen haben? Bis der private Investor jedoch Kenntnis der neuen Sachverhalte durch Publikationen in Printmedien erlangt hätte, müßte die Kursaussetzung zumindest einen Tag andauern; üblich ist derzeit eine Stunde. Eine Rückkehr zu einer reinen Zeitungspublizierung ist im Zeitalter elektronischer Medien weder zeitgemäß noch sinnvoll und stellt somit keine ernsthafte Alternative zur elektronischen Informationsbereitstellung dar, auch wenn es aus Gründen des Anlegerschutzes — insbesondere für den Kleinaktionär, der nicht in einer Schutzgemeinschaft organisiert ist — wünschenswert wäre, daß die kursrelevanten Meldungen schneller die breite Öffentlichkeit erreichten.[130] In diesem Zusammenhang fordert die Deutsche Gesellschaft für Wertpapiersparen (DWS) eine verstärkte Veröffentlichung von Ad-hoc-Meldungen über Videotext,[131] um so die Chancengleichheit der Aktionäre beim Zugang zu kursrelevanten Informationen zu gewährleisten.

1.2.2.2.3 Wirkungsweise einer Investor-relations-Politik

Voraussetzung für die Schaffung von Glaubwürdigkeit und Vertrauen in der Beziehung zwischen Aktionär und Bank ist die Regulierung des Informationsgebrauchs, damit es nicht zu einem Mißbrauch von Informationen, den sog. Insidergeschäften kommt. Selbst wenn die Beachtung der gesetzli-

---

129 In diesem Zusammenhang ist allerdings anzumerken, daß unbestimmte Rechtsbegriffe in vielen Bereichen des wirtschaftlichen Handels implementiert sind und durchaus der üblichen Rechtspraxis entsprechen. Konsequenz der bestehenden Rechtsunsicherheit kann sein, daß die Ad-hoc-Publizität nach wie vor sehr restriktiv ausgeübt wird oder es zu einer Flut von Informationen kommen wird, da alle Tatsachen veröffentlicht werden, die gegebenenfalls Auswirkungen auf die Vermögens- und Finanzlage haben können. Vgl. Peltzer, M., Insiderhandel, S. 69; Schörner, P., Insiderhandelsverbot, S. 86.

130 Vgl. Wittich, G., Wertpapierhandel, S. 4.

131 Vgl. o. V., Ergebnisse, S. 5.

chen Vorschriften des WpHG — insbesondere, wie bereits im vorangegangenen dargestellt, die Ad-hoc-Publizitätspflicht als Präventivmaßnahme — bereits eine Abwehrmöglichkeit gegen Insiderhandel darstellt, ist ein regelmäßiger Informationsfluß, wie investor relations ihn gewährleistet, zumindest eine ebenso wirkungsvolle Schutzmaßnahme. Je umfassender die Investor-relations-Arbeit ausfällt, desto geringer ist die Gefahr der Ausnutzung von Insiderinformationen. Investor relations können folglich als Instrument des Präventivschutzes gegen Insidertrading fungieren. Als Kommunikationsschnittstelle mit Investoren und Multiplikatoren kann eine systematische Investor-relations-Strategie die Erwartungen der Investoren und Finanzanalysten beeinflussen und zu einer Verringerung von Informationsdefiziten hinsichtlich der Kenntnis und Interpretation von bankbetrieblichen Informationen führen. Eine permanente Veröffentlichung kapitalmarktrelevanter Informationen kann unter Umständen Fehleinschätzungen sowie das Aufkommen von Gerüchten und Spekulationen verhindern.

Des weiteren besteht eine wechselseitige Verbindung zwischen kontinuierlichen investor relations und der Ad-hoc-Publizität. Ein ständiger Kontakt mit dem Investorenkreis über das Jahr verteilt bewirkt, daß die Investor-relations-Abteilung Kenntnisse über Stimmungen sowie Erwartungen am Markt besitzt. Weiterhin können die Investor-relations-Mitarbeiter gegebenenfalls, wenn Informationsdefizite am Markt bestehen, durch gezielte Hinweise versuchen, zu hohen Erwartungen entgegenzuwirken. Hier wird erneut der enge Bezug zwischen Ad-hoc-Publizität und Regelpublizität offensichtlich, der darin besteht, daß die Gefahr von größeren Kursausschlägen nach Bekanntgabe von neuen Ertragsergebnissen dadurch gering gehalten werden kann, daß der Zeitraum der regelmäßig stattfindenden Berichterstattung verkürzt und somit die Anleger bzw. eine breite Öffentlichkeit zeitnäher unterrichtet werden.

1.2.2.2.4 Implikationen für die Investor-relations-Abteilung

Daneben wirkt das anzuwendende Insiderrecht auch insofern auf die seitens der Investor-relations-Abteilung zu treffenden Maßnahmen, als im Vorfeld von Veröffentlichungen immer genau geprüft werden muß, ob eine — zum gegenwärtigen Zeitpunkt noch nicht zu publizierende — Insidertatsache vorliegt oder ob die Information eine öffentlich bekanntzugebende Tatsache mit Kursrelevanz ist.[132] Ist die Anzahl der in die neue Informationslage

---

132 Vgl. Paul, W., Insider, S. 3.

eingeweihten Personen so beträchtlich, daß eine wirksame Unterbindung von Insiderhandel gefährdet erscheint, gebietet dieser Sachverhalt eine frühzeitige und umfassende Unterrichtung von Aktionären und der breiten Öffentlichkeit auf freiwilliger Basis. Darüber hinaus ist auch zu berücksichtigen, inwieweit infolge der Form und Ausführlichkeit der Darstellung der Regelpublizität (aufgrund von Pressekonferenzen und Analystentreffen) Insiderrelevanz entstehen kann.[133] Der Vollständigkeit halber sei an dieser Stelle darauf hingewiesen, daß die Berichtsintervalle auch die Länge der "quiet periods" determinieren. Während dieser Zeit ist es Mitarbeitern verboten, sowohl eigene Aktien zu kaufen oder zu verkaufen als auch Zahlen der eigenen Bank gegenüber Dritten zu kommentieren.

Gilt auch die Insiderproblematik generell für alle mit investor relations betrauten Personen jedweder Branche, so ist für die Mitarbeiter in Investor-relations-Teams von Banken als Besonderheit festzustellen, daß diese bereits durch ihre berufliche Tätigkeit Primärinsider sind.[134] Konsequenz aus der Berufsausbildung bzw. der Vorbereitung der Tätigkeit in der Investor-relations-Abteilung ist, daß diese Personengruppe über umfassendere Erfahrungen im Umgang mit kurssensiblen Informationen verfügt. Der Erfahrungsvorteil resultiert daraus, daß Mitarbeiter von Investor-relations-Abteilungen, bevor sie in der Fachabteilung ihre Arbeit aufnehmen, zunächst einmal in anderen Geschäftsbereichen arbeiten, um Kenntnisse über die Bank zu erlangen sowie Kontakte zu den operativen Bereichen zu knüpfen. Die Sorgfaltspflichten im vertraulichen Umgang mit sensiblen Informationen ergeben sich hier bereits durch die Wahrung des Bankgeheimnisses. Die Investor-relations-Mitarbeiter von Banken verfügen über einen Wissensvorsprung, wie mit kurssensiblen Informationen umzugehen ist, im Gegensatz zu allen anderen Mitarbeitern von Unternehmen, deren Umgang mit Insiderrelevanz und Ad-hoc-Publizität durch hohe Unsicherheit gekennzeichnet ist.[135]

Neben der Problematik, daß Investor-relations-Mitarbeiter selber Primärinsider sind, sind sie dafür verantwortlich, daß kurssensitive Fakten nicht ver-

---

133 Vgl. Eisele, D., Insiderrecht, S. 1021.

134 Vgl. Paefgen, T., Investor-Relations-Management, S. 435.

135 In den USA helfen Spezialagenturen den Unternehmen, die Insiderregeln einzuhalten und ihrer Publizitätspflicht nachzukommen. Die beiden größten Agenturen sind PR Newswire und der Business Wire. Diese Spezialagenturen sind mit den technischen Einrichtungen ausgestattet, die es erlauben, Mitteilungen an Dutzende von Adressaten zeitgleich abzusetzen. Vgl. o. V., Regeln, S. 37.

sehentlich anderen Geschäftsbereichen mitgeteilt werden bzw. in der Zusammenarbeit mit anderen Unternehmensbereichen nicht unbeabsichtigt kursrelevante Informationen weitergegeben werden.[136] Die Verantwortung für eine gesetzeskonforme Informationsweitergabe liegt bei der Investor-relations-Abteilung selbst. Zur Verhinderung von Insiderverstößen ist der Informationsfluß daher so zu begrenzen und zu steuern, daß nur befugte Personen Kenntnis der Informationen erlangen und somit ein unkontrollierter Informationsfluß unterbleibt; damit wird gleichzeitig die Gefahr, daß Dritte von der Insidertatsache erfahren, weitestgehend reduziert. Da bei Banken die Insiderproblematik nicht nur im Hinblick auf investor relations, sondern generell in der Geschäftstätigkeit auftritt, versucht man insiderrelevante Aktivitäten organisatorisch durch die Installierung eines Compliance-Konzepts zu lösen.[137]

1.2.2.3 Verstetigung der Eigentumsverhältnisse

Durch eine kontinuierliche Investor-relations-Politik soll eine Identifikation des Aktionärs mit der Bank induziert werden, wodurch unter Umständen auch eine Verstetigung der Eigentumsverhältnisse bewirkt wird.[138] Eine Verstetigung der Eigentumsverhältnisse bzw. eine Förderung der Aktionärstreue soll die Abhängigkeit von kurzfristig disponierenden Anlegern vermindern, da eine emotionale Verbundenheit des Aktionärs mit der Bank dazu führt, daß dieser auch in Zeiten allgemeiner Börsenschwäche seine Aktien hält bzw. bei temporären Gewinneinbrüchen nicht mit sofortigen Angst-

136 Vgl. Pelzer, M., Insiderhandel, S. 69.

137 Compliance stammt aus dem Angelsächsischen und beinhaltet ein Handeln im Einklang mit geltendem Recht. Compliance erfüllt dabei eine Doppelfunktion: Zum einen soll das Interesse des Kunden in Konfliktsituationen sichergestellt sein, zum anderen fungiert es auch als Selbstschutz für die Mitarbeiter. Primär soll sichergestellt werden, daß der Informationsfluß so gesteuert wird, daß nur befugte Personen bestimmungsgemäß Kenntnis der Informationen erlangen und die Unterbindung eines unkontrollierten Informationsflusses und damit die Gefahr, daß Dritte (Sekundärinsider) von der Insidertatsache erfahren, weitgehend ausgeschaltet wird. Elemente einer Compliance-Organisation umfassen ein weites Spektrum an Vorgaben und Maßnahmen. Herausragende Bedeutung kommen hierbei der watch list, der restricted list sowie den chinese walls zu. Vgl. ausführlich zu diesen Maßnahmen, Becker, J., Compliance, S. 39 ff.; Eisele, D., Insiderrecht, S. 1030; Assmann, H. D., Kapitalanlagerecht, S. 256.

138 Vgl. Chaut, N., Bank Stock, S. 44.

verkäufen reagiert.[139] Im Idealfall wird aus dem Gelegenheitsaktionär ein langfristig ausgerichteter loyaler Anleger.[140] Zudem verhindert ein hierdurch bewirkter, tendenziell stabilerer Kurs die Anreize zu Spekulationen, d. h., kurzfristige An- und Verkäufe ein und desselben Banktitels durch den gleichen Investor unterbleiben.[141]

Abschließend ist festzuhalten, daß es bei diesem Ziel nicht darum geht, die Kursschwankungen auszuschalten, die zum Ausgleich zwischen Kapitalangebot und -nachfrage unabdingbar sind, sondern solche Schwankungen innerhalb eines "normalen" Rahmens zu halten.[142]

Des weiteren sind die Rückwirkungen, die von den Aktionären auf das operative Bankgeschäft ausgehen, zu berücksichtigen. Auch die Geschäftsbeziehungen zwischen Banken und Kunden basieren auf einem intensiven Vertrauensverhältnis; insbesondere betrifft dies individuelle, komplexe finanzielle Problemlösungen. Überträgt der Aktionär die positiven Erfahrungen der Informationspolitik auf die Bank, kann hieraus eine bankgeschäftliche Bindung resultieren. Eine partielle Zielgruppenidentität der investor relations und der bankbetrieblichen Absatzaktivitäten können somit wechselseitige positive Wirkungen hervorrufen, so daß durch eine überzeugende Investor-relations-Politik auch neue Nachfrager nach Bankleistungen generiert werden können.

1.2.2.4 Reduzierung der Eigenkapitalkosten

1.2.2.4.1 Problematik des Terminus "Eigenkapitalkosten"

Ausgehend von dem Begriff "Eigenkapitalkosten" ist zunächst darzulegen, daß dieser nicht gleichzusetzen ist mit dem Kostenbegriff in der Terminologie des internen Rechnungswesens einer Bank. Im Rahmen des Rechnungswesens der Banken ist die Kosten- und Leistungsrechnung ein spezielles Rechenwerk zur Erfolgsmessung im Leistungsbereich. Kosten werden als bewerteter sachzielbezogener Güterverzehr innerhalb einer Periode de-

---

139 Vgl. Becker, F., Finanzmarketing, S. 300 f.

140 Vgl. Schäfer, S., Beziehungsmanagement, S. 124.

141 Vgl. Süchting, J., Finanzmarketing, S. 656; Lingenfelder, M., Walz, A., Finanzmarketing, S. 467.

142 Vgl. Paul, W., Bedeutung, S. 150.

finiert.[143] Die Differenz zwischen den gesamten Kosten und den gesamten Erlösen ist das Betriebsergebnis. Die Höhe des Ergebnisses als Resultante der Kosten und Erlöse ist variabel und schwankt im Zeitablauf.

Während die Bank die Kosten des Fremdkapitals relativ eindeutig ermitteln kann, da in den mit der Bank geschlossenen Verträgen alle Determinanten, unter anderem Zinssatz, Tilgung, Damnum und Provision, vereinbart werden, aus denen sich dann die effektive Zinsbelastung berechnen läßt, gestaltet sich eine derartige Berechnung beim Eigenkapital erheblich schwieriger, da mit den Aktionären ex ante keine vertragliche Vereinbarung über die Verzinsung des zur Verfügung gestellten Kapitals besteht. Die Fremdkapitalkosten einer Bank entsprechen dem Zinsaufwand aus dem Einlagengeschäft einer Bank und den Zinsen für ausgegebene Schuldverschreibungen. Aktionäre hingegen erwerben keinen Anspruch auf eine festgelegte Auszahlung, sondern einen Anspruch auf eine Residualgröße, den zukünftigen Gewinn, der erst ex post im Anschluß an das abgelaufene Geschäftsjahr ermittelt wird.[144]

Die Aktionäre stellen aber nur dann Kapital zur Verfügung, wenn sie von der Investition in den betreffenden Banktitel eine risikoadäquate Verzinsung erwarten. Eigenkapitalkosten repräsentieren somit keinen innerbetrieblichen Güterverzehr, sondern beinhalten die Renditeforderungen der Aktionäre, die sich in impliziter Weise aus den Erwartungen der Aktionäre über die zukünftig erwarteten Bankerträge ergeben.[145]

Die Gleichsetzung der Eigenkapitalkosten mit den Renditeforderungen der Aktionäre weist für die Banken den Nachteil auf, daß die Ermittlung bzw. exakte Quantifizierung sich als sehr problematisch gestaltet, zumal die Bank hierzu Kenntnisse über die Höhe der Renditeforderungen der Aktionäre haben muß. Andererseits können die Banken auf eine Ermittlung der Eigenkapitalkosten nicht verzichten, da die Kosten des Eigenkapitals im

---

143 Vgl. Kloock, J., Sieben, G., Schildbach, T., Leistungsrechnung, S. 7 ff.

144 Vgl. Schneider, D., Finanzierungskosten, S. 343 ff.

145 Da der Gewinn das Ziel einer Bank bildet, ist der Eigenkapitalkostenbegriff nicht zutreffend, da Kosten nicht das Ziel selbst bezeichnen können. Der Gewinn stellt keine Kosten dar, sondern bildet als Residualgröße den Erfolg der wirtschaftlichen Tätigkeit eines Geschäftsjahres ab. Vgl. Schneider, D., Finanzierungskosten, S. 350.

Rahmen der geschäftspolitischen Steuerung bei der Kalkulation der Bankleistungen einfließen.[146]

1.2.2.4.2 Dividendenzahlungen als Eigenkapitalkostendeterminanten

Aufgrund der Problematik der Quantifizierung der Eigenkapitalkosten stellten frühere Verfahren zur Ermittlung der Eigenkapitalkosten auf eine Gleichsetzung der Kosten mit den ausgeschütteten Zahlungen an die Aktionäre ab. Als Beispiel hierzu ist das Verfahren der Dividendenrendite anzuführen, wonach der Wert einer Aktie sich als Gegenwartswert aller zukünftigen Dividendenzahlungen bestimmt.[147] Das Verfahren basiert auf den stark vereinfachenden Annahmen, daß ein Kreditinstitut ad infinitum existiert und jährlich gleichbleibende Dividenden an den Aktionär fließen. Die Approximation der Eigenkapitalkosten über die ausgeschütteten Dividenden hat primär buchhalterische Gründe, da die Dividendenauszahlungen der Bank an die Eigenkapitalgeber sich als Auszahlung in der Buchführung der Bank niederschlagen.[148] Aus diesem Grund werden bei dieser Methode auch nicht die Erwartungen der Aktionäre über zukünftige Kursgewinne erfaßt — wobei diese einen wesentlichen Faktor bei der geforderten Verzinsung des zur Verfügung gestellten Kapitals beinhalten —, da Kursgewinne sich nicht in buchhalterischen Aufwendungen der Bank niederschlagen.

---

146 Die Relevanz, die einer verursachungsgerechten Ermittlung von Eigenkapitalkosten zukommt, zeichnet sich aus der Entwicklung bei den Banken ab, die Allokation des Eigenkapitals im Konzern entsprechend der vom Markt gewünschten Verzinsung zu steuern. Bislang erfolgte die Verzinsung und Steuerung des Eigenkapitals danach, inwieweit die einzelnen Bankleistungen gem. Grundsatz I Eigenkapital binden. Nach der Unterlegungspflicht erfolgte dann die Verteilung des Eigenkapitals auf die einzelnen Bankleistungen. Eine marktgerechte Verzinsung des Eigenkapitals war somit nur zufällig möglich, da die von der Bankenaufsicht vorgegebenen Unterlegungssätze den Renditeforderungen der Aktionäre allenfalls nur zufällig entsprachen. Nunmehr existieren Bestrebungen in der Praxis, das Eigenkapital entsprechend der vom Markt gewünschten Verzinsung auf die einzelnen Geschäftsbereiche zu verteilen und einhergehend damit eine Kalkulation der Bankleistung in Abhängigkeit des damit eingegangenen Risikos und dem hierzu eingesetzten Risikoeigenkapital. Zu den diesbezüglichen, in der Praxis eingesetzten einzelnen methodischen Verfahren (z. B. RAROC und RORAC) vgl. ausführlich Schierenbeck, H., Bankmanagement, Bd. 2, S. 474 ff.

147 Vgl. Hielscher, U., Investmentanalyse, S. 14 ff.

148 Vgl. Behm, U., Eigenkapitalkosten, S. 106.

Festzuhalten bleibt somit, daß dieses Verfahren eine sachgerechte Ermittlung der Eigenkapitalkosten nicht erlaubt. So haben z. B. Banken, die keine Dividenden ausschütten, nach diesem Verfahren keine Eigenkapitalkosten bzw. sind nicht in der Lage, diese zu bestimmen. Dieser Sachverhalt führt auch dazu, daß das Eigenkapital oftmals als "kostenlose Refinanzierungsquelle" bezeichnet wird, für die lediglich bei der Emission Kosten anfallen, z. B. Druckkosten für den Emissionsprospekt und die Aktien.[149] Zusätzlich ist zu berücksichtigen, daß die Entscheidung über die Höhe der Dividende von den Vorstellungen der Geschäftsleitung bestimmt wird; die Bank determiniert die Höhe ihrer Eigenkapitalkosten somit selbst.

Abschließend sei noch auf einen weiteren Nachteil dieser Methode hingewiesen, der darin besteht, daß als Beurteilungskriterium des Investors für den Erwerb eines Banktitels nur die Rendite Berücksichtigung findet, nicht aber das damit verbundene Risiko.[150]

Explizit berücksichtigt hingegen wird der Zusammenhang zwischen der erwarteten Rendite und dem Risiko in den Modellen der modernen Kapitalmarkttheorie, auf die im folgenden eingegangen werden soll. Bei den Verfahren zur Ermittlung des Shareholder-value-Ansatzes und der Bestimmung der Eigenkapitalkosten wird ebenfalls auf diese Methoden zurückgegriffen.

1.2.2.4.3 Ermittlung der Eigenkapitalkosten über das CAPM

Im Rahmen der modernen Kapitalmarkttheorie[151], deren Grundlage die Portfoliotheorie bildet, wird mittels eines gleichgewichtstheoretischen Ansatzes versucht, Marktpreise für die Übernahme von Risiken zu ermitteln. Erklärungsansätze erwarteter Aktienrenditen wurden mittels des Capital Asset Pricing Model (CAPM) und des Arbitrage Pricing Model (APM) entwickelt.[152] Im Unterschied zum CAPM ist das APM ein Mehrfaktoren-

---

149 Vgl. Adolf, G., u. a., Kapitalkosten, S. 488 f.

150 Vgl. Kloster, U., Kapitalkosten, S. 35 ff.

151 Die moderne Kapitalmarkttheorie ist sowohl eine explikative als auch eine normative Theorie. Während im Mittelpunkt der normativen Anwendung die Ableitung von Kapitalkosten und Kalkulationszinsfüßen steht, fungiert die explikative Verwendung zur Herleitung von Gleichgewichtskursen und -renditen.

152 Vgl. Franke, G., Separation, S. 239 ff.; Perridon, L., Steiner, M., Finanzwirtschaft, S. 247 ff.

modell, das unterschiedlich hohe erwartete Aktienrenditen auf verschiedene Faktoren zurückführt. Zu den explizit ausgewiesenen Risikofaktoren zählen z. B. Wechselkurse, Inflationsraten sowie das Zinsniveau. Das APM spezifiziert aber nicht die Anzahl der Faktoren zur Erklärung der Rendite. Im CAPM hingegen werden alle Unsicherheitsfaktoren mit einer Kennzahl, die die erwartete Aktienrendite erklärt, dem sogenannten Marktfaktor, belegt. In empirischen Studien zeigte sich, daß die Aussagefähigkeit beider Modelle annähernd gleich ist.[153] Im folgenden wird das CAPM zur Berechnung der Eigenkapitalkosten verwendet, da dieses Verfahren zunehmend an Bedeutung gewinnt.

Mittels bestimmter Prämissen[154] wird gezeigt, daß sich das Angebot von und die Nachfrage nach Aktien nur dann ausgleichen, wenn die Renditeforderungen der Aktionäre einer im Rahmen des Modells ermittelten Gleichgewichtsrendite entsprechen, wobei die Renditeforderungen der Aktionäre dann mit den Eigenkapitalkosten der Bank korrespondieren.

Im CAPM bestimmt sich die Rendite einer Aktie aus dem sicheren Zins sowie einem Zuschlag für das übernommene Risiko. Danach erfolgt die Berechnung der Eigenkapitalkosten nach folgender Gleichung:

$$E\,(R_A) = R_F + ß_A\,(E\,(R_M) - R_F)$$

mit $$ß_A = \frac{Kovarianz(R_A\, R_M)}{Varianz(R_M)}$$

mit R_A = Verzinsung der Aktie (A)
R_F = Verzinsung der risikolosen Anlage
R_M = Verzinsung des Marktportefeuilles
$ß_A$ = systematisches Risiko der Aktie (A)
E = Erwartungswert

153 Vgl. Bauer, C., Aktienanlagen, S. 25 ff.

154 Der risikoscheue Entscheidungsträger richtet sich nach dem Mü-Sigma-Prinzip, d. h., von zwei alternativen Handlungsempfehlungen mit gleichem Erwartungswert der Rendite zieht er diejenige mit der geringeren Standardabweichung vor. Der Planungshorizont umfaßt nur eine Periode, der Kapitalmarkt ist vollkommen, d. h., es existiert ein risikoloser Zinssatz, zu dem alle Aktionäre Geld aufnehmen bzw. anlegen können, und es gibt weder Transaktionskosten noch Informationsvorteile. Alle Aktionäre haben homogene Erwartungen hinsichtlich erwarteter Renditen, Standardabweichungen und Kovarianzen.

Die Verzinsung des Marktportfolios stellt in diesem Zusammenhang die erwartete Rendite eines Portfolios sämtlicher am Markt gehandelten Aktienanlagen, gewichtet mit ihren Marktwerten, dar. Da die erwartete Rendite des Gesamtmarktes nur schwer geschätzt werden kann, wird als Hilfsgröße oftmals die durchschnittliche Rendite eines Index, z. B. die des DAX, berücksichtigt.[155]

Als risikolose Anlagen werden in der Regel Staatspapiere zugrunde gelegt. Ebenfalls wird in dem Klammerterm für den risikolosen Zins nicht der aktuelle Wert, sondern der historische Durchschnittswert angesetzt, um eine konstante Höhe der Risikoprämie zu gewährleisten und um zu verhindern, daß im Fall von Hochzinsphasen negative Risikoprämien ermittelt werden. Als historischer Durchschnittswert für den Zins kann die Rendite eines Rentenindex herangezogen werden.[156] Der Beta-Faktor der Formel steht für das Risiko eines Wertpapiers, das nicht durch Diversifizierung eliminiert werden kann. Es handelt sich hierbei um das systematische Risiko eines einzelnen Wertpapiers. Das systematische Risiko, auch als Marktrisiko bezeichnet, beinhaltet z. B. allgemeine ökonomische und politische Faktoren, die die Gesamtheit der Unternehmung beeinflussen. Im Gegensatz hierzu umfaßt das unsystematische Risiko unternehmensspezifische Risiken, d. h. Risiken, die nicht die gesamte Volkswirtschaft und damit alle Unternehmungen betreffen, sondern nur ein bestimmtes Unternehmen, z. B. das Risiko eines Managementfehlers.[157] Charakteristisch für das unsystematische Risiko ist, daß der Aktionär es über eine entsprechende Wertpapiermischung eliminieren kann, indem er, z. B. um das Risiko eines Managementfehlers auszuschalten, möglichst viele unterschiedliche Wertpapiere mit geringen Anteilen hält.[158] Aus diesem Grund wird für das unsystematische Risiko am Kapitalmarkt keine Risikoprämie gezahlt, sondern nur für das systematische Risiko, das Marktrisiko. Nur dieses Risiko ist gemäß dem CAPM für den Kapitalanleger relevant, da es nicht durch eine entsprechende Wertpapiermischung diversifiziert werden kann und daher über eine Risikoprämie entgolten wird.[159]

---

155 Vgl. Perridon, L., Steiner, M., Finanzwirtschaft, S. 258.

156 Vgl. Bauer, C., Aktienanlagen, S. 25 ff.

157 Vgl. Schneider, D., Finanzierung, S. 525.

158 Wenn die Risiken unterschiedlicher Unternehmen beispielsweise überhaupt nicht korrelieren, kann das Einzelrisiko nach dem Gesetz der Großen Zahl vollständig eliminiert werden.

159 Vgl. Steiner, M., Bruns, C., Wertpapiermanagement, S. 22.

Das systematische Risiko wird hierbei über den Beta-Faktor abgebildet. Ermittelt wird dieser als Relation der Kovarianz der Rendite der Aktie A zur Rendite des Marktportfolios einerseits und der Varianz des Marktportfolios andererseits. Der Beta-Faktor beschreibt das systematische Risiko des Aktienkurses einer Bank im Vergleich zum Gesamtmarkt. Ein Beta-Koeffizient von eins bedeutet, daß die Bank das gleiche Risiko aufweist wie der Gesamtmarkt. Ein Beta-Koeffizient größer eins weist auf ein größeres Risiko der Aktie als der Gesamtmarkt hin.

Ist das systematische Risiko einer Bankaktie bekannt[160], können entsprechend dem CAPM die gegenwärtigen Eigenkapitalkosten wie folgt ermittelt werden:[161]

Zur Bestimmung der Eigenkapitalkosten werden folgende Daten unterstellt:

- Der als risikolos angenommene Zins für Staatspapiere beträgt 7 %.
- Die Gesamtaktienmarktrendite, die sich am DAX orientiert, beträgt 12 %.
- Der ermittelte Beta-Faktor beträgt 1,18.

$$E(R_A) = R_F + ß\,(E(R_M) - R_F)$$

$$\text{mit} \quad ß_A = \frac{Kovarianz(R_A\, R_M)}{Varianz(R_M)}$$

$$E(R_A) = 7\,\% + 1{,}18\,(12\,\% - 7\,\%)$$
$$E(R_A) = 12{,}9\,\%$$

Danach betragen die Renditeforderungen der Aktionäre und damit die Eigenkapitalkosten 12,9 %.

---

160 Die Beta-Faktoren der einzelnen Aktien werden in der Wirtschaftspresse, so z. B. im Handelsblatt, täglich veröffentlicht.

161 In Anlehnung an Paul, W., Zieschang, M., Wirkungsweise, S. 1486.

1.2.2.4.4 Eigenkapitalkosten infolge unsicherer Einkommenserwartungen

Mittels des CAPM können, wie im vorhergehenden Abschnitt gezeigt, die Eigenkapitalkosten berechnet werden, wobei hier der entscheidende Einfluß für die Kapitalkosten das systematische Risiko ist, das die Aktionäre entgolten haben wollen. Zu berücksichtigen ist nun bei der folgenden Argumentation, daß das CAPM auf der Annahme einer homogenen Informationsverteilung basiert, was dazu führt, daß in den Renditeforderungen der Aktionäre nicht die aus der Gefahr des opportunistischen Verhaltens des Bankmanagements resultierende "Mißtrauensprämie" enthalten ist, die man versucht durch eine Investor-relations-Politik zu reduzieren.

Daß eine solche Komponente in der Realität jedoch durchaus bewertungsrelevant ist, d. h., daß die Aktionäre dieses Risiko entgolten haben wollen, belegen empirische Untersuchungen, die die Voraussetzungen des CAPM erweitern und nachweisen[162], daß in der Realität nicht nur wie im CAPM das systematische Risiko vom Markt bewertet wird, sondern auch unsystematische Risiken entgolten werden.[163] Als bewertungsrelevante Faktoren ergaben sich hierbei das Ausschüttungsverhalten, das Unternehmenswachstum[164] sowie die Unternehmensgröße, die zusätzliche Risikozuschläge induzieren können.[165]

Bezüglich den Risikozuschlägen haben Untersuchungen gezeigt, daß die bei kleineren Unternehmen höhere Renditeforderung der Aktionäre primär

---

162 Bislang liegt nur eine geringe Anzahl empirischer Analysen zur Bedeutung und Erklärung von unsystematischen Aktienkursrisiken vor. Eine ausführliche Übersicht über diesbezügliche Erhebungen findet sich bei Bauer, C., Aktienanlagen, S. 85.

163 So wurde in zahlreichen empirischen Untersuchungen gezeigt, daß der Beta-Faktor als entscheidungsrelevanter und als einziger das zu entgeltende Risiko verkörpernder Parameter mit Mängeln behaftet ist. Vgl. Nagler, M., Aktienanlage, S. 29 ff.; Schneider, D., Finanzierung, S. 459; Zimmermann, H., Aktienkursrisiken, S. 51 ff.

164 Vgl. Spremann, K., Risikomaß, S. 24 ff.

165 Vgl. Schierenbeck, H., Bankmanagement, Bd. 1, S. 421.

auf die bei dieser Unternehmensgruppe gegebene spezifische Situation der Informationsasymmetrie zurückzuführen ist.[166]

Auf der einen Seite stellen kleinere Unternehmen weniger systematisch und umfangreich Informationen zur Verfügung.[167] Ursächlich hierfür können die damit verbundenen Kosten sein. So kann z. B. der Aufwand für eine Veranstaltung mit Finanzanalysten der DVFA mit ca. 100.000 DM veranschlagt werden. Auf der anderen Seite führen die geringeren Losgrößen und degressiv zum Finanzvolumen verlaufenden Informationskosten dazu, daß kleinere Unternehmen zugleich auch weniger Gegenstand von Finanzanalysen sind bzw. mit weniger professionellem Interesse beobachtet werden. Das Interesse von Anlegern und Finanzanalysten richtet sich vielmehr auf größere Titel.

Die höheren Renditeforderungen werden nun darauf zurückgeführt, daß die Aktionäre sich gegen die aus den unzureichenden Informationen resultierenden Risiken schützen, indem sie — in der Literatur als eine "Selbstversicherungsprämie" gegen die Informationsrisiken bezeichnet — eine zusätzliche Risikokomponente in die gewünschte Verzinsung des zur Verfügung gestellten Eigenkapitals einkalkulieren.[168]

Um diese Selbstversicherungsprämie zu berücksichtigen, wurde innerhalb dieser Untersuchung der Beta-Faktor im CAPM erweitert, und zwar um den Faktor þ. Dieser Faktor stellt einen Risikoaufschlag dar und liegt zwischen Null und Eins. Die Größe þ spiegelt somit den Informationsnachteil des Investors in Form einer zusätzlichen Risikoprämie wider.[169]

---

166 Zu weiteren möglichen Ursachen für die im Rahmen der empirischen Kapitalmarktforschung durchgeführten Untersuchungen zu überdurchschnittlichen Renditen, auch als "Small-firm-Effekt" bzw. "Firm-size-Effekt" bezeichnet, vgl. ausführlich Beiker, H., Überrenditen, S. 56.

167 Vgl. Kaufmann, F., Beteiligungskapital, S. 348.

168 Diese berücksichtigt auch Faktoren, die die Qualität der Aktie nicht unmittelbar berühren, sondern mittelbarer Natur sind, so z. B. die mit dem Erwerb einer Aktie verbundenen Transaktionen, speziell die Kosten einer Börsenorder. Vgl. Schmidt, H., Wertpapierbörsen, S. 148.

169 Vgl. Dohmke, H. M., Rendite, S. 59.

Danach erfolgt die Berechnung der Eigenkapitalkosten wie folgt:

$$E(R_A) = R_F + ß\,þ\,(E(R_M) - R_F)$$

Bei der Übertragung dieser Argumentation auf die zugrundeliegende Problemstellung der Arbeit mag man zunächst einwenden, daß die Aktien der Großbanken als Bestandteile des DAX oftmals Gegenstand von Finanzanalysen sind. Ein Mangel an Interesse ist somit nicht festzustellen.

Gleichwohl führen die Research-Aktivitäten nicht zu der vollständigen Beseitigung von Informationsasymmetrien. Also könnte es als plausibel angenommen werden, daß auch Aktionäre einer Bank ihren subjektiv empfundenen Informationsnachteil zu kompensieren versuchen, indem sie ebenfalls eine zusätzliche Mißtrauenskomponente in ihre Renditeforderungen einfließen lassen. Divergieren wird die Prämie dabei in Abhängigkeit der vorhandenen Informationsasymmetrien, d. h. die Risikoprämie wird unter Umständen bei den kleineren Unternehmen höher sein.[170]

Die Hypothese lautet also, daß eine verbesserte Informationspolitik die Eigenkapitalkosten einer Bank senken kann.

In den folgenden Kapiteln wird nun zu untersuchen sein, welche Anforderungen die Investor-relations-Politik einer Bank erfüllen muß, um die Mißtrauenskomponente in den Renditeforderungen der Aktionäre zu senken.

170 Vgl. Dohmke, H. M., Rendite, S. 193.

2. Eine shareholder-value-orientierte Bankunternehmensführung als eine sinnvolle Voraussetzung einer wirksamen Investor-relations-Politik

2.1 Eine shareholder-value-orientierte Bankunternehmensführung im Rahmen der Investor-relations-Politik

Eine wesentliche Voraussetzung, um insbesondere das Ziel der Kapitalkostenreduzierung zu erreichen, stellt eine Bankunternehmensführung dar, die in den Mittelpunkt des bankunternehmerischen Handelns, die Aktionärsinteressen[171] stellt. Denn diese ist geeignet, die in Kapitel 1 skizzierten divergierenden Zielsetzungen von Managern und Aktionären zu harmonisieren, da mit der Fokussierung auf den Aktionärsnutzen eine gemeinsame Zielgröße zwischen der Unternehmensführung und den Aktionären versucht wird zu etablieren.[172] Eine solche Unternehmensführung wird insbesondere durch eine shareholder-value-orientierte Bankunternehmensführung gewährleistet, da diese in den Mittelpunkt der Unternehmensführung die Maximierung des Aktionärsnutzens stellt.

Eine shareholder-value-orientierte Bankunternehmenspolitik zeichnet sich dadurch aus, daß ein im Interesse der Aktionäre handelndes Management diejenigen Investitions- und Finanzierungsentscheidungen trifft, die das Vermögen der Aktionäre einer Bank maximieren.[173] Entscheidungen des Managements, die gegen die finanziellen Interessen der Aktionäre verstoßen, führen durch Aktienverkäufe unzufriedener Aktionäre zu sinkenden Aktienkursen. Dies ist insbesondere dann von Relevanz, wenn das Management beabsichtigt, eine Kapitalerhöhung auf dem Kapitalmarkt durchzuführen. Bei einer geplanten Kapitalerhöhung durch die Ausgabe von Aktien fließen der Bank bei nachhaltig gesunkenen Kursen nur geringere Mittel zu mit der Konsequenz, daß die Realisierung notwendiger Investitionen verhindert wird und damit nicht nur das leistungswirtschaftliche Potential einer Bank gefährdet wird, sondern auch die Arbeitsplätze der Manager. Deshalb hat die Bankunternehmensführung einen Anreiz, ihre Geschäftspolitik an den Interessen der Aktionäre auszurichten und die Aktionäre über die ak-

---

171 Dabei generiert sich das Aktionärsinteresse aus den Dividenden sowie aus den Kursgewinnen auf den Aktien.

172 Vgl. Hachmeister, D., Shareholder value, S. 824; Elschen, R., Shareholder Value, S. 209 ff.

173 Vgl. Elschen, R., Agency-Theorie, S. 250 f.

tionärsorientierte Geschäftspolitik im Rahmern der Investor-relations-Politik zu informieren.[174]

Des weiteren stellt eine shareholder-value-orientierte Bankunternehmensführung eine Verbesserung der Vermittlung entscheidungsrelevanter und umfassender Informationen für die Aktionäre in den Vordergrund ihrer Zielsetzungen. Hierzu gehören sowohl eine Rechnungslegung, die weitgehend auf bankenspezifische Bewertungsprivilegien verzichtet und damit das Informationsinteresse des Aktionärs in den Mittelpunkt der Bilanzierung stellt als auch die Gewährleistung einer umfassenden Berichterstattung über geschäftspolitische Vorhaben.

Grundsätzlich ist bei den deutschen Banken bereits eine Bereitschaft zu erkennen, eine an den Aktionärsinteressen ausgerichtete Geschäftspolitik zu betreiben. Eine Aufnahme dieser Thematik durch das Management der Banken ist seit Mitte der neunziger Jahre zu konstatieren. Offensichtlich wurde dieses in den Ansprachen der Vorstände der Banken in den Hauptversammlungen 1996, die in den Mittelpunkt ihrer Vorträge die Ausrichtung der bankbetrieblichen Ziele auf die Maximierung des shareholder value stellten.[175] Im folgenden sollen zunächst weitere Ursachen eruiert werden, die die Etablierung einer shareholder-value-orientierten Unternehmensführung bei Banken fördern, sodann wird auf die nach Meinung der Verfasserin notwendigen Bestandteile einer solchen Unternehmensführung eingegangen.[176]

174 Diese Wirkung wird nur dann erzielt, wenn das Management bei einem Finanzbedarf auf den Kapitalmarkt angewiesen ist und der Kapitalbedarf nicht durch die Selbstfinanzierung aus einbehaltenen Gewinnen oder durch Fremdfinanzierung gedeckt wird.

175 "Durch die konsequente Ausrichtung unserer Geschäftspolitik auf die Interessen unserer Aktionäre, sprich auf die Mehrung des shareholder values wollen wir den Vertrauensvorschuß rechtfertigen, den Sie uns (der Bayerische Vereinsbank AG) mit Ihrem Investment in unsere Aktie entgegengebracht haben." O. V., Shareholder Value, S. 481.

176 In Deutschland werden neben den angelsächsischen Begriffen shareholder value, value-based-planning und value-based-management auch die Termini wertorientiertes Management, Management-Wert-Konzept und Wertsteigerungsanalyse verwendet.

2.2 Weitere Ursachen für eine shareholder-value-orientierte Unternehmensführung bei Banken

Die Orientierung der Unternehmensführung an den Interessen der Eigentümer hat seit Anfang der achtziger Jahre in Deutschland sowohl in der Wissenschaft als auch in der Praxis zunehmend an Bedeutung gewonnen.[177] Gewinnsteigerungen der Unternehmen, die sich nicht in Marktwertsteigerungen niederschlugen und die Gefahr einer feindlichen Übernahme induzieren, beeinflußten eine an den Aktionärsinteressen ausgerichtete Unternehmensführung.[178] Als Vorreiter einer shareholder-value-orientierten Unternehmensführung in Deutschland sind — ebenfalls wie bei der Etablierung einer Investor-relations-Politik — die multinationalen Unternehmen der sachgüterproduzierenden Industrie (z. B. Chemieunternehmen) anzuführen.

2.2.1 Zunehmender Einfluß institutioneller Investoren auf die Unternehmensleitung

Hintergrund für eine zunehmende Orientierung der Bankunternehmensführung an den Zielen der Aktionäre ist unter anderem die Kritik durch ausländische performance-orientierte Anleger an den Banken, daß diese nicht das Vermögen der Aktionäre steigern, sondern vernichten.[179] Belegt wurde diese Aussage mit Studien, in denen die durchschnittliche Aktienrendite (als geometrisches Mittel von Dividenden und Kurssteigerungen) der fünf Großbanken mit der durchschnittlichen Rendite des DAX verglichen wurde.[180] So betrug etwa 1995 die durchschnittliche Rendite der Commerz-

---

177 Ursächlich für die Entstehung des Shareholder-Value-Konzepts, dessen Ursprung in den USA liegt, waren die erheblichen Differenzen zwischen der Bewertung eines Unternehmens durch den Kapitalmarkt und dem fundamentalen Wert der Aktie, die in den USA Anfang der achtziger Jahre zu einer Welle feindlicher Übernahmen führte. Während dort 1981 Übernahmen von Firmen im Gesamtwert von 70 Mrd. US-Dollar erfolgten, betrug der Wert der Übernahmen 1997 bereits 520 Mrd. US-Dollar. Vgl. Gomez, P., Wertmanagement, S. 10 ff.; Guatri, L., Unternehmenswertsteigerung, S. 15 ff.

178 Vgl. Bühner, R., Management-Wert-Konzepte, S. 5 ff.

179 Vgl. Merril Lynch, Review, S. 2 ff.; Deutsche Morgan Grenfell, Shareholder Value, S. 16 ff.; Covill, L., floodgates, S. 87.

180 Vgl. SGZ-Bank, DAX-Unternehmen, S. 3.

bank-Aktie nur 5,93 % im Vergleich zur durchschnittlichen DAX-Rendite von 6,6 %.

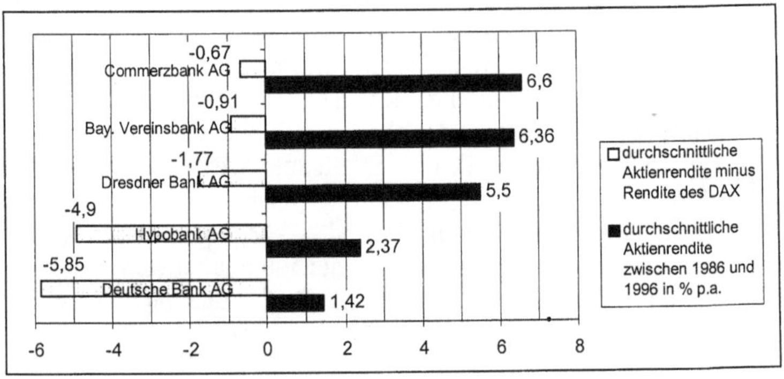

Abb. 3: Durchschnittliche Aktienrendite der fünf Großbanken im Vergleich zum DAX

Des weiteren wurde die geringe Marktkapitalisierung der Banken — als ein zusätzliches Indiz für eine Orientierung an den Aktionärsinteressen — im Vergleich zu der Entwicklung des Index CDAX-Kreditbanken kritisiert.[181] Die Marktkapitalisierung der Banken entwickelte sich unterproportional bzw. im Jahr 1996 sogar rückläufig, wie die folgenden Tabellen zeigen.

Jahr	**1993**	**1994**	**1995**	**1996**	**1997**
CDAX-Kreditbanken	218,66	205,93	215,70	238,75	371,02

Abb. 4: Stand des CDAX-Kreditbanken zum Jahresultimo als Vergleichswert für die Entwicklung des Gesamtbankmarktes

181 Vgl. Böhme, M., Universalbanken, S. 7.

Jahr	1993	1994	1995	1996	1997
Marktwert in Mrd. DM	95,50	84,00	84,80	80,45	83,50

Abb. 5: Aggregierter Marktwert der fünf Großbanken von 1993-1997 in Mrd. DM[182]

2.2.2 Zunehmender Wettbewerb im Bankensektor

Eine weitere Ursache für eine zunehmende Bedeutung einer shareholder-value-orientierten Unternehmensführung im Bankensektor ist der erhöhte Wettbewerb der Banken aufgrund sich ändernder Rahmenbedingungen, die zunehmend die Vormachtstellung der Banken auf dem Markt für Finanzdienstleistungen in Frage stellt.[183] Potentielle Konsequenzen des zunehmenden Wettbewerbs bestehen in negativen Auswirkungen auf das Ertragspotential und damit auf den shareholder value einer Bank. Werden die für den shareholder negativen Implikationen des zunehmenden Konkurrenzdruckes von den aktuellen und potentiellen Aktionären antizipiert, so besteht auf seiten der Bank die Notwendigkeit, den Investoren zu verdeutlichen, daß geeignete geschäftspolitische Strategien ergriffen werden, um den shareholder value einer Bank trotz sich verschärfender Wettbewerbsbedingungen auch in Zukunft zu steigern.

Bezüglich der geänderten Rahmenbedinungen hat zum einen die Intermediationsfunktion der Banken in bezug auf Kapitalangebot und -nachfrage durch den fortschreitenden Prozeß der Disintermediation einen erheblichen Bedeutungsverlust erfahren. Zum anderen führte die Entwicklung von Finanzinnovationen und Derivaten dazu, daß auch die Risikotransformationsfunktion der Banken zunehmend von anderen Marktteilnehmern erbracht werden kann. Die Änderungen in der Informationstechnologie bewirken weiterhin, daß die bislang dominierende Stellung der Universalbanken als

182 Die Marktkapitalisierung der einzelnen Institute wurde dabei der jeweiligen Jahresabschlußausgabe der Börsen-Zeitung entnommen.

183 Vgl. Amely, T., Shareholder Value, S. 280; Schuster, L., Bankwesen, S. 918.

Informationsverarbeiter geschwächt wird.[184] Die technischen Fortschritte in der Informationstechnologie haben neue Anwendungsfelder für neue Wettbewerber wie z. B. Kreditkartenorganisationen und Netzwerkbetreiber im Bankensektor erschlossen.[185]

Die geänderten Rahmenbedingungen führen zu einer Disaggregation des Geschäftsbetriebs. Einzelne Funktionen und Leistungen der Banken können auch ohne einen aufwendigen "Bankapparat" abgewickelt werden. Eine direkte Konkurrenz zwischen Banken und Netzwerkbetreibern sowie Dienstleistern, die Systeme für virtuelle Zahlungen entwickeln, entsteht z. B. bei dem Offerieren traditioneller bankbetrieblicher Leistungen wie der Abwicklung des Zahlungsverkehrs.[186] An der Schnittstelle Kunde-Bank können somit auch Spezialisten aus dem Nichtbankenbereich die bislang von Banken erbrachten Leistungen offerieren. Die Banken sind somit gezwungen, sich erhebliches technologisches know-how anzueignen, über das die Wettbewerber aus der Informationstechnologie bereits verfügen. Die Wettbewerber konzentrieren sich auf abgegrenzte Kundensegmente und richten ihre Struktur an den Bedürfnissen des Zielsegments aus. Durch Volumenvorteile können sie Back-office-Leistungen wie die Wertpapierverwahrung kostengünstig am Markt anbieten mit der Folge, daß eine Eigenerstellung für Banken nicht mehr wirtschaftlich sein kann. Für die Banken kann hieraus ein Verlust resultieren, der zum einen aus dem Ertragsrückgang in dem betreffenden Geschäft stammt sowie zum anderen aus der Existenz von Ressourcen, wenn diese nicht mehr rentabel eingesetzt werden können und quasi zu "Altlasten" werden, wie z. B. das umfangreiche Filialnetz der Banken.

2.2.3 Kritik an bankbetrieblichen Erfolgskennzahlen

Als ein weiterer wesentlicher Einflußfaktor für eine zunehmende Bedeutung des Shareholder-value-Ansatzes bei Banken läßt sich die wachsende Kritik institutioneller Anleger an den traditionellen Kennziffern zur Er-

---

184 In diesem Sinnzusammenhang äußerte sich ein Vorstandsmitglied einer Großbank wie folgt: "Unser Kerngeschäft wird bedroht von Wettbewerbern, die wir nie zuvor gekannt haben, von den Microsofts dieser Welt:" O. V., Netz, S. 58.

185 Vgl. Weinhard, C., Medien, S. 2 ff.; Scholz, C., Sydow, J., Netzwerkkooperation, S. 5 ff.

186 Vgl. Böhme, M., Universalbanken, S. 83; Endres, M., Entwicklungslinien, S. 4 ff.

tragslage der Bankunternehmensführung anführen.[187] Die Kritik an Kennzahlen, mittels derer die Performance einer Bank gemessen wird, bezieht sich sowohl auf die Aussagekraft des Buchgewinns einer Bank als Maßstab des unternehmerischen Erfolges als auch auf die mangelnde Korrelation zwischen jahresabschlußorientierten Kennzahlen und der Wertentwicklung am Kapitalmarkt.[188] Der aus dem Rechnungswesen der Bank ermittelte Gewinn weist als Indikator bankunternehmerischen Erfolgs folgende Mängel auf: Verwendung alternativer Bewertungsverfahren des Rechnungswesens, Ausschluß des Risikos sowie unvollkommene Erfassung von Investitionen.[189]

Die Höhe des Gewinns kann durch das Management einer Bank beeinflußt werden durch die zahlreichen Ansatz- und Bewertungsvorschriften der Rechnungslegung einer Bank, z. B. dem Bewertungsprivileg des § 340 f HGB sowie der Wahlrechte bei den Konsolidierungsvorschriften im Konzernabschluß.

Ein grundsätzlicher Mangel der Aussagekraft des Gewinns besteht in der Nichtberücksichtigung von Risiken, die während der Berichtsperiode eingegangen worden sind und für deren Übernahme die Aktionäre eine marktübliche Prämie erwarten.

Des weiteren werden Änderungen des Unternehmenswertes einer Bank durch Investitionen nur unvollkommen über den Gewinn erfaßt. Die Vorteilhaftigkeit von Investitionen beeinflußt den heutigen und zukünftigen bankunternehmerischen Erfolg. Diese Tatsache wird durch die Gewinn- und Verlustrechnung einer Bank nur unzureichend erfaßt, da eine Investition nur in Ausnahmefällen bereits zum Anschaffungszeitpunkt in gleicher Höhe Aufwand darstellt. Im Jahr der Anschaffung wird daher ein rechnerischer Gewinn für die Aktionäre ausgewiesen, der jedoch für diese nicht als Auszahlung verfügbar ist. Hingegen wird in zukünftigen Perioden durch die

---

187 Vgl. Cutts, J., Klein, S., Investor Relations, S. 568 f.

188 Vgl. Titzrath, A., Shareholder Value-Konzept, S. 25 ff.

189 Vgl. allgemein ausführlich zu den wesentlichen Ursachen für die mangelnde Eignung des Gewinns als Indikator zur Messung des wirtschaftlichen Erfolgs eines Unternehmens Rappaport, A., Shareholder Value, S. 19 ff.; Bühner, R., Management-Wert-Konzept, S. 22.

Abschreibungen ein Gewinn ausgewiesen, der im Vergleich zur tatsächlichen Ausschüttungsfähigkeit der Bank zu gering ist.[190]

Die mangelnde Objektivität des Gewinns führt dazu, daß auch die Aussagekraft von Kennzahlen im Hinblick auf die Steigerung des Aktionärsvermögens begrenzt bleibt. Problematisch im Hinblick auf die Abbildung der Ertragslage einer Bank ist z. B. die Aussagefähigkeit der Kennzahl "Eigenkapitalrentabilität". Unterschiede ergeben sich durch die Anwendung verschiedener Rechnungslegungssysteme einerseits sowie durch den Einbezug unterschiedlicher Größen in Zähler und Nenner andererseits.[191] Bezüglich der unterschiedlichen Rechnungslegungssysteme ergeben sich Unterschiede in der Höhe des ausgewiesenen Buchkapitals, da bei einer Bilanzierung nach HGB das Buchkapital aufgrund der Stillen Reserven geringer ist als das Buchkapital nach IAS. Durch die Auflösung der Stillen Reserven bei einem Abschluß nach IAS ist die Eigenkapitalrendite einer Bank nach IAS im Vergleich zum HGB geringer.[192] Bei den Größen im Zähler und Nenner der Kennzahl ergibt sich die Problematik der Vergleichbarkeit durch die uneinheitliche Verwendung der in die Berechnung einbezogenen Größen. Bei einigen Banken werden in die Berechnung der Eigenkapitalrentabilität die Anteile im Fremdbesitz einbezogen, bei anderen Instituten hingegen erfährt diese Position keine Berücksichtigung.

2.3 Ausgewählte Instrumente einer shareholder-value-orientierten Unternehmensführung bei Banken

2.3.1 Konzentration auf ertragreiche Geschäftsfelder

Zur Erhöhung des shareholder value sind ertragreiche Geschäftsfelder, die die von der Geschäftsleitung vorgegebenen Renditeziele erreichen, auszubauen, und Geschäftsfelder, die die angestrebte Rendite nicht erreichen, abzubauen. Investive Vorhaben zur Steigerung des Marktwertes einer Bank können sich z. B. auf den Ausbau des investment banking, des asset management und des private banking erstrecken, da in diesen Geschäftsfeldern hohe Ertragsmöglichkeiten bestehen. Eine von einer internationalen Wirt-

190 Bei einer Vielzahl von Banken werden z. B. hohe Investitionen in moderne Kommunikations- und Datenverarbeitungstechniken getätigt.

191 Vgl. o. V., Eigenkapitalrentabilität, S. 1207 ff.

192 Die Rendite vor Steuern betrug bei der Deutsche Bank AG im Jahr 1996 nach IAS 17,1 % und nach HGB 18,8 %.

schaftsprüfungsgesellschaft durchgeführte Studie über die Ertragsmöglichkeiten im private banking ergab z. B., daß das Marktvolumen von vermögenden Privatkunden weltweit ca. 9,6 Billionen US $ beträgt und Wachstumsraten in diesem Segment nach Schätzungen zwischen 11 % und 15 % betragen.[193] Hinzu kommt, daß der Markt bisher stark fragmentiert ist und selbst die bislang führenden Anbieter im private banking nicht über mehr als 1 % Marktanteil verfügen. Im Gegensatz zum investment banking fallen in diesem Geschäftssegment für deutsche Banken nicht die hohen finanziellen Anlaufinvestitionen an, die aufgrund des Know-how-Defizites im investment banking bei den deutschen Banken erforderlich waren. Entscheidend für die Beurteilung, inwieweit diese Maßnahmen zur Erhöhung des Marktwertes einer Bank beitragen, ist allerdings der Betrachtungszeitpunkt. In der kurzfristigen Perspektive entfalten die hohen finanziellen Anfangsinvestitionen, die infolge des Erwerbs britischer Investmentbanken und US-amerikanischer Vermögensverwaltungen zur Beschaffung des spezifischen know-hows angefallen sind, wertmindernde Wirkungen. Des weiteren können Integrationsprobleme zwischen angelsächsischen und kontinentaleuropäischen Kulturen ebenfalls wertmindernde Wirkung entfalten. In der langfristigen Perspektive sind die mit diesem Geschäftsfeld verbundenen erheblichen Wachstums- und Ertragsmöglichkeiten zu berücksichtigen. Aus diesem Grund ist zur Beurteilung im Hinblick auf die Generierung von shareholder value eine langfristige Perspektive notwendig.

Desinvestive Maßnahmen müssen in den Geschäftsbereichen erfolgen, die eine mangelnde Rentabilität aufweisen oder in denen mangelnde Synergien zu dem Kerngeschäft bestehen.[194] Desinvestive Entscheidungen mit negativen volkswirtschaftlichen Konsequenzen sollten von Banken ausführlicher als von Unternehmen anderer Branchen gegenüber der Öffentlichkeit begründet werden. Ursächlich hierfür ist die exponierte Stellung der Banken. Diese trägt dazu bei, daß desinvestive Maßnahmen zur Steigerung des shareholder value in der Öffentlichkeit heftig diskutiert werden. Der Grund hierfür ist, daß die Haltung der Öffentlichkeit gegenüber Banken als ambivalent zu charakterisieren ist. Auf der einen Seite existiert in der Öffentlichkeit ein hohes Vertrauen gegenüber Banken aufgrund der ihnen unter-

---

193 Vgl. Klöppelt, H., Private Banking, S. 203.

194 Die Bayerische Vereinsbank AG verkaufte Bankbeteiligungen in Österreich und konzentrierte das Geschäft mit den vermögenden Privatkunden wieder auf München. Die Deutsche Bank AG veräußert ihre Beteiligungen an Nichtbanken wie z. B. Hapag-Lloyd, Karstadt und Salamander.

stellten fachlichen Kompetenz; auf der anderen Seite besteht den Instituten gegenüber ein latentes Mißtrauen.[195]

Problematisch stellt sich z. B. die für Banken betriebswirtschaftlich notwendige Entscheidung dar, bei einem drohenden Ausfall eines Großkredits keine weitere Liquidität mehr zur Verfügung zu stellen und damit unter Umständen einen Sanierungsfall zu erzeugen. Hier sind die negativen Auswirkungen auf Kunden und die freigesetzten Mitarbeiter zu berücksichtigen, auf der anderen Seite besteht kein Rechtfertigungsgrund gegenüber den Aktionären, ein unter Umständen nicht mehr wettbewerbsfähiges Unternehmen mit Kapital zu unterstützen. Um den Sanierungsfall nicht eintreten zu lassen, erwerben Banken oftmals auch Anteile an dem notleidenden Unternehmen.

Ebenfalls ist das Beteiligungsportfolio der Banken — wobei hier auf Beteiligungen an Nichtbanken fokussiert wird, die nicht durch die Umwandlung notleidender Kredite in Sanierungsfällen entstanden sind — einer kritischen Analyse im Hinblick auf die Rentabilität zu unterziehen. Grundsätzlich stellt sich dabei die Frage nach der Notwendigkeit der Beteiligung von Banken an Nichtbanken. Die von den Sprechern einiger Banken angeführten Begründungen, daß die von Banken gehaltenen Beteiligungen unter dem Blickwinkel der Risikodiversifikation zu beurteilen sind, da sie Erträge außerhalb des Bankgeschäfts ermöglichen und somit die Abhängigkeit von den Kapitalmärkten verringern, sind nicht als überzeugend zu werten.[196] Die Aktionäre können selber eine Risikodiversifikation ihres Aktienportefeuilles durchführen, indem sie in verschiedenen Branchen investieren oder Anteile eines Aktienfonds erwerben.

Die Beteiligungsproblematik ist angesichts der Tatsache interessant, daß der Marktwert des Eigenkapitals der Großbanken erheblich von dem Marktwert der Anteile von wesentlichen Beteiligungen an den Nichtbanken dominiert wird. Der Marktwert der Beteiligungen an Nichtbanken betrug z. B. bei der Deutsche Bank AG am 31.12.1996 rund 27 Mrd. DM. Bei einer Marktkapitalisierung von 36 Mrd. zum 31.12.1996 entspricht dieses 75 %

---

195 Das Zwielichtige bei dem Geschäft mit dem Geld kumulierte im Mittelalter im kanonischen Zinsverbot, wonach die Zeit Gott gehört und der Erhalt von Zinsen als Wucher galt; da Gott gleichmäßig allen Menschen Zeit geschenkt hat, betrügt man Gott, wenn man hierfür einen Preis verlangt. Vgl. Kramer, R., Ethik, S. 55; Werner, T., Rechenschaft, S. 172.

196 Vgl. o.V., Bankenbild, S. 320 ff.

der Börsenkapitalisierung der Bank. Bei der Dresdner Bank AG betrug der Anteil der Beteiligungen an der Börsenkapitalisierung sogar 90 %.[197] Problematisch ist, daß die Beteiligungen oftmals auch nur eine geringe Rendite erzielten.[198] Im Rahmen des Shareholder-value-Ansatzes müßten somit Beteiligungen bei ertragsschwachen Unternehmen reduziert und bei ertragsstarken Unternehmen ausgebaut werden.[199]

Der Erlös aus den Beteiligungsverkäufen sollte zur Steigerung des shareholder value in Kerngeschäftsfelder investiert werden, z. B. zum Ausbau des asset management. In den vergangenen Jahren war festzustellen, daß der Anteilsbesitz der Banken an Nichtbanken sukzessive abgebaut wurde.[200] Gleichwohl besteht derzeit die steuerrechtliche Problematik, daß die bei einem Abbau des Beteiligungsbesitzes realisierten Stillen Reserven zu erheblichen Steuerzahlungen führen.

Des weiteren ist zu eruieren, inwieweit bestehende Industriebeteiligungen auf das Beratungsgeschäft der Bank negative Wirkungen haben. Negative Wirkungen werden dann erzielt, wenn das beteiligungsspezifische Bankinteresse in einem Gegensatz zu einer neutralen Beraterfunktion steht und die Gewinnung von Mandaten behindert werden kann.[201]

Wertsteigerungen können auch erzielt werden durch das outsourcing als Alternative zur Eigenerstellung der Leistung. Der Grund hierfür ist, daß beim outsourcing Spezialisierungs- und Größenvorteile der externen Anbieter genutzt werden, über die die Banken bei der Eigenerstellung nicht verfügen.[202] Das hierdurch geschaffene Einsparungspotential kann in die Geschäftsfelder investiert werden, denen ein hohes Ertragspotential zugesprochen wird.

---

197 Vgl. Deutsche Bank AG, Geschäftsbericht 1997, S. 60; Dresdner Bank AG, Geschäftsbericht 1997, S. 72.

198 Im Jahr 1996 zahlten z. B. fünf Unternehmen, an denen die Deutsche Bank AG eine Beteiligung hielt (Daimler Benz, Philip Holzmann, Hutschenreuther, Metallgesellschaft und Deutz), keine Dividende. Insgesamt belief sich die Dividendenrendite der Beteiligungen Ende 1996 auf 0,6 % des Marktwertes des Beteiligungsportefolios. Vgl. WestLB Research, Deutsche Bank AG, S. 16.

199 Vgl. Böhm, J., Banken, S. 18.

200 Vgl. o. V., Interessenskonflikte, S. 17; o. V., Strategiewechsel, S. 3.

201 Vgl. Walter, I., Universalbank, S. 4.

202 Vgl. Türk, B., Lean Banking, S. 48 ff.

Während in der Vergangenheit oftmals nicht bankspezifische Leistungen ausgelagert wurden — überwiegend betrafen diese innerbetriebliche Leistungen des technisch-organisatorischen Bereichs wie Boten- und Bargelddienste, Fahrdienste sowie den Kantinenservice — sind nunmehr Tendenzen zu erkennen, auch Bankleistungen fremd zu beziehen bzw. auszulagern wie z. B. den Zahlungsverkehr oder die Auslagerung zweifelhafter Kreditengagements, das sog. Work-out-Geschäft.

2.3.2 Systematische Nutzung von Kostensenkungs- und Erlössteigerungsmöglichkeiten im operativen Geschäft

Weitere Alternativen zur Steigerung des shareholder value bestehen in der systematischen Nutzung von Kostensenkungs- und Ertragssteigerungsmöglichkeiten, von denen einige für den Bankbereich geltenden Möglichkeiten im folgenden diskutiert werden sollen. Erhebliche Potentiale zur Senkung der Kosten und Steigerung der Rentabilität liegen in einer kunden- und kostenorientierten Strukturierung des Filialnetzes. Diese betreffen sowohl die Straffung als auch die Differenzierung des Zweigstellennetzes. Das Filialnetz kann strukturiert werden in Niederlassungen mit "full service", die die Kunden stets in allen finanziellen Problemstellungen beraten und für bestimmte Leistungen auch außerhalb der normalen Schalteröffnungszeiten zur Verfügung stehen, und Servicegeschäftsstellen, die nur für das Standardgeschäft zuständig sind, sowie Selbstbedienungsshops.[203] Ebenso können Back-office-Tätigkeiten aus den Zweigstellen der Banken in sogenannte Bearbeitungscenter verlagert werden. Die Konzentration der Back-office-Tätigkeiten in den Bearbeitungscentern hat zum einen den Vorteil, daß die EDV-Fazilitäten gebündelt werden und damit eine stärkere Ausnutzung erfahren sowie zum anderen die Banken von einem im Vergleich zu den Innenstädten geringeren Mietkostenniveau profitieren. Diese Maßnahmen führen zu einer Reduktion der allgemeinen Verwaltungskosten.

Einen wesentlichen Beitrag zur Steigerung des Aktionärsvermögens kann auch die Einführung eines Kostenrechnungssystems leisten, das die angefallenen Kosten den einzelnen Geschäftsbereichen verursachungsgerecht zuordnet. Dieses ist von eminenter Bedeutung für die Zukunftserfolge des Bankunternehmens, denn werden durch ein ungeeignetes Kostenrechnungssystem z. B. zu hohe Deckungsbeiträge für eine oder mehrere Bankleistungen ermittelt, besteht die Gefahr, daß die Bank nicht wettbewerbsfähige

203 Vgl. Büschgen, H. E., Bankmarketing, S. 188.

Preise kalkuliert. Werden hingegen zu niedrige Produktkosten ermittelt und demzufolge die Marktpreise zu niedrig angesetzt, kommt es zum Abschluß nicht kostendeckender Geschäfte und der Erwirtschaftung von Verlusten. Diesem Aspekt kommt gerade im Hinblick auf die Preispolitik der Banken eine erhebliche Bedeutung zu, da diese charakterisiert ist durch eine (noch) ausgeprägte Mischkalkulation bzw. Ausgleichspreisstellung.[204] Aus Sicht der Gesamtbank werden nicht kostendeckende Leistungen in einzelnen Geschäftsbereichen durch ertragsstarke Leistungen in anderen Geschäftsbereichen alimentiert, so z. B. die Subventionierung des in der Breite defizitären Zahlungsverkehrs durch das ertragreiche Einlagengeschäft.[205] Problematisch erscheint diese Vorgehensweise insbesondere vor einem erhöhten Wettbewerb, bei dem die Kunden immer preisbewußter werden. In diesem Zusammenhang ist die bei einigen Banken forcierte Entwicklung der Installierung einer Prozeßkostenrechnung zu beobachten, die eine kostenverursachungsgerechte Verteilung des im Bankbetrieb hohen Gemeinkostenblocks auf die Kostenträger gewährleistet.[206]

Zur Erhöhung des shareholder value sind auch Maßnahmen zu ergreifen, die die Wahl einer geeigneten Organisationsstruktur betreffen.[207] Bezüglich der Organisationsstruktur ist anzuführen, daß komplexe Organisationsstrukturen den marktlichen Bedürfnissen nicht mehr gerecht werden und damit Ertragseinbußen induziert werden können. Es müssen Organisationsstrukturen geschaffen werden, die in der Lage sind, eine größere Kunden- und Marktnähe sowie eine höhere Flexibilität und flache Hierarchien sicherzustellen.[208] Die Organisationsstruktur der Banken soll einen hohen unternehmerischen Handlungsspielraum für einzelne Geschäftsbereiche

---

204 Vgl. Süchting, J., Bankloyalität, S. 25 ff.

205 Vgl. Schierenbeck, H., Banken, S. 3.

206 Vgl. Coenenberg, A., Fischer, T., Prozeßkostenrechnung, S. 21 ff.; Horvarth, P., Kostenmanagement, S. 71 ff.

207 Nach der Reorganisation 1994 bezeichnete sich z. B. die Bayerische Vereinsbank AG als fokussierte Universalbank, d. h. als ein Institut, das bezüglich Märkten, Produkten und Kunden genaue Zielvorstellungen hat. So wird differenziert zwischen Basisdienstleistungen, Standarddienstleistungen und Spezialdienstleistungen auf ausgewählte rentable Geschäftsfelder, wobei als Kernmärkte Deutschland und angrenzende mitteleuropäische Länder ausgewählt wurden. Vgl. Schmidt, A., Bayerische Vereinsbank, S. 3.

208 Vgl. Schuster, L., Bankwesen, S. 918.

schaffen und zugleich auch Synergieeffekte zwischen den Geschäftsfeldern gezielt fördern.[209]

Eine effiziente Gestaltung der bankbetrieblichen Leistungserstellung durch die Straffung und Standardisierung der Arbeitsprozesse kann neben einer allgemeinen Produktivitätssteigerung des weiteren eine Beschleunigung der Bearbeitungs- und Entscheidungsvorgänge induzieren, da der Zeitfaktor in einem zunehmenden Ausmaß einen wesentlichen Erfolgsfaktor einer Bank darstellt. Insbesondere im Kreditgeschäft einer Bank ist die Dauer von der Antragstellung bis zur Bewilligung ein zunehmend entscheidender Wettbewerbsfaktor um die Akquisition von Kunden geworden. Dieser fordert zunehmend kürzere Bearbeitungs- und Entscheidungszeiten. Bis Mitte der neunziger Jahre waren die Arbeitsprozesse, insbesondere im Privatkundengeschäft — sowohl im Einlagen- als auch im Kreditgeschäft — in hohem Maße arbeitsteilig organisiert. Konsequenz dieser auch als Taylorismus bezeichneten Arbeitsform waren lange Durchlaufzeiten, starke Auslastungsschwankungen und hohe Kosten. Eine Straffung der Arbeitsabläufe führt nun dazu, daß viele Prozesse nicht mehr in eine Vielzahl von Teilschritten zerlegt werden, sondern die bisher zergliederten Arbeitschritte auf einen Mitarbeiter konzentriert werden. Wenngleich grundsätzlich zu berücksichtigen ist, daß eine solche Veränderung der betrieblichen Arbeits- und Ablauforganisation eine wesentlich größere Beteiligung des einzelnen Mitarbeiters als bisher impliziert und zu höheren Anforderungen an berufliche Qualifikation führt, hat die Abkehr vom Taylorismus aber auch den Vorteil, daß die Identifikation des Mitarbeiters mit seiner Aufgabe wächst mit den positiven Folgen einer höheren Arbeitszufriedenheit und einer Steigerung der Leistungsfähigkeit.

Ebenfalls führt eine Reduktion des Leistungsbündels bei standardisierten Produkten zu einer Erhöhung der Produktivität der bankbetrieblichen Leistungserstellung. Eine hohe Anzahl von Leistungen mit verschiedenen Ablaufstrukturen führt tendenziell zu höheren Stückkosten, da die Auslastung von Kapazitäten und Systemen bei vielen unterschiedlichen Leistungsstrukturen deutlich schwieriger und damit in der Regel suboptimal ist. Viele Leistungen in den Banken weisen negative Deckungsbeiträge auf. Ursächlich für die negativen Deckungsbeiträge sind die stufenfixen Kosten, die bis

---

209 Aus diesem Grund erfolgte bei der Mehrzahl der Großbanken im Jahr 1995 ein Wechsel von einer regionalen und produktbezogenen Organisation zu einer kundenorientierten Aufbauorganisation, um die mit dieser Organisationsform verbundenen Vorteile zu realisieren.

zu 30 % der Gesamtkosten betragen.[210] Als solche werden Kosten bezeichnet, die nicht mit der Zahl von Leistungen ansteigen, sondern bei der Entwicklung und Pflege von Anwendungsprogrammen, in der Verkaufsförderung und Schulung, im Vertrieb durch Rüstzeiten bzw. hohen Beratungsaufwand entstehen.[211] Die Reduktion der Produktkomplexität führt dazu, daß sich Abläufe besser standardisieren und automatisieren lassen. In Verbindung mit einer Bündelung von Aufgaben werden die Prozeßkosten gesenkt sowie die Qualität und Schnelligkeit erhöht. Die Standardisierung der Abläufe stellt des weiteren eine Voraussetzung für eine Technisierung der Routinearbeiten dar, die heute die Mehrzahl der Kapazitäten bindet. Durch die Substitution menschlicher Tätigkeit durch eine weitgehende Technisierung der Tätigkeit lassen sich hohe Einsparungen realisieren. Teilweise könnte das freigesetzte Ressourcenpotential nach entsprechenden Aus- und Weiterbildungsmaßnahmen in der individuellen Kundenberatung eingesetzt werden, da bedarfsgerechte Kundenlösungen ebenfalls zu einem wesentlichen Wettbewerbsfaktor geworden sind und zugleich Wertsteigerungspotentiale für eine Bank beinhalten.

2.3.3 Anreizorientierte Vergütung des Managements

Eine weitere mittelbare Maßnahme zur Steigerung des Aktionärsvermögens stellt eine Vergütung des Vorstandes und der leitenden Mitarbeiter einer Bank dar, die sich an den finanziellen Zielen der Aktionäre orientiert.[212] Aus diesem Grund sollte das Managementgehalt variable Komponenten enthalten, die sich nach der Entwicklung der Aktienrendite bestimmen. Grundsätzlich stellt eine erfolgsabhängige Vergütung des Managements kein Novum dar, da das Aktiengesetz gem. § 87 AktG die Beteiligung der Unternehmensleitung am Gewinn ausdrücklich vorsieht. Im Rahmen des Shareholder-value-Ansatzes ist nunmehr eine variable Vergütung vorzunehmen, bei der die Bezugsgröße die Entwicklung des Aktionärsvermögens bildet, definiert als Veränderung des Aktienkurses und der Dividende.[213] In diesem Kontext ist die Einführung von Aktienoptionen als variabler Teil der Managementvergütung anzuführen.[214] Die Anreizwirkung in der Aus-

---

210 Vgl. Benölken, H., Wings, H., Lean banking, S. 30.

211 Vgl. Schierenbeck, H., Banken, S. 8 ff.

212 Vgl. Rappaport, A., Shareholder Value, S. 130.

213 Vgl. Siegert, T., Lenkungsinstrument, S. 601; Schwalbach, J., Managervergütung, S. 18; Semler, J., Vorstandsvergütungen, S. 603.

214 Vgl. o. V., Optionspläne, S. 3.

gabe von Optionen an die Manager besteht darin, daß diese bei guten Geschäftsergebnissen überproportional von Kurssteigerungen profitieren; andererseits besteht auch das Risiko, daß die Optionen wertlos werden, da wegen zu niedriger Kurse aufgrund eines schlechten Geschäftsergebnisses ihre Ausübung nicht vorteilhaft ist. Weitere Voraussetzungen für die erwünschten Anreizwirkungen von Aktienoptionsplänen auf das Management einer Bank bestehen in der Vereinbarung einer langen Laufzeit der Aktienoptionspläne sowie der Vereinbarung einer Sperrfrist, in denen die durch die Ausübung von Optionen erworbenen Aktien von dem Management nicht veräußert werden dürfen. Durch diese Vereinbarungen soll gewährleistet werden, daß das Management einer Bank einen Anreiz hat, langfristig den Wert der Bank zu steigern und nicht z. B. durch das Lancieren von "Nachrichten" und der Ausübung der Optionen kurzfristige Börsenkurssteigerungen dazu nutzt, das Gehalt erheblich zu steigern.[215] Eine anreizorientierte Entlohnungspolitik erfolgt zunehmend bei den deutschen Großbanken.[216]

Oftmals wird der aktienkursabhängigen Vergütung kritisch entgegengehalten, daß es fraglich sei, ob der Manager Einfluß auf den Aktienkurs hat, da der Börsenkurs nicht nur von der Ertragskraft, sondern auch von makroökonomischen Größen determiniert werde.[217] Als Konsequenz dessen spiegeln sich die unternehmerischen Anstrengungen nicht im Kurs wider.[218] Um Marktschwankungen bei aktienkursabhängigen Entlohnungssystemen zu eliminieren, könne als variable Vergütungskomponente die institutsspezifische Aktienrendite, relativiert durch einen Vergleich zur Rendite der im CDAX enthaltenen CDAX-Kreditbanken, als Erfolgsmaßstab für die Beurteilung des Managements einer Bank zugrunde gelegt werden.[219]

---

215 Vgl. Witt, P., Aktienoptionen, S. 3.

216 So führten die Deutsche Bank AG und Dresdner Bank AG zum Geschäftsjahr 1998 ein Stock-options-Programm für die obere Führungsebene ein. Vgl. o. V., Marktwert, S. 5.

217 Vgl. Bühner, W., Management-Wert-Konzept, S. 45 ff.

218 Variable Vergütungsformen spielen in Deutschland bislang noch eine vergleichsweise geringe Bedeutung, wie folgende Zahlen verdeutlichen: 90 % der Vorstandsmitglieder deutscher Aktiengesellschaften erhalten zwar erfolgsabhängige Tantiemen, diese beinhalten jedoch nur einen Anteil an der Gesamtvergütung von durchschnittlich 25 %. Vgl. Schwalbach, J. Managervergütung, S. 4.

219 Beim Vorstand ist für diesen Teil die Dividende maßgeblich, bei den anderen Managern sind es Ertragsgrößen wie der Jahresüberschuß sowie persönlich vereinbarte Ziele. Vgl. Schindler, U., Personalfunktion, S. 71.

2.3.4 Änderung des "Bilanzverständnisses" einer Bank im Rahmen einer shareholder-value-orientierten Unternehmensführung

2.3.4.1 Bislang praktizierte Rechnungslegung nach HGB

Bislang ist die Rechnungslegung deutscher Banken durch ein Streben nach Konformität und Kontinuität gekennzeichnet, das durch den Einsatz eines umfangreichen bilanzpolitischen Instrumentariums, welches Banken zur Verfügung steht, erreicht wird.[220] Wie in keiner anderen Wirtschaftsbranche spielten (bislang) bilanzpolitische Maßnahmen eine so gewichtige Rolle wie im Bankensektor.[221] "Banken denken und agieren wesentlich bilanzbewußter als Nichtbankunternehmen".[222]

Bilanzpolitische Maßnahmen setzen dabei primär an Bewertungsmaßnahmen an. Als wesentliche materielle Maßnahme, mit denen die Banken das ausgewiesene Bilanzergebnis regulieren, ist die bewußte Unterbewertung von Buchforderungen anzuführen.[223] Bestehen akute Ausfallrisiken hinsichtlich einzelner Forderungen, so sind für diese konkreten Fälle Einzelwertberichtigungen für den durch Ausfall gefährdeten Teil zu bilden. Da die Bewertung der Forderung im Wege eines subjektiven Schätzverfahrens erfolgt, entstehen Reserven bei besonders vorsichtiger oder pessimistischer Schätzung der zu erwartenden Verluste.[224] Die Unmöglichkeit einer objektiv genauen Bewertung der Forderungspositionen darf zwar nicht zur Bildung überhöhter Einzelwertberichtigungen ausgenutzt werden, die Bandbreite bei den Abschlägen ist in der Bankpraxis jedoch teilweise erheblich.[225] Grundsätzlich zeigt die Entwicklung bei den Banken, daß insbesondere in ertragreichen Geschäftsjahren hohe Einzelwertberichtigungen ge-

---

220 Dieser Zusammenhang manifestiert sich in dem Ausspruch: "Eine Bilanz ist nichts, was ist, sondern etwas, was gemacht wird." Zimmerer, C., Bilanzwahrheit, S. 5.

221 Vgl. Wegener H., Gestaltungsmöglichkeiten, S. 434; Rehkugler, H., Bilanzanalyse, S. 82; Gräfer, H. G., Ziele, S. 353.

222 Birck, H., Meyer, H., Bankbilanz, S. 3.

223 Ist der tatsächlich erwirtschaftete Erfolg in einem Geschäftsjahr höher als der gewünschte, kann durch Unterbewertung der Aktiva bzw. Überbewertung der Passiva bzw. durch die Nichtaktivierung von Bilanzhilfen das gewünschte Ergebnis erzielt werden.

224 Einzelwertberichtigungen kommt eine immer höhere Bedeutung zu. Vgl. Voss, B., Bilanzpolitik, S. 14 ff.

225 Vgl. Clemm, H., Bilanzpolitik, S. 361; Malt, F., Ergebnisausweispolitik, S. 231.

bildet wurden, den Einzelwertberichtigungen somit eine bedeutende Rolle bei der Risikovorsorge zugesprochen wird. Des weiteren führt neben der Bildung überhöhter Einzelwertberichtigungen aber auch die Beibehaltung einmal gebildeter, aber nicht mehr erforderlicher Wertberichtigungen auf Forderungen zu erheblichen Bewertungsreserven. Ermöglicht wird dies durch die für Banken geltende Ausnahme des Wertaufholungsgebots des § 280 HGB.

Wenngleich eine Pflicht zur Erläuterung der vorgenommenen Einzelwertberichtigungen aus der Vorschrift des § 284 Abs. 2 Nr. 1 HGB im Anhang resultiert, ist die Aussagefähigkeit für den Aktionär gleichwohl als gering zu erachten, da zum einen Einzelwertberichtigungen von den korrespondierenden Aktivposten direkt abzusetzen sind sowie zum anderen üblicherweise von den Kreditinstituten eine globale Umschreibung der Einzelwertberichtigungen gewählt wird, ohne absolute Beträge zu nennen.[226]

Eine weitere Möglichkeit für Banken, Stille Reserven zu bilden, besteht in dem bankenspezifischen Privileg des § 340 f HGB. Dieser erlaubt es Banken über sonstige Möglichkeiten eines vorsichtigen Wertansatzes hinaus, Vorsorge für allgemeine Bankrisiken zu betreiben. Nach § 340 f Abs. 1 Satz 1 HGB ist es Kreditinstituten erlaubt, die Bilanzpositionen Forderungen an Kreditinstitute und Forderungen an Kunden, Schuldverschreibungen und andere festverzinsliche Wertpapiere, die weder wie Anlagevermögen behandelt werden noch Teil des Handelsbestandes sind, mit einem niedrigeren Wert als dem nach § 253 Abs. 1 Satz 1, Abs. 3 HGB vorgeschriebenen oder zugelassenen Wert anzusetzen, soweit dies nach vernünftiger kaufmännischer Beurteilung zur Sicherung gegen die besonderen Risiken des Geschäftszweiges der Kreditinstitute notwendig ist. Welche Risiken im einzelnen den besonderen Risiken des Geschäftszweiges der Kreditinstitute zu subsumieren sind, wird vom Gesetzgeber offengelassen. Nach herrschender Meinung wird hiermit das allgemeine Branchenrisiko der Banken erfaßt.[227] Hierbei ergibt sich ein erheblicher Gestaltungsspielraum, der sowohl quali-

---

226 "Für Bonitätsrisiken werden nach konzerneinheitlich vorsichtigen Maßstäben Vorsorgen in Höhe des erwarteten Ausfalls gebildet." Deutsche Bank AG, Geschäftsbericht 1994, S. 68. "Den besonderen Risiken des Bankgeschäfts tragen wir durch Einzelwertberichtigungen, Pauschalwertberichtigungen und durch Vorsorgereserven gemäß § 340 f HGB in vollem Umfang Rechnung." Commerzbank AG, Geschäftsbericht 1994, S. 47.

227 Vgl. Meyer, H., Bankbilanzierung, S. 438 ff.; Krag, J., Bewertungsprivilegien, S. 374 f.; Bundesverband deutscher Banken (Hrsg.), Bankbilanzrichtlinie-Gesetz, S. 97.

tative als auch quantitative Kriterien umfaßt. Ein qualitativer Ermessensspielraum besteht bei der Bestimmung der in die Vorsorgereservebildung einzubeziehenden Vermögensgegenstände. Eine Abschreibung nach § 340 f HGB darf nur auf Wertpapiere der Liquiditätsreserve vorgenommen werden. In Wertpapieren des Anlagevermögens und des Handelsbestandes dürfen keine Globalabschreibungen verrechnet werden. Aus diesem Grund ist es erforderlich, daß die Banken intern eine Aufteilung ihres Wertpapierbestandes nach obengenannten Kategorien vornehmen müssen. Die Dispositionsfreiheit der Geschäftsleitung der Bank ergibt sich zunächst hinsichtlich der Zweckbestimmung der Wertpapierbestände entweder als Umlauf- oder als Anlagevermögen und resultiert aus dem Umstand der fehlenden Legaldefinition des HGB zum Anlagevermögen und zum Umlaufvermögen. Kriterien aus Rückschlüssen, wie z. B. ein mehrjähriger Besitz bzw. Halten des Bestandes, die eine Zuordnung der Wertpapiere zum Anlagevermögen naheliegend erscheinen lassen, werden vom Gesetzgeber nicht formuliert.[228] Einschränkung erfährt die subjektive Entscheidung jedoch in der Hinsicht, daß diese gegenüber dem BAKred und den Wirtschaftsprüfern aus Gründen der Transparenz aktenkundig gemacht und buchhalterisch belegt werden muß, so daß sie nachvollziehbar wird. Ist das Ziel der Bank, eine breite Berechnungsgrundlage für die Globalabschreibungen zu erreichen, wird ein überwiegender Teil der Wertpapiere dem Umlaufvermögen zugeordnet und folglich der Bestand an Wertpapieren des Anlagevermögens gering sein.

Im Vergleich zu den nach § 340 f HGB gebildeten Reserven kommt den Einzelwertberichtigungen und den unversteuerten Pauschalwertberichtigungen als bilanzpolitische Manövriermasse eine immer höhere Bedeutung zu. Damit die Legung und Auflösung der Stillen Reserven wirklich geräuschlos bzw. unbemerkt von den externen Adressaten vonstatten geht und diese nicht aufgrund der Höhe der Abschreibungsbeträge in der Gewinn- und Verlustrechnung auf das tatsächliche Ergebnis vor der stillen Risikovorsorge schließen können, gibt es diesbezüglich weitere Regeln bzw. Techniken. Gemäß § 340 f Abs. 1 HGB sind zu bildende Vorsorgereserven zwingend direkt von den Aktivpositionen abzusetzen bzw. aufgelöste Vorsorgereserven sind direkt den Positionen der Berechnungsgrundlage zuzurechnen. Des weiteren wird durch die Durchbrechung des Bruttoprinzips der Verdeckungsschutz in der Gewinn- und Verlustrechnung sichergestellt. So ist es den Banken erlaubt, in der Gewinn- und Verlustrechnung Auf-

---

228 Vgl. Bundesverband deutscher Banken, Bankbilanzrichtlinie-Gesetz, S. 96; Hölscher, R., Stille Reserven, S. 51.

wendungen und Erträge aus der Bildung und Auflösung von Liquiditätspapieren und Vorsorgereserven mit Kursgewinnen und Kursverlusten aus den oben genannten Wertpapieren sowie Abschreibungen und Zuschreibungen auf Forderungen, Zuführungen zu Rückstellungen für Eventualverbindlichkeiten und Kreditrisiken bzw. deren Auflösungen und Erträge aus Forderungseingängen zu verrechnen. Eine teilweise Saldierung ist nach § 32 RechKredV allerdings nicht zulässig. Es ist daher entweder eine vollständige Kompensation oder alternativ der Bruttoausweis möglich.

Die zuvor erläuterten Bewertungsprivilegien erlauben den Aufbau Stiller Reserven. Hierdurch erlangen bestehende und potentielle Aktionäre tendenziell nur unvollständige und verzerrte Informationen über die Ertragslage. Die Rechnungslegung nach HGB bietet, wie vielfach kritisiert, nicht nur den Gläubigern Schutz, sondern auch dem Management. Durch die Ausübung oder Nichtausübung von Bewertungswahlrechten können die Gewinnentstehung und Gewinnverwendung in erheblichem Maße gesteuert werden. Das Management besitzt somit die Möglichkeit, einen tendenziell kontinuierlichen Ertragsverlauf zu konstruieren und damit Ertragseinbrüche kurz- bis mittelfristig vor den Aktionären zu verschleiern.

2.3.4.2 Hinwendung zu einer aktionärsorientierten Rechnungslegung

Eine Bankunternehmensführung, die in den Mittelpunkt ihrer unternehmerischen Zielsetzung die Interessen der Aktionäre stellt, sollte einer Rechnungslegung folgen, die eine shareholder-value-orientierte Einstellung der Bank gegenüber den Aktionären widerspiegelt. Es ist somit eine Rechnungslegung zu präferieren, die durch einen weitgehenden Verzicht auf die Ausübung bilanzpolitischer Maßnahmen und eine konsequente Marktbewertung der Vermögensgegenstände und -verbindlichkeiten charakterisiert ist. Dies impliziert insbesondere eine Abkehr von einer zu stark auf die Bildung Stiller Reserven gerichteten Politik. Stellen Stille Reserven eine Manövriermasse des Managements dar und beinhalten die Gefahr, daß damit geschäftspolitische Sachverhalte verdeckt werden, die aufgrund eigener Interessen anstelle von Aktionärsinteressen durchgeführt wurden. Bei der Bildung einer Manövriermasse besteht somit aus Perspektive der Aktionäre die Gefahr, daß sich das Management der Kontrolle des Kapitalmarkts entzieht.

2.3.4.1 Dominanz der Informationsinteressen der Aktionäre

Eine Rechnungslegung, die die Möglichkeit des Managements reduziert, die tatsächliche Ergebnisentwicklung zu verwischen, stellt das Informationsinteresse des Aktionärs in den Mittelpunkt der Rechnungslegungsvorschriften und wird daher auch als kapitalmarktorientierte Rechenschaftslegung bezeichnet.[229] Dem Aktionärsinteresse wird entsprochen durch die Weitergabe umfassender Informationen an die Kapitalmarktteilnehmer auf Basis einer entscheidungsrelevanten Bilanzierung.[230] Kapitalmarktorientierte Rechnungslegungssysteme finden sich in der angloamerikanischen Rechnungslegungsphilosophie, vertreten durch die Bilanzierung nach US-GAAP (United States General Accepted Accounting Principles) und nach IAS (International Accounting Standards).[231] Im folgenden wird auf die Möglichkeiten eingegangen, die eine Bilanzierung nach IAS für eine shareholder-value-orientierte Rechnungslegung beinhaltet. Die Fokussierung auf die IAS wird hier deswegen gewählt, da Entwicklungen sich abzeichnen, die darauf hindeuten, daß die IAS im Vergleich zu den US-GAAP eine weitaus höhere Bedeutung erlangen werden. Ursächlich hierfür ist zum einen, daß die IOSCO ihre Bereitschaft signalisiert hat, die nach IAS aufgestellten Abschlüsse bei der Notierung an ausländischen Börsen anzuerkennen, sowie zum anderen, daß die US-GAAP den Nachteil aufweisen — analog der Rechnungslegung nach dem HGB —, ebenfalls eine vorwiegend national geprägte Rechnungslegung zu sein.[232]

---

229 Vgl. Coenenberg, A., Entscheidungswirkungen, S. 321; Kleekämper, J., Entwicklungen, S. 415.

230 Ebenfalls wird hier der Gläubigerschutz berücksichtigt, wenngleich dieser unterschiedlich interpretiert wird. Während der Gläubiger nach dem HGB durch eine vorsichtige Ermittlung des ausschüttungsfähigen Gewinns geschützt wird, werden entsprechend der angloamerikanischenen Rechnungslegungsphilosophie die Gläubiger dann am besten geschützt, wenn aussagefähige und umfassende Informationen zur Verfügung gestellt werden.

231 Im Gegensatz hierzu dominiert in der kontinentaleuropäischen Rechnungslegung das Postulat der Ermittlung des steuerrechtlich ausschüttbaren Gewinns nach dem Grundsatz des Gläubigerschutzes auf der Basis des Vorsichtsprinzips. Vgl. Kleber, H., Rechnungslegungsgrundsätze, S. 382; Küting, K. H., Bilanzierung, S. 358.

232 Zu der Bilanzierung nach US-GAAP vgl. ausführlich Haller, A., USA, S. 723.

Eine Bilanzierung nach IAS dokumentiert eine nachhaltige Verfolgung des Shareholder-value-Ansatzes[233], indem, wie zuvor angeführt, in den Mittelpunkt der Bilanzierung die Informationsbedürfnisse der Aktionäre gestellt werden.[234] Als Generalnorm des Jahresabschlusses nach IAS ist die Gewährleistung des "fair presentation" anzuführen, d. h., er soll entscheidungsrelevante und verläßliche Informationen liefern.[235] Die zentrale Stellung der Informationsgewährung begründet einerseits das Fehlen einer Ausschüttungsbemessungsfunktion sowie andererseits die strikte Trennung von finanzieller und steuerrechtlicher Gewinnermittlung. Die primäre Zielsetzung, aktuellen und potentiellen Aktionären mittels des Jahresabschlusses Informationen zur Verfügung zu stellen, mit denen diese zukünftige Zahlungen der Aktie besser einschätzen können, manifestiert sich des weiteren bei der Aufstellung eines Jahresabschlusses nach IAS in der Berücksichtigung sogenannter systemtragender Prinzipien. Dominierende Prinzipien sind hierbei das Merkmal der Verständlichkeit sowie das Merk-

---

233 "Wenn wir die Interessen der Aktionäre wirklich ernst nehmen, müssen wir unsere Rechnungslegung und Publizität noch stärker an ihren Informationsbedürfnissen orientieren." Hartmann, U., shareholder value, S. 19.

234 Die IASC-Rechnungslegung besteht aus einem zweistufigen Regelwerk, dem sogenannten "framework" sowie den einzelnen Standards. Das 1989 verabschiedete Grundsatzpapier "Framework for the Preparation and Presentation of Financial Statements" soll als Basis die Kongruenz zwischen den einzelnen Standards erhöhen und als theoretische Grundlage die deduktive Ableitung von IAS ermöglichen. Seit seiner Gründung hat das IASC insgesamt 32 Standards verabschiedet, von denen bis zum heutigen Stand 30 gültig sind. Die Standards besitzen Gültigkeit für Einzel- sowie für Konzernabschlüsse von Handels-, Industrie- und sonstigen Wirtschaftsunternehmen unabhängig von Rechtsform und Größe. Vgl. Kleekämper, H., Tendenzen, S. 107; Förschle, G., Kroner, M., Mandler, U., Rechnungslegung, S. 94.

235 Grundsätzlich soll auch gemäß § 264 HGB der Jahresabschluß von Kapitalgesellschaften ein den tatsächlichen Verhältnissen entsprechendes Bild der Vermögens-, Finanz- und Ertragslage widerspiegeln. Da die Generalnorm aber durch gesetzliche Einzelvorschriften eingeschränkt werden kann — als verzerrendste ist in diesem Zusammenhang der Grundsatz der sogenannten umgekehrten Maßgeblichkeit anzuführen —, hat die Generalnorm des HGB einen geringeren Stellenwert als das "overriding principle" des fair presentation der IAS. Vgl. Frankenberg, P., Jahresabschlüsse, S. 46 ff; Haller, A., Rechnungslegung, S. 723 ff.

mal der Entscheidungsrelevanz[236] sowie das Fehlen bewertungsspezifischer Privilegien für Banken.[237]

Zusätzlich unterstützt wird die Informationsfunktion des Jahresabschlusses nach IAS durch eine höhere formale Transparenz der Bilanz und Gewinn- und Verlustrechnung im Vergleich zum HGB. Diese resultiert aus einer deutlichen Reduktion der Positionen, die in der Bilanz und in der Gewinn- und Verlustrechnung aufgeführt werden müssen und die im Vergleich zu den deutschen Formblättern für Banken gemäß der Rechnungslegungsverordnung eine übersichtlichere und besser verständlichere Darstellung für den Aktionär bewirken.[238]

Die Möglichkeit des Managements einer Bank, eine gezielte Ergebnisausweispolitik zu betreiben, wird durch das Fehlen bewertungsspezifischer Sondervorschriften für eine Bank, der Mark-to-market-Bewertung des Handelsbestandes sowie der Verpflichtung der Veröffentlichung zusätzlicher Angaben im Anhang beschränkt. Kodifiziert sind diese Regelungen in

---

236 Als weitere Prinzipien werden angeführt: das Merkmal der Verläßlichkeit, der wahrheitsgetreuen Darstellung, der wirtschaftlichen Betrachtungsweise, der Willkürfreiheit sowie der Vollständigkeit. Diese sind formal identisch mit den Grundsätzen ordnungsgemäßer Buchführung gemäß HGB und sollen daher nicht weiter erläutert werden. Vgl. Risse, A., IAS, S. 101; Goebel, A., IAS, S. 875; Wiedmann, B., Rechnungslegungsvorschriften, S. 102.

237 Ein derzeit gravierender Nachteil einer Rechnungslegung nach IAS besteht in der Unvollständigkeit des Regelwerks. Da das Regelungswerk des IASC kasuistisch aufgebaut ist, regelt es nur bestimmte Probleme der Rechnungslegung, mit der Konsequenz, daß zahlreiche Regelungslücken bestehen. Neben der ungenügenden Regelungsdichte besteht ein damit verbundener weiterer Nachteil bei der Anwendung der Rechnungslegung nach IAS in der Nichtprognostizierbarkeit der inhaltlichen Ausgestaltung der Standards, da derzeit und zukünftig viele Standards noch überarbeitet werden. Die Unsicherheit für den Rechnungslegenden bei der Anwendung wird noch erhöht durch das Fehlen autorisierter Kommentierungen im Sinne einer herrschenden Meinung und dem Nichtvorhandensein einer umfangreichen Sekundärliteratur. Gleichwohl existieren seitens des IASC Bestrebungen, diesen Mangel zu beheben. So wurde Anfang 1997 ein eigenständiges Interpretationsgremium im IASC errichtet. Vgl. Küting, K., Hayn, S., Börseneinführungsmodalitäten, S. 43; Biener, H., Aspekte, S. 210; Menn, B., Übernahme, S. 134.

238 Offensichtlich wird dies an dem Konzernabschluß der Deutsche Bank AG nach IAS. Während dieser nach HGB 17 Positionen mit 30 Unterpositionen ausweist, erhält die Bilanz nach IAS lediglich noch neun Aktivpositionen. Eine höhere Transparenz über die tatsächlichen Erfolgsquellen der Bank in der Gewinn- und Verlustrechnung im Vergleich zum HGB wird durch die strikte Anwendung des Bruttoprinzips nach IAS geschaffen. Der Ausweis der einzelnen Positionen hat grundsätzlich unsaldiert zu erfolgen.

dem bankspezifischen Rechnungslegungsstandard IAS 30, der speziell für den Jahresabschluß von Banken geschaffen wurde. Als lex specialis gelten hierbei die anderen Standards subsidiär.

2.3.4.2.2 Ausgewählte Beispiele einer aktionärsorientierten Rechnungslegung

Ein wesentlicher Einfluß auf den Wert der Aktie einer Bank resultiert aus dem Erfolg des Kreditgeschäfts einer Bank. Einen nur eingeschränkten Einblick in den Erfolg des Kreditgeschäfts bei Banken erhalten Aktionäre bei einer Bilanzierung nach HGB wegen des Bewertungsprivilegs nach § 340 f HGB sowie der Überkreuzkompensation von Aufwendungen und Erträgen der Risikovorsorge im Kreditgeschäft mit Erfolgsbeiträgen aus Wertpapieren der Liquiditätsreserve. Im Vergleich zum HGB gewährleistet eine Bilanzierung nach IAS einen umfassenden Einblick in den Erfolg des Kreditgeschäfts, da in der Bilanz die Risikovorsorge für Adressenausfallrisiken als separate Position offen ausgewiesen wird.[239] Diese wird als Negativkorrektur unmittelbar unter den Forderungen an Kreditinstitute und Kunden abgesetzt. Im Gegensatz zum HGB werden somit die Forderungen an Banken und Kunden ungekürzt ausgewiesen. In der Gewinn- und Verlustrechnung sind die angefallenen Aufwendungen für die Risikovorsorge ebenfalls separat auszuweisen. Die Position "Risikovorsorge" in der Gewinn- und Verlustrechnung enthält somit ausschließlich Komponenten, die mit dem Kreditgeschäft in Zusammenhang stehen, und erlauben damit einen Ausweis des Zinsüberschusses nach Risikovorsorge.[240]

Damit für die aktuellen und potentiellen Aktionäre explizit die Auswirkungen von Verlusten im Kreditgeschäft auf die Vermögens-, Finanz- und Ertragslage der bilanzierenden Bank ersichtlich sind, entfällt folgerichtig bei einem Jahresabschluß nach IAS auch die Sonderregelung des § 340 f HGB. Gleichwohl bedeutet das nicht eine Einschränkung der Bildung von bankspezifischen Vorsorgereserven — die IAS-Vorschriften erlauben Banken,

---

239 Vgl. Krumnow, J., Globalität, S. 3.

240 Vgl. Krumnow, J., Banken, S. 402.

einen separaten Passivposten für allgemeine Risiken im Bankgeschäft —, sondern die Vorgabe einer offenen Risikovorsorge.[241]

Zur Erhöhung der Beurteilung der Risikovorsorge tragen auch die in dem Anhang (notes)[242] zu publizierenden Sachverhalte über die Bestandsentwicklung der Risikovorsorge gemäß IAS 30 Tz 4–49 bei. Damit aktuelle und potentielle Aktionäre den Erfolg des Kreditgeschäfts sowie der betriebenen Risikovorsorge einer Bank auf die Vermögens-, Finanz- und Ertragslage der Bank beurteilen können, sind in den notes der Stand und die Bestandsentwicklung der Risikovorsorge im Kreditgeschäft der Bank zu publizieren. Bezüglich des Kreditgeschäfts sind der Brutto-Neubedarf des Geschäftsjahres, die Auflösung sowie der Verbrauch von Risikovorsorge anzugeben.[243] Diese Aufschlüsselung ermöglicht es den Aktionären, im Zeitablauf die Entwicklung von Neubedarf und Verbrauch zu vergleichen, um somit die Vorsorgepolitik der Bank beurteilen zu können.[244] Des weiteren erlauben die zur Verfügung gestellten detaillierten Angaben den Aktionären, Kennzahlen zu bilden, die Aufschluß über den Erfolg im Kreditgeschäft geben. Eine diesbezügliche Kennzahl stellt die Risikoquote als Anteil des kumulierten Bestands der Risikovorsorge in Relation zum Kreditvolumen dar. Für den Aktionär eröffnet sich durch den separaten Ausweis der

---

241 Die Möglichkeit des Betreibens einer offenen Risikopolitik entspricht der Risikovorsorge nach § 340 g HGB. Im Unterschied zum § 340 g HGB beschränkt sich jedoch nach IAS die Risikovorsorge ausschließlich auf das Kreditgeschäft, während das HGB die Einbeziehung der Wertpapiere der Liquiditätsreserve in die Risikovorsorge erlaubt und damit eine Einschränkung der Beurteilungsmöglichkeit für die Aktionäre im Hinblick auf den Erfolg des Kreditgeschäfts einer Bank induziert.

242 Das Ziel der notes besteht darin, das Zahlenwerk der Bilanz sowie der Gewinn- und Verlustrechnung für den Aktionär verständlicher werden zu lassen. Die notes sind in ihrer Funktion grundsätzlich mit dem Anhang des HGB vergleichbar. Die den Jahresabschluß nach IAS dominierende Informationsfunktion spiegelt sich jedoch auch hier wider, indem der Informationsgehalt der notes weitaus umfassender konzipiert ist als der Anhang des HGB. Zwar sind in beiden grundlegende Bilanzierungs- und Bewertungsmethoden des Abschlusses zu erläutern, jedoch umfassen die notes darüber hinaus zusätzliche Pflichtangaben. Die notes beinhalten im einzelnen Angaben zur Konsolidierung, zur Bestandsentwicklung der Risikovorsorge, zu den börsennotierten Wertpapieren des Finanzanlagevermögens, zur Differenzierung des Handelsergebnisses, eine Überleitungsrechnung für die Ertragsteuern, eine Restlaufzeitengliederung sowie eine Segmentberichterstattung.

243 Vgl. zu den folgenden Ausführungen Bellavite-Hövermann, Y., Prahl, R., Bankbilanzierung, S. 30 ff.

244 Vgl. Krumnow, J., Globalität, S. 3.

Position der Risikovorsorge und dem Bruttoausweis der Forderung erstmalig die Möglichkeit, den Prozentsatz der Vorsorge in Bezug zum Kreditvolumen des Instituts zu berechnen. Hierbei ist jedoch im Hinblick auf die Aussagefähigkeit zu berücksichtigen, daß zwar mittels dieser Kennzahl erstmalig ein Branchen- oder Periodenvergleich mit anderen Instituten möglich wird. Gleichwohl ist aber bei einer Gegenüberstellung zu reflektieren, daß ohne Kenntnisse über die Zusammensetzung des Kreditportfolios die Aussagekraft der Kennzahl gering bleibt, da ein hoher Prozentsatz sowohl einen Indikator für eine vorsichtige Risikopolitik einer Bank darstellen, aber auch auf eine ungenügende Qualität des Kreditportefeuilles hindeuten kann.[245] Um eine angemessene Beurteilung und Interpretation der Kennzahl zu gewährleisten, bedarf es zusätzlich der Veröffentlichung des Urteils von Ratingagenturen über das Kreditportefeuille einer Bank.

Weitere Indikatoren, die den Erfolg des Kreditgeschäfts widerspiegeln, können aus den Beträgen der Zuführung zur Risikovorsorge im Verhältnis zur Höhe ihrer Auflösung deduziert werden. So manifestiert sich in hohen Zuführungen zur Risikovorsorge und parallel hierzu hohen Auflösungen zur Risikovorsorge eine vorsichtige Behandlung der Kreditrisiken. Zusätzlich gibt das Verhältnis von Verbrauch der Risikovorsorge zur Bildung der Risikovorsorge Aufschluß darüber, inwieweit die gebildete Risikovorsorge in Anspruch genommen werden mußte. Des weiteren erlaubt die Angabe der zinslos gestellten Kredite im Verhältnis zur Höhe des gesamten Kreditvolumens den Rückschluß, welcher Anteil des Kreditportfolios der Bank notleidend ist.

Wesentliche Auswirkungen auf den Erfolg einer Bank haben nicht nur die Ergebnisse aus dem Kreditgeschäft, sondern auch die Erträge aus dem Wertpapierhandelsgeschäft. Eine bessere Beurteilungsmöglichkeit für den Aktionär über die erzielten Erfolge einer Bank aus dem Wertpapiergeschäft wird bei einer Bilanzierung nach IAS durch den separaten Ausweis des Handelsbestandes sowie der engeren inhaltlichen Abgrenzung der Position "Handelserträge" in der Gewinn- und Verlustrechnung induziert. Angesichts der Tatsache, daß die Ergebnisse aus dem Handel deutscher Banken bereits zu einem Drittel das Gesamtergebnis beeinflussen und — begründet in ihrem Wesen — sehr volatil sind, ist die diesbezüglich geschaffene Transparenz für die Aktionäre sehr bedeutsam.

---

245 Vgl. Krumnow, J., Banken, S. 400.

Im Hinblick auf den Handelsbestand resultiert die erhöhte Transparenz aus dem neuen separaten Ausweis der Position "Handelsaktiva" auf der Aktivseite der Bilanz. In dieser Position sind Wertpapiere enthalten, die eine kurzfristige Haltedauer bis zu einem Jahr aufweisen bzw. einer kurzfristigen Veräußerungsabsicht unterliegen. IAS differenziert somit nur zwischen den Wertpapieren des Handelsbestandes und des Anlagebestandes und nicht wie das HGB zwischen Wertpapieren des Handelsbestandes, des Anlagevermögens und der Liquiditätsreserve.

Bezüglich des Handelsergebnisses ergibt sich die Transparenz aufgrund der zeitnäheren und betriebswirtschaftlich sauberen Zuordnung der durch die Handelsaktivitäten erwirtschafteten Erfolge. Ein realistischer Einblick in das Handelsergebnis wird dadurch gegeben, daß Wertpapiere des Handelsbestandes zu Marktpreisen bewertet werden dürfen. Während nach dem HGB der Handelsbestand nach dem strengen Niederstwertprinzip einzeln zu bewerten ist, darf gemäß IAS 32 Tz 5 der Handelsbestand nach der Mark-to-market-Methode angesetzt werden. Als Marktwert ist dabei der Betrag, der bei Veräußerung des betreffenden Wertpapiers auf einem aktiven Markt erzielt werden kann, anzusetzen. Zulässig ist dabei die Vornahme eines Marktrisikoabschlags. Bei einer Bewertung mark-to-market ist somit im Gegensatz zum HGB eine Bewertung über die Anschaffungskosten hinaus zulässig.

Eine zusätzliche Transparenz bezüglich des Ergebnisses und der Abgrenzung des Handelsergebnisses resultiert darüber hinaus aus einer vom HGB abweichenden Abgrenzung der mittelbar mit den Handelsaktivitäten zusammenhängenden Erfolgskomponenten.[246] Mittelbare Erfolgskomponenten wie Zins- und Dividendenerträge sowie Refinanzierungskosten für die Bestandshaltung werden in das Handelsergebnis integriert und nicht mehr, wie bislang zwingend im HGB vorgeschrieben, im Zins- und Provisionsergebnis ausgewiesen.[247] Die Erträge und Aufwendungen aus Wertpapieren werden in der Gewinn- und Verlustrechnung in der Position "Handelsergebnis" ausgewiesen. Der Vorteil einer solchen betriebswirtschaftlichen Abgrenzung besteht in einer Herstellung der Vergleichbarkeit mit international tätigen Banken, da bei diesen eine diesbezügliche Abgrenzung des Handelsergebnisses seit langem üblich ist.

---

246 Vgl. Hellmann, N., Globalität, S. 1.

247 Vgl. Krumnow, J., Banken, S. 402.

Bezüglich der Marktwertangaben bei Wertpapieren könnten in diesem Zusammenhang grundsätzliche Überlegungen angestellt werden, ob nicht eine durchgehende Marktbewertung der Finanzinstrumente die Implementierung des Shareholder-value-Ansatzes in einer Bank unterstützt. Bei Instrumenten, bei denen keine Marktwerte aufgrund fehlender Sekundärmärkte verfügbar sind, z. B. bei Instrumenten des Einlagen- und Kreditgeschäfts, ist die Bewertung durch die Diskontierung der zukünftig erwarteten Ein- und Auszahlungsströme vorzunehmen. Ein Vorteil einer durchgehenden Marktbewertung besteht in einer weiteren Erhöhung der Informationsfunktion des Jahresabschlusses für den Aktionär und der Angleichung des internen und externen accounting und erleichtert eine konsequente Steuerung einer Gesamtbank nach Marktwerten.[248] Eine durchgehende Marktbewertung der Finanzinstrumente bewirkt, daß die teilweise erheblichen Verzerrungen zwischen interner Steuerung und externer Steuerung reduziert werden. Die Gründe hierfür liegen in den unterschiedlichen Zielsetzungen. Während die interne Erfolgsrechnung primär sachlich zutreffende Ergebnisse ausweisen will, um steuerungsrelevante Informationen bereitzustellen, stand bislang bei der externen Rechnungslegung die Gläubigerschutzfunktion im Vordergrund.

Ein weiterer Vorteil einer durchgehenden Marktbewertung der Finanzinstrumente besteht bei der Bewertung derivativer Instrumente im Rahmen des hedge accounting. Die grundsätzliche Problematik beim hedge accounting besteht in dem weitgehend subjektiven Ermessen, derivative Finanzinstrumente durch die Zuordnung zu Hedging- oder Trading-Zwecken in einen Saldierungszusammenhang zu stellen oder nicht. Aufgrund der wahlweise vorgenommenen bzw. unterlassenen Saldierungen von Bewertungsergebnissen können Verschleierungspotentiale aufgebaut werden. Diese Problematik wird reduziert, wenn allgemein zu einer Marktbewertung übergegangen wird, die sowohl für Grund- als auch für Absicherungsgeschäfte gilt. Dann sind spezielle Hedge-accounting-Regelungen mit subjektiven Kriterien und damit bilanzpolitischen Zuordnungen nicht mehr erforderlich und die erheblichen kontroversen Meinungen über die Konzeption

---

248 Eine konsequente Bewertung der Aktiva und Passiva zu Marktwerten basiert auf der bereits 1962 von Karl Käfer entwickelten Theorie einer Bilanz als Zukunftsrechnung. Vgl. ausführlich hierzu Käfer, K., Zukunftsrechnung.

der Bewertungseinheiten sind gelöst.[249] Durch die Aufgabe der diffizilen Regelungen der kompensatorischen Bewertung wird wiederum ein damit einhergehender bilanzpolitischer Spielraum des Managements reduziert.

Der gravierendste Einwand, der gegen eine zukünftige Etablierung einer Marktbewertung für originäre und derivative Finanzinstrumente von Seiten der Banken und Wirtschaftsprüfer erhoben wird, bezieht sich auf den Verstoß gegen das Gläubigerschutzprinzip. Die Marktbewertung der Finanzinstrumente führt dazu, daß Gewinne ausgewiesen werden, die bis zum Bewertungsstichtag noch nicht durch Markttransaktionen realisiert wurden. Gleichwohl wird ein Durchbrechen des Imparitäts- und Realisationsprinzips in der deutschen Bankpraxis in begrenztem Umfang bereits geduldet, so z. B. bei der Umrechnung von kurzfristigen Fremdwährungsforderungen und -verbindlichkeiten zum Stichtagskurs. Des weiteren ist im Hinblick auf das Gewinnargument anzuführen, daß der Konzernabschluß de jure primär eine Informations- und nicht eine Gewinnausschüttungs- bzw. Steuerbemessungsfunktion erfüllt und daß durch Abzug eines Value-at-risk-Betrages die Höhe des Ausweises unrealisierter Gewinne begrenzt werden könnte.

Eine Entwicklung, die eine durchgehende Marktbewertung der Finanzinstrumente fördert, läßt sich innerhalb der IAS bereits absehen.[250] Bislang existiert zwar lediglich eine Publizitätsvorschrift in dem IAS 32, die in den notes eine Bewertung der Finanzinstrumente zum fair value fordern. Die Bewertung ist somit nicht ergebniswirksam, aber zunehmend finden Diskussionen statt, die eine ergebniswirksame Bewertung der Finanzinstrumente in der Bilanz und Gewinn- und Verlustrechnung befürworten.[251]

---

249 Anzumerken bleibt, daß im deutschen Recht gerade auch bei den derivativen Instrumenten des Handelsbuches im Rahmen der portefeuilleorientierten Betrachtung kompensierende Bewertungen durchgeführt und somit unrealisierte Gewinne berücksichtigt wurden. Diese wurden allerdings nur bis zur Höhe des Verlustes aus der Kassaposition, auch als sog. Nullinie bezeichnet, berücksichtigt. Vgl. ausführlich hierzu Mauritz, P., Bilanzierung, S. 34 ff.

250 Vgl. o. V., Exposure Draft, S. 25.

251 Bei Aufstellung der Konzernbilanz ergab sich z. B. bei der Deutsche Bank AG ein Unterschied zwischen dem Buchwert und dem fair value von 4,3 Mrd DM. Insgesamt ist der errechnete Marktwert des Eigenkapitals um 4,3 Mrd. DM höher als der Buchwert.

Abschließend ist festzustellen, daß bislang nur eine deutsche Großbank einen Jahresabschluß entsprechend den Regeln der IAS aufgestellt hat.[252] Als Grund hierfür wurde die Globalisierung der Geschäftstätigkeit sowie die zunehmende Internationalisierung der Investorenstruktur mit einem weitaus höheren Informationsbedürfnis angeführt. Als Konsequenz dessen konnte man sich einer Bilanzierung nach angloamerikanischen Prinzipien nicht mehr verschließen: "Konzerne können nicht global handeln und provinziell bilanzieren", bzw. "Accounting is the business of language."[253]

2.4 Kritische Würdigung des Shareholder-value-Ansatzes bei Banken

Ist grundsätzlich eine Investor-relations-Politik nur dann glaubwürdig, wenn die Interessen der Aktionäre einer Bank berücksichtigt werden, sind gleichwohl einige Problemfelder anzuführen, die mit einer sharehholder-value-orientierten Bankunternehmensführung verbunden sind.

2.4.1 Monistische Zielsetzung des Shareholder-value-Ansatzes

Als eine nicht allein bankenspezifische Problemstellung ist die monistische Zielsetzung des Shareholder-value-Ansatzes anzuführen. Zum einen ist es fraglich, ob es die von dem Konzept postulierten pauschal für alle Aktionäre geltenden Aktionärsinteressen gibt. In diesem Konzept wird idealtypisch ein Aktionär unterstellt, der nur ein an den finanziellen Kriterien gemessenes Ziel verfolgt. Weitere nicht finanzielle Zielsetzungen, die für den Aktionär ein Motiv bei dem Erwerb einer Aktie sein können, sind z. B. die Berücksichtigung des Umweltschutzes oder das Ansehen einer Bank. Zum anderen wird oftmals bemängelt, daß die monistische Zielsetzung des Shareholder-value-Ansatzes diametral zu den Interessen anderer Anspruchsgrup-

---

252 Es zeichnet sich jedoch eine Entwicklung ab, die darauf schließen läßt, daß auch andere Großbanken einen Jahresabschluß nach IAS aufstellen werden. Förderlich in diesem Zusammenhang ist die Verabschiedung des Gesetzes zur Verbesserung der Wettbewerbsfähigkeit deutscher Konzerne an Kapitalmärkten und zur Erleichterung der Aufnahme von Gesellschafterdarlehen (Kurzbezeichnung: Kapitalaufnahmeerleichterungsgesetz) 1998, das für internationale Konzerne die Erstellung des Konzernabschlusses mit befreiender Wirkung nach internationalen Rechnungslegungsgrundsätzen vorsieht. Unmittelbare Rechtsgrundlage für die Befreiung von der Aufstellungspflicht bildet der neueingeführte § 292a HGB.

253 Krumnow, J., Globalität, S. 3.

pen steht und diese, wie im folgenden erläutert wird, in der Verfolgung ihrer Zielsetzungen benachteiligt.[254]

2.4.1.1 Banken im Mittelpunkt öffentlicher Ansprüche

Ausgehend von der deutschen Wirtschafts- und Gesellschaftsordnung, die privates Eigentum ausdrücklich vorsieht, sollte das Management einer Bank der autonomen Verfügungsgewalt der Eigenkapitalgeber unterstehen.[255] Aus diesem Grund könnte a prima vista keine Diskussion über die Zulässigkeit der Ausschließlichkeit der Orientierung an den Zielen der Eigenkapitalgeber entstehen. Die monistische Zielverfolgung findet jedoch ihre Einschränkung in Artikel 14 des Grundgesetzes, in dem die Sozialverpflichtung des Eigentums festgelegt ist. "Eigentum verpflichtet. Sein Gebrauch soll zugleich dem Wohle der Allgemeinheit dienen." Aus dieser sozialen Verpflichtung des Eigentums[256] resultiert ein Spannungsfeld, in dem Banken und Unternehmen in einer Sozialen Marktwirtschaft mit einer pluralistischen Gesellschaftsordnung agieren.

Die vielfältigen Interessen, die die verschiedenen Anspruchsgruppen als Ziele für die Unternehmung verfolgen, beziehen sich nicht nur auf die Schaffung ökonomischer Werte, sondern betreffen zugleich Anforderungen an die nichtökonomischen Werte der Unternehmen, wie etwa die Unterstützung gesellschaftlicher Projekte. Insbesondere die Bankwirtschaft steht immer wieder im Zentrum öffentlicher Forderungen, bzw. immer mehr gesellschaftliche Interessen und Ansprüche werden an die Banken herangetragen. So werden Forderungen aufgestellt, die Banken sollten Geschäftsbeziehungen zu bestimmten Staaten unterlassen bzw. ausbauen, zum Aufbau der Wirtschaft in Ostdeutschland beitragen oder den Entwicklungsländern Schulden erlassen.[257] Die Bank steht somit einer Vielzahl von An-

---

254 Vgl. Strutz, E., Wertmanagement, S. 80.

255 Vgl. Ackermann, J., Gewinn, S. 9; Hill, W., Stakeholder Value, S. 81 ff.

256 Liberale Ökonomen wie Milton Friedman hingegen vertreten die Auffassung, die einzige soziale Verantwortung der Unternehmung sei es, Gewinne zu erzielen. Jedes weitere Verfolgen sozialer Ziele sei Diebstahl an den Aktionären. "There is one and only one social responsibility of business to use its resources and engage in activities designed to increase its profits so long as it stays within the rules of the game, which is to say, engages in open and free competitions without deception or fraud." Friedman, M., Capitalism, S. 35.

257 Vgl. Börner, C., Öffentlichkeitsarbeit, S. 30 ff.

spruchsgruppen, z. B. Mitarbeitern, Kunden und der Öffentlichkeit gegenüber.[258] Problematisch hieran ist, daß eine Vernachlässigung der gesellschaftlichen Interessen der verschiedenen Gruppen negative Auswirkungen auf den wirtschaftlichen Handlungsspielraum, z. B. rechtliche Restriktionen oder Absatzeinbußen, bewirken kann. Aus diesem Grund stellt sich insbesondere für die Banken die Aufgabe, die Forderungen der verschiedenen Gruppen zu berücksichtigen, um mögliche negative Auswirkungen unzufriedener Anspruchsgruppen auf den Ertrag einer Bank zu reduzieren.[259] Eine Lösungsmöglichkeit, um die einseitige Ausrichtung auf den shareholder zu reduzieren, stellt ein Ansatz dar, der die Interessen sämtlicher Gruppen berücksichtigt. Dieser Ansatz, auch als Stakeholder-Ansatz bezeichnet, wird dem Shareholder-value-Ansatz oftmals diametral gegenübergestellt und basiert auf dem theoretischen Konzept der Anspruchsgruppen. Gemäß dem Anspruchsgruppenkonzept wird ein Unternehmen als eine Koalition von verschiedenen Gruppen definiert, die Beiträge zur Leistungserstellung des Unternehmens erbringen und im Gegenzug Ansprüche auf einen Teil dieser Leistung erheben.[260] Voraussetzung hierbei ist, daß ein Unternehmen nur dann sein Unternehmensziel verfolgen kann, wenn alle Gruppen ihren Beitrag leisten. Entsprechend dem Stakeholder-Ansatz ist es sinnvoll, die einzelnen Ansprüche der Gruppen zu erfüllen. Als Begründung liegt hierbei die Theorie der Ansprüche zugrunde, wobei differenziert wird zwischen expliziten und impliziten Ansprüchen.[261] Während explizite Forderungen einzelner Gruppen schriftlich fixiert sind und sich im Zweifelsfall gerichtlich durchsetzen lassen, sind implizite Forderungen im stillschweigenden Vertrauen auf eine bestimmte Handlungsweise erworben. Ein Arbeitsverhältnis basiert beispielsweise zum Teil auf einem expliziten Arbeitsvertrag, zum Teil aber auch auf impliziten Zusagen, z. B. Arbeitsplatzsicherheit, Weiterbildungsmöglichkeiten oder bestimmten sozialen Leistungen. Im Vergleich zu den expliziten Ansprüchen kann die Erfüllung impli-

---

258 Die Banken publizieren ihr gesellschaftliches Engagement in einer Sozialbilanz, die Aufschluß gibt über die gesellschaftlich relevanten Handlungen.

259 Problematisch stellt sich allerdings der Sachverhalt dar, daß Ansprüche nicht objektiv sind, sondern auch immer ein Resultat einer Willkürentscheidung darstellen. Darüber hinaus kann nicht sichergestellt werden, ob die von der Unternehmensleitung unterstellten Interessenslagen der Anspruchsgruppen mit deren tatsächlicher Meinung übereinstimmen, da es an Instrumenten fehlt, die Ansichten der Anspruchsgruppen sowohl im Einzelfall als auch kontinuierlich im Zeitablauf zu erfassen.

260 Vgl. Janisch, M., Anspruchsgruppenmanagement, S. 41 ff.

261 Vgl. Cornell, B., Shapiro, A., Stakeholders, S. 5 ff.

ziter Ansprüche nicht gerichtlich erzwungen werden. Aus diesem Grund gefährdet ihre Nichterfüllung nicht unmittelbar den Bestand des Unternehmens, sondern nur mittelbar, wobei auch eine indirekte Wirkung sich entscheidend auf den Wert einer Unternehmung auswirken kann.

Im folgenden werden tabellarisch explizite und implizite Ansprüche der stakeholders an das Management einer Bank dargestellt.[262]

Anspruchsgruppen	**explizite Ansprüche**	**implizite Ansprüche**
Aktionäre einer Bank	Gewinnbeteiligung gem. AktG	risikoadäquate Prämie, effiziente Eigenkapitalallokation, umfassende Informationen
Mitarbeiter einer Bank	arbeitsvertragliche Ansprüche, Mitspracherechte gem. Mitbestimmungsgesetz oder Betriebsverfassungsgesetz	Karriere, Fortbildungsseminare, positives Arbeitsklima
Kunden einer Bank	Einhaltung der AGB und der jeweiligen Dienstleistungsverträge	Servicequalität, Freundlichkeit, kulante Einstellung, kompetente Beratung, differenzierte Preispolitik
Bankenaufsicht	Einhaltung der Vorschriften des KWG sowie der Eigenmittel- und Liquiditätsgrundsätze	sicherheitsorientierte und risikobewußte Geschäftspolitik
Notenbank	Einhaltung des Bundesbankgesetzes und der erlassenen Verordnungen	stabilitätsorientierte Geschäftspolitik
Staat	Einhaltung staatlicher Regelungen (z. B. Steuergesetzgebung, Geldwäschegesetz) und Steuerzahlungen	Unterstützung bei legislativen Vorhaben, z. B. bei der Erhebung der Zinsabschlagsteuer
Öffentlichkeit bzw. Gesellschaft	Erbringung der Transformationsleistungen	Erhaltung und Schaffung von Arbeitsplätzen, Stabilität des Bankensektors, Erfüllung gesellschaftspolitisch angestrebter Ziele

Abb. 6: Explizite und implizite Ansprüche der verschiedenen Gruppen an das Management einer Bank

262 In Anlehnung an Dyllik,T., Anspruchsgruppen-Konzept, S. 376.

Eine Maximierung des shareholder value ist nicht möglich, solange nicht auch die impliziten Interessen anderer Anspruchsgruppen berücksichtigt werden. Aus diesem Grund ist es für das Management einer Bank wirtschaftlich nicht sinnvoll, Maßnahmen zu ergreifen, die den shareholder value kurzfristig steigern, aber auf lange Sicht als kontraproduktiv zu beurteilen sind, da sie die impliziten Ansprüche der stakeholder verletzen und sich dann auch negativ auf das Unternehmen auswirken.[263]

Zur Erhöhung des shareholder value könnte das Management einer Bank z. B. Maßnahmen zur Kostenreduktion im Personalwesen ergreifen. Unter der Voraussetzung, daß die Theorie impliziter Verträge in der Realität zutrifft, ist es für eine Bank unvorteilhaft, aus kurzfristig angelegten Kostensparmaßnahmen zur Erhöhung des shareholder value Aus- und Weiterbildungsseminare für die Mitarbeiter zu kürzen bzw. sogar zu eliminieren. Dies bewirkt bei der Mehrzahl der Mitarbeiter eine hohe Unzufriedenheit mit dem Management einer Bank. Die Unzufriedenheit der Mitarbeiter, die sich in Nachlässigkeit und Pflichtvergessenheit bei der Abwicklung des Kundenauftrags niederschlägt, kann unmittelbar zum Verlust wichtiger Kundenbeziehungen führen.[264] Für den nachhaltigen Erfolg einer Bank stellen jedoch zufriedene Kunden einen wesentlichen Erfolgsfaktor dar.[265] Unzufriedene Kunden haben für den geschäftspolitischen Erfolg einer Bank eine Doppelwirkung: Zum einen sind unzufriedene Kunden selbst stark abwanderungsgefährdet, zum anderen treten sie als Meinungsbildner viel stärker in Erscheinung als zufriedene Kunden und rufen auf diese Weise Imageverluste der jeweils betroffenen Bank hervor.

Des weiteren stellt die Integration des Kunden in den Leistungserstellungsprozeß eine Eigenschaft von Dienstleistungen allgemein und Bankleistungen im besonderen dar. Die Mitwirkung des Kunden bei der Erstellung der

---

263 "Deutsche Bank has always been committed to shareholder value. No effort is too great for us in defence of this principle, and not only because it's what shareholders want. Shareholder Value is no more or less than a part of stakeholder value, and an indispensable one, at that. For where would be shareholders be without staff who are prepared to work hard and identify with the company, without satisfied customers and a respectable public image". Kopper, H., Shareholder Value, S. 3.

264 Vgl. Morschhäuser, B., Personalabbau, S. 140 f.

265 Die Kundenwünsche bestmöglich zu befriedigen und hohe Kundenzufriedenheit zu gewährleisten, manifestiert sich in der zunehmenden Installierung eines Qualitätsmanagement bei Banken, das unter anderem eine Institutionalisierung der Kundenbeschwerden beinhaltet.

Bankleistung ist als konstitutiv zu sehen. Daher sind die Berücksichtigung ihrer Ansprüche unabdingbar für den geschäftspolitischen Erfolg einer Bank und stellen somit eine Voraussetzung für die Generierung von shareholder value dar.

Ein weiterer Vorwurf, der im Rahmen der Verfolgung des Zieles, shareholder value zu generieren, oftmals von anderen Anspruchsgruppen erhoben wird, ist, daß die Steigerung des shareholder value einen Beschäftigungsrückgang verursacht, da der Shareholder-value-Ansatz das Personal vornehmlich als Kostenfaktor wahrnimmt.[266] Dieser Vorwurf wird zum einen durch steigende Kurse der Aktien von Banken, die Restrukturierungsmaßnahmen — verbunden mit einem Arbeitsplatzabbau[267] — ankündigen, begünstigt, sowie zum anderen durch eine seit Mitte der neunziger Jahre grundsätzlich rückläufige Entwicklung der Beschäftigtenzahl im Finanzdienstleistungssektor. Der Beschäftigungsrückgang beträgt im Durchschnitt bei deutschen Banken 10 %, wobei der Abbau von Arbeitsplätzen primär Stellen im inländischen Filialgeschäft sowie Tätigkeiten im Back-office-Bereich der Banken betrifft. [268]

Bezüglich der Kursreaktionen ist anzuführen, daß Börsenkurse in der Regel mittel- bis langfristige Erwartungen der Kapitalmarktteilnehmer widerspiegeln und die steigenden Kurse nicht den Arbeitsplatzabbau "belohnen", sondern sich in den Kursreaktionen die positive zukünftige Ertragserwartung der Investoren über die zukünftigen Wirkungen einer Restrukturierungsmaßnahme widerspiegelt.[269] Mittels der Restrukturierungsmaßnahmen soll eine langfristige Wertsteigerung erreicht werden, die die Grundla-

---

266 Um dem Vorwurf des kurzfristigen Ertragsdenkens zu begegnen, betonen die Großbanken im Rahmen des Shareholder-value-Ansatzes explizit die langfristige Ausrichtung der unternehmerischen Zielsetzung. "Was wir wollen ist nicht die schnelle Mark, nicht die hohe Dividende allein, sondern die kontinuierliche Erhöhung des Unternehmenswertes." O. V., Shareholder Value, S. 483.

267 Bei Bekanntgabe der Strukturreform der Deutsche Bank AG 1998, die im Inland mit einem Personalabbau von 1000 Stellen verbunden ist, stieg der Kurs der Aktie um 10 %. Vgl. o. V., Deutsche Bank AG, S. 12.

268 Vgl. Morschäuser, B., Personalabbau, S. 132.

269 In diesem Zusammenhang äußerte sich der Vorstand der Commerzbank AG anläßlich der Bilanzpressekonferenz 1997 wie folgt: "Es entspricht nicht unserer Auffassung, den Wert der Aktie durch Mitarbeiterabbau zu steigern, auch wenn vor allem Analysten immer danach fragen." Kohlhaussen, M., Bilanzpressekonferenz, S. 5.

ge für ein qualitatives Wachstum der Bank bildet und damit Voraussetzung für die Sicherung und Schaffung zukünftiger Arbeitsplätze ist.

Um den Vorwurf zu entkräften, eine Steigerung des shareholder value bewirke einen Beschäftigungsrückgang, sollte im Rahmen der Investor-relations-Politik einer Bank publiziert werden, daß es zur Erhaltung der Wettbewerbsfähigkeit einer Bank notwendig ist, sich von unrentablen Geschäftsfeldern zu trennen. Es sollte deutlich herausgestellt werden, daß die Geschäftsbereiche einer Bank, in denen Arbeitsplätze abgebaut werden, defizitär sind. Ebenfalls sollten Maßnahmen publiziert werden, mit denen die Banken versuchen, den Arbeitsplatzabbau möglichst sozial verträglich zu gestalten, indem z. B. Beschäftigungsgesellschaften gegründet werden.[270]

2.4.1.2 Das kulturelle Engagement der Banken

Vertreter der Schutzvereinigungen zur Wahrung der Aktionärsinteressen kritisieren oftmals die umfangreichen kulturellen Fördermaßnahmen der Banken als ein den finanziellen Interessen der Aktionäre zuwiderlaufendes Verhalten.[271] Das finanzielle Engagement einer Bank im sportlichen, kulturellen, sozialen und ökologischen Bereich wird oftmals auch als Sponsoring bezeichnet.[272] Primäre Ziele des Sponsoring sind die Erhöhung des Bekanntheitsgrades einer Bank sowie die Beeinflussung von Einstellungen gegenüber der Bank. Letztgenanntes Ziel, einen Imagetransfer zwischen Sponsor und Gesponserten zu erreichen, spielt insbesondere für die Banken

---

270 Die Commerzbank AG hat z. B. gemeinsam mit der Zeitarbeitsfirma Adecco Personaldienstleistungen GmbH eine Beschäftigungsgesellschaft gegründet, die im Sommer 1998 ihre Tätigkeit aufnahm. Ehemalige Mitarbeiter der Commerzbank AG, deren Arbeitsplätze in der Bank aufgrund reorganisatorischer Maßnahmen entfallen sind, erhalten dann von der neugegründeten Firma ein Angebot auf den Abschluß eines befristeten Arbeitsvertrages. Vgl. Commerzbank AG, Geschäftsbericht 1997, S. 39.

271 Vgl. o. V., Hauptversammlung, S. 3.

272 Vgl. Bruhn, C., Sponsoring, S. 3.

eine wesentliche Rolle, da Banken gegenüber in der Öffentlichkeit eine ambivalente Haltung existiert.[273]

Bei den Großbanken dominieren die kulturellen Förderaktivitäten, wobei hierbei traditionelle Förderbereiche das Kunst- und Musik-Sponsoring bilden.[274] Die hohen damit verbundenen Aufwendungen, z. B. beim Kunst-Sponsoring für den Erwerb der Bilder sowie die Durchführung von Ausstellungen im In- und Ausland, werden im Rahmen der Shareholder-value-Diskussion oftmals als eigennütziges Verhalten des Vorstands zur Verwirklichung seiner Kunst- und Musikinteressen oder als das Resultat privater Sammelleidenschaft interpretiert.[275]

Zu fragen ist nun, mit welchen Argumenten die Verwendung eines Teiles des Gewinns einer Bank für kulturelle Maßnahmen gegenüber den Aktionären zu legitimieren ist. Begründet werden kann die Verwendung von Unternehmensmitteln für Kulturförderungsmaßnahmen auf seiten der Banken mit ihrer gesellschaftlichen Verantwortung bzw. sozialen Verpflichtung gegenüber der Gesellschaft.[276] Die Förderung der Kultur kann — basierend auf den Argumenten der gesellschaftsorientierten Unternehmensführung — damit gerechtfertigt werden, daß hiermit das gestiegene Kulturbedürfnis einer ansonsten satisfizierten Gesellschaft befriedigt wird sowie durch die kulturellen Maßnahmen eine Identifikation der Aktionäre, Kunden und

---

273 Diese teils populistisch motivierte Diskussion spiegelt ein offenkundiges Mißtrauen gegenüber dieser Branche wider, wobei die öffentliche Kritik sich primär auf die Kreditbanken — hierbei insbesondere auf die Großbanken als Inbegriff des Kapitalismus — konzentriert und weniger auf die öffentlich-rechtlichen Sparkassen und Landesbanken sowie Genossenschaftsbanken. Im Vordergrund der Kritik an den Großbanken steht hier die Kumulation von Einflußmöglichkeiten durch sektorübergreifenden Beteiligungsbesitz, die Ausübung von Depotstimmrechten sowie die Wahrnehmung von Aufsichtsratsmandaten. Vgl. hierzu Herrhausen, A., Bankenmacht, S. 299 ff.; Pfeiffer, H., Macht, S. 270; Röller, W., Gesellschaft, S. 5 ff.

274 Vgl. ausführlich zur Bedeutung des Sponsoring bei den Banken Bourgon, G., Sponsoring.

275 Vgl. Decker, O., Eigner-Manager-Konflikten, S. 35.

276 Die Dresdner Bank AG führt explizit in ihrem Geschäftsbericht des Jahres 1996 unter dem Titel "Über Soll und Haben hinaus - unser gesellschaftliches Engagement" die Verantwortung sowohl gegenüber den Kunden als auch gegenüber der Gesellschaft an. Diese dokumentiert sich in der Nachwuchsförderung der Kunst, in der Förderung von Forschung und Lehre durch die Finanzierung von universitären Lehrstühlen sowie in der Pflege kulturellen Erbes. Vgl. Dresdner Bank AG, Geschäftsbericht 1996, S. 66 ff.

Mitarbeiter mit der Bank bewirkt wird und damit der Bankerfolg nachhaltig gefördert wird.

Die Problematik der Legitimation der Verwendung von Eigenkapital einer Bank für kulturelle Förderaktivitäten könnte des weiteren in der Praxis entschärft werden, indem in der Satzung einer Bank der Unternehmenszweck erweitert wird. Bereits 1988 wurde die Frage in einer Hauptversammlung der Deutschen Bank gestellt, ob denn der Ankauf von Kunst satzungsmäßig sei. Gegenstand des Unternehmens der Deutsche Bank AG ist laut Satzung der Betrieb von Bankgeschäften jeder Art, das Erbringen von Finanz- und sonstigen Dienstleistungen sowie die Förderung der internationalen Wirtschaftsbeziehungen. Damit eine Übereinstimmung mit dem Gesellschaftszweck gegeben ist, könnte eine Satzungsänderung vorgenommen werden ähnlich z. B. wie beim schweizerischen Migrosgenossenschaftsbund, nach dessen Statuten es die Aufgabe des Unternehmens ist, der Bevölkerung in günstiger Weise Waren und Dienstleistungen von guter Qualität sowie Kulturgüter zu vermitteln. Eine zusätzliche Lösung der Legitimation der Kunst- und Kulturförderaktivitäten gegenüber den Aktionären besteht z. B. darin, alle Anteilseigner in der Hauptversammlung über die Höhe des Budgets abstimmen zu lassen oder eine bestimmte Prozentzahl im Verhältnis zum Gewinn für die Kunstförderung festzulegen.

2.5 Der shareholder-value in der Praxis

Über die konkrete Umsetzung des Shareholder-value-Konzepts existieren bei den Banken unterschiedliche Auffassungen. Während das Shareholder-value-Konzept bei Industrieunternehmen überwiegend als ein umfassendes strategisches Planungskonzept beurteilt wird und sowohl zur langfristigen Planung als auch zur kurzfristigen Unternehmenssteuerung eingesetzt wird, ist der Anspruch des Shareholder-value-Konzepts bei Banken unterschiedlich weit gefaßt.[277]

Die verschiedene Umsetzung des Konzepts des shareholder value bei Banken wird sichtbar, wenn die jeweils getroffenen Aussagen der Banken zu der Shareholder-value-Thematik betrachtet werden. Wenngleich alle Großbanken die Bedeutung des Shareholder-value-Ansatzes im Rahmen der ver-

277 Die folgenden Ausführungen basieren auf einer Befragung zum Stellenwert des shareholder value in denjenigen deutschen Unternehmen, die den DAX repräsentieren. Vgl. o. V., Shareholder Value, S. 481 ff.

folgten Geschäftspolitik betonen, werden die Steuerungselemente zur Steigerung des shareholder value unterschiedlich gewichtet.[278] Grundsätzlich differenzieren die Deutsche Bank AG, die Dresdner Bank AG, die Commerzbank AG, die Bayerische Vereinsbank AG und die Bayerische Hypotheken- und Wechselbank AG zwischen einer internen und einer externen Sichtweise. Während die interne Sichtweise sich auf die innerbetrieblichen Anforderungen und Wirkungen einer shareholder-value-orientierten Unternehmensführung beziehen, erstreckt sich die externe Sichtweise auf die Übermittlung shareholder-value-relevanter Maßnahmen an die Kapitalmarktinvestoren.

Bei der internen Sichtweise fungiert der Shareholder-value-Ansatz als Steuerungsinstrument sowohl für die strategische Planung als auch zunehmend zur Beurteilung der Vorteilhaftigkeit von Strategieentscheidungen, die einzelne Geschäftsbereiche, wie z. B. die Restrukturierung des Vertriebswegemix sowie den Ausbau elektronischer Vertriebswege im Privatkundengeschäft betreffen.[279]

Während im Rahmen der strategischen Planung bzw. des Geschäftsportfoliomanagement der Shareholder-value-Ansatz bei allen Banken eingesetzt wird, wird er zur kurzfristigen Gesamtbanksteuerung nur von zwei Großbanken angewendet. Bezüglich der letztgenannten erfolgt eine Allokation des Eigenkapitals entsprechend den risikogewichteten Eigenkapitalkosten auf die einzelnen Bankleistungen mittels der Kennziffern Rorac (Return on risk adjusted capital) und Raroc (Risk-adjusted return on capital).[280]

Bei der externen Sichtweise manifestiert sich die zunehmende Orientierung einer shareholder-value-orientierten Unternehmensführung bei allen Banken in der Existenz eines Investor-relations-Programms. Hierbei herrscht bei allen Banken Übereinstimmung über die Notwendigkeit einer umfassenden Vermittlung der shareholder-value-orientierten Maßnahmen im Rahmen einer systematischen Investor-relations-Politik.

Eine ebenfalls shareholder-value-orientierte Maßnahme stellt die Bereitschaft einzelner Großbanken dar, eine auf angloamerikanischen Rech-

278 Vgl. Titzrath, A., Shareholder, S. 25 ff.

279 Dies entspricht den Divisionalisierungsbestrebungen der Großbanken, die Gesamtbank als Aggregat unterschiedlicher Geschäftsbereiche mit unterschiedlichen Projekten und Strategien aufzufassen.

280 Vgl. o. V., Shareholder Value, S. 483.

nungslegungsprinzipien basierende Rechnungslegung anzuwenden. Gleichwohl waren sich auch die anderen Banken bewußt, daß eine Shareholder-value-Politik sowie Transparenz und Klarheit bei Maßnahmen in der Rechnungslegung miteinander unabdingbar verbunden sind. Eine Bereitschaft zu einem Wechsel in der Rechnungslegung wurde jedoch nicht geäußert.

Eine Gemeinsamkeit der Banken bei der Ausrichtung der geschäftspolitischen Ziele an dem shareholder value liegt in der Betonung der Langfristigkeit bzw. mindestens der Mittelfristigkeit des Ansatzes.

Eine Orientierung des bankbetrieblichen Handelns an den Interessen der Aktionäre impliziert, daß diese Zielsetzung auch bei der Ausübung des Depotstimmrechts Berücksichtigung findet. Ein Abstimmungsverhalten der Banken auf Hauptversammlungen, das nicht die Interessen der Aktionäre der betreffenden Unternehmen vertritt, stellt die Glaubwürdigkeit der eigenen verfolgten Shareholder-value-Politik in Frage. Die Glaubwürdigkeit der eigenen Shareholder-value-Politik wird z. B. dadurch erheblich beeinträchtigt, wenn Banken per Gerichtsbeschluß veranlaßt werden, Verwaltungsvorschläge im Sinne der Aktionärsinteressen zu unterbreiten.[281]

---

281 Z. B. wurde 1996 die Begründung für die Ablehnung einer Bank zum Schütt-aus-und-hol-zurück-Verfahren in Zusammenhang mit der Eigenkapital-56-Problematik gerichtlich erstritten. Die Deutsche Bank AG und Dresdner Bank AG verweigerten im Rahmen ihres Depotstimmrechts den Antrag auf Durchführung des Schütt-aus-und-hol-zurück-Verfahrens und mußten gerichtlich gezwungen werden, eine detaillierte Erläuterung ihres Verwaltungsvorschlags abzugeben. Vgl. o. V., Aktionärsinteressen, S. B 3; o. V., Offenheit, S. 5.

3 Einsatz des Investor-relations-Management zur Reduzierung der Eigenkapitalkosten von Banken vor dem Hintergrund asymmetrischer Informationsverteilung

Im folgenden wird nun — basierend auf der Theorie der asymmetrischen Informationsverteilung zwischen Eigenkapitalgeber und -nehmer — erläutert, wie die bestehenden Informationsasymmetrien zwischen Aktionär und Bank abgebaut werden können.

3.1 Formen asymmetrischer Informationen

Informationsheterogenität bei Vertragspartnern kann vor oder nach Vertragsabschluß zum Tragen kommen, nach Arrow als "hidden information" und "hidden action" bezeichnet.[282]

3.1.1 Vorvertragliche Informationsasymmetrie (hidden information)

Eine Hidden-information-Situation ist dadurch gekennzeichnet, daß der principal die charakteristischen Eigenschaften einzelner agents in einem Markt nicht kennt. Ein Informationsdefizit des principal vor Vertragsabschluß äußert sich darin, daß der principal bei der Auswahl seines Kooperationspartners aus einer Menge potentieller agents zwar weiß, daß diese unterschiedliche Qualitätsmerkmale aufweisen; er kann jedoch nicht erkennen, welchem Typ von agent er gegenübersteht. Diese Unkenntnis des principal kann Eigenschaften wie Begabung, Qualifikation und Talent des agent betreffen und wird dann als Qualitätsunsicherheit bezeichnet.[283] Da dem principal nicht alle entscheidungsrelevanten Daten zugänglich sind, kann er keine adäquate Beurteilung seiner Verhandlungspartner vornehmen und diese nicht nach ihren charakteristischen Eigenschaften separieren. Das Ergebnis ist das Vorliegen eines gepoolten Marktes, auf dem sich ein einheitlicher, an der durchschnittlichen Qualität ausgerichteter Bewertungsmaßstab bildet. Die agents besserer Qualität fühlen sich durch die pauschalisie-

---

282 Vgl. Arrow, K. J., Agency, S. 38 ff. Eine andere Klassifizierung der Informationsasymmetrien, die nicht zeitpunktbezogen ist, sondern sich nach der Art der Informationsasymmetrie Qualitätsunsicherheit, hold up und moral hazard richtet, findet sich bei Spremann, K., Information, S. 561.

283 Vgl. Spremann, K., Agent, S. 11; Arrow, P., Agency, S. 39.

rende Bewertung des Marktes benachteiligt und werden bei gegebenen Ausweichmöglichkeiten versuchen, den Markt zu verlassen.[284] Dadurch sinkt die durchschnittliche Qualität der verbleibenden Marktteilnehmer, und nach einer erneuten Preisanpassung werden weitere agents den Markt verlassen. Es kommt folglich zu einer adverse selection, einer Negativauslese.[285]

Übertragen auf die externe Eigenkapitalbeschaffung besteht eine vorvertragliche Informationsasymmetrie zwischen den potentiellen Eigenkapitalgebern und dem Emittent der Beteiligungstitel bei Erstemissionen und bei Kapitalerhöhungen. Der potentielle Aktionär als principal steht einer Vielzahl von Anlagemöglichkeiten gegenüber; unterstellt wird, daß für ihn alle Banken in der Rechtsform der AG potentielle Vertragspartner sind.[286] Beteiligungstitel kaufen, d. h. einen Kontrakt abschließen wird er mit der Bank, die eine möglichst hohe erwartete Rendite bei gegebener Risikosituation verspricht. Die Rendite wird determiniert durch die Risiko- und Ertragssituation einer Bank. Der Aktionär ist jedoch nicht umfassend über die Ertragslage einer Bank informiert. Es besteht somit eine Informationsasymmetrie. Die Unsicherheit basiert darauf, daß die veröffentlichten Informationen nicht das gesamte Informationspotential der Bank umfassen. In concreto beinhaltet das z. B. — wie im folgenden Kapitel dargestellt — die geschäftspolitischen Strategien sowie Informationen über den internen und externen Leistungsbereich. Informationsvorteile des Managements resul-

---

284 Vgl. Hax, H., Hartmann-Wendels, T., Hinten, P., Entwicklung, S. 710.

285 Ein hierzu in der Literatur oft zitiertes Beispiel ist der "market for lemons" von Akerlof: Potentielle Käufer von Gebrauchtwagen können kaum die tatsächliche Qualität einzelner Autos beurteilen; es wird sich daher auf dem Gebrauchtwagenmarkt ein einheitlicher Preis bilden, der sich an der Durchschnittsqualität einer Wagenklasse orientiert. Halter von Autos hoher Qualität, die ihrerseits aufgrund langjähriger Erfahrung deren tatsächlichen Wert genau einschätzen können, werden somit keinen äquivalenten Preis für ihren Wagen erzielen können und es deshalb vorziehen, ihn bis zum vollständigen Verschleiß zu fahren, den hochwertigen Wagen damit aus dem Markt nehmen. Der Anteil der "Zitronen" unter den Gebrauchtwagen wird ansteigen, die Durchschnittsqualität und damit der bisherige einheitliche Preis für Gebrauchtwagen wird unmittelbar sinken, so daß jetzt auch solche Fahrzeuge nicht mehr auf den Markt gelangen werden, die für den ursprünglichen Durchschnittspreis noch gehandelt worden wären. In der Konsequenz sinkt die Qualität so weit, daß der Gebrauchtwagenhandel vollkommen eingestellt wird. Vgl. Akerlof, G. A., Market; Kiener, S., Principal-agency-Theorie, S. 91.

286 Aus Vereinfachungsgründen wird davon ausgegangen, daß der principal nur Interesse an Bankaktien hat.

tieren aus der Kenntnis einer größeren Zahl von Entscheidungsalternativen. In Verbindung mit opportunistischem Verhalten müssen die potentiellen Aktionäre nun befürchten, daß das Management die Informationen über die Investitionsmöglichkeit und ihre Erfolgsaussichten positiver darstellt, als sie es selber sehen, oder relevante Informationen im Hinblick auf die Beurteilung der Ertrags- und Risikolage der Bank nicht vollständig zur Verfügung stellt.

Da potentielle Aktionäre die zu erwartenden Erträge und das eingegangene Risiko einer Bank nicht eindeutig beurteilen können, werden sie bei gegebenem Risiko an alle Banken die gleichen Renditeforderungen stellen. Die Ungewißheit der Aktionäre über die tatsächliche Vorteilhaftigkeit eines Engagements könnte in einer so skizzierten Form letztendlich zur Folge haben, daß der Kapitalmarkt alle Banken mit einem einheitlichen Durchschnittskurs bewertet.

Um das Problem eines gepoolten Eigenkapitalmarktes zu lösen, muß die jeweilige Bank also versuchen, die Ungewißheit über die Risiko- und Ertragslage einer Bank abzubauen, damit die Renditeforderungen der Aktionäre sich nach dem institutsspezifischen Risiko richten.

3.1.2 Nachvertragliche Informationsasymmetrie (hidden action)

Im Rahmen einer Finanzierungsbeziehung, die durch nachvertragliche Informationsasymmetrie gekennzeichnet ist, wird unterstellt, daß die Vertragsparteien ex ante den gleichen Informationsstand haben. Das Problem der nachvertraglichen Informationsasymmetrie entsteht damit aus der mangelnden Beobachtbarkeit der Aktivitäten des agent durch den principal.[287] Das Informationsdefizit des principal gegenüber dem agent bei hidden action besteht darin, daß er die Entscheidungen des agent nicht beobachten kann.[288] Lediglich das Ergebnis der Entscheidung oder der output einer Produktion können sowohl vom agent als auch vom principal vollständig festgestellt werden. Das Ergebnis wird allerdings nicht nur durch das Verhalten des agent beeinflußt, sondern zusätzlich durch ein exogenes Risiko. Dem principal ist es also nicht möglich, zwischen dem Umweltrisiko und dem Verhalten des agent zu differenzieren, er kann nicht vom beobachteten Ergebnis auf die Aktion des agent schließen. Derselbe output kann durch

---

287 Vgl. Alewell, D., Informationsasymmetrien, S. 57 ff.

288 Angenommen wird, daß bei Kapitalübergabe symmetrische Information bestand.

Glück und Faulheit oder Pech und Fleiß erzielt werden.[289] Umwelt- und Verhaltensrisiko lassen sich als Ursache für schlechte Handlungsergebnisse nicht trennen.

Der typischste und zugleich problematischste Fall von hidden action ist der Arbeitseinsatz bzw. das Anstrengungsniveau des agent, worunter auch Fleiß, Engagement und Sorgfalt fallen.[290] Es gilt die Annahme, daß die Anstrengungen des agent mit einem negativen Wert verbunden sind, während sie für den principal einen positiven Wert haben, da durch vermehrte Arbeitsleistung des agent die Wahrscheinlichkeit für höhere Ergebnisse steigt. Die Wohlfahrt des principal, dem annahmegemäß der output zufällt, abzüglich des Teils, der die Entlohnung des agent darstellt, hängt also entscheidend vom Anstrengungsniveau des agent ab. Da der principal den Arbeitseinsatz nicht genau beobachten kann, eröffnet sich für den agent ein diskretionärer Handlungsspielraum, den er versuchen wird zu seinen Gunsten auszunutzen.[291] Innerhalb des Handlungsspielraums wird er versuchen, sein Arbeitsleid möglichst gering zu halten; Kompensationsmöglichkeiten bestehen hierbei z. B. im Konsum nichtgeldlicher Vorteile. Dem agent eröffnen sich in dieser Situation Verhaltensanreize, die das Moral-hazard-Problem[292] begründen.

Übertragen auf das Verhältnis Aktionär und Bank läßt sich die Problematik wie folgt darstellen: Nachdem der Aktionär die Bankaktie erworben hat, kann er weder direkt noch mittelbar den "Konsum" des Managements beobachten bzw. kontrollieren, wie stark der agent seinen Handlungsspielraum zum Konsum nichtgeldlicher Vorteile ausnutzt.[293] Zu berücksichtigen ist jedoch, daß das Streben nach nichtgeldlichen Vorteilen[294] nur dann zu

---

289 Vgl. Spremann, K., Information, S. 571.

290 Vgl. Arrow, P., Agency, S. 38; Karmann, A., Risikoallokation, S. 557.

291 Vgl. Hax, H., Hartmann-Wendels, T., Hinten, P., Entwicklung, S. 705.

292 Der Begriff des "moral hazard" entstammt der Literatur zur Versicherungslehre: Nachdem ein Wirtschaftssubjekt eine Versicherung abgeschlossen hat, wird es weniger sorgfältig sein, so daß ein zusätzliches Schadensrisiko entsteht. Vgl. Holmström, B., Moral Hazard, S. 74.

293 Vgl. Decker, O. A., Eigner-Manager-Konflikt, S. 23 ff.

294 Als Beispiel für einen unentgeltlichen Vorteil, der nicht als "consumption on the job" bezeichnet wird, ist das Streben nach prestigeträchtigen Titeln anzuführen, sofern damit nicht eine Erhöhung des Gehalts verbunden ist, so z. B. die Einführung des Titels Generaldirektor oder Bereichsvorstand anstelle der Bezeichnung Direktor.

einem Nachteil für den Aktionär führt, wenn hierdurch zusätzliche Kosten, die wirtschaftlich unnötig sind, entstehen und eine Verringerung des Gewinns bewirken, der den Aktionären zusteht.

Als Beispiel für den in der Literatur aufgezeigten und teilweise auch in der Realität zu beobachtenden Konsum (consumption on the job oder fringe benefits) lassen sich folgende Fälle anführen[295]: Zahlungsüberschüsse können in Dienstwagen der Luxusklasse für das Management, in luxuriöse Büroausstattungen[296] oder aufwendige Dienstreisen fließen. Ebenfalls kann ein extensives Kunstengagement der Banken sowie die Errichtung von Golfplätzen die Vermutung auslösen, daß das Management durch derartige Prestigeaktionen eher seinen eigenen Nutzen maximiert, d. h. den Wunsch nach Status, Macht und Prestige befriedigt als die Nutzen der Aktionäre.[297]

Abschließend läßt sich festhalten, daß aufgrund der mangelnden Beobachtbarkeit der Handlungen bzw. des Einsatzes des agent für die Aktionäre nicht eindeutig feststellbar ist, ob ein Verlust oder im Vergleich zu der gesamten Branche geringerer Gewinn als beobachtbarer Output im vergangenen Geschäftsjahr maßgeblich durch den mangelnden Einsatz des Managers oder durch ein exogenes Ereignis, z. B. durch ein Abflauen der Konjunktur, determiniert ist.[298].

3.2 Möglichkeiten zum Abbau von Informationsasymmetrien

Grundsätzlich können die Lösungsmöglichkeiten zum Abbau von Informationsasymmetrien einerseits danach differenziert werden, ob sie sich auf Maßnahmen beziehen, die bestehenden Informationsasymmetrien *vor* oder *nach* Vertragsabschluß abzubauen, oder andererseits danach, von welcher Seite, ob vom *besser* Informierten oder vom *schlechter* Informierten, die Initiative ergriffen wird, das Informationsdefizit abzubauen. Ist sie auf die

---

295 Vgl. Elschen, R., Agency-Theorie, S. 41.

296 "...sattsam bekannten dicken Teppiche und schönen Sekretärinnen, sowie das Wandölgemälde." Ridder-Aab, C., Aktiengesellschaft, S. 77.

297 Vgl. Becker, F., Anreizsysteme, S. 24 ff.; Zechner, J., Managerverhalten, S. 182 ff.

298 Vgl. Ballwieser, W., Informationsökonomie, S. 21 ff.

Initiative des agent zurückzuführen, wird von "signalling" gesprochen, ist sie auf Initiative des principal zurückzuführen, von "self selection".[299]

Letztgenannte Systematisierung wird aus verschiedenen Gründen präferiert. Die zuvor geschilderten Grundtypen von Informationsasymmetrien treten in der Realität nicht isoliert auf, sondern sind stets miteinander verknüpft. Des weiteren unterscheiden sich die Informationsbedürfnisse potentieller und gegenwärtiger Aktionäre nicht grundlegend voneinander, und auch die seitens der Banken zur Verfügung gestellten Informationen werden, allein schon aus Praktikabilitätsgründen, sich nicht in der Art der zur Verfügung gestellten Informationen unterscheiden; Unterschiede ergeben sich hierbei eher im Hinblick auf die Wirkung auf den Aktionär. Während sie bei dem potentiellen Aktionär in der Situation der vorvertraglichen Informationsasymmetrie einen Beitrag zur Verringerung der Qualitätsunsicherheit der Anlage Bankaktie leisten, werden sie beim aktuellen Aktionär in der nachvertraglichen Situation eher kontrollierenden Charakter besitzen in der Weise, daß dieser die erhaltenen Informationen zur Bestätigung der zuvor erhaltenen Informationen nutzen wird (kognitives Wissen).

3.2.1 Self selection

Bei self selection geht die Initiative zum Abbau der Informationsasymmetrie vom principal aus.[300] Hierbei unternimmt der principal, der einzelne Aktionär selbst, Anstrengungen, um sich die notwendigen Informationen zu beschaffen, die er für seine Anlageentscheidung benötigt, d. h. um sein Informationsdefizit abzubauen.[301] Diese Lösung soll aus Vollständigkeitsgründen nur kurz skizziert werden, da es theoretisch zwar möglich wäre, daß der einzelne Aktionär Anstrengungen unternimmt, um sich Informationen über die Qualität der Bankaktie zu beschaffen, aber Kosten-Nutzenerwägungen diese Lösung nicht realistisch erscheinen lassen. Ursache hierfür ist, daß diese Möglichkeit mit hohen Suchkosten verbunden ist, da im Prinzip jeder Aktionär versuchen müßte, den aus seiner Sicht gepoolten Markt zu separieren. Die Anstrengungen des einzelnen Aktionärs wären mit zu hohen Transaktionskosten verbunden, so daß zumindest der Aktionär, der nur geringe Anlagevolumina zur Verfügung hat, sich zurückziehen

---

299 Vgl. Kaas, H. P., Signalling, S. 357 ff.

300 Vgl. Kaas, H. P., Unsicherheitsprobleme, S. 539; Meyer, D., Information, S. 104 ff.

301 Vgl. Decker, O. A., Eigner-Manager-Konflikt, S. 35 ff.

würde. Im Vergleich hierzu sind die Transaktionskosten für die institutionellen Anleger aufgrund der hohen Anlagevolumina und der Möglichkeit professionellen Vorgehens geringer. Bezüglich des professionellen Vorgehens könnten sie einen Kriterienkatalog entwerfen, der beinhaltet, welche Informationen gegeben werden müssen, damit die Bankaktie als Investitionsobjekt in Frage kommt. Des weiteren können die Banken den Anforderungskatalog mit der Auflage versehen, nur dann Banktitel zu erwerben, wenn die abgefragten Informationen in ausreichender Weise zugänglich gemacht wurden.

Für die Banken als Kapitalnehmer hingegen stellen die Kosten, die aus der Bereitstellung von Informationen resultieren, eine vergleichsweise zu vernachlässigende Größe dar aufgrund des Ausnutzens von Kostenreduktionseffekten (economies of scale). Ursächlich hierfür ist, daß die Bank an einer Vielzahl von Aktionären und an einer Vielzahl von Vertragsabschlüssen interessiert ist und sich somit die Kosten auf eine hohe Anzahl von Kontraktpartnern verteilen.

3.2.2 Signalling

3.2.2.1 Grundlegendes zum Signalling

Beim signalling geht die Initiative zum Abbau der Informationsasymmetrie vom agent aus. Hierbei erfolgen seitens der Bank als dem besser informierten Vertragspartner Anstrengungen, die Qualität des Gutes durch bestimmte Aktionen, die die Erwartungen der Marktteilnehmer verändern, zu signalisieren.

Die Problematik für die einzelne Bank bei der Informationsübermittlung besteht darin, daß diese die Aktionäre davon überzeugen müssen, daß die gegebenen Informationen verläßlich sind. Ursächlich für die diesbezügliche Problematik sind sowohl die spezifischen Qualitätsrisiken des immateriellen Gutes Information als auch die Problematik der Erzeugung von Glaubwürdigkeit.

Das Gut Information ist eine immaterielle Größe und unterliegt besonderen Qualitätsrisiken, da die Qualität von Informationen ex ante und ex post nur sehr schwer bewertbar ist.[302] Bei materiellen Gütern wird das Mißtrauen

302 Vgl. Hopf, K., Informationsmärkte, S. 36 ff.

potentieller Nachfrager gegenüber Gütern, deren Qualität sie nicht vor dem Kauf bewerten können, z. B. durch Garantien reduziert. Hierbei verpflichtet sich der Garantiegeber gegenüber dem Garantienehmer, für eine bestimmte zukünftige Leistung einzustehen. Fraglich ist, ob eine "Informationsgarantie" ebenfalls eine Lösungsmöglichkeit böte, das Mißtrauen der Aktionäre gegenüber einer falschen oder unvollständigen Informationspolitik einer Bank zu reduzieren. Diese Möglichkeit stellt sich jedoch aus zwei Gründen als problematisch dar bzw. ist nur als eine theoretisch optimale Lösung anzusehen. Zum einen besteht die Gefahr des zufälligen Informationsfehlers. Dieser äußert sich in der Weise, daß die Bank in einer bestimmten Situation zwar ihrem Informationsstand entsprechend korrekte Informationen gegeben hat, die im Anschluß daran beobachteten Auswirkungen gleichwohl nicht mit der zugrundeliegenden Information übereinstimmen.[303] Zum anderen ist unabdingbare Voraussetzung für eine Garantie eine kontraktgemäße Festlegung aller Informationsausprägungen. Eine solche Festlegung für alle Zustände und Zeitpunkte ist angesichts der Fülle der Informationsausprägungen nicht möglich.[304]

Aus diesem güterspezifischen Risiko und aus der zuvor geschilderten Problematik opportunistischen Verhaltens können Aktionäre grundsätzlich als skeptisch gegenüber den übermittelten Informationen über die Ertrags- und Risikoaussichten einer Bank bezeichnet werden. Hieraus resultiert das Erfordernis, Glaubwürdigkeit zu erzielen, d. h., es sollte ein grundsätzlicher Konsens über die Glaubwürdigkeit der von den Banken zur Verfügung gestellten Informationen bestehen.[305]

Im Rahmen von Signalling-Modellen werden die Voraussetzungen zur Erzielung von Glaubwürdigkeit bei der Übermittlung von Informationen analysiert.

---

303 Vgl. Kaas, H. P., Signalling, S. 357 ff.

304 Vgl. Spremann, K., Information, S. 570; Kiener, S., Principal-Agency-Theorie, S. 66.

305 Belegt werden kann diese Zielsetzung durch empirische Untersuchungen auf dem US-amerikanischen Kapitalmarkt, die beweisen, "daß Aktionäre nicht auf die absolute Ergebnisausprägung, sondern nur auf die Abweichungen der Ergebnisse auf die gehegten Erwartungen reagieren". Möller, H. P., Ergebnisse, S. 35 ff.; Schredelseker, K., Kapitalanlageentscheidungen, S. 135.

3.2.2.2 Validität von Informationen als zentraler Untersuchungsgegenstand der Signalling-Modelle

Signalling-Modelle untersuchen, unter welchen Voraussetzungen der besser Informierte Signale gibt, aus deren Beobachtung die Marktteilnehmer auf die Korrektheit der gegebenen Informationen schließen können, mit der Folge, daß der in einer hidden information vorliegende gepoolte Markt separiert wird.[306] Unterstellt wird in den Modellen die Existenz bestimmter Verhaltensweisen oder Merkmale (Signale), aus deren Beobachtung es dem schlechter informierten Marktteilnehmer ermöglicht wird, Schlußfolgerungen für die ihn interessierenden Tatbestände zu ziehen. Es wird von der Annahme ausgegangen, daß eine direkte Informationsübermittlung über relevante Merkmale oder Eigenschaften nicht möglich ist, da die Glaubwürdigkeit der direkt bereitgestellten Informationen in der Regel nicht gewährleistet ist.[307] Informationen werden dann als glaubwürdig angesehen, wenn ein Anreiz besteht, korrekt zu informieren, d. h. wenn eine bewußte Täuschung der schlechter Informierten für die besser Informierten selbst mit Nachteilen verbunden ist.[308]

Als Voraussetzung für die Wirksamkeit des Signals zur Erzeugung von Glaubwürdigkeit und zur Sicherstellung der Korrektheit der Information muß Anreizkompatibilität gegeben sein.[309] Eine anreizkompatible Informationsübertragung ist dann gegeben, wenn der besser Informierte das für ihn optimale Signal wählt (somit seine wahre Qualität offenbart) und die schlechter Informierten aufgrund der Beobachtung des Signals auf die Korrektheit der Informationen des besser Informierten schließen können.[310] Glaubwürdigkeit wird dann induziert, wenn die Kosten des signalling, also die Kosten, die durch Beeinflussung des Signals entstehen, und die Qualität des Guts der zu vermittelnden Qualität des Unternehmens negativ korreliert sind; je geringer die Qualität, desto höher die Signalling-Kosten für die Übermittlung eines bestimmten Signals.[311] Das Signal muß somit von gu-

---

306 Vgl. Spremann, K., Agent, S. 11.

307 Vgl. Hartmann-Wendels, T., Dividendenpolitik, S. 85; Milde, H., Dividendenhöhe, S. 334 ff.

308 Vgl. Wohlschieß, V., Informationsverteilung, S. 18.

309 Vgl. Hartmann-Wendels, T., Agency-Theorie, S. 413 ff.; Spremann, K., Information, S. 580.

310 Vgl. Perridon, L., Steiner, M., Finanzwirtschaft, S. 85.

311 Vgl. Kreps, D., Microeconomic, S. 630.

ten Unternehmen kostengünstiger produziert werden können als von den schlechten. Damit wird sichergestellt, daß kein Anreiz besteht, die Signalling-Entscheidungen derjenigen mit besserer Qualität nachzuahmen.[312]

Ein oftmals zitiertes, dissipatives[313] Signalling Modell ist das von Spence für den Arbeitsmarkt.[314] Ein Arbeitgeber, der einen Arbeiter einstellen will, kennt dessen Fähigkeiten und Produktivität zum Zeitpunkt der Einstellung nicht vollständig. Unterstellt wird, daß die Begabung von außen nicht erkennbar ist; entsprechend ist die Lohnzahlung an den Arbeitnehmer von den Einschätzungen des Arbeitgebers abhängig, um welchen Arbeitertyp es sich bei dem jeweiligen Bewerber handelt. Der Arbeiter wird nun durch ein entsprechendes Signal versuchen, seine Qualität zu offenbaren, um eine seiner Qualifikation entsprechende Entlohnung und nicht einen Durchschnittslohn zu erhalten. Dem Arbeitgeber können glaubhafte Signale vermittelt werden in Form von Ausbildungsnachweisen, z. B. durch den Abschluß eines Hochschulstudiums. Da es für minder befähigte Personen nicht möglich oder mit zu großem Aufwand verbunden ist, dieses Signal zu imitieren, ist anzunehmen, daß jeder Arbeitnehmer durch Ausbildungsnachweise zutreffende Signale über seine Fähigkeiten gibt und damit den vorliegenden gepoolten Arbeitsmarkt separiert.[315]

3.2.2.3 Dividendenzahlungen und Rating-Urteile als Signalling-Indikatoren

Auf den Finanzmärkten kann die Dividendenzahlung einer Bank als Signal angesehen werden. Fungiert die Erhöhung der Dividende als Signal für die Ertragserwartungen der Unternehmensleitung, folgern potentielle und aktuelle Aktionäre daraus, daß das Management die langfristige Ertragslage des Unternehmens günstiger einschätzt als vorher. Es wird angenommen, daß die Unternehmensleitung mit Hilfe der Dividendenpolitik ihre Erwartungen über die zukünftigen Ertragsmöglichkeiten der Bank dem Markt signalisie-

---

312 Vgl. Hartmann-Wendels, T., Agency-Theorie, S. 424; Spremann, K., Finanzierung, S. 649.

313 Differenziert wird zwischen dissipativen Modellen, bei denen es den informierten Vertragspartnern nicht möglich ist, die exakte Qualität kostenlos zu signalisieren, während dies bei nicht-dissipativen Modellen möglich ist. Letzteren kommt jedoch keine höhere Relevanz zu. Vgl. Franke, G., Separation, S. 245.

314 Vgl. Spence, M., Job Market Signalling, S. 356.

315 Vgl. Franke, G., Hax, H., Finanzwirtschaft, S. 414.

ren kann. Unterstellt wird hierbei, daß Aktionäre Banken, die eine höhere Dividende je Anteil zahlen, auch einen höheren Wert beimessen. Unerwartete oder höhere Dividendenzahlungen werden von diesen dann als positives Signal gewertet. Voraussetzung dafür, daß die Dividende als Signal wirkt, ist allerdings, wie zuvor angeführt, daß Unternehmen mit schlechten Ertragsaussichten das Signal "Dividendenerhöhung" nicht imitieren können. Diese Voraussetzung kann insofern als gegeben angesehen werden, als die Zahlung erhöhter Dividenden für weniger erfolgreiche Unternehmen mit zu hohen Kosten verbunden ist; folglich können ertragsschwache Unternehmen das Signal nicht imitieren.[316] Gleichwohl ist die Fähigkeit der Dividendenpolitik, als Signal zu wirken, nicht unumstritten; Kritiker halten dem entgegen, daß Unternehmen, wie auch in der Realität zu beobachten, zumindest für einen gewissen Zeitraum auch dann noch Dividenden zahlen, wenn dies der wirtschaftlichen Lage der Unternehmung nicht mehr entspricht.[317]

Als ein weiteres Signal, mit dem Banken den bei der Kapitalaufnahme als zugrundeliegend angenommenen gepoolten Kapitalmarkt separieren, weist die Literatur auch dem Rating eine Signalling-Eigenschaft zu.[318] Als Rating wird die durch spezielle Symbole ausgedrückte Einschätzung einer Rating-Agentur bezüglich der Fähigkeit und rechtlichen Bindung eines Emittenten bezeichnet, die mit einem bestimmten Schuldtitel verbundenen Zins- und Tilgungsverpflichtungen vollständig und rechtzeitig zu erfüllen.[319] Das Rating beinhaltet somit das Ergebnis einer vergleichenden, zukunftsorientierten Bewertung der Qualität von Kreditinstituten als Fremdkapitalnehmer, welches eine Klassifizierung der betrachteten Institute auf einem ordinalen Skalenniveau zuläßt.[320]

Die primäre Aufgabe des Rating besteht darin, eine Vergleichbarkeit der Kreditinstitute bezüglich ihrer Bonität herzustellen, um die Entscheidungs-

---

316 Vgl. Hartmann-Wendels, T., Dividendenpolitik, S. 84 ff.

317 Vgl. hierzu Schneider, D., Kapitalmarkt, S. 35 ff.

318 Vgl. Steiner, M., Heinke, V., Rating, S. 579 ff.

319 Vgl. Büschgen, H. E., Everling, O., Bankrating, S. 28 ff.

320 Vgl. Baden, K., Fehlberatung, S. 263.

effizienz der potentiellen Fremdkapitalgeber zu erhöhen.[321] Wenngleich das Rating somit zunächst nur ein Urteil ist über die Fähigkeit einer Bank, ihre Zahlungsverpflichtungen zu erfüllen, also im engen Sinn keine Bewertung der Bankaktie darstellt, ist gleichwohl ein Einfluß auf die Bewertung der Aktie gegeben: Ein gutes Rating wird als ein Indikator für die Ertragskraft einer Bank angesehen.

Zu prüfen ist nun, ob das Rating die wesentlichen Voraussetzungen für die Wirksamkeit eines Signals erfüllt und damit glaubwürdig Informationen übermittelt werden. Die Grundvoraussetzung der negativen Korrelation der zu vermittelnden Qualität der Bank und der Höhe der Kosten wird vom Rating erfüllt.[322] Banken mit hoher Bonität verfügen über ein Rating. Banken geringerer Bonität verzichten auf ein Rating, da eine schlechte Einstufung höhere Risikoprämien nach sich zieht, die die Bank für ihre Titel an den Finanzmärkten zu zahlen hat; hinzu kommen die zusätzlichen Aufwendungen für die Inanspruchnahme der Rating-Agentur. Banken mit vergleichsweise geringer Bonität werden daher kein Rating durchführen lassen.

Als eine weitere Voraussetzung der Wirksamkeit eines Signals wurde dessen Nichtimitierbarkeit genannt. Man könnte z. B. eine höhere Qualität, als de facto vorhanden ist, dadurch imitieren, daß selektiv nur positive Informationen genannt werden. So könnte man sich nicht vorstellen, daß die schlechtere Bank der Rating-Agentur lediglich selektiv Informationen zur Verfügung stellt, um hierdurch zu einer besseren Einschätzung zu gelangen. Zudem nehmen Rating-Agenturen erst dann die Einschätzung einer Bank vor, wenn diese umfassende Informationen zur Verfügung stellt sowie zu Gesprächen in ihr Institut einlädt. Somit ist es Banken schlechterer Qualität nicht möglich, das Signal zu imitieren.

Daß dem Rating nicht nur in der Theorie eine Signalwirkung zukommt, beweist auch die Tatsache, daß trotz fehlender gesetzlicher Verpflichtungen, sich einem Rating zu unterziehen, alle international agierenden deutschen Banken ein Rating besitzen.[323] Das Rating besitzt also die Eigen-

---

321 Kommerzielle Ratings werden von spezialisierten Ratingagenturen erstellt und veröffentlicht, wobei der Markt von den Agenturen Standard & Poor's, Moody Investor Services AG und IBCA dominiert wird. Vgl. ausführlich hierzu Everling, O., Credit Rating.

322 Vgl. zu den folgenden Ausführungen Wagner, W., Rating, S. 83.

323 "Wer in diesem internationalen Kreis kein Rating aufweist, besitzt eines dadurch, daß er keines besitzt." Breuer, R. E., Kommunikation, S. 70.

schaft, zu einer glaubhaften Verringerung der Informationsasymmetrien zwischen Aktionär und Bank beizutragen und den Markt für Bankeigenkapital zu separieren.

Da das Rating freiwillig ist, versucht die Bank hierdurch, den Kapitalmarkt in separierte Teilmärkte mit unterschiedlichen Qualitäten und differenzierten Preisen zu segmentieren, indem sie ihre zukünftige Ertragskraft durch die Übermittlung des glaubwürdigen Signals — des Rating-Urteils — offenbart. Gleichwohl werden auch durch ein Rating die Informationsbedürfnisse der Aktionäre nicht hinreichend befriedigt, da die Erstellung eines langfristigen Rating nur jährlich durchgeführt wird.

3.2.2.4 Investor relations als Signalling-Indikator

3.2.2.4.1 Analyse der Transferierbarkeit des Signalling-Ansatzes auf die Investor-relations-Politik einer Bank

Bislang sind in der Literatur nur wenige Merkmale oder Instrumente genannt, die Signalling-Eigenschaften aufweisen.[324] Dies liegt unter anderem darin begründet, daß den Modellen sehr restriktive Prämissen zugrunde liegen. So gehen die Modelle von einem rationalen Handeln aus, von einer einperiodigen Betrachtungsweise und der Unwirksamkeit einer direkten Informationsübertragung über relevante Sachverhalte.

Begründet wird letztgenannte Annahme mit dem fehlenden Anreiz zur korrekten Information, da reine Informationen bzw. Mitteilungen für den Kapitalmarkt nicht nachprüfbar sind sowie für die Kapitalgeber starke Anreize zur Fehlinformation[325] bestehen, wobei diese Begründung auf die Zugrundelegung eines einperiodigen Betrachtungszeitraums in den Signalling-Modellen zurückgeführt wird.[326] Hierdurch ist eine Ex-post-Beurteilung seitens der Kapitalnehmer über die Richtigkeit der zur Verfügung gestellten Informationen nicht möglich. Aus diesem Grund werden Informationen

324 Investitions- und Finanzierungsentscheidungen können ebenfalls als Informationsträger fungieren. Vgl. Swoboda, P., Finanzierung, S. 194-206. Weitere Merkmale, denen Signalling-Eigenschaften zugesprochen werden, sind die Kapital- und Finanzierungsstruktur. Vgl. Zemke, G., Bankjahresabschluß, S. 227.

325 Vgl. Kopp, R., Erwerb, S. 112.

326 Vgl. Franke, G., Separation, S. 245; Hartmann-Wendels, T., Dividendenpolitik, S. 85; Schmidt, R., Property-Rights-Analysen, S. 252.

über Gewinneinschätzungen oder zukünftige expansive Strategien nicht als wirksam zur Beseitigung von Informationsasymmetrien zwischen Eigenkapitalgeber und -nehmer erachtet, mit der Konsequenz, daß auch investor relations als Informationspolitik einer Bank im strengen Sinne nicht als Signal wirken und Glaubwürdigkeit erzeugen können.

Damit investor relations als Signal wirken können, ist ein Merkmal zu eruieren, aus dem die Aktionäre schließen können, daß die von der Bank herausgegebenen Informationen glaubwürdig sind. Ein solches Merkmal könnte z. B. darin bestehen, daß eine Bank ihre Investor-relations-Tätigkeiten in eine eigenständige Tochtergesellschaft ausgliedert und durch die damit einhergehenden erheblichen finanziellen Gründungs- und Folgeaufwendungen ihre ernsthaften Absichten signalisiert, eine angemessene und glaubwürdige Informationspolitik gegenüber aktuellen und potentiellen Aktionären zu betreiben. Weitere Merkmale könnten in der Ankündigung der Bank bestehen, hohe finanzielle Sanktionen gegen sich wirken zu lassen für den Fall falsch übermittelter Informationen, z. B. bei der Veröffentlichung des Geschäftsberichts oder in der Wahl einer externen Rechnungslegung, die nicht durch Bewertungsprivilegien des Bankbilanzrechts beeinflußbar ist.

Inwiefern diese Merkmale Signalling-Eigenschaften aufweisen, bedarf einer umfangreichen empirischen Untersuchung, mittels derer identifiziert wird, ob den oben genannten Merkmalen eine besondere Informationsträgerschaft zugesprochen werden kann, d. h. daß Aktionäre hieraus Rückschlüsse auf das Informationsverhalten der Bank ziehen können bzw. aus den genannten Merkmalen auf eine glaubwürdige Investor-relations-Politik einer Bank schließen können.[327] Da solche Untersuchungen in der Realität bislang nur für die Dividendenpolitik durchgeführt wurden und eindeutige Ergebnisse nicht erzielt wurden bzw. die sehr restriktiven Prämissen eine

---

327 Scheinen einzelne Merkmale für sich nicht genug Signalling-Eigenschaften aufzuweisen, könnte eine Lösung darin bestehen, die Summe der einzelnen Merkmalsausprägungen zu einem Gesamtmerkmal zu aggregieren, das dann als ein Signal wirkt. Die Zusammenfassung der einzelnen Merkmalsausprägungen zu einem einzigen Gesamtmerkmal sehen die Signalling-Modelle nicht vor, da hierdurch nicht ersichtlich wird, welches Merkmal genau die Signalwirkung erzeugt. Vgl. Schmidt, R., Property-Rights-Analysen, S. 254.

nur eingegrenzte Übertragbarkeit auf die Praxis zuließen,[328] soll im folgenden eine andere Möglichkeit innerhalb des Signalling-Ansatzes, Glaubwürdigkeit zu erzeugen, untersucht werden.

3.2.2.4.2 Die Investor-relations-Politik einer Bank als Quasi-Signalling

Beim Quasi-Signalling handelt es sich um den Aufbau von Reputation und/oder von Vertrauensbeziehungen, die im Rahmen der Signalling-Modelle auch als Quasi-Signalling bzw. als ein weiches Kooperationsdesign bezeichnet werden.[329] Diese Lösungen zur glaubhaften Verringerung der Informationsasymmetrie sind zum einen durch weniger strenge zugrundeliegende Annahmen charakterisiert sowie zum anderen durch die Berücksichtigung beobachtbaren Verhaltens.[330] So erfolgen in überwiegendem Maße die Interpretationen der in der Realität zu beobachtenden Phänomene, mittels derer Glaubwürdigkeit erzeugt werden soll, wie z. B. Testate oder das Vorhandensein eines entsprechenden Rufs,[331] nicht in einer modelltheoretischen oder formalisierten Art und Weise.[332]

Innerhalb dieses Ansatzes können auch investor relations als eine Lösung aufgefaßt werden, durch den Aufbau einer Vertrauensbeziehung Mißtrauen und Skepsis bei aktuellen und potentiellen Eigenkapitalgebern zu verringern.[333] Möglich ist dies, da unter anderem beim Quasi-Signalling die in den Signalling-Modellen angenommene einperiodige Sichtweise zugunsten

---

328 Hauptkritikpunkt ist das Fehlen einer in sich geschlossenen Theorie. Bemängelt wird an den Signalling-Ansätzen, daß diese sich aus einer Vielzahl einzelner Ansätze zusammensetzen, denen nur wenige gemeinsame Prinzipien zugrunde liegen, wobei insbesondere auch der Sachverhalt einer tieferen Aufklärung bedarf, welche Determinanten die Auswahl der einzelnen Signalling-Instrumente durch die besser Informierten beeinflussen. Vgl. Schmidt, R., Property-Rights-Analysen, S. 254.

329 Vgl. Zehmke, G., Bankjahresabschluß, S. 232; Spremann, K., Reputation, S. 623 f.

330 Vgl. Zehmke, G., Bankjahresabschluß, S. 260; Kaas, K. P., Kooperation, S. 884 ff.

331 Als Beispiel für ein Quasi-Signalling steht im Bereich der Fremdkapitalfinanzierung z. B. der Aufbau des Rufes des Fremdkapitalnehmers als zuverlässiger Kreditnehmer. Vgl. ausführlich hierzu Terberger, E., Kreditvertrag, S. 38 ff.

332 Vgl. Kopp, H., Erwerb, S. 115.

333 Vgl. Jacob, A., Vertrauenskapital, S. 119 ff.

einer mehrperiodigen aufgegeben wird und dadurch die Möglichkeit geschaffen wird, die Finanzierungsbeziehung zwischen Aktionär und Bank als eine langfristige Kooperationsbeziehung aufzufassen. Innerhalb einer langfristigen Kooperation wird der Aktionär nicht als einmaliger Kapitalgeber, sondern als langfristiger Kooperationspartner begriffen. Eine langfristige Kooperation entsteht durch den Aufbau von Vertrauen zwischen den Partnern. Das Phänomen Vertrauen wird bislang in den Wirtschaftswissenschaften (mit Ausnahme im Marketing bei der Bildung von Markenartikeln) noch zu wenig beachtet, da es als "soft fact" schwer greifbar ist, obwohl es durchaus — wie noch zu zeigen ist — restriktive Wirkungen beim Absatz von Finanzierungstiteln entfalten kann und somit erheblich mehr Bedeutung erlangen sollte.[334]

Der Aufbau von Vertrauen ist ein langfristiger Prozeß, bei dem die Aktionäre die erlebten Erfahrungen in die Zukunft extrapolieren. Sie schließen vom vergangenen Verhalten der Bank auf deren zukünftiges Verhalten. Somit kann der Aufbau von Vertrauen als das Resultat aus der Summe von Erfahrungen definiert werden.[335]

Als eine Voraussetzung, daß die Informationen korrekt sind, wurde innerhalb der Signalling-Modelle die Existenz einer Anreizkompatibilität für den Signalisierenden angeführt. Anreizkompatibilität existiert insofern beim Quasi-Signalling, als auch vom Aufbau einer Vertrauensbeziehung Anreizwirkungen ausgehen können. Die Anreizwirkung ergibt sich aus dem Sachverhalt, daß Vertrauen nur dann entsteht, wenn sich rückblickend die gegebenen Informationen als korrekt herausgestellt haben. Falsche oder unvollständige Informationen führen nicht zu Vertrauen bzw. zerstören ein bestehendes Vertrauensverhältnis. Erst durch positive Erfahrungen in der Vergangenheit erwerben die Aktionäre Vertrauen gegenüber der Bank. Dies wiederum induziert Anreize für die Bank, auch in Zukunft offen und wahrheitsgemäß zu informieren. Langfristig wird dann eine wahrheitsgemäße Informationspolitik mit Vertrauen belohnt, wenn sich herausstellt,

---

334 Vgl. Albach, H., Vertrauen, S. 2 ff, der auf das Forschungsdefizit in der Auseinandersetzung mit dem Phänomen "Vertrauen" mehrfach hingewiesen hat.

335 Eine Vertrauensbeziehung kann auch mittels Lerneffekten aufgebaut werden. Die Lerntheorie erläutert Vertrauen damit, daß eine kognitive Bindung erzeugt wird, die auf Erfahrungen und Überzeugungen basiert. Die Lerntheorie findet auch Eingang bei der Erläuterung der Markentreue in der Theorie des Konsumentenverhaltens.

daß über den Zeitablauf die von den Banken zur Verfügung gestellten Informationen umfassend und nicht nur selektiv erfolgen.[336]

Abschließend bleibt festzuhalten, daß die Signalwirkung, die dem Rating und der Dividendenpolitik für die Glaubwürdigkeit der übermittelten Informationen zugesprochen wird, innerhalb des Quasi-Signalling in der Beziehung Eigenkapitalgeber und Bank durch den Aufbau einer Vertrauensbeziehung substituiert wird.[337] Grundsätzlich zeigt sich somit, basierend auf dem Denkgerüst der Signalling-Hypothese, daß der Aufbau einer Vertrauensbeziehung geeignet erscheint, eine dauerhafte und vertrauenswürdige Kooperation zwischen Bank und Aktionär zu generieren, um damit das Problem der Glaubwürdigkeit nachhaltig zu reduzieren.[338]

3.3 Abbau der Informationsasymmetrien durch das Investor-relations-Management einer Bank

Basierend auf einer shareholder-value-orientierten Unternehmensführung ist im folgenden zu analysieren, welche bankbetrieblichen Informationen im Rahmen einer Investor-relations-Politik einer Bank veröffentlicht werden sollten. Sind diese geeignet, die bestehenden Informationsasymmetrien zwischen der Bank und den Aktionären glaubhaft zu reduzieren, kann die im ersten Kapitel aufgestellte Hypothese der Reduzierung der Eigenkapitalkosten bestätigt werden.

---

336 Eine analoge Vertrauensbeziehung/Wirkungsweise bzw. eine bankenspezifische Entsprechung der Glaubwürdigkeit findet sich bei Banken in der Zurverfügungstellung des Emissionskredits bei Primäremissionen. Als Emissionskredit bezeichnet man das in die Banken gesetzte Vertrauen bezüglich des Erfolgs der Emission als Instrument zur Plazierung der fremden Wertpapiere. Dem Emissionskredit kommt hierbei insofern eine Signalfunktion zu, als Anleger die Teilnahme einer bestimmten Bank im Emissionskonsortium an der Emission als ausreichendes Signal für ein Gelingen der Emission ansehen. Hier fungiert die Bank als Institution zur Absicherung der Glaubwürdigkeit, indem sie ihre Fähigkeit, ihren Ruf dem Emittenten zur Verfügung stellt. Vgl. Neus, W., Emissionskredit, S. 898.

337 Vgl. Jacob, A., Vertrauenskapital, S. 120.

338 Die Signalling-Theorie bietet somit Ansatzpunkte einer ökonomischen Begründung, über die gesetzlichen Anforderungen hinaus zu informieren. Vgl. Schmidt, R., Property-Rights-Analysen, S. 254; Henes, F., Zwischenberichtspublizität, S. 80.

Die im folgenden selektiv aufzuzeigenden Maßnahmen zum Abbau von Informationsasymmetrien zwischen einer Bank und ihren Aktionären können danach differenziert werden, inwieweit sie Informationsasymmetrien strategischer Art tangieren, den internen (Betriebsbereich) oder den externen Leistungsbereich (Geschäftsbereich) betreffen. Hohe Relevanz kommt im externen Leistungsbereich der Risikopolitik einer Bank zu, da Risiken im Rahmen einer ertragsorientierten Steuerung einer Bank die Faktoren bilden, die die Erzielung eines erforderlichen Gewinns, der unter Berücksichtigung eines angemessenen Geschäftswachstums und den Sicherheitsanforderungen den Fortbestand der Bank gewährleistet, erheblich beeinträchtigen können.[339]

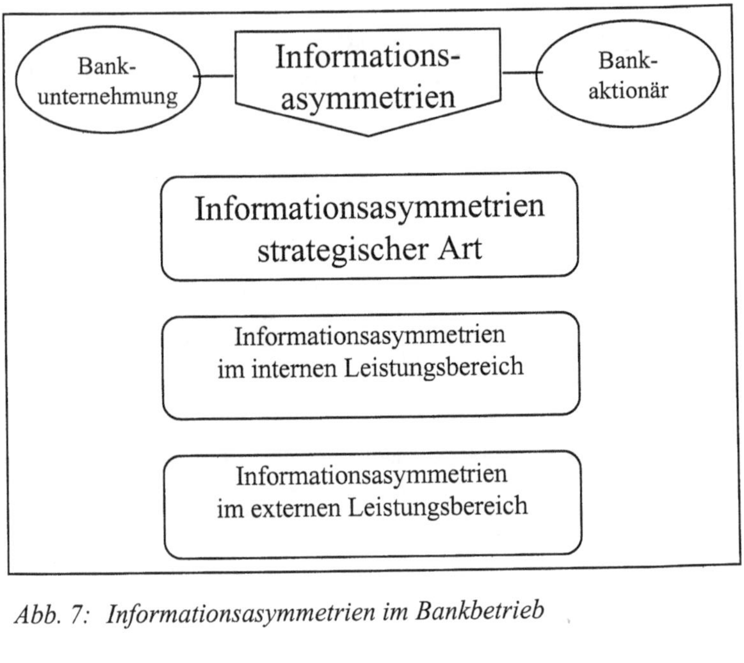

Abb. 7: Informationsasymmetrien im Bankbetrieb

339 Vgl. Hölscher, R., Erfolgsrisiken, S. 2.

3.3.1 Informationen strategischer Art

Strategische Informationen beinhalten Aussagen über geplante geschäftspolitische Ausrichtungen, mit denen die Wettbewerbsposition einer Bank gesichert und ausgebaut wird. Strategische Entscheidungen sind dadurch gekennzeichnet, daß sie die Bank als Ganzes betreffen und langfristig wirken.[340] Werden falsche strategische Entscheidungen gefällt, resultieren hieraus Schwächen in der Wettbewerbsposition und die Erfolgserwartungen der Aktionäre werden nicht erfüllt. Grundsätzlich hat die strategische Zielsetzung der Banken in den letzten Jahren einen erheblichen Bedeutungswandel erfahren. Während in den siebziger Jahren dem Wachstumsziel überragende Bedeutung beigemessen wurde, d. h. Strategien zu expansiven Zwecken entwickelt wurden, begann seit den achtziger Jahren eine Abkehr vom Volumenmaximierungsdenken. Seitdem sind marktpolitische Strategien primär ertragsorientiert motiviert. Der Wandel vom Volumen- zum Ertragsdenken ist zurückzuführen auf die geänderten Rahmenbedingungen sowohl nachfrageseitig als auch angebotsseitig.[341]

Informationen strategischen Ausmaßes, die im Rahmen eines Investor-relations-Management den Aktionären zur Verfügung gestellt werden sollten, können Änderungen in der Struktur des Leistungsprogramms, Änderungen in der Bearbeitung zukünftig angestrebter Kundensegmente, Änderungen in der Vertriebspolitik sowie die Ausdehnung der Geschäftstätigkeit betreffen, da diese einen erheblichen Einfluß auf die Rendite eines Banktitels haben.

---

340 Wenngleich eine Vielzahl von Auffassungen über strategische Entscheidungen besteht, ist allen gemeinsam der damit verbundene Grundsatzcharakter sowie die globale und langfristige Ausrichtung im Gegensatz zu den operativen Entscheidungen. Vgl. Hinterhuber, H. H., Unternehmensführung, S. 23 ff.; Koch, H., Kriterien, S. 39.

341 Angebotsseitig sind die Veränderungen in der Struktur der Finanzdienstleister zu nennen. Primär beinhalten diese eine Verschiebung in der inländischen Anbieterstruktur, bedingt durch den Marktzutritt von non und near banks, insbesondere Versicherungsunternehmen, sowie der zunehmenden Anzahl von ausländischen Banken. Nachfrageseitig ist ein kritischeres und selbständigeres Kundenverhalten zu konstatieren mit der Folge sinkender Bankloyalität und steigender Preissensibilität. Vgl. Büschgen, H. E., Bankbetriebslehre, S. 130 ff.

3.3.1.1 Änderungen in der Distributionspolitik der Banken

Die Notwendigkeit einer Änderung der Vertriebspolitik einer Bank resultiert zum einen aus dem hohen Fixkostenblock der Filialnetze deutscher Banken und der dadurch vergleichsweise geringen Produktivität im Vergleich zu japanischen und amerikanischen Banken sowie zum anderen aus den geänderten Kundenbedürfnissen. Da insbesondere die Fähigkeit einer Bank, die geänderten Bedürfnisse der Kunden zu antizipieren, wesentlich für ihre Ertragsstärke und ihre Positionierung im Wettbewerb ist, sollte im Rahmen einer Investor-relations-Politik einer Bank publiziert werden, mit welchen vertriebspolitischen Maßnahmen auf die geänderten kundenorientierten Bedürfnisse reagiert wird. Um zu zeigen, daß die geänderten Kundenwünsche im Hinblick auf die Flexibilität bei der Inanspruchnahme der Bankleistung Berücksichtigung in der strategischen Ausrichtung einer Vertriebspolitik der Bank finden, sollte daher im Rahmen eines Investor-relations-Management publiziert werden, inwieweit Überlegungen in einer Bank bestehen, derartige Möglichkeiten wie z. B. das direct banking nicht nur als zusätzliche Distributionsmöglichkeit und kostengünstige Alternative zur traditionellen Zweigstelle zu offerieren, sondern als eine eigenständige Vertriebsstrategie zu evaluieren.[342]

Mit der Entscheidung, das direct banking als eigene Vertriebsstrategie zu bewerten, wird insbesondere den veränderten Bedürfnissen der Zielgruppe der jüngeren, informierten und preisbewußten Kunden mit einer Affinität zu moderner Technik bei dem Absatz der Bankleistung Rechnung getragen. Im Rahmen des Investor-relations-Management sollte, um die Eignung des direct banking zur Erreichung der fokussierten Zielgruppe zu demonstrie-

---

342 1965 wurde in Deutschland bereits die erste Direktbank, die Allgemeine Deutsche Direktbank (Allbank), gegründet. Die im Herbst 1994 gegründete Direktbank, die Comdirekt, eine Tochter der Commerzbank AG, und die Direkt Anlage Bank als Tochter der Bayerischen Hypotheken- und Wechselbank AG, traten mit dem Leistungsprogramm eines discount broker auf den Markt und offerierten Transaktionsleistungen im Wertpapiergeschäft (Depotverwaltung, Einräumung von Effektenkrediten sowie die Entgegennahme und Durchführung von Kauf- und Verkauforder von Aktien und festverzinslichen Wertpapieren) sowie Zahlungsverkehrsfazilitäten (Auszahlungen, Einzahlungen und Überweisungen). Dieses begrenzte Leistungsangebot erlaubt jedoch nur eine Zweitbankverbindung, während die ca. ein Jahr später gegründete Bank 24, eine Tochter der Deutsche Bank AG, einen Vollbankservice anbietet. Bei der Bank 24 beispielsweise werden zehn Produkte aus den Bereichen Kontoführung, Anlage und Börsengeschäfte ohne Beratung offeriert. Eine Erweiterung des Leistungsprogramms um Lebensversicherungen, Bausparverträge, Verträge für vermögenswirksame Leistungen und zusätzliche Kreditangebote ist bereits absehbar.

ren, die erheblichen Kostenvorteile des direct banking aufgrund der Separation von Transaktions- und Beratungsleistung angeführt werden. Beispielhaft kann hierzu angeführt werden, daß die Konditionsvorteile beim direct banking in einer Höhe zwischen 20% und 50 % im Vergleich zu den Filialbanken liegen.

Ein weiteres Argument, das für das direct banking als eigenständiger Vertriebsweg angeführt werden könnte, liegt in der grundsätzlichen Zunahme der Technisierung.[343] Gerade im Privatkundengeschäft der Banken ist technische Kompetenz im Hinblick auf die Nutzung elektronischer Medien wesentlich für ihre Positionierung im Wettbewerb.[344]Forciert wird diese Entwicklung durch die zunehmende Technikakzeptanz, die sich in einer wachsenden Nutzung der Informationstechnologien in den Haushalten manifestiert.[345]

Im Rahmen des Investor-relations-Management einer Bank können kurz auch die Risiken der verschiedenen Möglichkeiten der Implementierung des direct banking diskutiert werden. Grundsätzlich besteht die Möglichkeit, eine eigene Tochtergesellschaft zu gründen oder eine Inhouse-Lösung zu implementieren. Daß im Vorfeld einer bevorstehenden Gründung einer Tochtergesellschaft keine detaillierten Informationen gegeben werden, ist unter Wettbewerbsaspekten selbstverständlich. Gleichwohl sollte auf die damit verbundenen Risiken, die gegebenenfalls Erlösschmälerungen bewirken, im Vorfeld zwecks einer Beurteilung der Strategie zumindest hingewiesen werden. Für die Einschätzung der zukünftigen Erlösentwicklung ist für den Aktionär die Information von hoher Bedeutung, inwieweit mehrjährige Vorlaufverluste einkalkuliert werden, die aus den hohen Anfangsinvestitionen gegenüber den vergleichsweise geringen Provisionseinnahmen resultieren, oder nach wieviel Jahren das Erreichen einer Gewinnschwelle

---

343 Vgl. Büschgen, H. E., Bank-Lexikon, S. 325.

344 Prognosen gehen davon aus, daß sich bis zum Ende dieses Jahrhunderts eine Vielzahl von Kommunikationsendgeräten in den Haushalten finden werden, die alle als Endpunkte der Vertriebskanäle zur Bank in Frage kommen, wie Smartphone, Bildtelefon und PC, ausgestattet mit Modem oder ISDN-Karte. Verstärkt wird diese Entwicklung auch durch den Preisverfall im PC-Bereich und die vielfältigen Einsatzmöglichkeiten durch die Integration von PC-, Hifi- und TV-Applikationen.

345 Die zunehmend technologische Distribution von Bankleistungen im Privatkundengeschäft manifestiert sich in den hohen Zuwachsraten im Online-banking. Die Anzahl der elektronisch geführten Konten in Deutschland hat sich binnen zwei Jahre um ca. 42 % erhöht.

realistisch erscheint. In der Regel werden circa vier bis fünf Jahre angesetzt, bevor eine angemessene Rendite auf das eingesetzte Kapital erwirtschaftet wird. Die zuvor angeführten hohen finanziellen Anfangsbelastungen ergeben sich durch den Aufbau eines leistungsfähigen Informationssystems. Hierbei hat die Gründung einer eigenständigen Tochtergesellschaft den Vorteil, daß eine isolierte Entwicklung der Computerprogramme (Insellösung) immer noch kostengünstiger ist, als das komplette Informatiksystem einer Universalbank auf die speziellen Bedürfnisse einer Direktbank umzustellen. Diese Notwendigkeit besteht bei einer Inhouse-Lösung. Des weiteren besteht mit einem eigenen Informatiksystem gegebenenfalls die Möglichkeit, dieses als eigenständiges Produkt zu verkaufen oder Lizenzen zu vergeben.[346]

Im Rahmen eines Investor-relations-Management sollte auch erläutert werden, mit welchen Maßnahmen die Bank die Problematik bzw. die strategische Herausforderung, die Kundenbindung auch über den Telekommunikationsweg zu stärken bzw. aufrecht zu erhalten, zu lösen versucht. Lösungsmöglichkeiten bestehen z. B. darin, daß gewährleistet wird, daß die standardisierten Leistungen der Direktbank kompatibel zu den Filialleistungen sind. Des weiteren sollten diese im Filialangebot als einzelne Module vorhanden sein, um dem Kunden zu einem späteren Zeitpunkt die (erneute) Inanspruchnahme der Beratungsleistungen der Filialbank zu ermöglichen.

Wird eine Institutionalisierung des direct banking in Form einer Inhouse-Lösung präferiert[347] — hierbei werden die einzelnen Teilleistungen durch ein abgestuftes Gebührenmodell separat erfaßt und nach der in Anspruch genommenen Beratungs- und Abwicklungsleistung differenziert —, sollte die Problematik, die in der Begründung, Abgrenzung und Durchsetzbarkeit der unterschiedlichen Preissysteme gegenüber den Kunden besteht, gegenüber den Aktionären angesprochen werden. Als ein Vorteil dieser Lösung im Vergleich zur Gründung einer Tochtergesellschaft könnte z. B. herausgestellt werden, daß die anfänglich hohen finanziellen Belastungen, insbesondere die Errichtung leistungsfähiger Informationssysteme, nicht anfal-

---

346 Diese strategische Option der Lizensierung ihres Informatiksystems ist Gegenstand der Überlegungen bei der Bayerischen Vereinsbank AG, die als "Nachzügler unter den Großbanken" erst im März 1996 mit der Gründung ihrer Direktbanktochter "Advance Bank" auf den Markt trat. Vgl. o. V., Informatiksystem, S. 16.

347 Als einzige Großbank setzte bisher die Dresdner Bank AG mit der Dresdner Order Discount auf eine Inhouse-Lösung, hält sich erklärtermaßen aber eine Option auf die Gründung einer Direktbanktochter offen.

len.[348] Andererseits hat die rechtliche Selbständigkeit den Vorteil des Aufbaus eines eigenständigen Images und der Durchsetzbarkeit einer eigenständigen Marketingstrategie und fördert unter Umständen die Glaubwürdigkeit bei der Akquisition der technisch versierten Zielgruppe.

War vor Gründung der Direktbanken wettbewerbsbedingt eine zurückhaltende Informationspolitik verständlich, so ist auch nach über einjährigem Bestehen einzelner Direktbanken gleichwohl eine andauernde Intransparenz über den bankbetrieblichen Erfolg der Direktbankentöchter festzustellen. Mangelnde Transparenz herrscht z. B. über den Erreichungsgrad der angestrebten Ziele. So existierte bei der Bank 24 im Jahr der Gründung das Ziel der Gewinnung von jährlich 60.000 neuen Kunden.[349] Bezüglich des Realisationsgrades erfolgte lediglich die Aussage "Nicht zufriedenstellend" auf eine diesbezügliche Frage auf der Hauptversammlung 1996. Gleichfalls zurückhaltend verhielt sich die Commerzbank AG, die in dem Zwischenbericht 1996 das Betriebsergebnis ihrer Direktbanktochter Comdirekt als "erwartungsgemäß nicht positiv" definierte.[350]

3.3.1.2 Ausdehnung der Geschäftstätigkeit einer Bank

Informationen über die Ausdehnung der Geschäftstätigkeit sollten im Rahmen eines Investor-relations-Management einer Bank gegenüber den Aktionären ebenfalls gegeben werden. Wesentlich hierbei ist es, daß den Aktionären vermittelt wird, daß es sich bei dieser Entscheidung nicht um eine Profilierungssucht des Managements handelt, sondern daß die Erschließung neuer Wachstumsfelder in einer Bank die Konsequenz veränderter Rahmenbedingungen ist. Möglichkeiten, die Overbanked-Situation in den meisten europäischen Ländern zu umgehen, bestehen z. B. für eine Bank darin, den Marktanteil durch Gewinnung neuer Kunden in bislang bankmäßig noch nicht erschlossenen Ländern auszubauen.

Zunächst können gegenüber den Aktionären die Faktoren, die die Wahl der Länder, die die Bank erschließen will, kommuniziert werden. Hohe Chan-

348 Nicht nur in Grundstücke, Gebäude und Mitarbeiter muß investiert werden, sondern auch der Aufbau leistungsfähiger Informationssysteme kostet erhebliche Summen. Die Anlaufkosten werden von Branchenexperten auf 100 bis 200 Millionen DM geschätzt. Vgl. Steltzner, H., Bankgeschäfte, S. 14.

349 Vgl. Schneider, R., Direktbanking, S. 3.

350 O. V. , Zwischenbericht Commerzbank AG, S. 2.

cen, den Marktanteil zu erweitern, bestehen für Banken in solchen Ländern, die bisher bankmäßig als wenig erschlossen gelten. Dies trifft insbesondere für solche Staaten zu, in denen bisher ausländische Banken nicht oder kaum vertreten sind, und in denen bestehende Verbote von Gründungen von Niederlassungen ausländischer Banken — meist aufgrund von Reziprozitätsvereinbarungen — gelockert oder gänzlich aufgehoben wurden. Des weiteren sind für die Erschließung neuer Märkte solche Länder von Interesse, die derzeit noch als wirtschaftlich unterentwickelt gelten, bei denen sich aber durch Reformen Änderungen zeigen, die darauf schließen lassen, daß diese Länder in Zukunft an wirtschaftlicher Bedeutung gewinnen werden. Als Beispiel hierfür können die Reformen angeführt werden, mit denen die Entwicklung von einer Zentralverwaltungswirtschaft zur Sozialen Marktwirtschaft in den Transformationsländern vollzogen wird. Diese Reformen waren ursächlich für die Expansionsbestrebungen deutscher Banken in die osteuropäischen Transformationsländer, insbesondere nach Polen, in die Tschechische Republik und nach Ungarn.[351]

Informationen für die Aktionäre, inwieweit die Erschließung neuer geographischer Märkte geplant ist, ergeben sich durch die damit verbundenen finanziellen Investitionen, die Auswirkungen auf die Ertragslage einer Bank haben. Zunächst sollten die Vorteile einer Gründung von Auslandsniederlassungen angeführt werden. Grundsätzlich ist die Gründung von Auslandsniederlassungen geeignet, die Ertragslage der Gesamtbank zu stabilisieren. So wird davon ausgegangen, daß bei einer Verschlechterung der Ertragssituation im Inlandsgeschäft ein Ertragsausgleich über das Auslandsgeschäft möglich ist und umgekehrt. Folglich kann es bei einer Bank, die nur im Inland tätig ist, infolge fehlender internationaler Diversifikation zu größeren Schwankungen ihrer Erträge kommen. Ein weiterer Vorteil besteht darin, daß eine Bank, die im Ausland domiziliert, genauere und aktuellere Informationen über die hiesigen Kreditnehmer, aber auch über das Länderrisiko erhält, was zu einer besseren Beurteilungsfähigkeit des Kreditportefeuilles führt.

351 Die Präferenz für diese Länder ergab sich aus der Tatsache, daß hier die Entwicklung von einer Zentralverwaltungswirtschaft zur Sozialen Marktwirtschaft am weitesten fortgeschritten ist; belegen läßt sich dies an der kontinuierlichen Zunahme des BSP um 6 % sowie dem steigenden Zufluß von Direktinvestitionen. Ende 1994 betrugen die ausländischen Direktinvestitionen fast 22 Mrd. DM, davon entfielen fast 70 % auf vorgenannte Länder. Polen war 1995 erstmals größter Handelspartner im Handel mit Osteuropa geworden.

Gleichwohl sind aber auch die mit einer Expansion verbundenen Risiken zu kommunizieren, die den geschäftspolitischen Erfolg erheblich beeinträchtigen und negative Auswirkungen auf die Ertragslage einer Bank haben können. Als Beispiel hierfür können die politischen Risiken angeführt werden, die insbesondere bei der Ausdehnung der Geschäftstätigkeit der Banken in die sogenannten Transformationsländer von erheblicher Relevanz sind, da durch diese politischen Risiken eine unsichere Rechtslage für die bankbetriebliche Tätigkeit induziert wird. In diesen Ländern besteht die politische Gefahr z. B. darin, daß die abgesetzte Regierung wieder die politische Staatsführung ergreift, mit der Konsequenz, daß sich die Qualität der diplomatischen Beziehungen zwischen Regierung und Bankmanagement verschlechtert. Auswirkungen auf die Geschäftstätigkeit der Bank können sich durch plötzlich erlassene restriktive Bestimmungen für das operative Geschäft ausländischer Banken ergeben sowie durch Änderungen der Devisenbestimmungen.

Tendenziell höhere Risiken, über die die Aktionäre informiert werden sollten, resultieren aus dem Firmenkundengeschäft der Bank. Höhere Risiken im Firmenkundengeschäft sind auf den Umstand zurückzuführen, daß den Banken zur Beurteilung der Projekte in den Transformationsländern aussagekräftige Bilanzkennzahlen fehlen sowie Finanzierungen durch fehlende Sicherheiten aufgrund des kaum vorhandenen Betriebsvermögens erschwert werden.[352]

3.3.2 Informationen über den internen Leistungsbereich einer Bank

Der interne Leistungsbereich einer Bank, auch als technisch-organisatorischer Bereich bezeichnet, umfaßt die Dispositionen zur Herstellung und Aufrechterhaltung der Leistungsbereitschaft einer Bank.[353] Informationen über die Beschaffung und den Einsatz nichtmonetärer Produktionsfaktoren und deren Zusammenwirken im Betriebsablauf sind für die Aktionäre insofern von Relevanz, da aus ihrem Zusammenwirken Risiken resultieren, die Auswirkungen auf das Ergebnis einer Bank haben, d. h. Reinvermögensänderungen nach sich ziehen können. Die hieraus resultierenden Risiken werden differenziert in technisch-sachliche, ablaufstrukturelle und

352 Vgl. Tippelskirch, A., Mitteloststeuropa, S. 189.

353 Vgl. Büschgen, H. E., Bankbetriebslehre, S. 608.

personelle Risiken.[354] Im folgenden soll nur auf letztgenannte eingegangen werden, da das Humankapital einer Bank eine für den marktlichen Erfolg entscheidende Dimension bankbetrieblicher Tätigkeit darstellt. Die hohe Bedeutung, die den personellen Ressourcen einer Bank zugemessen wird, spiegelt sich wider in dem Schlagwort "banking is people".

3.3.2.1 Informationen über die human resources der Banken

Die besondere Bedeutung der personellen Komponente für Banken resultiert, wie bei anderen Dienstleistungen auch, daraus, daß sich in der Regel die Spezifikation und die Erstellung der Bankleistung im persönlichen Kontakt zwischen dem Kunden und dem Bankmitarbeiter vollziehen. Die Handlungen und Verhaltensweisen der Mitarbeiter tragen damit — ungeachtet der eigentlichen Leistungserstellung — zur Entwicklung präferenzbildender und damit erfolgsrelevanter Beziehungen zwischen der Bank und ihren Kunden bei. Die personalbezogene Dimension wird damit trotz der zunehmenden Technisierung und Entpersonalisierung bankbetrieblicher Leistungserstellungsprozesse ihre Bedeutung für Banken behalten bzw. sogar künftig in dem Maße weiter an Bedeutung gewinnen, in dem der Wettbewerb im Finanzdienstleistungssektor und die Ansprüche der Kunden weiter zunehmen.[355] Diesbezüglich ist auf Bankenseite das Eindringen einer zunehmenden Anzahl von non und near banks sowie ausländischer Anbieter in den Bankenmarkt anzuführen; während auf Kundenseite ein gewachsenes finanzwirtschaftliches know-how verbunden mit einer zunehmend kritischen Beurteilung der erbrachten Bankleistungsqualität festzustellen ist.

Gestiegene Anforderungen an die personellen Ressourcen einer Bank resultieren des weiteren aus den Konsequenzen der im Rahmen der Leanbanking-Ansätze erfolgten Umstrukturierungen. Flache Hierarchien, transparente Führungsstrukturen sowie die zunehmende Delegation von Kompetenzen auf untere Ebenen erfordern Mitarbeiter, die bereit sind, eigenverantwortlich und unternehmerisch zu handeln. Die damit verbundenen Anforderungen an einen Mentalitätswechsel — in diesem Zusammenhang wird oftmals von der Notwendigkeit eines Wechsels vom Typus des "Bank-

354 Zu einer ausführlichen Darstellung dieser einzelnen Risiken vgl. Schulte, M., Betriebskosten, S. 38.

355 Vgl. Wickel, S., Banken, S. 2 ff.; Wolf, H., Personalwesen, S. 208 ff.

beamten" hin zum Typus des "Bankunternehmers" gesprochen — sollte das Personalmanagement durch geeignete Maßnahmen fördern werden.[356]

Das Personal von Banken kann somit als ein strategischer Erfolgsfaktor bezeichnet werden. Dies wurde offensichtlich bei dem Ausbau der Investment-banking-Tätigkeiten deutscher Banken, die die fehlende Kapitalmarktexpertise des eigenen Personals durch die Akquisition von Wettbewerbern oder die aggressive Abwerbung qualifizierten Personals bei führenden Konkurrenten zu beheben versuchten.

Im Rahmen einer Investor-relations-Politik ist nun zu veröffentlichen, welche Maßnahmen das Personalmanagement einer Bank zur Sicherstellung der vorhandenen Qualifikation der personellen Ressourcen sowie zur Anpassung der Qualifikationen der Mitarbeiter an Veränderungen der internen und externen Umwelt ergreift. In concreto könnten hier bankbetriebliche Weiterbildungsmaßnahmen genannt werden. Veröffentlicht werden könnte z. B. eine Quote, die die Anzahl der Fach- und Sprachseminare pro Mitarbeiter pro Jahr widerspiegelt, es könnten Erläuterungen erfolgen, inwieweit der Erfolg der Weiterbildungsmaßnahmen durch Tests, die am Ende der Seminarveranstaltungen durchgeführt werden, kontrolliert werden. Ferner könnte publiziert werden, welche fachspezifischen Seminare offeriert werden und ob diese von internen oder externen betriebswirtschaftlichen Trainern sowie innerhalb der Bank oder in externen Räumen durchgeführt werden. Die letztgenannten Aspekte sind für den Aktionär von Relevanz, da tendenziell externe Trainer und außerhalb der Bank stattfindende Seminarveranstaltungen höhere Kosten verursachen als intern durchgeführte Weiterbildungsmaßnahmen.

Eine weitere wesentliche Voraussetzung für den geschäftspolitischen Erfolg einer Bank sind neben der Qualifikation der Mitarbeiter motivierte Mitarbeiter, die sich mit der Geschäftspolitik einer Bank identifizieren.

Angaben, die über den Grad der Zufriedenheit der Mitarbeiter einer Bank Auskunft erteilen, könnten in der Veröffentlichung der Fluktuations- und Krankheitsquote sowie der durchschnittlichen Betriebszugehörigkeit bestehen.

Wenngleich eine hohe Fluktuationsquote grundsätzlich ein Indiz für das herrschende Ausmaß der Unzufriedenheit innerhalb einer Bank darstellt, ist

---

356 Vgl. Krönung, H., Bank, S. 225; Fabian, G., Human Capital, S. 32 ff.

in diesem Zusammenhang einschränkend zu berücksichtigen, daß jährlich steigende Fluktuationsquoten unter Umständen auch auf den Wandel innerhalb des Mitarbeiterverhaltens in den Banken zurückzuführen sind. Der Wandel beinhaltet zumindest bei den jüngeren Mitarbeitern einer Bank eine Abkehr des Verständnisses von einem lebenslangen Arbeitsverhältnis.[357] Während bislang der deutsche Bankmitarbeiter darauf abzielte, durch seine langjährige Tätigkeit eine möglichst hohe Akzeptanz in "seiner" Bank zu erzielen, um im wesentlichen daraus sein berufliches Selbstverständnis zu beziehen, definiert sich insbesondere der jüngere, oftmals im investment banking tätige Mitarbeiter vielmehr über seine Transaktionen. Die jeweilige Bank ist für ihn nur so lange als Arbeitgeber interessant, wie sie ihm lukrative Transaktionen ermöglicht und ihn an den Erfolgen in möglichst hohem Maße partizipieren läßt.[358]

Eine Identifikation der Mitarbeiter mit den geschäftspolitischen Zielen einer Bank wird durch die Einführung erfolgsorientierter Entgeltsysteme gefördert. Während die Mitarbeiter des Außendienstes von Banken seit langem leistungsorientiert entlohnt werden, sind nunmehr Bestrebungen bei Banken zu erkennen, auch die in den Filialen arbeitenden Mitarbeiter leistungsorientiert zu entlohnen. Ursächlich für die zunehmende Bedeutung einer leistungsorientierten Gehaltspolitik ist unter anderem die zunehmende Konkurrenz der Banken mit Versicherungen um das Geldvermögen der Kunden, da hierbei vermutet wird, daß die steigende private Geldvermögensbildung bei den Versicherungen primär auf deren abschlußorientierte Vergütungssysteme zurückzuführen ist. Ein weiterer Grund besteht in dem festzustellenden gesellschaftlichen Wertewandel, bei dem davon auszugehen ist, daß qualifizierte und motivierte Mitarbeiter primär mit einem leistungsorientierten Anreizsystem und nicht mit einem starren Gehaltsgefüge gewonnen und an die Bank gebunden werden.[359] Im Rahmen der Investor-relations-Politik einer Bank könnten Informationen darüber gegeben werden, wieviele Mitarbeiter in das variable Vergütungssystem einbezogen sind, ob nur Mitarbeiter höherer Tarifgruppen einbezogen worden sind oder ob nicht Überlegungen bestehen, alle Tarifgruppen einzubeziehen, damit auf allen Hierarchieebenen der Bank eine Identifikation mit den bankbetrieblichen Zielen generiert wird.[360] Des weiteren könnten sich die Infor-

---

357 Vgl. Schindler, U., Personalfunktion, S. 67 ff.; Simon, H., Führungsnachwuchs, S. 763.

358 Vgl. Friedrichs, P., Managementpotentialanalyse, S. 145 ff.

359 Vgl. Büschgen, H. E., Anreizsysteme, S. 520.

360 Vgl. Wienkamp, H., Anreizförderung, S. 270 f.

mationen auf die Höhe der variablen Gehaltsanteile sowie auf die zugrundeliegende Bemessungsgrundlage erstrecken.

3.3.2.2 Informationen bezüglich der Qualifikation des Bankmanagements

Da ein Zusammenhang zwischen unternehmerischem Erfolg einer Bank und den für die Unternehmenspolitik verantwortlichen Führungskräften existiert, sind Informationen über die Qualifikation des Managements für den Aktionär ebenfalls von Interesse, denn gravierende Führungs- und Entscheidungsfehler der Führungskräfte einer Bank wirken sich negativ auf die Ertragslage der Bank aus und bewirken auf lange Sicht eine deutliche Minderung der Wettbewerbsfähigkeit.[361] Somit bilden die Qualifikation des Managements sowie dessen Motivation und Führungsverhalten als dominierende Erfolgsfaktoren einer Bank die zentralen Determinanten des langfristigen Erfolgs oder Mißerfolgs eines Kreditinstituts. Daher kommt der Qualifikation der Unternehmensführung für die Beurteilung einer Bank eine herausragende Bedeutung zu.[362]

Aufgrund des Zusammenhangs zwischen unternehmerischem Erfolg und der Zusammensetzung des Vorstands sollten im Rahmen der Investor-relations-Politik einer Bank Anhaltspunkte veröffentlicht werden, die eine detailliertere Beurteilung der Qualifikation des Managements erlauben als die gesetzlich vorgeschriebenen Anhaltspunkte.[363] Anhaltspunkte für die Beurteilung des Managements als dispositiven Faktor können zum einen

---

361 Vgl. Büschgen, H. E., Bankbetriebslehre, S. 865 f. Kriminelle Delikte, die auch gravierenden Einfluß auf die Ertragslage haben, sollen nicht näher berücksichtigt werden, da hierfür charakterliche Eigenschaften ausschlaggebend sind, die unabhängig von der fachlichen Qualifikation auftreten und Mitarbeiter aller Hierarchiestufen betreffen. Bemerkenswert ist auch, daß die Insolvenzen in erster Linie auf persönliches Fehlverhalten des Vorstands zurückgeführt werden und nicht auf einen schlechten Geschäftsgang, ungünstige Umwelteinflüsse oder außergewöhnliche Diskontinuitäten.

362 Vgl. Krüger, W., u. a., Erfolgsfaktoren, S. 254 ff.

363 Die Anforderungen, die sich aus dem KWG an die Geschäftsleiter stellen, ergeben sich im wesentlichen aus § 1 Abs. KWG in Verbindung mit § 33 Abs. 1 Nr. 2, 3 und Abs. 2 KWG: Danach muß der Geschäftsleiter persönlich zuverlässig sein und die für die Leitung eines Instituts erforderliche fachliche Eignung haben. Eine solche fachliche Eignung wird regelmäßig dann angenommen, wenn eine dreijährige leitende Tätigkeit bei einem Institut von vergleichbarer Größe und Geschäftsart nachgewiesen wird.

die Person des Managers selbst bieten sowie zum anderen die getroffenen Managemententscheidungen.

Kriterien für den erstgenannten Aspekt sind persönliche Eigenschaften, die fachliche (kaufmännische) und moralische Kompetenz, die sich unter anderem widerspiegelt in der Führungsqualität. Die Führungsqualitäten wiederum spiegeln sich z. B. in einer zielorientierten Mitarbeiterführung wider.[364] Demzufolge sollte das Management über hohe Führungsqualitäten verfügen, um ein entsprechendes Niveau an Motivation, Engagement, Produktivität und Innovation unter seinen Mitarbeitern zu fördern.[365] Der Führungsstil spiegelt sich auch in der Art und Weise und in der Kontinuität in der Besetzung der Schlüsselpositionen in der Geschäftsleitung wider. Aufgrund der Publizität — nicht nur in branchenbezogenen Zeitschriften, sondern ebenfalls in der überregionalen Tagespresse — kommt diesem Thema eine hohe Außenwirkung zu. Eine mit Friktionen behaftete Besetzung von Führungspositionen und spektakuläre Mitarbeiterfluktuationen sind Indikatoren für eine nicht zufriedenstellende Führungskultur.

Die Qualifikation des Managements äußert sich aber nicht nur in vorgenannten Bereichen, sondern vor allem auch in den Entscheidungen des Managements. Von Relevanz sind hierbei wesentliche unternehmenspolitische Entscheidungen, welche im Sinne Gutenbergs "echte Führungsentscheidungen"[366] darstellen, wobei diese Entscheidungen über die langfristige Unternehmenspolitik Änderungen in der Unternehmensorganisation, Art, Umfang, personelle Zuordnung und Kontrolle der betrieblichen Entscheidungsdelegation sowie die Besetzung von Führungspositionen umfassen.

---

364 Das von allen Banken propagierte Ziel der Erhöhung der Kundenzufriedenheit mittels eines kundenorientierten Verhaltens im Außenverhältnis bedingt eine mitarbeiterorientierte Führung im Innenverhältnis.

365 Vgl. Wolff, G., Göschel, G., Führungsdefizite, S. 208.

366 Diese Kategorie an Entscheidungen ist charakterisiert durch die sachliche und zeitliche Bedeutung für das Unternehmen, die erheblich über einer gewöhnlichen Entscheidung liegt. Derartige Entscheidungen können nur aus einer Verantwortung für das gesamte Unternehmen heraus getroffen werden. Damit einher geht ein Mangel an Delegierbarkeit. Der Katalog echter Führungsentscheidungen wird durch folgende Sachverhalte ausgelöst: Die Festlegung der Unternehmenspolitik auf weite Sicht, die Koordinierung der großen betrieblichen Teilbereiche, die Beseitigungen von Störungen im laufenden Betriebsprozeß, geschäftliche Maßnahmen von außergewöhnlicher betrieblicher Bedeutsamkeit, die Besetzung von Führungspositionen. Vgl. Gutenberg, E., Unternehmensführung, S. 61.

Zu berücksichtigen ist darüber hinaus die Problematik, die der Beurteilung der Qualität von Entscheidungen inhärent ist. Eine Bewertung ist in einer adäquaten und angemessenen Form eigentlich nur dann möglich, wenn der Beurteilende über das Wissen verfügt, das dem Entscheidenden zum Zeitpunkt der Entscheidung vorlag.[367] Eine Entscheidung, die ex post als eine Fehlentscheidung zu bewerten ist, kann aber dennoch als ordnungsgemäß bewertet werden, wenn ex ante eine geänderte Umweltentwicklung nicht vorhersehbar bzw. nicht beeinflußbar war. Wenngleich also diese Komponente nie ganz eindeutig und letztlich nur in der ex post Betrachtung überprüfbar ist, können Anhaltspunkte dafür aus dem in der Vergangenheit realisierten Zielerreichungsgrad verfolgter Geschäftsstrategien gewonnen werden. So kann z. B. bei der Analyse der Geschäftspolitik auch die Fähigkeit des Managements einbezogen werden, unternehmerische Grundsätze und Ziele zu formulieren, indem ein Abgleich erfolgt, inwieweit Vision und Strategien mit den Gegebenheiten des Konzerns und seinem Umfeld in Einklang stehen. Der Deckungsgrad von Anspruch und Wirklichkeit manifestiert sich in der Plausibilität und der praktischen Umsetzbarkeit der Leitgedanken und der langfristigen Geschäftspolitik. In diesem Zusammenhang sollte auch Beachtung finden, ob das Management in der Lage ist, strategische Erfolgsfaktoren zu erkennen und unter Berücksichtigung der bereits jetzt oder kurzfristig zur Verfügung stehenden Ressourcen sowie der aktuellen Position im Wettbewerb zu bewerten, um sie letztlich in meßbare Erfolge umzusetzen.

Wichtig für die Beurteilung der Managementqualifikation ist auch die Innovationsfähigkeit und -freudigkeit der Geschäftsleitung. Diese manifestiert sich unter anderem in der Bereitschaft zur zügigen Einführung von marktverlangten Produkten, wie z. B. der Auflegung von Geldmarktfonds, die seit Verabschiedung des Zweiten Finanzmarktförderungsgesetzes in Deutschland zulässig sind.

Um den Aktionären zumindest erste Anhaltspunkte für die Beurteilung der Qualifikation des Managements zu ermöglichen, könnten personalbezogene Informationen publiziert werden.[368] Die gesetzliche Vorschrift legt fest,

---

367 Zur Problematik der Prüfung von Managementleistungen vgl. ausführlich Sieben, G., Bretzke, W., Raulwing, H., Managementleistungen, S. 183 ff.

368 In der Mehrzahl der Geschäftsberichte werden nicht einmal die Zuständigkeitsbereiche der einzelnen Vorstandsmitglieder aufgeführt. Vgl. Dresdner Bank AG, Geschäftsbericht 1995, S. 11; Bayerische Hypotheken- und Wechselbank AG 1995, S. 5. Im Gegensatz hierzu Deutsche Bank AG, Geschäftsbericht 1995, S. 82; Commerzbank AG, Geschäftsbericht 1995, S. 3.

daß gem. § 285 Ziff. 10 HGB deutsche Kapitalgesellschaften lediglich im Einzelabschluß im Anhang — und nicht im Konzernabschluß — die Namen mit mindestens einem ausgeschriebenen Vornamen der Mitglieder der Geschäftsleitung sowie den Aufsichtsratsvorsitzenden und dessen Stellvertreter nennen müssen. Die gesetzlichen Vorschriften in bezug auf zu publizierende Informationen über den Vorstand sind somit als äußerst gering anzusehen, zur Beurteilung der Managementqualität sind sie nicht ausreichend. Hierzu dienlich wäre z. B. die Veröffentlichung eines Kurzlebenslaufs bzw. ein berufliches Kurzportrait eines jeden Vorstandsmitglieds im Geschäftsbericht, kann doch ein positiver Zusammenhang zwischen der Qualifikation und dem beruflichen Werdegang bzw. den bisher gesammelten Erfahrungen im Bankgeschäft unterstellt werden. Konkretisiert werden kann die Berufserfahrung durch Angaben über die in den letzten fünf bis zehn Jahren eingenommenen beruflichen Positionen des jeweiligen Vorstandsmitglieds, woraus dann auch ersichtlich wird, ob das Organmitglied vorwiegend national berufsmäßig eingebunden war oder über internationale Erfahrungen verfügt, wobei letztere angesichts der Globalisierung des Finanzdienstleistungssektors als Voraussetzung unabdingbar sind, um zukünftig Führungspositionen in Banken zu bekleiden. Einer Veröffentlichung des Erfahrungspotentials, über das der Vorstand verfügt, kommt vor allem insofern Bedeutung zu, als dieses insbesondere in Unternehmenssituationen gefordert ist, die die Bewältigung unvorhergesehener Entwicklungen erfordern. Gerade beim Eintreten unerwarteter Ereignisse und Entwicklungen ist die Stabilität der Bank in hohem Maße von der Leistungsfähigkeit und der Erfahrung der Konzernleitung abhängig.[369]

3.3.3 Informationen über den externen Leistungsbereich einer Bank

3.3.3.1 Der externe Leistungsbereich einer Bank

Der externe Leistungsbereich einer Bank umfaßt den Geschäftsbereich, in dem die monetären Dispositionen getroffen werden.[370] Die hieraus resultierenden Risiken, die bei Eintritt zu einer Reinvermögensminderung führen, sind in Entscheidungen über die finanziellen Transaktionen in der Wertsphäre der Bank begründet und beruhen nicht wie die Risiken im Betriebsbereich auf Entscheidungen im Rahmen des Einsatzes nichtmonetärer Produktionsfaktoren. Treten diese ein, wirken sie sich negativ auf den Erfolg

---

369 Vgl. Brotte, J., Geschäftsberichte, S. 306.

370 Vgl. Büschgen, H. E., Bankbetriebslehre, S. 865.

aus. Teilweise werden die Erfolgsrisiken auch als Eigenkapitalverlustrisiken bezeichnet.[371] Wenngleich aus systematischen Gründen eine Differenzierung zwischen internem und externem Bereich erfolgt, ist gleichwohl die Verknüpfung zwischen diesen zu berücksichtigen, da betriebsbezogene Entscheidungen des Managements als Ausprägung der Qualität des internen Bereichs unmittelbare Auswirkungen auf den externen Bereich haben.

3.3.3.2 Risiken des externen Leistungsbereichs einer Bank

Den Risiken des bankbetrieblichen Geschäftsbereichs werden die Liquiditätsrisiken und die Erfolgsrisiken subsumiert, wobei letztere weiter in Ausfall- und Preisrisiken differenziert werden.

Informationen hierüber sind für den Aktionär von Relevanz, da die künftigen Renditen durch die Schwankungen des Gewinns einer Bank determiniert werden, wobei die zu erwartenden Erfolgsschwankungen primär durch die Übernahme bankbetrieblicher Risiken induziert werden. Gleichwohl kann für eine ertragsorientierte Geschäftspolitik die absolute Risikovermeidung kein Ziel sein, da die Übernahme von Risiken im Bankgeschäft und der Ausgleich virulent werdender Risiken Grundvoraussetzungen zur Erzielung von Gewinnen sind. Banktypische Risiken und Gewinnerzielung stehen dabei in einer interdependenten Beziehung zueinander. Höhere Gewinnmöglichkeiten gehen in der Regel mit höheren Risiken einher, und vice versa resultiert aus Positionen mit geringem Risikogehalt eine geringere Rentabilität. Der ertragsorientierten Risikopolitik als Teilbereich der Geschäftspolitik kommt im Hinblick auf die Informationsbereitstellung eine gravierende Bedeutung zu.

3.3.3.3 Informationen über die Steuerung des Adressenausfallrisikos

Das Adressenausfallrisiko wird differenziert in ein Forderungsausfall- und in ein Anteilseignerrisiko.[372] Während das Forderungsausfallrisiko bzw. Kreditrisiko die Gefahr umfaßt, daß der Kreditnehmer seiner Verpflichtung zur Kredittilgung sowie zur Zahlung der vereinbarten Zinsen und Provisionen nicht oder nur zum Teil nachkommt und hierdurch Reinvermögensminderungen bewirkt werden, bezeichnet das Anteilseignerrisiko die Ge-

---

371 Vgl. Schierenbeck, H., Bankmanagement, Bd. 1, S. 6.

372 Vgl. Büschgen, H. E., Bankbetriebslehre, S. 935 ff.

fahr des teilweisen oder vollständigen Vermögensverlustes sowie das Risiko eines Ertragsrückgangs bei der Übernahme von Eigentümerpositionen. In seiner Erfolgswirksamkeit differiert das Anteilseigner- vom Forderungsausfallrisiko, da die Bank als Aktionär keinen unmittelbaren Anspruch auf Rückzahlung und feste Verzinsung des überlassenen Kapitalbetrags gegenüber dem Kapitalnehmer hat und im Konkursverfahren erst nach der Befriedigung der Unternehmensgläubiger bedient wird.[373] Auf das Anteilseignerrisiko soll im folgenden nicht weiter eingegangen werden, da es zu seiner Beurteilung wesentlich ist, Absichtserklärungen der Banken zu vernehmen, welche Beteiligungen in welchen Branchen zukünftig eingegangen werden sollen. Diesbezügliche Informationen, die letztlich die von einer Bank verfolgte Beteiligungspolitik betreffen, werden von diesen aus Wettbewerbsgründen nicht gegeben.

Forderungsrisiken können aus bilanzwirksamen und nicht bilanzwirksamen Positionen resultieren. Bezüglich des bilanzwirksamen Geschäfts ist in erster Linie das Kreditgeschäft zu nennen, während Bonitätsrisiken im bilanzunwirksamen Geschäft aus Eventualforderungen an Nichtbanken sowie aus Geschäften mit Finanzderivaten entstehen.[374] Auf die Bonitätsrisiken im bilanzunwirksamen Geschäft wird im nächsten Kapitel eingegangen.

Die Notwendigkeit der Bereitstellung von Informationen über das Kreditportefeuille einer Bank resultiert zum einen aus dem hohen Teil des Geschäftsvolumens von Banken, der auf "Kredite an Nichtbanken" entfällt, sowie zum anderen aus der hohen Kreditausfallquote.[375]

In diesem Zusammenhang können Informationen über risikopolitische Instrumente zur Steuerung der Ausfallrisiken gegeben werden. Dabei können die Instrumente differenziert werden in ursachenbezogene und wirkungsbezogene Instrumente.[376] Bezüglich erstgenannter ist auf die Kreditwürdig-

---

373 Vgl. Kreutzer, T. E., Prognosen, S. 48.

374 Vgl. Hölscher, R., Risikokosten-Management, S. 259 ff.

375 Anfang der neunziger Jahre entfielen z. B. 90 % des gesamten Geschäftsvolumens auf Kredite an Banken und Nichtbanken. Die Ausfallquote betrug zwischen 0,25 % und 0,5 % p.a. des Kreditvolumens. Vgl. Deutsche Bundesbank, Bankenstatistik 1996, S. 6.

376 Vgl. Schell, G., Ertragsermittlung, S. 156.

keitsprüfung einzugehen, bezüglich letztgenannter auf die Risikodiversifikation und auf die Risikozerfällung.[377]

Ziel der Kreditwürdigkeitsprüfung ist es, die Ausfallwahrscheinlichkeit eines Kreditengagements bereits zum Zeitpunkt der Kreditvergabe zu reduzieren. Die verwendeten Verfahren der Kreditwürdigkeitsprüfung determinieren somit maßgeblich die Qualität des Kreditportefeuilles einer Bank. Um den Aktionären eine verbesserte Beurteilung des Risikogehalts des Kreditportefeuilles zu ermöglichen, könnten im Rahmen einer Investor-relations-Politik Informationen publiziert werden, welche Verfahren bei der Bonitätsprüfung eingesetzt werden. Grundsätzlich kann hier zwischen logisch-deduktiven und empirisch-induktiven Verfahren differenziert werden.[378] Erstere versuchen, einen kausalen Zusammenhang zwischen der Kreditfähigkeit und -willigkeit des Kreditnehmers und den den zukünftigen Umweltzustand beeinflussenden Determinanten, der Eigenkapitalquote des Unternehmens, herzustellen. Letztere Verfahren hingegen verzichten auf einen Begründungszusammenhang und beobachten statt dessen historische Kreditausfälle bei homogenen Kreditnehmergruppen und ziehen daraus Folgerungen für die Zukunft. Werden letztgenannte eingesetzt, ist von Interesse, inwieweit bei den Verfahren innovative Entwicklungen berücksichtigt werden, da dieser Sachverhalt Rückschlüsse auf die Innovationsfähigkeit des betreffenden Instituts zuläßt. In diesem Zusammenhang ist an den Einsatz neuronaler Netze zu denken.[379]

Während der Sachverhalt der Risikodiversifikation einen qualitativen Grundsatz beschreibt, beinhaltet die Risikozerfällung einen quantitativen Ansatzpunkt. Bei letztgenanntem wird ein Kreditengagement auf verschiedene Risikoträger aufgeteilt — hier erfolgt eine volumensmäßige Begrenzung —, während bei erstgenanntem eine Begrenzung des gesamten Kreditportefeuilles nach Branchen, Regionen, Währungen und Kreditnehmern erfolgt. Diesbezügliche Erläuterungen sind hier insofern für den Aktionär von Interesse, als eine ausgewogene Streuung der Kreditengagements zu

---

377 Vgl. ausführlich zu den risikopolitischen Instrumenten zur Steuerung des Ausfallrisikos Schierenbeck, H., Bankmanagement, Bd. 1, S. 213 ff.; Kreutzer, T., Externe Prognose; Stockinger, J., Bonitätsanalyse, S. 20 ff.

378 Vgl. ausführlich zu den einzelnen Verfahren Jährig, A., Schuck, H., Handbuch, S. 57; Baetge, J., Früherkennung, S. 792 ff.; Köllhofer, D., Bonitätsanalyse, S. 974.

379 Vgl. Rehkugler, H., Zimmermann, H. G., Neuronale Netze, S. 30 ff.

einer Diversifikation des Kreditportfolios führt und damit die unerwarteten Ausfallrisiken reduziert werden.

Um die verfolgte Risikopolitik beurteilen zu können, ist eine Aufgliederung der Forderungen an Nichtbanken nach Branchenzugehörigkeit, nach Regionen sowie nach Rechtsform der Kreditnehmer notwendig. Eine Grobaufteilung nach Wirtschaftszweigen erfolgt z. B. in Industrie, Gewerbe, Handwerk und in Dienstleistungen, eine feinere und aussagefähigere Aufgliederung umfaßt dann z. B. Energiewirtschaft, Chemie und Handel.[380] Mittels einer derart aufgefächerten Abbildung der Risikoaktiva gewinnen die Aktionäre einen Einblick in die Risikodiversifikation des Kreditportefeuilles einer Bank. Unterstützend hierzu wirkt die Veröffentlichung von segmentspezifischen Kennzahlen, die die Relation einzelner Branchen zum Gesamtkreditvolumen einer Bank abbilden, denn die Vergabe von Krediten in mehreren Wirtschaftsbereichen reduziert die Abhängigkeit von der konjunkturellen Entwicklung der Branche.[381]

Neben Informationen über die Aufteilung des Kreditportefeuilles nach Branchen wirkt des weiteren die geographische Aufteilung der Kreditnehmer transparenzerhöhend. Durch die Vergabe der Kredite in verschiedene Regionen wird ein wichtiger Diversifikationseffekt erzielt, da der Einfluß regionaler Entwicklungen auf das Ausfallrisiko eingeschränkt wird.[382] Wenig hilfreich ist die bislang übliche Veröffentlichung der Kreditnehmer in den Geschäftsberichten, deren Segmentierung sich nur auf die Gruppen Öffentliche Haushalte, Kreditinstitute und Nichtbanken erstreckt.

Ein besonderes Risikopotential für eine Bank liegt in der Gefahr des Ausfalls von Großkrediten.[383] Erfahrungen in der Vergangenheit haben gezeigt, daß Insolvenzen bei Banken oftmals aus der Zahlungsunfähigkeit einzelner Großkreditnehmer resultierten. Zur Beurteilung des Risikopotentials aus Großkrediten könnte das Investor-relations-Management einer Bank Anga-

---

380 Eine derartig feine Segmentierung des Kreditportefeuilles findet sich z. B. in den Geschäftsberichten 1995 der Commerzbank AG und der BHF-Bank.

381 Vgl. Kreutzer, T. R., Externe Prognose, S. 98; Schell, G., Bankbewertungen, S. 156.

382 Daß dies nicht immer der Fall sein muß, beweisen die großen Auslandsengagements vieler Banken z. B. in Lateinamerika oder den Ostblockstaaten.

383 Risikobegrenzend wirken die aufsichtsrechtlichen Vorschriften des §§ 13 und 13 a und b KWG, die Meldepflichten und Höchstgrenzen für Großkredite beinhalten.

ben veröffentlichen über die Höhe der Anteile der Großkredite am Kreditportefeuille einer Bank sowie über die größten Kreditnehmer einer Bank.

3.3.3.4 Informationen über die Steuerung von Marktrisiken

3.3.3.4.1 Derivate zur Steuerung von Marktrisiken

Dominierende Wirkungen auf die Schwankungen des Gewinns resultieren nicht nur aus schlagend gewordenen Ausfall-, sondern auch aus Marktrisiken.

Zeichnete sich die Risikosituation im klassischen Bankgeschäft im wesentlichen durch die Übernahme von Ausfallrisiken aus, ist seit den siebziger Jahren das sogenannte risk taking zu beobachten: Die bewußte Übernahme von Markt- bzw. Preisrisiken mittels des Einsatzes derivativer Instrumente[384] im Handelsgeschäft der Banken[385] ist zu einem bedeutenden Erfolgsfaktor im Bankenwettbewerb geworden. Mit dieser Entwicklung einhergehend wurden sowohl aus Sicht der Aktionäre als auch aus Sicht der Bankenaufsicht Vorwürfe laut, die eine mangelnde Bereitschaft der Banken zur Offenlegung von Informationen über den Einsatz derivativer Instrumente beklagen; das Bedürfnis nach erhöhter Transparenz wird offensichtlich in den zunehmend öffentlich geführten Kontroversen über Nutzen und Risiken des Einsatzes derivativer Instrumente.[386] Das Informationsinteresse liegt begründet in der Komplexität der Produkte bezüglich der Risikostruktur, Funktionsweise und Steuerung, der wachsenden quantitativen und qualitativen Bedeutung des derivativen Geschäfts am Geschäftsvolumen deut-

---

384 Als Derivate werden der Wortbedeutung entsprechend im allgemeinen solche Instrumente bezeichnet, deren eigener Wert aus dem Marktpreis eines oder mehrerer originärer Basisinstrumente abgeleitet ist. Gemeinsam ist allen derivativen Finanzinstrumenten ein auf die Zukunft gerichtetes Vertragselement, das grundsätzlich entweder als Kauf- bzw. Verkaufsverpflichtung — wie bei Derivaten vom Forward- oder Future-Typ — oder aber als Option ausgestaltet sein kann. Vgl. Rudolph, B., Finanzinstrumente, S. 5.

385 Dem Handelsgeschäft der Banken liegt die vom BAKred formulierte Abgrenzung zugrunde. Es beinhaltet sowohl die Eigenhandels- als auch die Kundengeschäfte und umfaßt Geldmarkt-, Wertpapier-, Devisen-, Edelmetallgeschäfte sowie Geschäfte in Derivaten. Vgl. BAKred, Verlautbarungen, S. 1 ff.

386 Vgl. Steiner, M., Tebroke, H., Wallmeier, M., Finanzderivate, S. 535 f.; Rudolph, B., Finanzinstrumente, S. 15 f.

scher Banken[387] sowie den spektakulären Verlustfällen, bei denen das Versagen von Kontrollmechanismen zu hohen finanziellen Einbußen geführt hat.[388] Insbesondere diese spektakulären Verlustfälle wurden in den Medien wiederholt dazu genutzt, Unbehagen über den zunehmenden Einsatz von Finanzderivaten zu artikulieren und Derivate oftmals als "Teufelszeug" zu verdammen. Um zu einer Versachlichung der Diskussion im Umgang mit Derivaten beizutragen, ist eine Berichterstattung durch die Banken erforderlich.[389] Zu einer verbesserten Einsichtnahme in den Handel mit Derivaten sollten aktuellen und potentiellen Aktionären vermehrt Informationen über die Steuerung von Marktrisiken mittels Derivaten gegeben werden, da dieser Bereich, verglichen mit der Steuerung von Kreditrisiken, ein vergleichsweise "junges" Gebiet ist.[390] Informationen über die Risikosteuerung von Marktrisiken durch Derivate sind insofern auch notwendig, als ein effizientes Risikomanagement zu einem wesentlichen Wettbewerbsfaktor in der Bankwirtschaft geworden ist.

Bestrebungen, das Derivategeschäft der Bank transparenter und für Aktionäre "aussagefähiger" zu gestalten, werden seit Anfang der neunziger Jahre sowohl auf nationaler als auch auf internationaler Ebene forciert. Richtungweisend sind in diesem Zusammenhang die von der Bank für Internationalen Zahlungsausgleich veröffentlichten Empfehlungen zur konkreten Ausgestaltung des Risikomanagements sowie darauf basierend die vom Baseler Ausschuß für Bankenaufsicht erlassenen Richtlinien für das Risikomanagement im Derivativgeschäft und die vom BAKred erlassenen Min-

---

387 Bei den deutschen Großbanken wie etwa beim Deutsche-Bank-Konzern übersteigt das Volumen derivativer Geschäfte die Bilanzsumme um mehr als das Doppelte. Bei anderen weltweit tätigen Banken betragen die entsprechenden Volumina oftmals sogar das Zehn- oder Zwölffache der Bilanzsumme.

388 Als Beispiel können hier die finanziellen Verluste, die aus einem unsachgemäßen Einsatz derivativer Instrumente bei Banken und Nichtbanken resultierten, angeführt werden, so z. B. bei der Metallgesellschaft, Orange Country, Procedo, Barings sowie Sumitomo.

389 Vgl. Höfner, A., Klein, M., Derivate, S. 173.

390 Vgl. Hagen, P., Jakobs, W., Risikosteuerung, S. 667.

destanforderungen an das Betreiben von Handelsgeschäften der Kreditinstitute.[391]

Grob lassen sich die Empfehlungen in zwei wesentliche Themenbereiche strukturieren. Die Bemühungen der Aufsichtsbehörden richten sich zum einen auf Maßnahmen zur Verbesserung der Transparenz im Geschäft mit Derivaten sowie zum anderen auf effiziente Maßnahmen der Banken zur Begrenzung von Marktrisiken. Bezüglich erstgenannten Aspekt steht die Anwendung globaler Risikomeßverfahren zur Quantifizierung der Marktrisiken von Finanzinstrumenten im Mittelpunkt. Bezüglich letztgenannten soll durch eine Offenlegung von zusätzlichen Informationen über die Beteiligung der Banken an den Derivatemärkten gewährleistet werden, daß Aktionäre Kenntnisse erlangen über die möglichen Auswirkungen dieser Geschäfte auf die Ertragssituation der Bank. In diesem Zusammenhang wird auch oftmals von einem hohen Defizit gesprochen — das es abzubauen gilt — zwischen dem, was die Marktteilnehmer für ihre Risikosteuerung als notwendig erachten, und dem, was sie bereit sind zu veröffentlichen.[392]

Im folgenden soll nun, teilweise basierend auf den Vorschlägen der vorgenannten Gremien, gezeigt werden, welche Informationen gegeben bzw. ausführlicher dargestellt werden können, sei es in Geschäftsberichten, auf Hauptversammlungen oder in anderen Veröffentlichungen.

Zunächst könnten die Banken allgemein Informationen über die Grundsätze ihrer Risikopolitik im Derivategeschäft geben.

3.3.3.4.2 Informationen über Grundsätze zur Risikopolitik im Derivategeschäft

Die von einem Kreditinstitut betriebene Risikopolitik bei dem Einsatz von derivativen Instrumenten im Handelsgeschäft der Banken wird determiniert durch die dem Bankmanagement zugrundeliegende Risikoeinstellung. Die risikopolitische Einstellung sollte auch gegenüber den Aktionären kommu-

---

391 "Discussion Paper on Public Disclosure of Market and Credit Risks by Financial Intermediaries ("Fisher Report"). Vgl. Baseler Ausschuß für Bankenaufsicht, Richtlinien für das Risikomanagement im Derivativ-Geschäft; BAKred, Verlautbarung über Mindestanforderungen an das Betreiben von Handelsgeschäften der Kreditinstitute, Berlin.

392 Meister, E., Derivate, S. 120.

niziert werden, um sie in die Lage zu versetzen, diese mit ihrer eigenen Risiko- und Renditevorstellung zu vergleichen, da die Erzielung von Gewinnen und die Übernahme von Risiken in einer interdependenten Beziehung zueinander stehen. Höhere Gewinnmöglichkeiten gehen normalerweise mit der Übernahme höherer Risiken einher, vice versa geht ein geringerer Risikogehalt der Positionen also zu Lasten der Rentabilität. Für die Aktionäre ist es somit entsprechend der eigenen Risikopräferenz interessant zu wissen, welcher Grad der Risikoaversion den risikopolitischen Entscheidungen des Mangements zugrunde liegt. Hierzu ist es erforderlich, daß im Rahmen des Investor-relations-Management Aussagen über die Risikoeinstellung des Vorstands einer Bank erfolgen. Im Vergleich zur Theorie stellt sich in der Praxis jedoch die Problematik dar, diese zu ermitteln.

In der Theorie werden Risikoeinstellungen mittels Risikonutzenfunktionen abgebildet.[393] Die Risikoeinstellung mittels einer mathematischen Nutzenfunktion zu quantifizieren weist jedoch sowohl erhebliche theoretische als auch praktische Schwierigkeiten auf.[394] Bezüglich des theoretischen Aspekts sind die Probleme, die in den Prämissen zur Ermittlung einer individuellen Risikonutzenfunktion begründet liegen, anzuführen: Der Entscheidende hat Kenntnis über alle denkbaren künftigen Umstände, er besitzt das Wissen über alle möglichen Kombinationen aller Handlungsmöglichkeiten und kann diese in eine Rangordnung bringen.[395]

Neben diesen in der Realität nicht erfüllten Bedingungen besteht eine weitere Problematik bei der Ermittlung der Risikonutzenfunktion des Vorstands einer Bank. Wenn davon ausgegangen wird, daß die Risikopolitik der Bank durch die individuelle Risikoeinstellung der Entscheidungsträger bestimmt wird, besteht das Problem bei der Ermittlung der Risikopräferenzen in dem Sachverhalt, daß die Geschäftsleitung einer Bank aus mehreren Personen besteht. Demzufolge müßten die individuellen Risikonutzenfunktionen aggregiert werden, um das Ziel zu erreichen, eine Gesamtrisiko-

---

393 Vgl. Braun, D., Risikomanagement, S. 102. Grundsätzlich unterschieden werden Risikoneutralität, Risikoaversion und Risikofreudigkeit. Bei Risikoneutralität verläuft die Risikonutzenfunktion linear, bei einem risikofreudigen Wirtschaftssubjekt weist sie einen progressiven Verlauf auf und bei Risikoaversion ist der Verlauf der Risikonutzenfunktion degressiv.

394 Vgl. Laux, M., Entscheidungstheorie, S. 76 ff.; Bamberg, G., Coenenberg, A., Entscheidungslehre, S. 15.

395 Vgl. Schneeweiß, H., Entscheidungstheorie, S. 40 ff.; Ballwieser, W., Begründbarkeit, S. 787.

nutzenfunktion abzubilden. Die Zusammenfassung zu einer interpersonellen bzw. zu einer kollektiven Risikonutzenfunktion der Geschäftsleitung scheitert jedoch wegen der Nichtaggregierbarkeit individueller Präferenzen, was auch als Arrow-Unmöglichkeitstheorem bezeichnet wird.[396] Aus diesem Grund ist es unmöglich, die Aktionäre über die zugrundeliegende Risikonutzenfunktion des Managements, die die Risikopolitik einer Bank determiniert, in Kenntnis zu setzen. Dennoch bestehen Möglichkeiten, die Risikoeinstellung und die verfolgte Risikopolitik des Bankmanagements gegenüber den Aktionären zu publizieren.

Eine Lösung, mit der die risikopolitische Einstellung einer Bank gegenüber den Aktionären kommuniziert werden könnte, wäre z. B., daß das Investor-relations-Management einer Bank Auszüge über die in der Bank statuierten risikopolitischen Leitlinien publiziert und erläutert.

Diese Forderung nach zusätzlichen Informationen über die risikopolitische Einstellung des Vorstands einer Bank führt auch zu keinem zusätzlichen Arbeitsaufwand für die Investor-relations-Abteilung einer Bank, da risikopolitische Leitlinien bereits in jeder Bank existieren, weil hierdurch den Mindestanforderungen des BAKred an das Betreiben von Handelsgeschäften entsprochen wird. Die Anforderungen des BAKred finden sich in einem sehr detaillierten Regelwerk, das zum einen eine Fortschreibung der bisherigen Vorschriften für das Devisen- und Wertpapiergeschäft beinhaltet sowie zum anderen aber auch neue Geschäftsaktivitäten einbezieht und auf diese Weise gewährleistet, daß die getätigten Geschäfte in Übereinstimmung mit der Geschäftspolitik des Kreditinstituts stehen.

Veröffentlicht werden könnten daraus z. B. Aussagen über die Festlegung der eingesetzten Instrumente sowie des Kontrahentenkreises.[397] Diese Informationen schaffen Vertrauen bei den Investoren, da hierdurch gezeigt wird, daß strikte "guide lines" bezüglich des Einsatzes von Derivaten bestehen.

---

396 Vgl. hierzu ausführlich Bamberg, G., Coenenberg, A. G., Entscheidungslehre, S. 208 ff.

397 Konkrete Grundsätze über die Derivatpolitik der Banken finden sich in den Geschäftsberichten nicht bzw. sind allgemeiner Natur. So z. B. die Bayerische Vereinsbank AG: "Kontrakte im derivativen Bereich werden grundsätzlich im Rahmen vorab definierter Strategien eingegangen." Vgl. Bayerische Vereinsbank AG, Geschäftsbericht 1995, S. 28.

Bezüglich des Einsatzes der Instrumente ist zwischen Sicherungs-[398] bzw. Deckungs- und Handelsgeschäften zu differenzieren.[399] Gleichwohl gestalten sich hierzu Angaben, so z. B. eine prozentuale Angabe der Anteile der derivativen Instrumente, die auf Handelsgeschäfte und auf Sicherungsgeschäfte entfallen, schwierig, da eine eindeutige Zuordnung oftmals nicht möglich ist. Zum einen verbleibt aufgrund der Inkongruenzen zwischen den zum hedging eingesetzten Instrumenten und den zugrundeliegenden Positionen auch dann ein Restrisiko (Basisrisiko), wenn Derivate zur Risikoabsicherung verwendet werden. Zum anderen können Derivate auch innerhalb der Handelsbestände Sicherungsfunktion haben. Aus diesem Grund begnügt sich eine Vielzahl der Banken mit dem grundsätzlichen Hinweis, daß Derivate hauptsächlich zur Absicherung eingesetzt werden.

Auch wenn die Differenzierung problematisch erscheint, sollte diese Schwierigkeit zumindest in den Geschäftsberichten angesprochen werden und damit erklärt werden, warum auf eine Quantifizierung verzichtet wird bzw. eine solche nur näherungsweise erfolgt,[400] um dem oftmals geäußerten Vorwurf zu entgehen, daß ausschließlich Sicherungsgeschäfte erläutert werden und demzufolge aktuelle und potentielle Aktionäre den Rückschluß ziehen könnten, daß Handelsgeschäfte nicht erfolgen.[401]

---

398 Beim hedging soll das Marktrisiko einer Kassaposition durch eine entsprechende Gegenposition am Terminmarkt in der Weise ausgeglichen werden, daß der Kassaposition eine in Art, Betrag und Fälligkeit entgegengerichtete Position gegenübergestellt wird, so daß die Risiken der aus beiden Positionen gebildeten Gesamtpositionen möglichst vollständig korrelieren. Differenziert werden kann hierbei zwischen einem micro hedge und einem macro hedge. Während beim micro hedge eine einzelne konkrete Position des bilanziellen oder außerbilanziellen Bereichs gegen Marktrisiken abgesichert wird, wird beim macro hedge eine Gesamtposition abgesichert. Vgl. hierzu ausführlich Rudolph, B., Finanzinstrumente, S. 30.

399 Entsprechend § 36 RechKredV, der vorsieht, daß Banken im Anhang eine Aufstellung über die getätigten derivativen Geschäfte vorzunehmen und anzugeben haben, ob ein wesentlicher Teil auf Handels- oder Sicherungsgeschäfte entfällt.

400 So verzichtet die Deutsche Bank AG auf quantitative Angaben über den Umfang der Sicherungsgeschäfte, während die Bayerische Hypotheken- und Wechselbank AG angibt, daß zwei Drittel des abgeschlossenen Geschäftsvolumens auf Handelsgeschäfte und der Rest der Geschäfte auf die globale Absicherung von Zinsänderungsrisiken entfällt. Vgl. Bayerische Hypotheken- und Wechselbank AG, Geschäftsbericht 1995, S. 79.

401 Vgl. Prahl, R., Derivate, S. 142.

Des weiteren können von den Banken allgemeine Informationen gegeben werden über Märkte, an denen gehandelt werden darf. Differenziert werden können diese in börsliche und in außerbörsliche Märkte, in geographische sowie instrumentenspezifische Märkte. Bezüglich der Börsen könnten Informationen erfolgen, an welchen Terminbörsen welche Instrumente schwerpunktmäßig gehandelt werden. Die Angaben der jeweiligen Terminbörsen sind insofern von Relevanz, als bei diesen hinsichtlich der Sicherheits- und Kontrollvorrichtungen der Clearingstelle gravierende Unterschiede bestehen können. Eine auf die Zukunft gerichtete Information könnte darin bestehen, inwieweit Überlegungen bestehen, nach Aufhebung der bislang für deutsche Banken geltenden Geschäftsbeschränkung für Warentermingeschäfte im Rahmen der 6. KWG-Novelle, Warentermingeschäfte durchzuführen.[402]

Interessant wäre es auch zu erfahren, inwieweit Banken als market maker fungieren. Diese Tatsache ist informationsrelevant vor dem Hintergrund der dadurch eingegangenen Liquiditätsrisiken. In diesem Zusammenhang sollten ebenfalls Informationen erfolgen über die Märkte, an denen die Banken als market maker tätig werden.

Wesentlich für die Einschätzung der aus dem Derivativgeschäft resultierenden Risiken sind des weiteren Angaben über den Kontrahentenkreis sowie die Verfahren zur Messung, Analyse, Überwachung und Steuerung der Risiken. Diese Informationen sind Gegenstand der folgenden Kapitel.

Zusätzliche Informationen können ohne erheblichen zusätzlichen Arbeitsaufwand potentiellen und aktuellen Aktionären zugänglich gemacht werden, da sie im Rahmen der Erfüllung der Mindestanforderungen des BAKred an das Betreiben von Handelsgeschäften teilweise bereits intern in der Bank veröffentlicht werden. Ebenfalls ist eine abgestufte Weitergabe der Informationen möglich; wenn diese aus Wettbewerbsgründen nicht vollumfänglich veröffentlicht werden sollen, ist eine Veröffentlichung in modifiziertem und restringiertem Umfang möglich.

Die Mindestanforderungen des BAKred an das Betreiben von Handelsgeschäften umfassen die Festlegung des Anwendungsbereiches, das Risiko-Controlling, die Organisation der Handelstätigkeit sowie Regelungen für spezielle Geschäftsarten. Grundsätzlich könnten bereits in diesem Zusam-

---

402 Aus diesem Grund wurde eine neue Warenterminbörse, Hannover AG, gegründet, die Mitte 1997 den Betrieb aufgenommen hat.

menhang zunächst Angaben seitens der Bank erfolgen, die die vom BAKred gestellten Mindestanforderungen an das Betreiben von Handelsgeschäften bestätigen. Des weiteren könnten die im Konzernverbund tätigen Banken angeben, inwieweit die Einhaltung der Mindestanforderungen des BAKred an das Betreiben von Handelsgeschäften konzernweit gewährleistet ist. Eine Normeneinhaltung würde gegenüber den Aktionären signalisieren, daß die Sicherheitsstandards erfüllt werden.

3.3.3.4.3 Informationen über die Risiken beim Einsatz von Derivaten

Die aus derivativen Geschäften resultierenden spektakulären Schieflagen zum Teil auch bedeutender Marktteilnehmer, die zu erheblichen Verlusten führten, begründen, wie zuvor angeführt, ein hohes Informationsinteresse der Aktionäre an den mit dem Einsatz von derivativen Instrumenten verbundenen Risiken. Wenngleich Derivate im Vergleich zu originären Instrumenten wie Wertpapiere und Kredite auch keine fundamental neuartigen Risiken aufweisen, kommt den Marktrisiken von derivativen Instrumenten aufgrund der diesen Instrumenten inhärenten Dynamik und Hebelwirkung eine bedeutende Rolle zu.[403] Risiken, die aus dem Einsatz von Derivaten resultieren, lassen sich wie folgt systematisieren: Marktrisiken, die differenziert werden in primäre Preis- sowie Spreadrisiken und optionsspezifische Preisrisiken, Kredit-, Liquiditäts-, Betriebs- und Rechtsrisiken.

Im folgenden wird auf die Steuerung und Messung der Kredit-, Liquiditäts-, Betriebs- und Rechtsrisiken der zugrundeliegenden Finanzinstrumente eingegangen.[404] Die Erläuterung der Verfahren zur Messung und Steuerung der Preisrisiken erfolgt aufgrund ihrer Bedeutung und Komplexität separat in dem sich anschließenden Kapitel. Die Erläuterung der einzelnen Risiken erfolgt jeweils so knapp, wie es das Verständnis erfordert: Auf eine umfas-

403 Die Hebelwirkung derivativer Instrumente bedeutet, daß das Derivat einer prozentual stärkeren Wertänderung unterliegt als das entsprechende underlying. Hieraus resultiert die Gefahr, daß mit relativ geringem Mitteleinsatz Risiken eingegangen werden, die nicht in angemessener Relation zur Finanzkraft stehen. Vgl. Scharpf, P., Epperlein, J., Risikomanagement, S. 209; Winter, S., Derivate, S. 211.

404 So gingen auf die Existenz weiterer Risiken nur die drei Großbanken ein, während bei den bayerischen Banken nur das Ausfall- und das Preisrisiko Berücksichtigung fanden. Vgl. Fitzner, V., Derivatepublizität, S. 184.

sende Analyse der Risiken aus Derivaten wird verzichtet und auf die zu diesem Thema umfangreich erschienene Literatur verwiesen.[405]

3.3.3.4.3.1 Kreditrisiken

Das Bonitätsrisiko bei Derivaten weist neben dem Vorleistungs- auch ein Wiederbeschaffungsrisiko auf, welches von hoher Bedeutung ist.[406] Letzteres ist charakteristisch für synallagmatische Kontrakte, also wechselseitig noch zu erfüllende Kontrakte, und bezeichnet die Gefahr, daß durch den Ausfall eines Kontrahenten eine offene Zins- und/oder Währungsposition entsteht, die aufgrund von geänderten Zins- oder Wechselkursen nur — verglichen mit den ursprünglich vereinbarten Konditionen — zu ungünstigeren Bedingungen geschlossen werden kann. Das Adressenausfallrisiko besteht hier in Eindeckungskosten, d. h. in Wiederbeschaffungskosten des ausgefallenen Vertrags.[407] Die Höhe der Eindeckungskosten ist abhängig von Kapitalbetrag, Restlaufzeit und Marktkonditionen in Relation zu Kontraktkonditionen.

Da das Adressenausfallrisiko sich nach den unmittelbar zu messenden aktuellen Wiederbeschaffungskosten bestimmt, ist für die Risikoeinschätzung der Aktionäre eine Angabe der Nominalvolumina zur Abschätzung des Bonitätsrisikos wenig aussagefähig. Zur Abschätzung diesbezüglicher Risiken ist bereits eine Verbesserung bei der Publizität festzustellen. Während bis 1993 lediglich die Nominalvolumina derivativer Instrumente in den Geschäftsberichten der Banken angegeben wurden, erfolgten erstmals in den Geschäftsberichten 1994 Angaben über die die Adressenausfallrisiken widerspiegelnden Wiederbeschaffungskosten.[408]

Wesentlich für die Beurteilung des Adressenausfallrisikos sind Kenntnisse des Investors über die Schwankungen der Kreditrisiken im Zeitablauf. Da-

---

405 Vgl. Ellen, R., Spindler, C., Risiko.

406 Vorleistungsrisiken resultieren aus Vorleistungskontrakten. Als solche werden Kontrakte bezeichnet, bei denen eine Bank eine Vorleistung in Erwartung einer späteren Gegenleistung erbringt; typische Vorleistungskontrakte sind Kredite.

407 Eine synonyme Verwendung findet der Begriff des Substitutionsrisikos.

408 So betrug das Risikoäquivalent des nominell 536.514 Mio. DM umfassenden zinsbezogenen Derivategeschäfts der Dresdner Bank AG 8.321 Mio. DM, was knapp 1,6 % des Nominalbetrags ausmacht. Vgl. Dresdner Bank AG, Geschäftsbericht 1995, S. 95.

mit Aktionäre diesbezügliche Einschätzungen vornehmen können, sollten nicht nur isoliert Stichtagskurse, sondern ebenfalls Angaben über die höchsten, die niedrigsten sowie die durchschnittlichen Wiederbeschaffungswerte im Berichtszeitraum oder sogar auf Monatsbasis veröffentlicht werden. Erst mit derartigen Zusatzinformationen ist der Aktionär in der Lage, Rückschlüsse zu ziehen, welchen Schwankungen die Wiederbeschaffungskosten im Zeitablauf unterliegen.

Besondere Bedeutung erlangt das Kreditrisiko im Rahmen von Over-the-counter-(OTC-)Derivaten, da in diesem Marktsegment, im Gegensatz zu den börsengehandelten Kontrakten, eine Clearing-Stelle der Terminbörse zur Gewährleistung der Erfüllung der abgeschlossenen Kontrakte nicht existiert. Zur Abschätzung der Kreditrisiken aus OTC-Kontrakten sind Informationen sinnvoll, mit welchen Kontrahenten überwiegend Geschäfte abgeschlossen und nach welchen Kriterien diese ausgewählt werden (Bonitätsaufschlüsselung). Derzeit werden die OTC-Geschäfte lediglich segmentiert in OECD-Länder/Regierungen und Nicht-OECD-Länder.[409]

Differenziertere Informationen über die Bonität der Kontraktpartner könnten angeben, nach welchen Kriterien die Wahl der Kontrahenten erfolgt, inwieweit hierbei z. B. den Einschätzungen der Rating-Agenturen gefolgt wird, und ob der Kontrahentenkreis sich vorwiegend aus Triple-A-Adressen rekrutiert. Ein solcher Kreis würde sich überwiegend aus Banken, aus supranationalen Institutionen und multinationalen Unternehmen zusammensetzen. Der Anteil multinationaler Unternehmen im Kontrahentenportefeuille ist insofern von Interesse, als bei diesen im Vergleich zu Banken als

409 Vgl. Deutsche Bank AG, Geschäftsbericht 1994, S. 25.

Kontraktpartner nicht unbedingt die Existenz eines effizienten Risikomanagementsystems gewährleistet ist.[410]

Für eine Einschätzung des Risikopotentials ist nicht nur das aktuelle Wiederbeschaffungsrisiko, sondern auch das Risiko zukünftiger Marktänderungen zu berücksichtigen. Aus diesem Grund ist eine zukunftsbezogene Risikoentwicklung bei der Berechnung der Wiederbeschaffungskosten miteinzubeziehen.[411] Die Darstellung des Risikos für zukünftige Marktänderungen erfolgt derzeit in der Praxis mittels des Hinzufügens eines Zuschlagfaktors, eines sogenannten Add-on-Faktors. Die Aussagefähigkeit für einen Aktionär bleibt insofern begrenzt, als Aussagen, nach welchen Kriterien sich der Zuschlagswert richtet, bislang nicht erfolgen.[412] Diesbezügliche Angaben könnten z. B. Auskünfte darüber geben, ob die Zuschlagsätze auf die im Grundsatz I des BAKred geforderten Werte basieren.[413] Problematisch erscheint grundsätzlich, inwieweit eine pauschalierende Betrachtung das potentielle künftige Wiederbeschaffungsrisiko adäquat erfaßt.

---

410 Seit dem Geschäftsjahr 1995 ist bei einigen Banken eine verbesserte Publizität hinsichtlich der Kontrahentenstruktur zu konstatieren. So gab 1995 die Dresdner Bank AG erstmalig in ihrem Geschäftsbericht an, daß 86 % des Adressenausfallrisikos aus dem Derivategeschäft auf Kontrahenten des OECD-Bank- und Finanzbereichs entfielen. Vgl. Dresdner Bank AG, Geschäftsbericht 1995, S. 57. Die Commerzbank AG veröffentlichte bezüglich der Zusammensetzung ihrer Kontrahenten sowohl die Ergebnisse ihres internen Rating als auch die Ratings von Moody Investor Services AG. Vgl. Commerzbank AG, Geschäftsbericht 1995, S. 24. Einen verbesserten Einblick im Vergleich zum Geschäftsjahr 1994 in das Adressenausfallrisiko gewährte auch die Deutsche Bank AG 1995, indem sie die Struktur des Kontrahentenkreises nach Bonitätsklassen und Laufzeiten gegliedert und tabellarisch abgebildet hat. Vgl. Deutsche Bank AG, Geschäftsbericht 1995, S. 31.

411 Das künftige Adressenausfallrisiko wird bei der Deutsche Bank AG nicht quantifiziert. Vgl. Deutsche Bank AG, Geschäftsbericht 1995, S. 31.

412 Es erfolgt keine Aufsplittung, sondern lediglich die Aussage, daß das Adressenausfallrisiko mark to market bewertet wird, d. h. gegenwärtige Ersatzkosten zuzüglich eines Zuschlagwerts für das zukünftige Risiko. Zur Bestimmung des Zuschlagwerts erfolgen keine Angaben. Vgl. Dresdner Bank AG, Geschäftsbericht 1995, S. 57; Commerzbank AG, Geschäftsbericht 1995, S. 23.

413 Die angegebenen Zuschlagsätze in Grundsatz I beziehen sich auf den Nominalbetrag und sind gestaffelt nach der Restlaufzeit der Kontrakte. Bei einer Restlaufzeit bis zu einem halben Jahr betragen sie 0,5 %, bei einer Restlaufzeit bis zu einem Jahr 1 % und bei einer Restlaufzeit von über einem Jahr 5 %.

Als eine geeignetere Methode der Berechnung des Risikos zukünftiger Marktänderungen der Wiederbeschaffungskosten erscheint auch hier die Durchführung von Simulationsrechnungen wie bei der Ermittlung des Marktrisikos, wenngleich die Durchführung solcher Berechnungen sehr aufwendig ist. Von seiten der Banken werden diesbezüglich Einwendungen erhoben, die sich zum einen auf technische Restriktionen und zum anderen auf den mangelnden Konsens über die anzuwendenden Berechnungsverfahren beziehen.

Im Hinblick auf die Beurteilung des Adressenausfallrisikos könnten zusätzlich Informationen erfolgen, inwieweit zwischen den Kontrahenten Netting-Konventionen bestehen. Ferner könnte über das damit einhergehende mögliche Ausmaß der risikoreduzierenden Wirkung berichtet werden.[414] Netting-Konventionen bezeichnen bestehende Aufrechnungsvereinbarungen, wobei netting das Verrechnen gegenläufiger Ansprüche durch die Schaffung eines rechtsverbindlichen Rahmenvertrags beinhaltet. Hierdurch wird das Bruttorisiko auf einen Nettobetrag reduziert.[415] Wenngleich durch Netting-Vereinbarungen das Wiedereindeckungsrisiko reduziert werden kann, ist in diesem Zusammenhang die Problematik einer expliziten Durchsetzbarkeit der Forderung im Konkursfall zu berücksichtigen. Ursächlich hierfür ist die Existenz differierender Konkursrechte in verschiedenen Ländern mit der möglichen Konsequenz, daß der Konkursverwalter aus der Konkursmasse nur günstige Kontrakte erfüllt und andere mangels Masse ablehnt, was auch als cherry picking bezeichnet wird.[416] Bei jedem Vertragspartner ist es somit unabdingbar, das geltende länderspezifische Konkursrecht zu eruieren.

Um den Aktionären eine Beurteilung des Adressenausfallrisikos der Finanzinstrumente zu erleichtern, sind die Angaben der den Kontrakten zugrundeliegenden Volumina, der Wiederbeschaffungskosten und des Add-on-Faktors unter Berücksichtigung von Netting-Sicherheiten wesentliche und sinnvolle Informationen.

---

414 Vgl. Scharpf, P., Lutz, G., Finanzderivate, S. 627.

415 Angaben über die risikoreduzierende Wirkung von Netting-Vereinbarungen erfolgten von allen Großbanken.

416 Vgl. Bürger, P., Risikocontrolling, S. 257; Schulte-Mattler, H., Eigenkapitalnormen, S. 93.

3.3.3.4.3.2 Liquiditätsrisiken

Das Liquiditätsrisiko im Derivativgeschäft beinhaltet zwei Komponenten, die sich zum einen auf bestimmte Produkte oder Märkte beziehen, als Marktliquiditätsrisiko bezeichnet, sowie zum anderen auf die finanziellen Verpflichtungen aus den Finanzinstrumenten, die aufgrund negativer Entwicklung der Position entstehen, z. B. Marginzahlungen bei futures. Letzteres, auch Finanzierungsliquiditätsrisiko oder funding risk genannt, bezeichnet das Risiko, daß künftige Zahlungsverpflichtungen aufgrund von Liquiditätsengpässen nicht erfüllt werden können.[417] Das Risiko des potentiellen Verlusts, das dadurch entsteht, daß Geldmittel fehlen, um Zahlungsverpflichtungen bei Fälligkeit zu erfüllen, ist bei Banken aufgrund ihrer Nähe zum Geldmarkt und ihren zahlreichen Refinanzierungsmöglichkeiten im Gegensatz zu Industrieunternehmen vernachlässigbar.[418]

Bankenseitig ist dem Marktliquiditätsrisiko höhere Relevanz beizumessen, das die Gefahr einer unzureichenden Markttiefe beschreibt, die dazu führt, daß bei unerwarteten Marktänderungen Positionen nicht zu einem fairen Preis glattgestellt oder aufgelöst werden können. Dieses Risiko ist insbesondere im Bereich der OTC-Finanzinstrumente, bei zusammengesetzten Instrumenten (compound instruments), exotischen Optionen sowie Produktinnovationen existent, da aufgrund der im Vergleich zu standardisierten Produkten geringen Markttiefe der individuelle Kundenzuschnitt ein erhöhtes Liquiditätsrisiko induziert.[419]

Um potentielle Liquiditätserfordernisse und -risiken besser beurteilen zu können, sollen im Rahmen der Investor-relations-Politik einer Bank differenzierte Angaben über die OTC-Finanzinstrumente erfolgen. Es sollten Angaben erfolgen über die einzelnen spezifischen Produktgruppen. Ebenso sollte deutlich gemacht werden, inwieweit Liquiditätslimite bestehen oder welche sonstigen liquiditätsrisikoreduzierenden Maßnahmen geplant sind.

---

417 Vgl. Scharpf, P., Epperlein, J., Risikomanagement, S. 209 ff.

418 Als Beispiel für ein schlagend gewordenes Liquiditätsrisiko ist der Zusammenbruch der Metallgesellschaft 1993 anzuführen. Gleichwohl ist die Frage strittig, ob letztendlich der Zusammenbruch des Unternehmens auf die Weigerung der Hausbanken zurückzuführen ist, weiterhin Liquidität zur Erfüllung der Marginzahlungen bereitzustellen, oder auf das Versagen der Metallgesellschaft, die eine ungeeignete Sicherungsstrategie verfolgt hatte. Vgl. hierzu ausführlich Kropp, M., Öltermingeschäfte, S. 301 ff.

419 Vgl. zu einer ausführlichen Systematisierung exotischer Optionen Rudolph, B., Sicherungsinstrumente, S. 90.

Über die ergriffenen Maßnahmen zur Steuerung der Liquiditätsrisiken werden derzeit von deutschen Banken keine Informationen zur Verfügung gestellt; selbst die amerikanischen Banken, die bei der Publizität von Derivaten führend sind, geben hierzu keine Informationen in den Geschäftsberichten.[420]

3.3.3.4.3.3 Betriebsrisiken

Betriebsrisiken bezeichnen die Gefahr, daß aus inadäquaten internen Vorschriften und Kontrollen, aus menschlichem Versagen, aus mangelnder Fachkenntnis oder Betrug Gewinneinbußen verursacht werden können.[421] Eine erhebliche Risikoquelle stellt zudem der Ausfall von EDV-Anlagen oder eine unzureichende Softwareausstattung im Bereich der Risikosteuerung oder des Handelssystems dar, da hieraus in volatilen Märkten ggf. offene Positionen aufgrund von Informationsdefiziten nicht rechtzeitig erkannt und früh genug geschlossen werden.[422] Defizite in den technischen Voraussetzungen können auch dazu führen, daß Ausübungsfristen, -termine und -fälligkeiten bei Optionen übersehen werden, Limitregelungen nicht mehr funktionieren, Doppelzahlungen erfolgen und im Extremfall Regreßansprüche Dritter verursacht werden.[423] Die Notwendigkeit der Berücksichtigung dieser Risiken wird offensichtlich angesichts der Tatsache, daß erhebliche Gewinneinbußen bei Banken bislang nicht durch schlagend gewordene Marktrisiken, sondern aus dem Eintritt betriebsbedingter Risiken resultierten.[424] Hierzu sollten Informationen veröffentlicht werden, inwieweit und auf welche Art und Weise präventiv Maßnahmen gegen den Ein-

---

420 Vgl. Beder, R., Derivatives, S. 24.

421 Vgl. Baxmann, U., Weichsler, C., Risikomanagement, S. 10; Fischer, T., Risikomanagement, S. 640.

422 Vgl. Braun, T., Optionen, S. 6.

423 Vgl. Bürger, P., Risikocontrolling, S. 258; Prahl, R., Derivate, S. 152; Damm, U., Derivate, S. 510.

424 Der Verlust bei Barings von ca. 1,3 Mrd. US-Dollar wird einer Vielzahl von operativen Fehlern zugeschrieben, die zurückgeführt werden auf unklare Organisationsstrukturen, mangelhafte Kommunikation zwischen interner und externer Revision, das Nichtvorhandensein von Warnsignalen beim Eingehen hoher Risikopositionen sowie einem fehlenden Überblick der Geschäftsleitung. Vgl. Wilson, D., Operation, S. 24.

tritt solcher Risiken seitens der Bankleitung getroffen wurden.[425] Ansätze zur Quantifizierung der zunehmend an Bedeutung gewinnenden Betriebsrisiken gibt es derzeit noch nicht, sollten jedoch erarbeitet werden.[426] Aus diesem Grund weisen Maßnahmen zur Steuerung der Betriebsrisiken im Vergleich zu den Maßnahmen zur Steuerung des Adressenausfall- und Marktrisikos auch mehr qualitativen als quantitativen Charakter auf.

Qualitative Angaben zur Steuerung der Betriebsrisiken könnten z. B. die Existenz von Notfallplänen betreffen, die detailliert fixieren, welche Maßnahmen in derartigen Fällen zu ergreifen sind.[427] Darüber hinausgehende Angaben könnten darstellen, inwieweit andere Systeme zur Verfügung stehen, andererseits kurzfristig Ersatz beschafft werden kann oder inwieweit ausreichend finanzielle und personelle Kapazitäten für den Systembetrieb, die Pflege und die Entwicklung zur Verfügung stehen.[428] Bezüglich der Qualifikation der Mitarbeiter könnten Angaben erfolgen über den Anteil von Akademikern sowie über bevorzugte Studienrichtungen. Da in diesem Bereich insbesondere der Einsatz eines gut geschulten, motivierten Personals notwendig ist, sollten auch geplante Aufstockungen des Personals und Grundsätze zur Aus- und Weiterbildung gegenüber den Aktionären kommuniziert werden.[429]

3.3.3.4.3.4 Marktrisiken

Mittelpunkt des derivatebezogenen Risikomanagements bilden die Marktrisiken, die sich differenzieren lassen in primäre Preisrisiken, in Spread-Risiken sowie in optionsspezifische Preisrisiken. Spread-Risiken resultieren aus der Veränderung der Differenz zwischen zwei Preisen, z. B. zwischen dem Kassa- und dem Terminkurs. Optionsspezifische Preisrisiken — verwendet wird auch oftmals der Begriff Sekundärpreisrisiko — bezeichnen die Risiken, die mit dem Einsatz von Optionen verbunden sind. Eine Separation dieser gegenüber anderen Finanzinstrumenten im Hinblick auf die

---

425 Das BAKred legt in den Mindestanforderungen lediglich fest, daß die Leistungsfähigkeit der Datenverarbeitungssysteme der Art und dem Umfang der Handelsaktivitäten ensprechen sollte.

426 Vgl. C & L Deutsche Revision, Anforderungen, S. 109.

427 Vgl. Prahl, R., Derivate, S. 152; Bürger, P., Risikocontrolling, S. 258.

428 Vgl. Krumnow, J., Instrumente, S. 133.

429 Vgl. Reuter, A., Risikomanagement, S. 43; Scharpf, P., Epperlein, J., Kontrolle, S. 133 ff.

Messung von Marktrisiken resultiert aus der Tatsache, daß der Wert einer Option eine nichtlineare Funktion des underlying ist und damit ein asymmetrisches Risikoprofil aufweist. Hieraus resultiert die Gefahr einer beträchtlichen Ungenauigkeit bei der Risikoquantifizierung.[430]

3.3.3.4.4 Informationen über die Risikomessung- und -steuerung von derivativen Instrumenten

Informationen, die die Steuerung der Marktrisiken einer Bank betreffen, sind zum einen für den Aktionär wesentlich, da ein wirkungsvolles Marktrisikomanagement eine maßgebliche Determinante für die Wettbewerbsfähigkeit einer Bank darstellt. Eine effiziente Risikosteuerung wird auch als eine "conditio sine qua non" bezeichnet.[431] Zum anderen erlangen Methoden der Risikosteuerung- und messung von Preisrisiken aber auch vermehrt öffentlichkeitswirksame Bedeutung durch die Umsetzung der Kapitaladäquanzrichtlinie innerhalb der 6. KWG-Novelle, die als Novum in der Bankenaufsicht erstmalig eigene Risikosteuerungsmodelle der Banken zur Berechnung des haftenden Eigenkapitals bei der Unterlegung von Marktrisiken zuläßt.[432]

Diese Entwicklung wird sich auch in diesbezüglichen Angaben in den Geschäftsberichten wiederfinden. Seit 1994 erfolgen zwar von den deutschen Banken vereinzelt Aussagen über das Management von Marktrisiken. Aussagen hierzu werden in der Zukunft sowohl in quantitativer als auch in qualitativer Hinsicht zunehmen.[433]

---

430 Vgl. ausführlich zu den Preisrisiken Büschgen, H. E., Finanzmanagement; ders., Zinstermingeschäfte; Rudolph, B., Finanzinstrumente, S. 3 ff.; Bürger, P., Risikocontrolling, S. 241 ff.; Rübel, M., Zinstermingeschäfte, S. 35 ff.; Moser, H., Quast, A., Risikomanagement, S. 663 ff.; Zimmermann, H., Aktienkursrisiken, S. 10 ff. Vgl. zu der hier angesprochenen Problematik ausführlich Schäfer, K., Optionen, S. 45.

431 Vgl. Beder, R., Derivatives, S. 27.

432 Vgl. Schulte-Mattler, H., Marktrisiken, S. 93 ff.

433 "Herkömmliche Methoden der Analyse sowie des Managements von Risiken reichen heute nicht mehr aus und wurden daher in den letzten Jahren weiterentwickelt. So wird die Sensitivität des Portefeuilles auf Marktschwankungen laufend gemessen." Deutsche Bank AG, Geschäftsbericht 1993, S. 23.

Bereits seit langem werden von den Banken mathematische Modelle zur Messung von Marktrisiken, sogenannte Indikatormodelle, eingesetzt.[434] Als Beispiel können Sensitivitätsanalysen angeführt werden, die den Wirkungszusammenhang zwischen Änderungen eines Marktpreisfaktors und der Marktwertänderung eines Finanzinstruments aufzeigen: Mathematische Modelle stellen somit nicht gänzlich ein Novum bei der Risikomessung dar.[435] Ein Novum des im folgenden anzusprechenden Verfahrens ist die umfassendere Betrachtung und die Einbeziehung stochastischer Elemente. Die als Gesamtmodelle bezeichneten Verfahren unterscheiden sich von den konventionellen Methoden durch eine umfassendere Betrachtung, da diese *alle* wertbestimmenden Faktoren eines Portefeuilles in die Risikomessung einbeziehen und die zwischen den einzelnen Faktoren bestehenden Korrelationen berücksichtigen.[436] Hierdurch ist die Aggregation aller Einzelrisiken, unabhängig von ihrer Herkunft, zu einer Gesamtrisikokennziffer der Bank möglich. Ebenso sind durch die Einbeziehung stochastischer Elemente in die Analyse Aussagen zur Verlustwahrscheinlichkeit möglich. Das bekannteste Verfahren ist das Value-at-risk-Konzept, das als Ergebnis der Addition verschiedener Risikokennziffern einen potentiellen Verlust in DM ausweist.

Der Ansatz des value at risk besteht in der Ermittlung des maximal eintretenden Verlustes eines Portfolios, der in einem bestimmten Zeitintervall mit

---

434 Diese als Indikatormodelle bezeichneten Verfahren extrahieren aus der Grundgesamtheit der wertbestimmenden Faktoren *einige* Indikatoren, deren Schwankungen zu einem Großteil die Wertänderungen des Portfolios erklären. So wird nur eine Größe, z. B. eine Zinssatzänderung, als maßgebliche Ursache für Wertänderungen angeführt. Nachteilig an den Indikatormodellen ist, daß diese zum einen nicht in der Lage sind, Aussagen über die Strenge des Zusammenhangs zu treffen sowie zum anderen nicht geeignet sind, durch Aggregation der einzelnen Risikokennziffern eine Gesamtrisikokennzahl unter Berücksichtigung aller Korrelationen zu bilden. Vgl. Walther, W., Risikomanagement, S. 285 f.

435 Als Beispiel für Sensitivitätskennziffern bei Aktien kann der Beta-Koeffizient angeführt werden. Dieser gibt an, um wieviel Prozent sich der Wert der Aktie erhöht (vermindert), wenn sich der allgemeine Marktindex ausgehend vom derzeitigen Niveau um 1 % erhöht (vermindert).

436 Vgl. Scharff, R., Value-at-risk, S. 3; Beder, R., Derivatives, S. 26; Bundesverband deutscher Banken, Marktrisikopublizität, S. 65; Preyer, H., Reinhard, L., Zinsrisiken, S. 207 f.

einer bestimmten Wahrscheinlichkeit erfolgen wird.[437] Bei diesem Konzept erfolgt in einem ersten Schritt eine Bewertung des Aktien- oder Zins-Portfolios mit aktuellen Marktpreisen, während anschließend im Rahmen statistischer Modelle eine Bewertung mittels alternativer Marktpreise zur Ermittlung ihres potentiellen Wertverlustes vorgenommen wird.[438]

In einem ersten Schritt zur Berechnung des value at risk erfolgt eine Bewertung sämtlicher Finanzinstrumente, d. h. des Portfolios mit aktuellen Marktpreisen.[439] Dieses bildet die Grundlage der folgenden Value-at-risk-Berechnung. Danach erfolgt die Festlegung des Betrachtungszeitraums als Grundlage der Simulation. Anschließend sind relative Änderungen der Marktrisikofaktoren, z. B. Zins- und Wechselkursänderungen, auf der Basis der über eine bestimmte Zeitperiode empirisch beobachteten Schwankungsbreiten zu bestimmen.[440] Die Auswirkungen der Änderungen der Marktrisikofaktoren auf die Marktwerte werden mit Hilfe von Bewertungs-

437 Vgl. hierzu ausführlich Groß, H., Knippschild, M., Risikosteuerung, S. 87; KPMG, Financial Instruments, S. 53 ff. Grundsätzlich können hierbei verschiedene Verfahren verwandt werden, wobei in die verschiedenen Verfahren der Varianz-Kovarianz-Modelle, der Historischen Simulation oder der Monte-Carlo-Simulation differenziert wird. Diese unterscheiden sich sowohl hinsichtlich der zugrunde gelegten Annahmen als auch hinsichtlich der Prognosen. So unterstellen die Varianz-Kovarianz-Modelle und die Historische Simulation eine Normalverteilung der Marktrisikofaktoren, während die Monte-Carlo-Methode eine schiefe Verteilung zugrunde legt. Hinsichtlich der Prognosen beruhen die verschiedenen Szenarien bei den Verfahren der Historischen Simulation und der Varianz-Kovarianz-Modelle auf tatsächlich beobachteten Schwankungen der Marktrisikofaktoren, während bei der Monte-Carlo-Simulation diese Prognosen auf der Basis von Zufallsprozessen simuliert werden. Vgl. Leong, K., Value-at-Risk, S. 9 ff.; o. V., Models, S. 180.

438 Ferner könnten die Institute auch angeben, welche Art von Modellen sie bei der Messung des value at risk verwenden. Damit der Aktionär hieraus eine Information ziehen kann, müßte auf die einzelnen Vor- und Nachteile der Verfahren hingewiesen werden, so daß z. B. bei einem Institut, das über einen hohen Anteil von Optionen im Portefeuille verfügt, aufgrund der Vorteile die Anwendung der Monte-Carlo-Methode richtig ist, wobei es fraglich ist, ob die Information für den Aktionär zielführend ist. Seitens der Großbanken erfolgte eine explizite Aussage, welches Verfahren zur Berechnung des value at risk herangezogen wird, nur von der Commerzbank AG. Im Rahmen der internen Berechnung der Marktpreisrisiken erfolgt diese anhand des Historischen Simulationsansatzes. Vgl. Commerzbank AG, Geschäftsbericht 1995, S. 22.

439 Vgl. Eisenführ, F., Weber, M., Entscheiden, S. 182 ff. Vgl. zu den folgenden Ausführungen Groß, M., Knippschild, M., Risikosteuerung, S. 95 f.

440 Vgl. Schierenbeck, H., Bankmanagement, Bd. 2, S. 15 ff.

modellen simuliert, so daß sich als Ergebnis für jede Änderung der Risikofaktoren ein alternativer Marktwert der gehaltenen Instrumente bestimmen läßt. Abschließend wird das value at risk des Portefeuilles ermittelt, indem die Wertänderungen, als Differenz zum aktuellen Portfoliowert, in absteigender Reihenfolge sortiert werden. Zur Risikomessung wird entsprechend des zugrunde gelegten Konfidenzniveaus ein Risikowert bestimmt, d. h. es wird auf die Marktwertminderung zurückgegriffen, die in der Vergangenheit mit einer vorgegebenen Konfidenz nicht überschritten wurde.[441] So wird bei 100 simulierten Wertänderungen und einem Konfidenzniveau von 95 % der fünfthöchste Verlust zugrunde gelegt.[442]

Das value at risk ergibt sich dann als negative Differenz zwischen aktuellem Wert und dem Szenario. Für diesen Verlust wird eine betragsmäßige Obergrenze fixiert, die von der Risikotragfähigkeit der Bank, also ihren Verlustdeckungspotentialen bzw. ihrer Risikoeinstellung, abgeleitet wird.[443]

Der Vorteil des Value-at-risk-Konzepts besteht darin, daß es unterschiedliche Risiken in der gleichen Maßeinheit im Verhältnis zu einer standardisierten Wahrscheinlichkeit mißt und somit einen einheitlichen Ansatz für alle Positionen, die einem Preisrisiko unterliegen, gewährleistet.[444] Um auch dem Aktionär mit dieser Größe eine geeignete Kennzahl zur Beurteilung des Kapitalverlustrisikos zu liefern, ist es jedoch unabdingbar, die diesen Berechnungen zugrunde gelegten Parameter zu erläutern und — wie im folgenden zu zeigen ist — zu vereinheitlichen, denn im Hinblick auf die Aussagefähigkeit für Externe gestaltet sich bei der Ermittlung des Value-at-risk-Verfahrens die Parameterabhängigkeit der ermittelten Gesamtrisikoposition durch die der Berechnung zugrunde gelegten Annahmen als problematisch. Diese determinieren wesentlich das Resultat und sind ihrerseits zu-

441 Vgl. Lister, M., Ergebnismessung, S. 10 ff.

442 Vgl. ausführlich zu der Kritik an dem Verfahren, die sich sowohl auf den sehr hohen Rechenaufwand als auch auf die Annahme der Stationarität der Verteilung bezieht, Scharff, R., Value-at-risk, S. 3.

443 Als erste deutsche Bank hat erstmals die Deutsche Bank AG 1994 in ihrem Geschäftsbericht 1994 das value at risk angegeben. Dieses betrug für alle Marktrisiken auf Konzernebene 130,8 Mio. DM, wobei ein Zeitraum von 90 Tagen und eine 95%ige Wahrscheinlichkeit für das maximale Verlustpotential zugrundegelegt wurde. Vgl. Deutsche Bank AG, Geschäftsbericht 1994, S. 42-43.

444 Vgl. Scharpf, P., Lutz, G., Finanzderivate, S. 107.

rückzuführen auf die Risikopräferenz des Managements und die verfolgte Geschäftspolitik der Bank. So kann die Wahl der Parameter als weitgehend geschäftspolitische, risikomotivierte Entscheidung charakterisiert werden, die auf höchster Ebene getroffen wird.[445] Die Auswahl des Konfidenzniveaus, die Festlegung der Haltedauer sowie die Auswahl der Beobachtungsdauer beeinflussen die Ergebnisse der Rechnungen signifikant, und das kann unter Umständen zu einer systematischen Über- oder Unterschätzung des aktuellen Marktrisikos führen.[446] Bestätigt wird dies durch Beispielrechnungen von Musterportfolios von financial instruments, die der Baseler Ausschuß durchgeführt hat. Bei den Berechnungen ergaben sich Abweichungen zwischen den Value-at-risk-Ergebnissen einzelner Unternehmen von bis zu 800 %. Die Divergenzen bei den Musterrechnungen resultierten überwiegend in der Wahl der Stützperiode sowie in der Berücksichtigung von Optionsrisiken und in den Verdichtungsmethoden der historischen Daten.[447] Diese innerhalb der Modellanwendungen subjektiv festzulegenden Parameter und die damit einhergehenden bzw. zugrundeliegenden verschiedenen Einstellungen werden im folgenden aufgezeigt und an den publizierten Value-at-risk-Berechnungen der Großbanken exemplifiziert. Z. B. berechnet die Deutsche Bank AG ein value at risk, dem eine Beobachtungsperiode von 90 Tagen zugrunde liegt und das auf einer 97,5 %igen Wahrscheinlichkeit und auf einer durchschnittlichen Haltedauer von 1 Tag beruht. Hiernach ergibt sich ein value at risk von 65 Mio. DM. Daneben wird, um Liquiditätsrisiken stärker zu berücksichtigen, eine zweite Berechnung durchgeführt, die auf einer 99 %igen Eintrittswahrscheinlichkeit bei einer zehntägigen Haltedauer basiert und ein value at risk von 241 Mio. DM ergibt.[448] Die Dresdner Bank AG berechnet ein value at risk mit einem 99 %igen Wahrscheinlichkeitsintervall bei einer zehntägigen Haltedauer. Danach ergibt sich ein value at risk von 140 Mio. DM, Anga-

---

445 Vgl. Bürger, P., Risikocontrolling, S. 246.

446 Bei Verwendung der Risikomodelle zur Ermittlung des bankenaufsichtsrechtlich vorgesehenen Eigenkapitalbedarfs für die Unterlegung von Marktrisiken müssen die Risikomodelle neben qualitativen Standards auch quantitative Anforderungen erfüllen. Hiermit soll eine hinreichend konservative Risikoberechnung der Banken sichergestellt werden. Die quantitativen Anforderungen legen für die Parameter der Modelle folgende Werte fest: eine Haltedauer von 10 Handelstagen, ein historischer Beobachtungszeitraum von wenigstens einem Jahr und ein Konfidenzniveau von 99 %. Vgl. BAKred, Diskussionsentwurf, S. 132.

447 Vgl. Beder, R., Derivatives, S. 12; Baseler Ausschuß für Bankenaufsicht, Marktrisiken, S. 6 f.

448 Vgl. Deutsche Bank AG, Geschäftsbericht 1995, S. 33.

ben über die zugrunde gelegte Beobachtungsperiode fehlen jedoch.[449] Die detailliertesten Informationen publiziert die Commerzbank AG. Bei der Quantifizierung des Marktrisikopotentials wird eine Haltedauer von 10 Tagen und eine Beobachtungsperiode von 250 Tagen unterstellt. Unter Zugrundelegung unterschiedlicher Konfidenzniveaus von 95 %, 97,5 % und 99 % werden z. B. Value-at-risk-Werte von 217,8 Mio. DM, 270,1 Mio. DM sowie 336,8 Mio. DM ermittelt.[450]

Die Verwendung unterschiedlicher Parameter führt zu veränderten Werten für die jeweilige Quantifizierung des Marktrisikopotentials und induziert damit für den Aktionär eine erheblich eingeschränkte bankbetriebliche Vergleichbarkeit.

3.3.3.4.5 Problematik einer Publizität des Marktrisikos

Die Schwierigkeiten für potentielle und aktuelle Aktionäre im Hinblick auf die Beurteilung des Kapitalverlustrisikos[451] resultieren primär aus der mangelnden Vergleichbarkeit der ausgewiesenen Kapitalverlustgrößen zwischen den Banken. Des weiteren müssen sie, um das potentielle Kapitalverlustrisiko beurteilen zu können, über statistische Kenntnisse verfügen. Im Rahmen der Investor-relations-Politik einer Bank sollte somit bei der Publizität der Value-at-risk-Größen zunächst darauf hingewiesen werden, daß es sich bei diesen Größen um Wahrscheinlichkeitsaussagen handelt. Eine Interpretation der Größen ist damit nur möglich, wenn die den Berechnungen zugrundeliegenden Prämissen veröffentlicht werden.[452] Aus diesem Grund sind im Rahmen der Investor-relations-Politik diese Voraussetzungen zu veröffentlichen. Ferner sollte im Rahmen einer Investor-relations-Politik einer Bank versucht werden, die komplexe Materie gegenüber den Aktionären möglichst vereinfacht zu erläutern, indem neben quantitativen Informationen auch qualitative Erläuterungen erfolgen, da diese Materie ein gewisses mathematisches und statistisches Grundverständnis voraussetzt, und die Interpretierbarkeit der Angaben mit Blick auf

---

449 Vgl. Dresdner Bank AG, Geschäftsbericht 1995, S. 41.

450 Vgl. Commerzbank AG, Geschäftsbericht 1995, S. 22.

451 Vgl. Scharff, R., Value-at-risk, S. 3.

452 Aus diesem Grund wird die Publizität quantitativer Informationen in Form der Angabe des value at risk recht kontrovers beurteilt. Befürwortend Meister, E., Derivate, S. 40; ablehnend Krumnow, J., Bankcontrolling, S. 370; Scheffler, J., Hedge-Accounting, S. 252.

den modelltheoretischen Hintergrund wahrscheinlich nur einer geringen Anzahl aktueller und potentieller Aktionäre vermittelbar ist.

Zusätzliche verbale Erläuterungen gegenüber den Aktionären erscheinen z. B. bei der Berechnung des dem value at risk zugrundeliegenden Konfidenzniveaus sinnvoll. Es sollte erläutert werden, daß bei einem Konfidenzniveau von 95 % das aus der Anwendung dieser Parameter errechnete Verlustpotential mit einer Wahrscheinlichkeit von 5 % nicht überschritten wird, im Vergleich hierzu jedoch nur noch ein Restrisiko von 1 % besteht, wenn ein Sicherheitsniveau von 99 % gewählt wird.[453] Da die Gefahr gravierender Verluste, die unter Umständen zu einem vollständigen Verzehr des Kapitals führt, von den Aktionären getragen wird, sollten in diesem Zusammenhang Erläuterungen erfolgen, nach welchen Kriterien die Höhe des Restrisikos von seiten der Bank bestimmt wird bzw. welches Restrisiko die jeweilige Bank noch als tragbar erachtet und wie der Vorstand zu dieser Einschätzung kommt. Im Rahmen der Investor-relations-Politik einer Bank müßte bei der Risikopublizität klar herausgearbeitet werden, daß die publizierten Kapitalverlustrisiken auf statistischen Ergebnissen basieren. Es sollte verdeutlicht werden, daß die Abschätzung des Risikopotentials mit einer genügend großen Wahrscheinlichkeit erfolgt, indem das Marktrisikopotential errechnet wird auf einer Grundlage von 99 %.

Des weiteren sollten nicht nur, wie bislang publiziert, isolierte Stichtagswerte offengelegt werden, da die Value-at-risk-Größen im Jahresablauf sehr starken Schwankungen unterworfen sind.[454] Aussagefähiger zur Einschätzung des Marktrisikopotentials ist es daher, die innerhalb eines Geschäftsjahres ermittelten höchsten, niedrigsten und durchschnittlichen Value-at-risk-Werte für unterschiedliche Halteperioden zu veröffentlichen.[455] Diese stellen insbesondere dann eine wertvolle Zusatzinformation dar, wenn sie grafisch in Form eines Verlaufsdiagramms abgebildet werden und

---

453 Vgl. Merbecks, A., Risikomanagement, S. 164.

454 Vgl. Scharpf, P., Lutz, G., Finanzderivate, S. 625.

455 Als einzige deutsche Großbank publizierte die Commerzbank AG risikospezifische Jahresdurchschnittswerte für das Marktrisikopotential. Vgl. Commerzbank AG, Geschäftsbericht 1995, S. 22.

so über die monatliche Entwicklung des Risikopotentials Aufschluß geben.[456]

Voraussetzung zur Erhöhung der Transparenz bei der Publizierung des Marktrisikopotentials ist die Herstellung der Vergleichbarkeit. Zur Erhöhung der Aussagefähigkeit sind somit einheitliche Grundlagen für die Ermittlung der Kapitalverlustrisiken zu schaffen. Hieraus ergibt sich die Notwendigkeit der Vereinheitlichung der Risikoparameter, also der den Modellen zugrundeliegenden Angaben zu den Marktrisikopotentialen. Zum Zweck einer besseren Vergleichbarkeit wäre es sinnvoll, die Parameter der Value-at-risk-Größe zu standardisieren.

Aufgrund der Komplexität der Value-at-risk-Modelle sollten auch umfassende Angaben zur Qualität der eingesetzten Risikosteuerungsmodelle erfolgen. Es sollte gegenüber den Aktionären einer Bank herausgestellt werden, daß die Risikosteuerung eine Kernkompetenz der Bank darstellt. Aus diesem Grund müßten neben quantitativen Aussagen auch qualitative Aussagen erfolgen, die die Professionalität und Expertise der Bank im Rahmen dieser Materie dokumentieren und die Qualität der Risikomessung widerspiegeln. Qualitative Aussagen über die eigenen verwendeten Risikosteuerungsmodelle könnten z. B. beinhalten, daß die Verwendung eigener Risikomodelle abhängig von der Prüfung und Zustimmung des BAKred und der Bundesbank sind. Bezüglich der Zustimmung des BAKred könnten in diesem Zusammenhang Angaben erfolgen, inwieweit die Eignungsbestätigung befristet erfolgt, an Auflagen geknüpft ist oder das eigene Modell die volle Zustimmung des BAKred gefunden hat. Des weiteren könnten Angaben erfolgen, die die Güte der verwendeten Modelle widerspiegeln, indem von seiten der Bank darauf hingewiesen wird, daß der Multiplikator des Modells durch das BAKred nicht mit einem Zuschlagssatz belegt worden ist und somit den Anforderungen in vollem Umfang entspricht.

Die Expertise einer Bank könnte gegenüber den Aktionären dokumentiert werden, indem im Rahmen der Investor-relations-Politik einer Bank auf eigene Veröffentlichungen zu dieser Thematik hingewiesen wird und auf ihre Mitarbeit in Gremien, die sich mit der Weiterentwicklung von Risikosteuerungsmodellen befassen. Es sollte kommuniziert werden, daß die Bank als Sachverständiger bei der Bundesbank und bei dem BAKred fungiert und

---

456 Amerikanische Banken veröffentlichen sogar ein Histogramm der täglichen Veränderungen des Portfoliowertes im Berichtszeitraum. Vgl. Edwards, G., Eller, G., Disclosures, S. 817 ff.

daß ein wechselseitiger Know-how-Transfer erfolgt, indem in den Banken selbst Schulungen durchgeführt werden für Externe, aber auch bankeigene Mitarbeiter durch mehrmonatige Aufenthalte bei den im Bereich der Risikosteuerung führenden amerikanischen Instituten stets über die aktuellen Entwicklungen Kenntnisse erlangen. Bezüglich des letztgenannten Aspektes wird hierdurch den Aktionären signalisiert, daß das aktuelle know-how einer Bank einer ständigen Überprüfung unterliegt und innovative Entwicklungen der Risikosteuerung in der Bank umgesetzt werden.

Die Kompetenz einer Bank im Rahmen der Risikosteuerung könnte des weiteren durch die Investor-relations-Politik verdeutlicht werden, indem neben qualitativen auch quantitative Angaben erfolgen. In diesem Zusammenhang könnten z. B. die Ergebnisse von Rückvergleichen (backtesting) offengelegt werden. Mittels der Offenlegung des Vergleichs der Ergebnisse über das vom Modell prognostizierte Verlustpotential mit der tatsächlich eingetretenen Marktentwicklung werden Aktionäre in die Lage versetzt, die Prognosequalität des eingesetzten Modells beurteilen zu können.[457]

Durch die Gegenüberstellung der ermittelten Value-at-risk-Beträge mit den tatsächlichen Marktwertänderungen wird die Zuverlässigkeit des Konzepts grundsätzlich überprüfbar, da die Angabe dieser Größen Rückschlüsse auf die Qualität der Modelle erlaubt.[458] Wurde z. B. in dem Modell eine zehntägige Haltedauer und ein Konfidenzniveau von 95 % zugrunde gelegt, so sollte das ermittelte value at risk bei 100 empirischen Beobachtungen den tatsächlich eingetretenen Verlust im Durchschnitt 95 mal übersteigen, so daß fünf Ausnahmen übrig bleiben.[459] Zu berücksichtigen bei der Veröffentlichung der Ergebnisse des backtesting ist, daß diese nicht nur in dem Jahr veröffentlicht werden dürfen, in dem der tatsächliche Verlustbeitrag geringer ist als der durch das Modell prognostizierte Betrag, sondern auch in einem Jahr, in dem eine signifikant höhere Zahl von Ausnahmen auftritt d. h. eine Veröffentlichung sollte auch dann erfolgen, wenn die tatsächlich eingetretenen Wertänderungen von der im Value-at-risk-Verfahren prognostizierten Schwankungsbreite abweichen. Auch wenn dies Zweifel an der

---

457 Vgl. Steiner, M., Finanzinnovationen, S. 242.

458 Vgl. Ammon, N., Institute, S. 9.

459 Derartige Angaben finden sich bei den großen amerikanischen Banken, wie z. B. Chase Manhattan Corporation, Bankers Trust New York Corporation, Bank America Corporation, die Informationen über die tatsächlichen täglichen Änderungen des ursprünglich prognostizierten Value-at-risk-Werte publizieren. Vgl. Edwards, G., Eller, G., Disclosures, S. 817 ff.

Prognosegüte des Modells induziert, ist eine Veröffentlichung der Abweichungen unbedingt im Hinblick auf die Glaubwürdigkeit der Banken zu empfehlen.[460]

3.3.3.4.6 Informationen über die Erfolgskontrolle im Handel mit Derivaten

Damit der Aktionär den Erfolg der bonitäts- und marktrisikobehafteten Geschäfte beurteilen kann und um einen Vergleichsmaßstab zu liefern, sollten auch die risikoadjustierten Performancemessungen veröffentlicht werden. Mit der Erfolgskontrolle existiert ein Instrument zur Beurteilung des wirtschaftlichen Erfolgs von Handelsaktivitäten.

Der direkte Vergleich von Erfolg und Risikopotential wird in der Regel bankintern über die Kennziffern RORAC (Return on Risk Adjusted Capital) und RAROC (Risk Adjusted Return on Capital) abgebildet. Der RORAC setzt den Nettoergebnisbeitrag in Beziehung zu dem eingesetzten Risikokapital, während der RAROC den um die Ausfälle verminderten Nettoergebnisbeitrag und das eingesetzte Kapital vergleicht. Der Erfolg der Geschäftstätigkeit ergibt sich aus dem Vergleich mit einer Zielgröße, z. B. einer individuellen Eigenmittelrendite (ROE) oder einem Marktvergleich.[461]

Wenngleich diese Erfolgskennziffern zum Zwecke der internen Erfolgskontrolle existieren,[462] haben deutsche Banken die Ergebnisse der Erfolgskontrolle bislang nicht veröffentlicht. Die Geschäftsberichte der Banken enthalten nur allgemeine Informationen über den Ergebnisbeitrag.[463]

---

460 Vgl. Baseler Ausschuß für Bankenaufsicht, Marktrisiken, S. 1 ff.

461 Vgl. Groß, M., Knippschild, H., Risikosteuerung, S.108.

462 Eine Umfrage unter Londoner Banken ergab Anfang der neunziger Jahre, daß Erfolgskontrollen bei einem Drittel der Banken erfolgen. Vgl. Price Waterhouse, Measurement, S. 18 ff.

463 "Das Derivatehandelsergebnis lag weiterhin auf einem hohen Niveau." Dresdner Bank AG, Geschäftsbericht 1995, S. 46.

3.4 Implikationen für die Investor-relations-Politik einer Bank

In den vorangegangenen Ausführungen wurde erläutert, welche Informationen im Rahmen einer Investor-relations-Politik geeignet sein können, die bestehenden Informationsasymmetrien zwischen einer Bank und den Aktionären langfristig abzubauen.

Im ersten Kapitel wurde basierend auf den Erkenntnissen der Literatur festgestellt, daß Aktionäre ihren Informationsnachteil durch eine erhöhte Risikopämie versuchen, auszugleichen.

Um die Wirkung einer Investor-relations-Politik auf eine Reduktion der Eigenkapitalkosten zu zeigen, kann also unterstellt werden, daß die empfundenen Informationsnachteile aktueller und potentieller Aktionäre als Einflußgrößen auf die Renditeforderung wirken und dazu führen, daß in die Renditeforderung eine Komponente einfließt, die den Mißtrauenszuschlag widerspiegelt. Der Mißtrauenszuschlag ist somit der Bestandteil der Risikoprämie, der zu höheren Renditeforderungen der Aktionäre führt und ergänzend zum Beta-Faktor zu berücksichtigen ist.

Die Auswirkungen können mittels eines Beispiels dargestellt werden.

Zur Bestimmung der Eigenkapitalkosten werden nachfolgende Daten unterstellt[464]:

- Der als risikolos angenommene Zins für Staatspapiere beträgt 7 %.
- Die Gesamtaktienmarktrendite, die sich am DAX orientiert, beträgt 12 %.
- þ und Beta-Faktor werden multiplikativ verknüpft zu ß*.

Durch die Einführung der Mißtrauensprämie þ und deren multiplikativer Verknüpfung mit dem unveränderten Beta-Faktor in Höhe von 1,18 erhöht sich der modifizierte Faktor ß* auf 1,3:

$$E(R_A) = 7\,\% + 1{,}3\,(12\,\% - 7\,\%)$$
$$E(R_A) = 13{,}5\,\%$$

---

464 Die Zahlen basieren auf der in Kapitel eins vorgenommenen Berechnung, S. 55 f.

Der Mißtrauenszuschlag þ erhöht die Eigenkapitalkosten somit auf 13,5 % im Vergleich zu den vorher ermittelten 12,9 %. Umfassende Informationen können nun dazu führen, daß sich þ reduziert. Beispielsweise könnte eine multiplikative Verknüpfung von Beta-Faktor und þ eine Reduktion der betreffenden Aktie von 1,3 auf 1,24 bewirken. Empirische Untersuchungen belegen, daß eine hohe Informationsgüte zu geringeren Volatilitäten im Zeitablauf führt.[465]

$$E(R_A) = 7\,\% + 1{,}24\,(12\,\% - 7\,\%)$$
$$E(R_A) = 13{,}2\,\%$$

Entsprechend der Formel können sich somit die Eigenkapitalkosten für die Bank um 0,3 % reduzieren.

Somit kann eine erhöhte Transparenz durch die Beseitigung von Unsicherheit über die erwarteten Erträge dazu führen, daß die Aktionäre eine geringere Risikoprämie verlangen von einer Bank, die mehr Transparenz gewährt. Aus diesem Grund wird der Markt die informationsfreudigere Bank, ceteris paribus, höher bewerten.

Wenn es also gelingt, durch die Investor-relations-Politik den Wert des Mißtrauensfaktors þ zu senken, reduzieren sich die Renditeforderungen der Aktionäre und damit die Eigenkapitalkosten der Bank. Diese geringeren Eigenkapitalkosten, die im Rahmen der Unternehmensbewertung als Diskontierungsfaktor herangezogen werden, wirken sich unter Ceteris-paribus-Bedingungen erhöhend auf den Kurs der Bankaktie aus.

Festzuhalten bleibt somit, je mehr und je kontinuierlicher Informationen zur Verfügung gestellt werden, desto größer wird das Vertrauen des Investors in die Informationspolitik, und desto geringer wird die geforderte Mißtrauensprämie, sofern die Erfahrung zeigt, daß die Bank sowohl eine aktionärsorientierte Unternehmenspolitik betreibt als auch richtige und umfassende Informationen zur Verfügung stellt, denn besteht Vertrauen in umfassende und jederzeit richtige Informationen, werden die Aktionäre nur eine solche Risikoprämie fordern, die sich zum Großteil nach der leistungswirtschaftlichen Ungewißheit bemißt, und nicht eine Prämie verlangen, in die die Ungewißheit bezüglich eines opportunistischen Verhaltens der Unternehmensleitung einfließt. Die Veröffentlichung der Informationen der Bank müssen somit geeignet sein, die Unsicherheitskomponente bei aktuellen

---

465 Vgl. Coenenberg, A., Aktienkursentwicklung, S. 309 ff.

und potentiellen Aktionären zu reduzieren, so daß von den Aktionären eine dem tatsächlichen leistungswirtschaftlichen Risiko einer Bank entsprechende Risikoprämie gefordert wird.

Aus diesem Grund ist es wesentlich, daß Informationen umfassend und kontinuierlich und nicht nur selektiv den Aktionären zur Verfügung gestellt werden. Damit eine kontinuierliche Informationsweitergabe gewährleistet ist, bedarf es eines systematischen Vorgehens, das dann gewährleistet ist, wenn innerhalb einer Bank ein Investor-relations-Konzept existiert.

4. Entwicklung eines Investor-relations-Konzepts für Banken

4.1 Die Notwendigkeit der Operationalisierung der Investor-relations-Politik einer Bank

Die Operationalisierung einer Investor-relations-Politik einer Bank erfordert ein systematisches Vorgehen. Gewährleistet wird dieses durch die Entwicklung eines Investor-relations-Konzepts. Die Formulierung eines Konzeptes verhindert die Verfolgung von Investor-relations-Maßnahmen, die nur sporadisch bzw. "ad hoc" bei anstehenden Kapitalbeschaffungen oder zur Abwendung von Krisensituationen durchgeführt werden. Eine Investor-relations-Politik muß vielmehr kontinuierlich betrieben werden, um Vertrauen bei aktuellen und potentiellen Aktionären zu generieren. Gleichwohl impliziert dieses nicht die Forderung eines starren Konzepts, sondern das Investor-relations-Konzept sollte als ein dynamischer Prozeß aufgefaßt werden, so daß notwendige Anpassungsmaßnahmen an sich verändernde gesellschaftliche Rahmenbedingungen oder plötzlich akut geänderte Informations- und Zielgruppenbedürfnisse möglich sind.[466] Die Existenz eines Investor-relations-Konzepts bildet des weiteren eine Voraussetzung für die Entwicklung von Steuerungs- und Kontrollverfahren, mit denen der Erfolg der Investor-relations-Aktivitäten gemessen werden kann.[467]

4.2 Bestandteile eines Investor-relations-Konzepts einer Bank

Die Existenz eines Investor-relations-Konzepts einer Bank schafft einen Rahmen, innerhalb dessen sich die Investor-relations-Tätigkeiten einer Bank vollziehen können. Das Konzept beinhaltet Grundsätze, die für eine erfolgreiche Investor-relations-Politik notwendig sind, die Analyse der Zielgruppen sowie die Analyse der Wettbewerber der Bank.

---

466 Vgl. Beger, R., Gärtner, H. D., Mathes, R., Unternehmenskommunikation, S. 29; Klage, J. P., Corporate Identity, S. 191; Homan, K., Blome-Drees, F., Unternehmensethik, S. 38 ff.

467 Laut empirischen Umfragen besteht bei deutschen Unternehmen immer noch Nachholbedarf bezüglich eines systematischen und zielorientierten Vorgehens. Ursächlich hierfür scheint die teilweise noch bestehende ablehnende Haltung der Unternehmensleitungen gegenüber einer offenen Kommunikationspolitik zu sein. Vgl. Lückmann, R., Investor Relations, S. 14.

4.2.1 Grundsätze für eine Investor-relations-Politik einer Bank

Aufgrund der in Kapitel 3 geschilderten Problematik der Glaubwürdigkeit einer Investor-relations-Politik ist es sinnvoll, ein langfristig ausgerichtetes Konzept zunächst durch die Aufstellung von Investor-relations-Grundsätzen zu konkretisieren.

Der Formulierung und Einhaltung der Grundsätze kommt aufgrund spezifischer Qualitätsrisiken der Information herausragende Bedeutung zu. Es sind gewissermaßen "Professionsregeln" bzw. Qualitätsstandards zu entwickeln und zu befolgen, um ein kohärentes und stabiles Informationsverhalten hervorzurufen mit dem Ziel, einen Vertrauensstandard zu erzeugen. Vertrauen wird generiert durch die strikte Einhaltung von Grundsätzen und Regeln. Die Einhaltung von Regeln setzt Kontrolle und Sanktionen voraus. Sanktionen sind gegeben, wenn man bedenkt, daß die Aktionäre sich jederzeit von ihrer Aktie trennen können, wenn das Gefühl entsteht, daß sie falsch bzw. unzureichend informiert wurden.

Ein weiteres Merkmal von Grundsätzen ist, daß sie zur Konkretisierung des Handelns beitragen und die Umsetzung in wirtschaftlich zielgerichtetes Handeln erleichtern. Mit den Grundsätzen werden die Anforderungen an eine glaubwürdige Investor-relations-Politik näher ausformuliert.

Das Problem der Glaubwürdigkeit könnte durch die Festlegung von Investor-relations-Grundsätzen und deren unabdingbare Einhaltung weitgehend gelöst werden. Zur Erhöhung der Glaubwürdigkeit sollte eine Bank diese Grundsätze offen kommunizieren und auch verdeutlichen, daß dieses die Prinzipien sind, die die Investor-relations-Tätigkeiten einer Bank prägen. Neben der offenen Kommunikation wirkt ebenfalls der Umstand glaubwürdigkeitserhöhend, daß Abweichungen von den klar kommunizierten Grundsätzen registriert und unmittelbar durch die Kapitalmarktinvestoren beobachtet und bemerkt werden können.

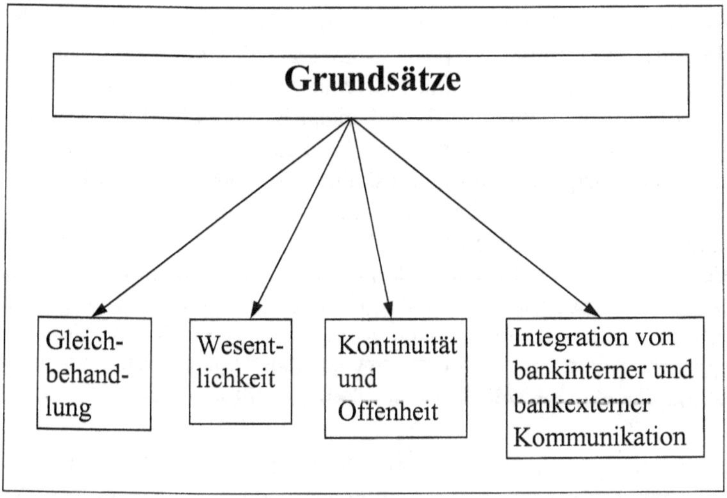

Abb. 8: Grundsätze einer Investor-relations-Politik

4.2.1.1 Grundsatz der Integration zwischen bankinterner und bankexterner Kommunikation

Das konsistente Agieren aller in einer Bank tätigen Personen ist für den Erfolg der Formulierung und die Realisierung eines Investor-relations-Konzepts unabdingbar, da nur durch ein schlüssiges Verhalten aller Unternehmensbeteiligten Vertrauen in die Informationspolitik einer Bank induziert wird. Widersprüche im Kommunikationsverhalten lösen Zweifel hinsichtlich der Glaubwürdigkeit aus. Ein schlüssiges Verhalten ist dann gewährleistet, wenn die internen und die externen Kommunikationsbeziehungen aufeinander abgestimmt sind. Grundsätzlich beschreiben externe Kommunikationsbeziehungen die vielfältigen Beziehungen der Banken innerhalb ihres sozioökonomischen Umfelds. Diese lassen sich differenzieren in die Gestaltung der Kommunikationsbeziehungen zu Kunden, zur Öffentlichkeit, zu Mitarbeitern und zu Investoren. Interne Kommunikationsbeziehungen beschreiben die Kommunikation innerhalb der Bank zwischen Vorgesetzten und Mitarbeitern sowie den Mitarbeitern untereinander.

Die Schaffung einer Identität zwischen der Kommunikation innerhalb der Bank und der externen Kommunikation mit den Investoren wird gefördert durch die Existenz eines ganzheitlichen, die vielfältigen Beziehungen berücksichtigenden Corporate-communication-Konzepts.[468] Dieses bildet eine Identifikationsmöglichkeit für Mitarbeiter, Vorgesetzte und Anteilseigner gleichermaßen und gibt einen Orientierungsrahmen vor, innerhalb dessen sich die Kommunikationsbeziehungen bewegen.[469] Eine Möglichkeit der Schaffung eines entsprechenden Bezugsrahmens mit dem Ziel, auch intern eine adäquate Informationskultur zu generieren, besteht in der schriftlichen Fixierung entsprechender Leitlinien zum Informationsverhalten im internen Bereich zwischen den Mitarbeitern. In der Regel existieren hier Leitsätze. Im Hinblick auf die zuvor genannte Harmonisierung zwischen der Investor-relations-Politik und der internen Kommunikation wären in diesem Zusammenhang Leitsätze zu formulieren, die in ihren Kernsätzen eine Offenheit im Dialog mit dem Anleger wie auch im Umgang mit den eigenen Mitarbeitern offenbaren.[470]

Die Notwendigkeit eines adäquaten internen Kommunikationsflusses ergibt sich nicht nur in Hinsicht auf die damit verbundene Außenwirkung bzw. auf die Erzeugung einer entsprechenden Investor-relations-Identität, einer Schlüssigkeit des Auftretens, sondern des weiteren aus dem Rückkoppelungseffekt, auf die Bereitschaft aller Mitarbeiter, den Mitarbeitern der Investor-relations-Abteilung ausreichend Informationen zur Verfügung zu stellen. Herrscht intern ein Kommunikationsklima ohne Offenheit und Transparenz, gestaltet sich die Erlangung von Informationen unter Umständen problematisch. Nur wenn die Mitarbeiter selbst ausreichend mit Infor-

---

468 Corporate communication ist ein Bestandteil des Corporate-identity-Konzepts einer Bank. Nach Birkigt/Stadler/Funck wird die corporate identity definiert "als die strategisch geplante und operativ eingesetzte Selbstdarstellung und Verhaltensweise eines Unternehmens nach innen und außen auf Basis einer festgelegten Unternehmensphilosophie, einer langfristigen Unternehmenszielsetzung und eines definierten Soll-Images mit dem Willen, alle Handlungsinstrumente des Unternehmens in einheitlichem Rahmen nach innen und außen zur Darstellung zu bringen." Birkigt, K., Stadler, M., Funck, H. J., Corporate Identity, S. 26. Ziel einer corporate identity ist die Schaffung einer Unternehmenspersönlichkeit durch eine Summe von Attributen, die dem Unternehmen eine Unverwechselbarkeit verleihen. Gestaltungsparameter zur Schaffung einer corporate identity sind neben dem Unternehmensverhalten (corporate behavior) auch das Erscheinungsbild (corporate design). Während das corporate design die systematische Gestaltung des äußeren Erscheinungsbildes einer Bank, Architektur, Grafik-Design, Schriftzüge bezeichnet, umfaßt das corporate behavior das grundsätzliche Verhalten des Unternehmens gegenüber Wettbewerbern, Mitarbeitern und Kapitalgebern, wobei letzterem in bezug auf die Herstellung einer corporate identity essentielle Bedeutung zukommt.

469 Vgl. Wißmeier, U. K., Corporate Identity, S. 390 ff.; Wünsche, G., Unternehmensstrategie, S. 225 ff.

470 So lautet z. B. der Leitsatz der Commerzbank AG: "Die Kommunikation vollzieht sich offen und vermittelt Zielsetzungen, Grundsätze und Wertmaßstäbe nach innen und außen."

mationen ausgestattet werden, wird eine Bereitschaft der Mitarbeiter in den einzelnen Fachabteilungen generiert, Informationen in ausreichendem Maße zur Verfügung zu stellen. Erschwerend könnte sich hierbei die bei vielen Banken zu beobachtende Entwicklung der zunehmenden Errichtung selbständiger Unternehmensbereiche aufgrund der immer komplexer werdenden Aufgabenbereiche, die eine Spezialisierung erfordern, auswirken. Hierdurch kommt es zu einer Eigendynamik, einer Orientierung des Handelns am partikulären Erfolg, wobei unter Umständen das "Wir-Bewußtsein" einer Gesamtbank verlorengeht, das aber ebenfalls für eine konsistente Kommunikation nach außen notwendig ist.

Der Gewährleistung eines strukturierten und ausreichenden Informationsflusses kommt insbesondere beim Aufbau einer Investor-relations-Abteilung Relevanz zu.[471] Um die gegenüber Neuerungen bestehenden potentiellen Widerstände und der mangelnden Mitarbeiterakzeptanz entgegenzuwirken, relevante Informationen aus ihrem Geschäftsbereich "vermeintlich Fremden" zukommen zu lassen, ist zu Beginn der Aufnahme der Investor-relations-Tätigkeiten auf einen strukturierten Informationsfluß hinzuwirken. Unterstützt werden kann die Einsicht der Notwendigkeit eines aktiven Informationsverhaltens durch eine hierarchische Anbindung der Investor-relations-Abteilung, die sich in einer hohen Positionierung niederschlägt. Die Abteilung sollte als Stabsabteilung direkt unter dem Vorstand angesiedelt sein. Eine unklare Positionierung der Funktion "investor relations" sollte somit verhindert werden.[472]

4.2.1.2 Grundsatz der Gleichbehandlung

Dominierende Bedeutung kommt dem Prinzip der Gleichbehandlung zu.[473] Der Grundsatz der Gleichbehandlung findet sich in § 53a AktG wieder, wonach individuelle und institutionelle Aktionäre gleich zu behandeln sind. Dieses Prinzip beinhaltet somit, daß weder bestimmte Zielgruppen noch einzelne Personen diskriminiert werden dürfen. Gleichwohl beinhaltet das nicht ein Verbot einer zielgruppenspezifischen und differenzierten Ansprache, sondern es soll sichergestellt werden, daß einzelne Adressaten durch

---

471 Vgl. Geipel, U., Müller, W., Erfahrung, S. 144 f.; Gershon, F., Communication, S. 57.

472 Vgl. Küppers, B., Kommunikation, S. 33; Homan, K., Blome-Drees, F., Unternehmensethik, S. 95 ff.

473 Vgl. Günther, T., Otterbein, S., Investor Relations, S. 403; Breu, R., Gleichbehandlung, S. 14.

die Weitergabe von Informationen nicht bevorzugt werden, die anderen nicht zur Verfügung gestellt werden.[474] So müssen z. B. für den Kleinaktionär prinzipiell die gleichen Informationen erhältlich sein wie für den Analysten.[475] Daher soll gewährleistet sein, daß auch Kleinanleger auf Wunsch sämtliches für institutionelle Anleger bestimmte Material ausgehändigt bekommen. Wenngleich dies angesichts der wie im folgenden noch aufzuzeigenden unterschiedlichen ökonomischen Bildungsniveaus der einzelnen Zielgruppen problematisch erscheint, läßt sich relativierend anmerken, daß die den Analysten bereitgestellten Informationen sich lediglich durch eine andere Schwerpunktbildung und eine detailliertere und vertiefendere Darstellung unterscheiden.[476] Anzumerken bleibt noch, daß die Einhaltung dieses Grundsatzes auch im Eigeninteresse der Bank liegt, da die Gleichbehandlung in bezug auf den Zugang zu kursrelevanten Informationen am ehesten Insiderverstöße vermeiden hilft.

4.2.1.3 Grundsatz der Kontinuität und Offenheit

Der Grundsatz der Kontinuität und Offenheit impliziert, daß der Dialog mit den Investoren regelmäßig geführt werden muß, da eine Stetigkeit innerhalb der Investor-relations-Politik unabdingbar für die Generierung von Glaubwürdigkeit ist. Das Vertrauen der Aktionäre und Multiplikatoren kann nur gewonnen werden, wenn sowohl in wirtschaftlich guten als auch schlechten Zeiten gleichbleibend informiert wird: "Say no more in good times about good news than you are willing to say in bad times about bad news."[477] Insbesondere eine offene und frühzeitige Bekanntgabe möglicher Schwierigkeiten einschließlich der zu ihrer Überwindung beabsichtigten Maßnahmen kann dazu beitragen, eine Vertrauenskrise zu vermeiden, die am Ende größere Vertrauensschäden zur Folge hat als mögliche temporäre Kursverluste.[478] Eine offene Information in Krisenzeiten bewirkt eine Erhöhung der Glaubwürdigkeit. So sollte z. B. ein sich abzeichnender erhöhter Wertberichtigungsbedarf durch den Ausfall eines großen Kundenengagements im Kreditportefeuille sofort kommuniziert werden, um auch Spe-

---

474 Vgl. Plaut, W., Wertpapier-Analysten, S. 113; Hartmann, H., Investor Relations, S. 175; Pohle, K., Insiderwissen, S. 26 ff.

475 Vgl. Drill, M., Investor Relations, S. 142; Urban, H., Investor Relations, S. B 4.

476 Vgl. Narr-Lindner, G., Harenberg, S., Investor Relations, S. 7.

477 Ellis, J., Investor Relations, S. 40.

478 Vgl. Günther, T., Otterbein, S., Investor Relations, S. 395; Link, R., Aktienmarketing, S. 348.

kulationen darüber, in welchem Umfang die einzelne Bank als Gläubiger besonders betroffen ist, entgegenzuwirken.

Nicht beabsichtigt hingegen ist, durch das geschickte "Lancieren" guter Nachrichten eine Überbewertung der Bankaktie anzustreben, da eine solche Maßnahme als ausschließlich kontraproduktiv anzusehen ist, zumal ein auf diese Art und Weise künstlich geschaffenes überhöhtes Kursniveau langfristig nicht gehalten werden kann und ein Kursrückgang zu einem Vertrauensverlust der Anleger führt.

Impliziert der Grundsatz der Kontinuität somit, daß zum einen regelmäßige Informationen an die Kapitalmarktteilnehmer fließen, beinhaltet zum anderen die Gewährleistung der Kontinuität der Ansprechpartner innerhalb der Investor-relations-Abteilung einen weiteren wesentlichen Aspekt. Dies könnte in der Weise gewährleistet werden, daß innerhalb der Abteilung eine Zuordnung bestimmter Mitarbeiter zu bestimmten Investorensegmenten erfolgt und bei personellen Wechseln institutionelle Anleger und Analysten darüber informiert werden.

Die Verfolgung des Grundsatzes der Kontinuität gewährleistet auch, daß durch die Informationsweitergabe zeitnaher und zeitgleicher Information keine Insidertatbestände kreiert werden.

4.2.1.4 Grundsatz der Wesentlichkeit

Der Grundsatz der Wesentlichkeit fordert die Beschränkung auf die Bereitstellung von Informationen, denen Relevanz zugemessen wird. Ein "Verlieren im Detail" sollte also verhindert werden. Erfolgreiche Investor-relations-Maßnahmen zeichnen sich nicht dadurch aus, daß eine Flut von Informationen bereitgestellt wird, sondern die Informationen sollten für die Anlageentscheidung von wesentlicher Bedeutung sein.[479] Dies erfordert, daß Informationen sachlich richtig, verständlich, problemorientiert, offen und rechtzeitig erfolgen und insbesondere Sachverhalte betreffen, denen erheblicher Einfluß auf die zukünftige geschäftspolitische Entwicklung einer Bank zugeschrieben wird. Hierzu gehören z. B. Sachverhalte wie Änderungen der künftigen Vertriebs- oder Expansionspolitik.[480] Gleichwohl ge-

---

479 Vgl. Herdt, H. K., Marketing, S. 36; Pohle, K., Kommunikationspolitik, S. 24; Paul, W., Investor-relations-Management, S. 923 ff.

480 Vgl. ausführlich hierzu Kapitel 3.

hören hierzu auch Grenzen, die zu berücksichtigen sind. Limitierende Faktoren einer offenen Informationspolitik sind dort zu finden, wo wirtschaftliche Interessen der Bank negativ berührt werden könnten. Dies ist eine schwierige Gratwanderung, auf der einen Seite so offen wie möglich zu informieren, aber andererseits auch unter wettbewerblichen Gesichtspunkten zu vermeiden, zuviel zu sagen.

Auch der Faktor Zeit sollte innerhalb des Grundsatzes der Wesentlichkeit Berücksichtigung finden in der Weise, daß nicht nur offen, sondern auch schnell informiert wird. Den Forderungen nach mehr Schnelligkeit tragen die großen Gesellschaften dahingehend Rechnung, daß sie Bilanzpressekonferenzen und Hauptversammlungen früher terminieren.[481]

4.2.2 Analyse der Zielgruppen für eine Investor-relations-Politik einer Bank

Um die Kommunikation zwischen der Bank, ihren Aktionären und den Multiplikatoren steuern zu können, müssen diese identifiziert werden. Es sind somit diejenigen Zielgruppen zu bestimmen, auf die sich die Investor-relations-Politik einer Bank ausrichtet. Als Kriterium der Abgrenzung von Zielgruppen fungieren vermutete homogene Interessen innerhalb der einzelnen Gruppen.[482]

Als kritische Größe einer Zielgruppenbildung ist der Aspekt der Wirtschaftlichkeit anzuführen. Impliziert die Vielfalt der privaten Anlegerstruktur einerseits die Bildung möglichst vieler Zielgruppen, ist andererseits das ökonomische Prinzip zu berücksichtigen, das eine Größe verlangt, die eine wirtschaftlich sinnvolle Bearbeitung erlaubt. Die primäre Bedeutung der Zielgruppensegmentierung liegt darin begründet, daß gruppenspezifische Verhaltensmuster und Informationsbedürfnisse erwartet werden, auch wenn einschränkend angemerkt werden muß, daß diese letztlich nur Anhaltspunkte für homogene Verhaltensweisen darstellen.

Als Kriterien zur Bildung von Zielgruppen der Investor-relations-Politik einer Bank können die zur Verfügung stehenden Anlagevolumina sowie die Berücksichtigung gesetzlicher Restriktionen bei der Anlageentscheidung

---

481 Vgl. Maier, M., Shareholder-Marketing, S. 54; von Rosen, R., Chancengemeinschaft, S. 60.

482 Vgl. Büschgen, H. E., Bankbetriebslehre, S. 664.

herangezogen werden.[483] In Abgrenzung zu den institutionellen Anlegern ist die selbständige Disposition über ihre eigenen Gelder sowie das Nichtunterliegen von gesetzlichen Restriktionen bei ihren Anlageentscheidungen charakteristisch für die individuellen Aktionäre.[484] Als wesentliche Zielgruppen haben sich in Theorie und Praxis gleichermaßen individuelle und institutionelle Aktionäre sowie die Multiplikatoren herausgebildet.[485]

Intention des Zielgruppenkonzepts ist es, Verhaltensparameter zu erhalten, um hierdurch zum einen das Verhalten der Aktionäre, ihre Entscheidungen und Erwartungen besser nachvollziehen zu können und zum anderen eine Clusterung der Aktionäre nach bestimmten Kriterien zu erreichen und einen zielgruppengerechten Einsatz der Investor-relations-Instrumente erlauben.

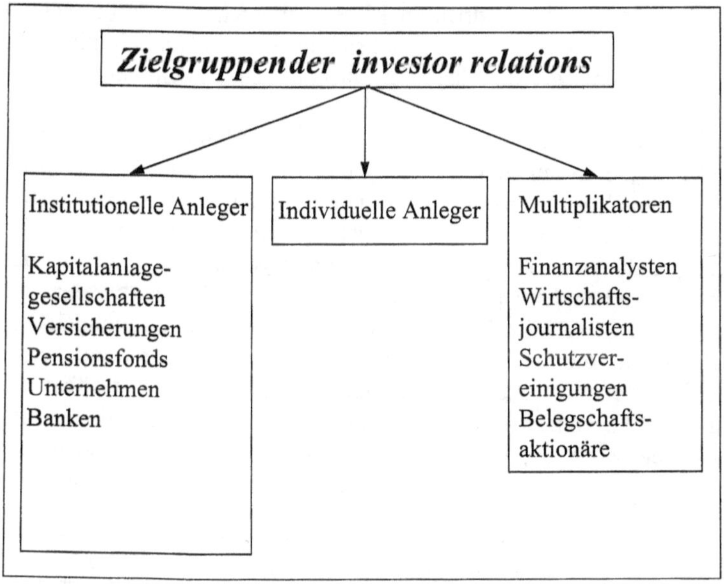

Abb. 9: Adressaten einer Investor-relations-Politik

---

483 Vgl. Piltz, K., Gewinnverwendungspolitik, S. 656.

484 Vgl. Baums, T., Fraune, C., Aktionärsstruktur, S. 105 ff.; Weidekind, S., Finanzierungsmarketing, S. 108; Oehler, A., Anleger, S. 5.

485 Auf die Ursachen, die die Multiplikatoren als eigenständige Zielgruppe begründen, wird in Kapitel 4.2.2.2 eingegangen.

4.2.2.1 Individuelle Aktionäre

Innerhalb der Zielgruppe individueller Aktionäre sind im folgenden Kriterien aufzuführen, die Aufschluß geben können über Faktoren, die das Kaufverhalten dieser Zielgruppe beeinflussen. Können hierüber Erkenntnisse gewonnen werden, sind diese beim Einsatz der Instrumente zu berücksichtigen, um damit eine differenziertere Segmentierung innerhalb der Gruppe individueller Aktionäre zu erreichen.[486] Gleichwohl ist hier ein Defizit in der bisherigen Forschung festzustellen. Zur umfassenden Beschreibung und Erklärung realen Aktionärsverhaltens liegen nur wenige Monographien vor. Vernachlässigt werden in den meisten Publikationen motivationale Grundlagen des Erwerbs oder der Veräußerung von Aktien bei privaten Anlegern. Insbesondere motivationale Kriterien von Investoren beim Erwerb von Bankaktien finden im Schrifttum keine weitergehende Berücksichtigung. Auch die Wirtschaftspsychologie hat sich bisher vornehmlich mit dem Verhalten der Nachfrager innerhalb der konsumtiven Einkommensverwendung befaßt und nicht mit dem Anlegerverhalten.[487] Im folgenden wird daher bei den Kriterien zur Beschreibung des Aktionärsverhaltens ein Rückgriff auf diejenigen Determinanten erfolgen, die zur Erklärung des Konsumentenverhaltens herangezogen werden. Diese bilden zugleich Gegenstand der Erläuterung des Kundenverhaltens im Bankmarketing.[488] Im Vergleich jedoch zum Bankmarketing, dessen Erkennt-nisse sich auf das von Banken beobachtbare Kundenverhalten stützen können, ergibt sich bei der Analyse des individuellen Aktionärsverhaltens die Problematik der mangelnden Beobachtbarkeit, die in der Anonymisierung des Kapitalmarkts begründet liegt. Es bestehen zwar die technischen Möglichkeiten der Erfaßbarkeit von Kauf- und Verkauforders, jedoch die hinter diesen Aufträgen stehenden subjektiven Motive, Erwartungen und Risikoeinstellungen sind bisher nur in vereinzelten Untersuchungen ermittelt worden.[489] Übereinstimmend

---

486 In der Praxis erfolgt die Abgrenzung der Kleinanleger zu anderen Anlegern in der Regel nach dem Geldvermögen, dem Einkommen sowie der Depotgröße, wobei letztgenannter Parameter die Zuordnung dominiert. Häufig liegt diese bei einer Größe von 100 TDM. Vgl. Mesel, K., Oehler, A., Kleinanleger, S. 560. Innerhalb der Aktionärsstrukturerhebungen werden individuelle Anleger bei der Mehrzahl der Banken differenziert in Selbständige, Arbeitnehmer, vermögende private Haushalte, sonstige Kleinaktionäre und Belegschaftsaktionäre.

487 Vgl. ausführlich hierzu Kröber-Riel, W., Konsumentenverhalten, Sp.1237 ff.; ders., Absatztheorie, Sp. 159 ff.; Trommsdorf, V., Konsumentenverhalten, S. 14 ff.; Meffert, H., Käuferverhalten, S. 99 ff.

488 Vgl. ausführlich hierzu Polan, R., Bankloyalität, S. 54 ff.

489 Vgl. hierzu ausführlich Rosenstiel, L., Psychologie, S. 60 ff.; Frey, B. S., Homo oeconomicus, S. 82 ff.

werden in diesen Untersuchungen als Kriterien, die Aufschluß über das Nachfrageverhalten privater Anleger nach Aktien gaben, ökonomische[490], sozio-ökonomische und emotionale Kriterien ermittelt.[491]

4.2.2.1.1 Sozio-ökonomische Determinanten des Anlegerverhaltens

Den sozio-ökonomischen Determinanten sind folgende Kriterien zu subsumieren: Einkommen, Vermögen, Bildung und Beruf.[492]

Empirische Analysen innerhalb der demographischen Struktur der Anleger haben gezeigt, daß maßgeblich die Komponenten Einkommen, Vermögen und Bildung die Entscheidung für ein Engagement in Aktien beeinflussen.[493] Das Einkommen bildet mit dem Vermögen den finanziellen Status quo und ist somit ein Indikator für das Ausmaß finanzieller Ressourcen, innerhalb derer die Anlagedispositionen getroffen werden.[494] Die Höhe des Einkommens wird durch die berufliche Bildung determiniert. Empirische Untersuchungen haben gezeigt, daß im Verhältnis zur Gesamtbevölkerung überproportional viele Aktionäre zur gehobenen Einkommens- und Bildungsschicht zählen. Die hohe Korrelation zwischen Beruf und Einkommen ist darauf zurückzuführen, daß für eine bestimmte Berufstätigkeit der Bildungsstand des Anlegers konstituierend ist. Die berufliche Qualifikation bildet wiederum das Eingangskriterium für einen entsprechend dotierten Beruf, d. h. die Zugehörigkeit zu einer bestimmten Einkommensklasse.

Eine ebenfalls positive Korrelation besteht zwischen der Höhe des Vermögens und dem Anteil der Beteiligungstitel im Portefeuille. Dieser Sachverhalt kann mit der These der abnehmenden relativen Risikoaversion begründet werden, die aussagt, daß mit zunehmendem Vermögen relativ höhere Anteile des Vermögens in risikobehaftete Finanzierungstitel investiert werden.[495]

---

490 Auf die ökonomischen Kriterien, die dem Erwerb eines Beteiligungstitels zugrundeliegen, wurde bereits in Kapitel 1 eingegangen. Aus diesem Grund werden diese hier nicht weiter thematisiert.

491 Vgl. Cramer, J., Marktforschung, S. 123 ff.

492 Vgl. Klein, S., Fremdkapital-Marketing, S. 181; Böhler, H., Marktsegmentierung, S. 68.

493 Vgl. Leverkus, J. C., Verhalten, S. 38.

494 Vgl. Büschgen, H. E., Geldvermögensbildung, S. 294.

495 Vgl. Bitz, M., Oehler, A., Kapitalmarktforschung, II, S. 399.

Es hat sich gezeigt, daß z. B. Änderungen der Einkommens- und Vermögensverhältnisse zu einem geänderten Anlageverhalten führen. Anschaulich wird dies bei dem als "Generation der Erben" bezeichneten Anteil der Bevölkerung. Diese zeigen eine weitaus höhere Bereitschaft, Vermögen in Aktien zu investieren, während die ältere Generation, die den Vermögensstatus erst durch einen Kumulationsprozeß erreicht hat, viel weniger geneigt war, in Beteiligungstitel zu investieren.[496]

Aus der Beschreibung vorgenannter Determinanten können folgende Aussagen abgeleitet werden. Es erscheint glaubhaft, eine positive Beziehung zwischen Anlegerverhalten und Informationsverhalten zu unterstellen. Die Bildung hängt eng mit dem Informationsstand zusammen, und das Informationsverhalten korreliert positiv mit dem Bildungsniveau. Einen direkten Zusammenhang zwischen Bildungsstand und Informationsinteresse unterstellt, handelt es sich hier generell um eine Zielgruppe, der ein Interesse an Informationen sowie eine tendenziell höhere Informationsbereitschaft unterstellt werden kann. Ein höheres Bildungsniveau spiegelt sich wider in zunehmenden Informationsbedürfnissen sowie einer kritischeren Einstellung. Das Bildungsniveau, die Fähigkeit, ökonomische Zusammenhänge zu verstehen, sollte bei der Qualität der durch die Bank zur Verfügung gestellten Informationen berücksichtigt werden. Der geänderten Qualität in der Informationsnachfrage ist durch eine Gestaltung der Investor-relations-Instrumente sowie Investor-relations-Veranstaltungen, die die geänderten Informationsbedürfnisse berücksichtigen, Rechnung zu tragen. Durch ein frühzeitiges Erkennen und durch Berücksichtigung eines entsprechenden Informationsverhaltens können Banken schon allein durch die Bereitstellung sachgerechter und umfassender Informationen eine günstige Positionierung innerhalb der Gruppe von Banken anstreben, die eine aktive Investor-relations-Politik betreiben. Des weiteren läßt sich ein entsprechendes Auftreten und Anspruchsniveau hieraus folgern, das auch beim Einsatz persönlicher Maßnahmen innerhalb der Investor-relations-Instrumente, z. B. bei der Durchführung von Investor-relations-Veranstaltungen in eigenen Filialen, zu berücksichtigen ist.

4.2.2.1.2 Emotionale Determinanten des Anlegerverhaltens

Eine weitere wesentliche Determinante, die das Aktionärsverhalten beschreibt, sind emotionale Komponenten. Offensichtlich wird dies in empiri-

---

496 Vgl. Ruda, W., Ziele, S. 250; Rehkugler, H., Voigt, M., Qualität, S. 316 ff.

schen Studien, die gezeigt haben, daß nicht alle Anleger gleichförmig und rational handeln. Ursächlich hierfür sind emotionale Determinanten.[497] Der Begriff der Emotion — verwendet werden auch die Begriffe Affekte und Gefühle — beschreibt innere Erregungsvorgänge, die als angenehm bzw. unangenehm empfunden werden. Als Beispiel für Emotionen kann das Empfinden von Angst oder Sympathie angeführt werden.[498] Bezogen auf mögliche Investor-relations-Maßnahmen ist in diesem Zusammenhang auf empirische Untersuchungen zu verweisen, in denen der Aspekt der Angst eine wesentliche Rolle bei der Entscheidung über den Erwerb eines Beteiligungstitels spielt. Es stellt sich heraus, daß bei den privaten Haushalten die Überlegenheit der Aktie als Vermögensanlage auf Skepsis stieß, während das Risiko des Verlusts oft stark überschätzt bzw. das subjektiv empfundene Risiko bei einer Aktienanlage von den meisten Privatanlegern als zu hoch empfunden wurde.[499] Die wahrgenommene Angst beinhaltet zwei Komponenten: das Ausmaß der negativen Entscheidungsfolgen und die Wahrscheinlichkeit, mit der diese negativen Konsequenzen zu erwarten sind. Die Aktionäre versuchen das wahrgenommene Risiko durch die Informationsbeschaffung und -aufnahme zu reduzieren.[500]

Der Einfluß von Emotionen ist aufgrund ihrer selektiven Wirkung, Assoziationsprozesse zu fördern, zu berücksichtigen, d. h. Emotionen führen dazu, den Erwerb bestimmter Informationen zu begünstigen.[501] Dies bestäti-

---

497 Dies drückt sich auch in Beschreibungen des Börsenhandels aus, der als unruhig oder lustlos beschrieben wird. Der erhebliche Einfluß von Emotionen und Stimmungen auf die Kursentwicklungen kommt auch in dem vielfach zitierten Ausspruch zum Ausdruck: "90 % des Geschehens an den Aktienmärkten ist Psychologie." Der dominierende Einfluß von Stimmungen auf bevorstehende Kapitalerhöhungen spiegelt sich auch in dem Hinweis eines Vorstandsmitglieds einer Großbank wider: "Die Chancen einer günstigen Eigenkapitalbeschaffung der Banken werden in unvorstellbar hohem Maße beeinflußt durch schwankende Stimmungen der potentiellen Kapitalgeber." o. V., Kapitalerhöhung, S. 4.

498 Vgl. hierzu ausführlich Kroeber-Riel, W., Konsumentenverhalten, S. 98.

499 Vgl. Fischer, L., Koop, J., Müller, H., Motivation, S. 480; Frey, D., Angst, S. 24 ff.

500 Vgl. Heinisch, E., Kleinaktionäre, S. 1; Rosenstiel, L., Psychologie, S. 68.

501 Vgl. Oehler, A., Anlegerverhalten, S. 602; Oehler, A., Verhalten, S. 87.

gen auch die Erkenntnisse der empirischen Kapitalmarktforschung.[502] Der Erklärung dieser Phänomene widmet sich die verhaltenswissenschaftlich orientierte Finanzmarktforschung. Die für eine Investor-relations-Politik einer Bank relevanten Ergebnisse sollen hier kurz aufgezeigt werden.

Ein Beispiel für eine emotionale Komponente ist die selektive Informationswahrnehmung, die sich darin äußert, daß Informationen in der Tendenz übergewichtet werden, wenn sie schnell und bequem verfügbar sind, was auch als sogenannter Availability-Effekt bezeichnet wird. Um diesen zu berücksichtigen, sollten die aktionärsrelevanten Informationen in den verschiedenen Informationskanälen plaziert werden. Bei Banken bietet sich hier als Distributionskanal z. B. das (noch) umfangreiche Zweigstellennetz an.

Ein anderes Beispiel für den Einfluß von Emotionen innerhalb der Informationswahrnehmung ist der sogenannte Framing-Effekt, der die Beeinflussung durch die Art und Weise der Präsentation von Informationen bezeichnet. Dieser beinhaltet zwei Sachverhalte. Zum einen werden Informationen eher aufgenommen, die besonders auffällig präsentiert werden, zum anderen werden Informationen in verbaler Form bevorzugt. Letztgenannter Sachverhalt wird auch als das Communication-mode-preference-Paradox bezeichnet, wobei dieses besagt, daß die entscheidenden Wirtschaftssubjekte zwar gegebenenfalls Informationen über Wahrscheinlichkeiten in numerischer Form akzeptieren, aber zumindest bei eigenen Äußerungen verbale Ausdrucksmöglichkeiten vorziehen.[503] Berücksichtigung sollte dieser Sachverhalt z. B. bei der Abbildung der Risiken aus dem Derivativgeschäft finden: Die zahlenmäßige Darstellung sollte durch qualitative Erläuterun-

---

502 Die empirische Kapitalmarktforschung berücksichtigt ein Entscheidungsverhalten, das den Axiomen finanzierungstheoretischer Modelle widerspricht. Während die finanzierungstheoretischen Ansätze davon ausgehen, daß die Wirtschaftssubjekte sich rational im Sinne der Erwartungsnutzentheorie verhalten, haben empirische Untersuchungen Verletzungen des Postulats der Erwartungsnutzenmaximierung ergeben. Ausgangspunkt bildet die Beobachtung von Anomalien am Kapitalmarkt, die der restriktiven Annahme homogener Erwartungen rationaler Anleger des vollkommenen Kapitalmarktes widersprechen. Diese äußern sich in hohen Abweichungen zwischen dem intuitiven und rationalen Verhalten, welche auch als Anomalien, sogenannte Heuristiken, und individuelle Anomalien, Bias, bezeichnet werden. Diese sind nicht nur bei individuellen Entscheidungen, sondern auch auf Märkten zu beobachten. Die auf den Finanzmärkten aufgetauchten Phänomene von Bubbles und Excess Volatility können als Resultat einer nicht rationalen Verhaltensweise von Marktteilnehmern interpretiert werden. Vgl. hierzu ausführlich Bruns, C., Bubbles; Küppers, B., Überlegungen S. 31; Weber, M., Verhaltensannahmen, S. 312 ff.

503 Vgl. Müller, H., Fischer, L., Koop, J., Motivation, S. 482.

gen ergänzt werden, die statistischen Größen wie z. B. die einzelnen verwendeten Parameter in den Risikosteuerungsmodellen der Banken sowie Angaben verdichteter Kennzahlen sollen nicht nur genannt, sondern ebenfalls verbal erläutert werden.

Im folgenden soll kurz eine Studie erwähnt werden, die aus psychologischer Sicht Gründe für das Eingehen von Aktienengagements analysiert und danach eine Klassifizierung der Aktionärstypen vorgenommen hat.[504] Die Studie — wenngleich nicht repräsentativ[505] — kommt zu dem Ergebnis, daß die Menschen in jeder Lebenssituation ein bestimmtes Erregungsniveau anstreben, der Kauf einer Aktie dann mit der Suche nach eigenständigen Reizen gleichzusetzen ist. Um eine Klassifizierung der Aktionäre zu ermöglichen, wurden unterschiedliche Motive gebildet. Im einzelnen umfaßten diese das Motiv hohe Gewinnaussichten, Lust am Risiko, Einstieg als Belegschaftsaktionär und interessante Art der Freizeitgestaltung. Nach der Ausprägung des bei den einzelnen Motiven empfundenen Gefühls angenehm, ruhig und stark wurden vier verschiedene Typen von Aktionären gebildet. Als einzelne Typen wurden klassifiziert der Neugierige, der Begeisterte, der Selbstzufriedene sowie der Inaktive. Der Inaktive legt sein Geld überwiegend in Investmentfonds an, während der Selbstzufriedene den Aktienerwerb als eine Erprobung der eigenen Kompetenz ansieht und daher häufig den Anschluß an Aktienclubs sucht. Beim Begeisterten überwiegt die Lust am Risiko, während der Neugierige eher spekulativ orientiert ist. Aus ökonomischer Sicht ist diese Differenzierung nicht nachvollziehbar, da die Korrelation zwischen Ertrag und Risiko (ein höherer Ertrag impliziert ein höheres Risiko) vernachlässigt wird.

Übertragen auf eine zielgruppengerechte Investor-relations-Politik einer Bank ist es wesentlich, daß mittels der Bildung von Aktionärstypologien Rückschlüsse auf das Informationsverhalten der einzelnen Aktionärsgruppen gewonnen werden könnten. Bei der Bildung einer Aktionärstypologie bzw. einer Klassifizierung der Aktionäre wäre dann der Einsatz der Instrumente idealiter entsprechend vorgenannter Merkmale abzustimmen. So kann dem Inaktiven ein relativ niedriges Informationsbedürfnis unterstellt werden, während der Neugierige, der Begeisterte und der Selbstzufriedene

---

504 Vgl. Fischer, L., Aktionärstypus, S. 35.

505 Die Aussagekraft der Studie ist insofern zu relativieren, als sie aufgrund des geringen Stichprobenumfangs nicht repräsentativ ist und als Ort der Befragung die Aktionärsmesse gewählt wurde, bei dem gleichfalls davon ausgegangen werden kann, daß bei diesen Besuchern bereits ein Interesse für ein Aktienengagement vorhanden ist.

eine hohe Bereitschaft zur Informationsaufnahme zeigen. Demzufolge wären die Begeisterungsfähigen und Neugierigen mit den Instrumenten der persönlichen Kommunikation anzusprechen und mit tendenziell mehr Informationen zu versorgen als die Inaktiven, die durch ein geringeres Informationsbedürfnis geprägt sind.

Die Analyse der individuellen Anleger mit dem Ziel, eine vollständige Abbildung der Verhaltensparameter zu erhalten, um hierdurch die Entscheidungen und Erwartungen der Aktionäre besser nachvollziehen zu können und spezifische Informationsbedürfnisse für einzelne Anlegergruppen zu postulieren, wäre im Hinblick auf das Ziel der Verstetigung der Aktionärsstruktur und im Hinblick auf einen zielgruppengerechten Einsatz der Investor-relations-Instrumente positiv zu bewerten.[506] Des weiteren könnten hierdurch unter Umständen Rückschlüsse gezogen werden, inwiefern einzelne Investor-relations-Instrumente auf die Risikopräferenz der Investoren wirken und welchen Einfluß Finanzanzeigen oder Geschäftsberichte auf das Risikoempfinden der Privatanleger haben.[507] Für einen zielgerichteten Instrumenteneinsatz wäre eine weitaus feinere Differenzierung der Individualanleger notwendig, da es den "typischen" Aktionär nicht gibt.[508]

Gleichwohl ist eine umfassende Betrachtung als unrealistisch anzusehen, da eine vollständige Gesamtanalyse aufgrund der damit verbundenen Probleme nicht möglich ist. Einerseits würde dies einen tiefen psychologischen Zugang zum Aktienbesitzer und andererseits auch eine relativ breite Basis von Befragten erfordern. Grundsätzlich ist zwar eine Erhebung bezüglich dieser Fragestellung möglich, indem Banken sich hier zusammenschließen oder das Deutsche Aktieninstitut Befragungen durchführen läßt. Trotzdem bleibt das grundsätzliche Problem bestehen, das im Wesen des Menschen selbst begründet liegt. Eine Erfassung des menschlichen Handelns ist aufgrund der komplexen Variablen, die das Verhalten von Wirtschaftssubjekten beeinflussen, nicht möglich.

---

506 Vgl. Fischer, L., Typus, S. 23.

507 Vgl. Bittner, T., Investor-relations-Maßnahmen, S. 268.

508 Die typische Einteilung berücksichtigt nicht die unterschiedlichsten Typen des Aktionärs, wie z. B. den streitlustigen Aktionär oder den Pensionär, der nur ob des Unterhaltungswerts des Besuches der Hauptversammlung die Aktie besitzt. Daß dies ein primäres Motiv beim Kauf einer Aktie darstellen kann, deutet die Existenz eines Führers an, der die Hauptversammlungen der Aktiengesellschaften danach beurteilt, welche kulinarischen Genüsse geboten werden.

Somit ist das Ziel einer Aktionärsanalyse nun dahingehend zu relativieren, daß anstelle der Bildung von Aktionärstypen innerhalb der Individualanleger die Ergebnisse der kriterienorientierten Analyse, die umsetzbar sind, bei der Zielgruppensegmentierung innerhalb der Investor-relations-Politik Berücksichtigung finden sollen.

So sind z. B. die sozio-ökonomischen und emotionalen Kriterien bei der Gestaltung der Instrumente und beim zielgruppenspezifischen Einsatz zu berücksichtigen, während die Ergebnisse der Determinanten des sozialen Umfelds das Erfordernis der besonderen Beachtung von Multiplikatoren erläutern.

4.2.2.1.3 Determinanten des sozialen Umfelds des Anlegers

Aktuelle und potentielle Aktionäre sind durch vielfältige soziale Interaktionen in eine Umwelt integriert, die ebenfalls Auswirkungen auf das Verhalten zeitigen. Analysiert werden solche Interaktionsbeziehungen auf der Basis soziologisch orientierter Erklärungsansätze des Individual- und Gruppenverhaltens.[509] Differenzierungen des Gruppeneinflusses erfolgen auf Basis des Bezugsgruppenkonzepts.[510] Die Bezugsgruppe bezeichnet eine Person oder eine Personenmehrheit, deren Normen, Werte, Meinungen und Verhaltensweisen von anderen Individuen akzeptiert werden, unabhängig davon, ob man Mitglied einer Gruppe ist oder nicht. Vorteil einer solchen Bildung ist die Herausbildung eines Standards zur Orientierungshilfe. Bezugsgruppen können die Familie, der Freundeskreis, aber auch sogenannte Meinungsführer sein. Entsprechend der Themenstellung kann der Einfluß einzelner Bezugsgruppen schwanken. So wird die Entscheidung des Anlegers für den Abschluß einer spezifischen Lebensversicherung primär durch die Bezugsgruppe Familie determiniert, während die Anlage in Aktien durch die Bezugsgruppe Freundeskreis bestimmt wird. Im Kontext der Entscheidung für den Erwerb einer Aktie beeinflussen insbesondere die Meinungsführer als Bezugsperson das Anlegerverhalten.[511] Dies sind Personen, die oftmals auch als Personen mit Referenzmacht bezeichnet werden und

509 Vgl. Bitz, M., Oehler, A., Überlegungen, S. 14; Horning, K. H., Konsumsoziologie, S. 321.

510 Vgl. Nieschlag, R., Dichtl, E., Hörschgen, H., Marketing, S. 187.

511 Vgl. Oehler, A., Anlegerverhalten, S. 56.

denen aufgrund ihrer Expertise hohe Akzeptanz zugesprochen wird.[512] In diesem Kontext wird auch von Multiplikatoren gesprochen.

Ihre hohe Bedeutung resultiert aus den ihnen zugesprochenen Funktionen einer verhaltensbeeinflussenden Wirkung. Die Anlehnung an Multiplikatoren bzw. Referenzgruppen induziert eine Verringerung der subjektiv empfundenen Unsicherheit. Durch die von ihnen aufbereiteten Informationen führen sie eine Vereinfachung der Entscheidungssituation für die Aktionäre herbei.[513]

Eine Segmentierung innerhalb der Gruppe der individuellen Aktionäre sollte somit bei den Anlegern erfolgen, denen eine verstärkte Wirkung begründet in ihrem beruflichen Status und ihrer besonderen Wirkung auf Aktionärsentscheidungen zugesprochen werden kann. Dies sind, wie im folgenden erläutert wird, Finanzanalysten, Belegschaftsaktionäre sowie als Vertreter der individuellen Aktionäre die Schutzgemeinschaften zur Wahrung von Aktionärsinteressen.

4.2.2.2 Identifikation relevanter Multiplikatoren für das Segment "Individuelle Aktionäre"

4.2.2.2.1 Finanzanalysten

Finanzanalysten sind speziell ausgebildete Fachkräfte, die für Wertpapierhäuser, Kreditinstitute und deren Kunden ausführliche Branchen- und Unternehmensstudien erarbeiten.[514] Finanzanalysten als Informationsintermediäre kommt aufgrund ihrer dominierenden Stellung innerhalb der individuellen Aktionäre einer Bank eine hohe Relevanz zu.

Ihre Bedeutung innerhalb des Adressatenkreises einer Investor-relations-Politik resultiert zum einen daraus, daß eine direkte Kommunikation mit allen aktuellen und potentiellen Aktionären nur sehr schwer möglich ist. Insofern nehmen Finanzanalysten, die für Banken, Investmentgesellschaften, die Deutsche Vereinigung für Finanzanalyse und Anlageberatung

---

512 Vgl. Bitz, M., Oehler, A., Kapitalmarktforschung, S. 268.

513 Vgl. Kroeber-Riehl, W., Absatztheorie, Sp. 159 ff.; Bitz, M., Oehler, A., Kapitalmarktforschung, S. 268 ff.

514 Vgl. Beiertz, G., Investor Relations, S. 11; Plaut, M., Wertpapier-Analysten, S. 105.

(DVFA)[515] sowie im Auftrag von Rating-Agenturen arbeiten, zwischen Bank und Investoren die Rolle eines "Middleman" ein. Zum anderen üben sie einen erheblichen Einfluß auf die Anlageentscheidungen institutioneller und privater Investoren aus, der sich in ihrem Fachwissen und ihrer Professionalität bei der Analyse sowie in einem fundierten Wissen über Branchenbesonderheiten begründet.[516]

Ihr Fachwissen resultiert daraus, daß sie sich in der Regel auf einzelne Branchen spezialisiert haben und die Entwicklung dieser Branche über einen längeren Zeitraum verfolgen. Zudem können sie sich auf eine Vielzahl von Informationsquellen stützen.

Zu ihren Aufgaben zählen das Sammeln, Filtern und Analysieren von vielfältigen Informationen, die dann als komprimierte Unternehmensanalyse eine zukunftsbezogene Anlageempfchlung vermitteln sollen. Die zentrale Aufgabe des Analysten besteht darin, den Anlegern die strategische Ausrichtung und die Langfristperspektiven der Bank zu verdeutlichen.[517] Um diese Aufgabe zu erfüllen, müssen Analysten in der Lage sein, unternehmerisches und strategisches Denken des Managements zu reflektieren und zu vermitteln. Doch hierzu bedarf es einer regelmäßigen Informationsversorgung durch die jeweilige Bank. Um die eine langfristige zukünftige Entwicklung determinierenden Fakten beurteilen zu können, benötigen sie sehr viel detailliertere Informationen als die anderen Adressaten einer zielgruppengerechten Investor-relations-Politik.[518] Hierbei sind neben Finanz- und Bilanzkennzahlen auch qualitative Informationen zur Verfügung zu stellen, da diese ebenfalls Aufschluß über die langfristige strategische Ausrichtung einer Bank geben können.

Damit die Analysten ihre Multiplikatorenrolle ausüben können, müssen ihre Analysen über die Aktie glaubwürdig sein. Dieses Problem stellt sich ins-

---

515 Die Deutsche Vereinigung für Finanzanalyse und Anlageberatung (DVFA) ist eine Vereinigung von Finanzanalysten aus Kreditinstituten, Kapitalanlagegesellschaften und anderen Finanzinstituten sowie Versicherungsgesellschaften und Anlageberatern. Ziel der DVFA ist es, den Anlegerschutz zu stärken sowie für eine Erhöhung der Transparenz auf dem deutschen Kapitalmarkt zu sorgen. 1986 war das Berufsbild noch relativ unbekannt. Dies spiegelte sich in der geringen Zahl von rund 300 Mitgliedern wider. Seitdem ist eine kontinuierliche Erhöhung des Bekanntheitsgrads sowie eine Verdoppelung der Mitglieder zu verzeichnen. Vgl. Schoenen, M., Analysten S. 11.

516 Vgl. Rogola, F., Konturen, S. 13; O'Brien, P., Bhushan, R., Analyst, S. 55 ff.

517 Vgl. Diehl, U., Investor Relations, S. 177; Nagos, P., Berichterstattung, S. 44.

518 Vgl. Breuer, J., Kommunikation, S. 74.

besondere für Finanzanalysten, die im Research-Bereich von Banken tätig sind. Zum einen besteht hier unter Umständen eine Insiderproblematik, zum anderen stellt sich das Problem der Unabhängigkeit des Analysten bei der Beurteilung der Aktie der Bank.

Grundsätzlich kann davon ausgegangen werden, daß Analysten nicht bestrebt sind, Insiderinformationen zu erlangen, um die Qualität ihrer Analyseempfehlungen aufgrund eines Informationsvorsprunges zu erhöhen. Die Güte einer Finanzanalyse bemißt sich letztendlich in der Kombination einzelner veröffentlichter Tatsachen und den darauf aufbauenden Analysen und Schlußfolgerungen. In Anbetracht des beruflichen Selbstverständnisses eines Finanzanalysten besteht das verfolgte Ziel darin, aus allgemein zugänglichen Informationen möglichst zutreffende Schlüsse zu ziehen.[519]

Analysten haben aufgrund ihres hohen Ausbildungsniveaus andere Informationswünsche, die Diskussion mit ihnen basiert auf einem substantiell hohen Niveau.[520] Da sich die Analysten auf einzelne Branchen spezialisiert haben, ist es für eine gezielte Ansprache durch die Banken unumgänglich, diejenigen Analysten zu identifizieren, die sich z. B. auf Finanzdienstleistungen konzentriert haben.[521] Es sind Gründe zu eruieren, die erklären, warum die betreffende Bankaktie bei einzelnen Finanzanalysten innerhalb ihrer Research-Tätigkeit keine Berücksichtigung findet. Denn bei einem Analystenteam mit hoher Reputation können Empfehlungen erheblichen Einfluß auf die Bewertung des zugrundeliegenden Finanztitels haben.[522] Wird den genannten Informationsbedürfnissen seitens der Bank nicht Rechnung getragen, besteht die Gefahr, daß die Aktie als nicht analysierbar eingestuft wird.[523] Die Konsequenz besteht dann unter Umständen darin, daß der Titel als spekulatives Papier eingestuft wird.

---

519 Vgl. Zeise, L., Analysen, S. 5.

520 Die meisten Analysten verfügen über einen Hochschulabschluß in Betriebs- oder Volkswirtschaftslehre. Vgl. Graham, B., Security Analysis, S. 75.

521 Vgl. Diehl, U., Investor Relations, S. 177.

522 Empirische Untersuchungen in den USA haben eine signifikant hohe Korrelation zwischen den Empfehlungen der Analysten und deren Akzeptanz bei den Anlegern ergeben. Vgl. Chatlos, W., Investor Relations, S.3 ff. Jährlich werden z. B. die besten Analystenteams mit dem "analysis award" geehrt. Als herausragend im research für Bankaktien wurde 1995 bspw. die Bank SG Warburg geehrt. Vgl. Demuth, A., Konzept, S 1.

523 Für DVFA-Veranstaltungen haben die Banken hierzu einen Katalog einzelner Fragen zusammengestellt. Vgl. o. V., Ausland, S. 18.

Der Aspekt der Glaubwürdigkeit spielt insbesondere eine Rolle bei Analystenempfehlungen, die aus dem research der eigenen Bank kommen und die eigene Bankaktie betreffen. Eine grundsätzliche Problematik bei Analyseempfehlungen von Banken besteht in der vermeintlich eingeschränkten Meinungsfreiheit der Analysten. Diese wird in der Regel damit begründet, daß Analysten Rücksicht auf die Portfolios der eigenen Bank nehmen müßten. Aus diesem Grund würden Verkaufsempfehlungen für den eigenen Banktitel nur sehr verhalten gegeben. Hinzu kommt, daß bei Universalbanken der Aktienhandel und die Wertpapieranalyse in einem Konzern vereinigt sind.[524]

4.2.2.2.2 Belegschaftsaktionäre/Mitarbeiter

Innerhalb der Zielgruppe der Individualaktionäre kommt als potentiellen und als aktuellen Eigenkapitalgebern auch den Mitarbeitern eine hohe Bedeutung zu.[525] Diese haben die Möglichkeit, zu Vorzugskursen eigene Aktien der Bank zu erwerben und damit Belegschaftsaktionäre zu werden.[526] Der in der Regel hohe Kenntnisstand über die Vermögensanlage in Aktien sowie der kostengünstige Erwerb haben zu einer hohen Akzeptanz der Belegschaftsaktien geführt, so daß Banken im Vergleich zu anderen Unternehmen einen besonders hohen Anteil von Belegschaftsaktionären verzeichnen.[527] Liegt dieser bei Unternehmen anderer Branchen bei unter 1 %, beträgt der Anteil bei Banken zwischen 2 % und 2,5 %.[528] Ein hoher Anteil

---

524 Vgl. Ehren, H., Nölting, A., Macht, S. 138 ff.

525 Vgl. Kaden, J., Publizität, S. 58.

526 Als Belegschaftsaktionär wird ein Aktionär einer Bank bezeichnet, der zugleich deren Mitarbeiter ist. Den Mitarbeitern von Banken werden in der Regel jährlich zu Vorzugskursen eigene Aktien angeboten. Die rechtlichen Voraussetzungen sind in § 71 Abs. 1 Nr. 2 AktG kodifiziert. Danach darf eine Aktiengesellschaft nur dann eigene Aktien erwerben, wenn diese den Arbeitnehmern der Gesellschaft oder eines verbundenen Unternehmens zum Erwerb angeboten werden. Zur Erhöhung der Bindung der Mitarbeiter an das Unternehmen ist die Weiterveräußerung innerhalb einer festgelegten Sperrfrist nicht zulässig. Vgl. Büschgen, H. E., Bank-Lexikon, S. 259.

527 Die Ausgabe von Aktien an die Mitarbeiter wird bisher nur von knapp 200 Unternehmen genutzt, obwohl ca. 3600 Aktiengesellschaften existieren. Nach der letzten Erhebung des Deutschen Aktieninstituts 1994 gab es in Deutschland etwa 1,5 Mio. Belegschaftsaktionäre, die ein Beteiligungskapital von insgesamt 13 Mrd. DM aufbrachten.

528 Bei der Dresdner Bank AG stellten Belegschaftsaktionäre 1995 z. B. 1, 9 % des Grundkapitals dar, während bei der Deutsche Bank AG der Anteil 2,5 % betrug. Vgl. Dresdner Bank AG, Geschäftsbericht 1995, S. 70; Deutsche Bank AG, Geschäftsbericht 1995, S. 87.

von Belegschaftsaktionären unterstützt gleichfalls das Ziel der Banken, langfristig Aktionäre an die Bank zu binden, wenngleich hier einschränkend angefügt werden kann, daß dieses Ziel unter anderem durch die gesetzlich vorgeschriebene Haltedauer erreicht wird.

Die Relevanz der Belegschaftsaktionäre als Zielgruppe einer Investor-relations-Politik einer Bank begründet sich nicht nur aus der zahlenmäßigen Bedeutung, sondern auch aus ihrer Multiplikatorenrolle. Diese resultiert zum einen aus der hohen Anzahl beruflicher und privater Kontakte der Belegschaftsaktionäre sowie andererseits aus einer allgemein angenommenen fachlichen Kompetenz, entsprechendem Fachwissen und aus einem ihnen oftmals entgegengebrachtem hohen Vertrauensvorschuß. Diese Komponenten implizieren, daß Äußerungen von Mitarbeitern einer Bank eine hohe Außenwirkung zukommt. Bezüglich der beruflichen Kontakte und einem hohen zugestandenen Fachwissen kommt insbesondere den Anlageberatern in der Bank eine erhebliche Wirkung als Multiplikator zu, da zwischen dem vermögenden Privatkunden und dem Anlageberater in der Regel eine meist sehr persönliche und vertrauensvolle Beziehung herrscht.[529]

Den Anlageberatern kommt insofern besondere Relevanz zu, als sich die Betreuung und Beratung von vermögenden Privatkunden in den letzten Jahren zu einem der ertragreichsten Geschäftsbereiche der Banken entwickelt hat.[530] Eine latente Gefahr könnte nun daraus resultieren, daß der Anlageberater die Anlage in dem Titel des betreffenden Kreditinstituts bzw. institutseigene Beteiligungstitel forciert, daß sich also kundenakquisitorische und bankeigene Zielsetzungen vermischen.[531]

Wenngleich diese Personenidentität eine erhöhte Anforderung an den Anlageberater und einen sensiblen Umgang mit der eigenen Bankaktie in sich birgt, sind dennoch die damit verbundenen Chancen nicht zu übersehen. Bei einer als neutral zu beurteilenden Anlageempfehlung über die verschiedenen zur Auswahl stehenden Banktitel kann die Person des Anlagebetreuers den Ausschlag für ein Investment in den eigenen Banktitel geben.

---

529 Vgl. Demuth, A., Garbett, T., Richter, G., Unternehmenswerbung, S. 72; Ruda, W., Ziele, S. 78 ff.

530 Vgl. Aichinger, C., Firmenkunden, S. 100.

531 Vgl. Strutz, W., Investor Relations, S. 6 f.

Die Dualität des Wesens der Bankaktie, die eine Möglichkeit der Eigenkapitalbeschaffung darstellt, zugleich aber auch das Offerieren einer Anlagefazilität beinhaltet, impliziert somit, daß die Zielgruppe einer Investor-relations-Politik sowohl Kunden als auch Eigenkapitalgeber sein können. Eine derartige Personenidentität kann auch bei Industrieunternehmen vorkommen. Beispielsweise kann der Inhaber einer Daimler Benz-Aktie auch gleichzeitig der Käufer eines Daimler-Fahrzeugs sein. Gleichwohl stellt diese Konstellation keine erhöhten Anforderungen an die in der Kundenakquisition tätigen Mitarbeiter, da der Automobilverkäufer in einem Autohaus nicht auch gleichzeitig für die Aktie des Unternehmens wirbt.

Die unterschiedlichen Zielsetzungen, Absatz der eigenen Leistung und die Generierung von Vertrauen bei den Aktionären, sollten mit Hilfe organisatorischer Maßnahmen möglichst separat verfolgt werden. Daß die Praxis diesem Denkansatz folgt bzw. für dieses Problem sensibilisiert ist, sieht man daran, daß die Werbung um den Einleger organisatorisch und inhaltlich dem Bankabsatzmarkt zugehörig, also der Absatzwerbung zuzuordnen ist, die organisatorisch und inhaltlich von der Investor-relations-Abteilung getrennt ist. Gleichwohl sind thematische Überschneidungen durchaus möglich, da Vorstellungen und Präsentationen der Leistungsfähigkeit einer Bank zugleich auch als Werbung um den Anleger aufgefaßt werden können.

Um die den Mitarbeitern zugesprochene Multiplikatorenwirkung zu verstärken, ist eine umfassende und kontinuierliche Information der Mitarbeiter über die Bankaktie unabdingbar. Als innerbetriebliche Publizitätsinstrumente dienen primär informative und erläuternde Beiträge in Mitarbeiterzeitschriften[532], spezielle Informationsbroschüren und Informationsschreiben des Vorstands.[533]

Unter pragmatischen Gesichtspunkten besitzt die Zielgruppe der Mitarbeiter darüber hinaus den Vorteil einer relativ problemlosen Identifizierung, die eine adressatengerechte und zielgruppenspezifische Ansprache ohne Streuverluste ermöglicht.

---

532 In der Dresdner Bank AG erhalten die Mitarbeiter z. B. regelmäßig hausinterne Informationsbroschüren über die Entwicklung der eigenen Aktie.

533 Vgl. Beger, R., Gärtner, H. D., Mathes, R., Unternehmenskommunikation, S. 132; Peiner, W., Risiko, S. 9.

4.2.2.2.3 Schutzvereinigungen zur Wahrung der Aktionärsinteressen

Schutzvereinigungen sind Interessensvereinigungen, denen aufgrund ihrer effizienten Organisationsstruktur und aufgrund ihrer Fähigkeit der Publizierung und Durchsetzung von Interessen Relevanz für die Investor-relations-Politik einer Bank zukommt. Hierbei sind solche Interessensvereinigungen von Bedeutung, deren vorrangiges Ziel die Wahrung der Aktionärsinteressen ist. Als die bedeutendsten Organisationen sind die Deutsche Schutzgemeinschaft für Wertpapierbesitz e.V., Düsseldorf (DSW), die Schutzgemeinschaft der Kleinaktionäre e.V., Frankfurt (SdK), sowie der Verein kritischer Aktionäre anzuführen.[534]

Primäres Ziel dieser Vereinigungen ist es, die Rechte der Aktionäre wahrzunehmen und bei Gesetzesvorhaben[535] zu fördern.[536] Beliebtes, immer wiederkehrendes Thema bei Hauptversammlungen von Banken ist die Diskussion über das Depotstimmrecht. Diskutiert werden mögliche Reformvorschläge, die eine Änderung des bestehenden Depotstimmrechts bewirken sollen. Die Vorschläge beziehen sich unter anderem auf eine Begrenzung des Stimmrechtsanteils einzelner Kreditinstitute auf Hauptversammlungen, auf eine Übertragung des Depotstimmrechts auf Wirtschaftsprüfer und auf die Ablösung der Generalvollmacht, die den Kreditinstituten jeweils für das gesamte Depot erteilt wird, zugunsten einer Einführung einer Einzelvollmacht verbunden mit der Erteilung von Einzelweisungen für bestimmte Tagesordnungspunkte.

Die Relevanz für die Investor-relations-Politik einer Bank begründet sich in dem Tatbestand der hohen Außenwirkung, die den Aktionärsvereinigungen

---

534 Die 1947 gegründete DSW ist die älteste und größte Aktionärsvereinigung Deutschlands. Schwerpunkt ihrer Tätigkeit bildet die Vertretung der DSW Mitglieder in jährlich mehr als 450 Hauptversammlungen. Informiert werden die Mitglieder durch die von der DSW herausgegebene Zeitschrift "Das Wertpapier". Während die DSW als Mitglied der Arbeitsgemeinschaft europäischer Aktionärsvereinigungen zugleich auf europäischer Ebene tätig ist, beschränkt sich die SdK in ihren Tätigkeiten auf Deutschland. Die SdK wurde 1959 in Frankfurt gegründet, um insbesondere die Interessen der Streubesitzaktionäre effizient zu vertreten. Ihre eigene Rolle definieren sie als Gegengewicht zu Vorstand und Aufsichtsrat. Ihr satzungsmäßiges Ziel ist die bundesweite Wahrnehmung der Interessen der Streubesitzaktionäre gegenüber den Verwaltungsgremien der Aktiengesellschaften sowie gegenüber Groß- und Mehrheitsaktionären.

535 Als Beispiel ist hier die Einführung der 5-DM-Aktie im Rahmen des Zweiten Finanzmarktförderungsgesetzes zu nennen, die seit langem von den Aktionärsvereinigungen gefordert wurde.

536 In den letzten Jahren bildeten die Offenlegung des Beteiligungsbesitzes und das Versagen der Vorstände in ihren Aufsichtsratsmandaten den Gegenstand der Diskussion.

zukommt. Diese ist intern auf den hohen Organisationsgrad und die Unabhängigkeit der Mitglieder zurückzuführen. So werden keine amtierenden Vorstandsmitglieder von Aktiengesellschaften in ihre Leitungsgremien berufen, zudem ist ihr guter Zugang zu den Massenmedien anzuführen. Extern wird ihre Bedeutung aufgrund der Tatsache verstärkt, daß ihre Kritikpunkte von anderen Multiplikatoren aufgegriffen werden, z. B. von Journalisten, und damit eine weitere Verbreitung erfahren.[537]

Ursächlich für die hohe Öffentlichkeitswirkung, die den Aktionärsvereinigungen zukommt, sind neben den über Jahre aggregierten Erfahrungen ihre rhetorischen Fähigkeiten. Teilweise werden jedoch die Ansinnen der Schutzvereinigungen zur Wahrung der Aktionärsinteressen auf Hauptversammlungen überzogen vorgetragen. Vielfach wird hierdurch der Eindruck erweckt, anstelle einer ernsthaften Interessensvertretung der Aktionäre sei die eigene Selbstdarstellung das Ziel. Ein solches Verhalten birgt des weiteren den Nachteil, daß die teilweise durchaus gerechtfertigten Kritikpunkte durch solchermaßen emotionale und subjektive Komponenten an materieller Substanz verlieren.

Daß es durchaus sinnvoll sein kann, die Schutzvereinigungen zur Wahrung der Aktionärsinteressen als Zielgruppe in ihrer Funktion als Mittler zwischen Aktionär und Aktienbank zu berücksichtigen, belegt die ansteigende Zahl der Zusammenschlüsse von unzufriedenen Aktionären sowie die zunehmende Anzahl von Auftritten auf den Hauptversammlungen. Besuchten beispielsweise Sprecher der Schutzgemeinschaft der Kleinaktionäre 1991 nur 19 Hauptversammlungen, so stieg die Anzahl auf rund 600 im Jahr 1995.[538] Wenngleich keine exakten Angaben darüber vorliegen, wie viele Aktionäre Mitglieder von Schutzvereinigungen zur Wahrung der Aktionärsinteressen sind, ist von einer wachsenden Anzahl auszugehen.[539]

Da die Aktionärsvereinigungen somit eine Verbindung zwischen dem Streubesitzaktionär und einer Bank darstellen, ist es sinnvoll, im Rahmen einer zielgerichteten Investor-relations-Politik mit den Geschäftsführern — zumindest der anerkannten Vereinigungen — persönliche Gespräche zu

---

537 Vgl. Semler, J., Kapitalmarkt, S. 36.

538 Vgl. Schutzgemeinschaft der Kleinaktionäre, Broschüre, S. 2.

539 In den meisten Oppositionsfällen wird gefordert, dem Vorstand oder der Verwaltung insgesamt die Entlastung zu verweigern. Als Gründe wurden z. B. bei der Daimler Benz AG Fehlinformationen und die negative Ergebnisentwicklung angegeben. Vgl. Wadewitz, S., Denkzettel, S. 4.

führen. Bisher beschränken sich die Kontakte auf kurze Besuche vor dem anberaumten Termin der Hauptversammlung. Um die Beziehungen zwischen Aktionärsvereinigungen und Aktiengesellschaft zu intensivieren, ist ein permanenter Kontakt empfehlenswert. Hierdurch wird auch der Gefahr der Verbreitung gefärbter oder nicht auf wahren Tatsachen beruhender Stellungnahmen begegnet. Des weiteren besteht die Möglichkeit, in Gesprächen mögliche Problemfelder zu antizipieren. Ein Kritikpunkt stellt z. B. die Gebührenpolitik der Banken im Wertpapierkommissions- und -depotgeschäft dar, die sich auf die hohen festgelegten Mindestgebühren erstreckt, die Kleinanleger benachteiligen und dazu führen, daß diese in die bankeigenen Fonds "gedrängt" werden. Diese Problematik könnte auch in Beiträgen der Publikumsorgane — beispielsweise ist die Schutzgemeinschaft der Kleinaktionäre Herausgeber der Zeitschriften "Die Aktiengesellschaft" und "AG-Report" — diskutiert werden. Zusätzlich besteht die Möglichkeit, in der Zeitschrift neue oder verbesserte Investor-relations-Maßnahmen des eigenen Instituts zu publizieren.

4.2.2.2.4 Wirtschaftsjournalisten

Der Wirtschafts- und Finanzpresse kommt ebenfalls eine zentrale Rolle als Multiplikator zu, da sie durch die tägliche aktuelle Berichterstattung und zunehmend auch durch den Einsatz elektronischer Medien einen weiten Kreis institutioneller und vor allem privater Anleger erreicht. Sie berichtet regelmäßig über die Entwicklung der großen börsennotierten Unternehmen.

Qualifizierten Wirtschaftsjournalisten wird ein hohes Maß an Glaubwürdigkeit und Objektivität zugesprochen. Wesentlich ist hierbei ihre Fähigkeit der Selektion der zu übermittelnden Sachverhalte, der schnellen Vermittlung aufbereiteter Informationen sowie der kritischen Beurteilung und Kommentierung von relevanten Unternehmensmeldungen.[540] Erreichen Nachrichten bankbetrieblicher Ereignisse klar und gut verständlich den Leser, üben Wirtschaftsjournalisten ebenso wie die Finanzanalysten die Rolle eines Filters aus.[541] Als Filter fungieren sie insofern, als in der Regel die Wirtschaftsredaktionen die erhaltenen Nachrichten selber aufbereiten und formulieren.[542] Dies ist insbesondere dann von Bedeutung, wenn eine zutreffende bzw. nicht zutreffende kritische Würdigung der Informationen

---

540 Vgl. Brids, J., Zwischenpublizität, S. 50.

541 Vgl. Herdt, H. K., Finanzpresse, S. 187.

542 Vgl. von Hahn, G., Öffentlichkeitsarbeit, S. 22.

vorgenommen wird. Eine sachgerechte kritische Beurteilung setzt entsprechenden Sachverstand bei den Wirtschaftsredakteuren voraus. Durch falsche Interpretation und unzureichende Kommentierung können unbegründete Börsenreaktionen hervorgerufen werden.[543] Da es unter den Journalisten auch erhebliche qualitative Unterschiede gibt, ist zu versuchen, diejenigen Journalisten zu meiden, die nur an einer "story" interessiert sind und deren Berichterstattung über geschäftspolitische Ereignisse einer Bank aus diesem Grund oftmals subjektiv geprägt ist.[544]

Zum Aufbau einer kontinuierlichen und effizienten Kommunikation sollten Aktienbanken zunächst die für sie wichtigen Multiplikatoren identifizieren. Da in der Regel kein unmittelbarer Kontakt zwischen den individuellen Anlegern und der Bank besteht, kommt den Multiplikatoren als zwischengeschalteter Instanz erhebliche Bedeutung zu. Multiplikatoren sind somit ein wichtiges und weitreichendes Instrument der Kommunikationspolitik zu institutionellen und privaten Anlegern und somit ein bevorzugter Adressatenkreis der Investor-relations-Politik von Banken.[545]

4.2.2.3 Institutionelle Anleger

4.2.2.3.1 Definitorische Abgrenzung

Eine einheitliche Abgrenzung institutioneller Investoren erfolgt im Schrifttum nicht.[546] Der überwiegenden Meinung zufolge werden dieser Gruppe öffentliche und privatrechtliche Einrichtungen und Institutionen subsumiert, welche mit Vorsorge- oder Sparcharakter ausgestattete Gelder in großem Umfang zur kollektiven Anlage und Verwaltung entgegennehmen, als Großanleger mit einem regelmäßigen Anlagebedarf an den Finanzmärkten auftreten und bezüglich der Anlageentscheidungen gesetzlichen oder statuarischen Vorschriften unterliegen.[547]

Das Fehlen einer allgemein gültigen Definition führt dazu, daß in der Regel eine mehr oder weniger vollständige Aufzählung typischer Gruppen insti-

543 Vgl. Semler, J., Kapitalmarkt, S. 64.

544 Vgl. Garcia, M., Financial Media, S. 106 f.

545 Vgl. Rogola, F., Konturen, S. 13.

546 Vgl. Detzel, M., Attraktivität, S. 20 ff.; Mühlbrad, F., Fondsengagement, S. 72.

547 Vgl. Schiereck, D., Investoren, S. 393 f.; Kaiser, J., Investoren, S. 130 f.

tutioneller Investoren erfolgt. So zählen zu den institutionellen Anlegern im engen Sinn diejenigen, bei denen die Kapitalanlage die originäre Geschäftstätigkeit bildet. Im weiteren Sinne zählen dazu auch Sozialversicherungen sowie gemeinnützige Einrichtungen. In den vergangenen Jahren ist ein zunehmender Anteil institutioneller Anleger an dem Eigenkapital von Publikumsgesellschaften zu verzeichnen.[548] Der Anteil institutioneller Aktionäre an inländischen Publikumsgesellschaften liegt in der Regel bei über 50 %.[549]

4.2.2.3.2 Determinanten des Anlageverhaltens

Eine Analyse der Kriterien, die das Anlage- bzw. Entscheidungsverhalten institutioneller Investoren beschreibt, ist derzeit noch ein unbearbeitetes Feld in der Wirtschaftswissenschaft bzw. als Defizit in der Forschung anzuführen. So liegen über Verhaltensmerkmale dieser Investorengruppe noch weniger Erkenntnisse vor als über das Verhalten der Individualaktionäre. Eine differenzierte Analyse der Determinanten des Anlegerverhaltens ist unter anderem auch mangels der Verfügbarkeit empirischer Daten bislang nicht erfolgt.[550]

Gleichwohl werden vereinzelt typische Merkmale aufgrund von Beobachtungen am Kapitalmarkt zur Beschreibung des Verhaltens Institutioneller angeführt. Oftmals werden diese Merkmale auch dazu genutzt, als idealtypische Abgrenzungskriterien zum Individualaktionär zu fungieren. So wird davon ausgegangen, daß die Entscheidungen institutioneller Investoren beim Erwerb von Aktien von hoher Professionalität geprägt sind, als kollektive Entscheidungen zustande kommen, oftmals Anlageentscheidungen in einem kurzfristigen Zeithorizont getroffen werden und ein "Herdeneffekt" innerhalb dieser Gruppe zu konstatieren ist.[551]

Die Professionalität dieser Anlegergruppe spiegelt sich in den Entscheidungen der institutionellen Anleger wider, die auf einem höheren Informationsniveau getroffen werden als die Entscheidungen privater Anleger, da

---

548 Bei der Commerzbank AG betrug z. B. der Anteil institutioneller Aktionäre am Eigenkapital im Geschäftsjahr 1995 50 %, bei der Deutsche Bank AG 64 %.

549 Vgl. Baums, T., Fraune, C., Investoren, S. 97.

550 Vgl. Oehler, A., Kleinanleger, S. 560.

551 Vgl. Oehler, A., Anlegerverhalten, S. 25.

den Institutionellen eine Vielzahl von Informationsquellen zur Verfügung steht.[552] Des weiteren gründet sich das professionelle Vorgehen auf die berufliche Expertise sowie die methodische Vorgehensweise bei der Auswahl von Bankaktien. Langfristig und kontinuierlich werden bestimmte Unternehmen bzw. Branchen beobachtet und analysiert.

Als Kollektiventscheidung wird der Sachverhalt bezeichnet, daß die Anlageentscheidungen über die Struktur des Portefeuille unter Berücksichtigung der gesetzlichen Vorschriften einer mehrheitlichen Entscheidung bedürfen. Aus diesem Grund resultiert für das Investor-relations-Management innerhalb der Zielgruppe der Institutionellen die Notwendigkeit der Identifikation der "Schlüsselpositionen". Es sind diejenigen Personen zu identifizieren, die die Anlageentscheidungen treffen. Bei den Versicherungen existiert ein Anlagegremium, das über die Anlagepolitik der Versicherungen bestimmt, während bei den Kapitalanlagegesellschaften die Fondsmanager und bei den Unternehmen die Leiter der Finanzabteilungen die Anlageentscheidungen treffen.

Der Begriff "Herdeneffekt" beschreibt eine Besonderheit des Anlegerverhaltens institutioneller Investoren. Er bezeichnet ein empirisch nachgewiesenes, gleichgerichtetes Handeln und Verhalten Institutioneller bei der Auswahl der Aktien. Ursächlich hierfür ist, daß die Manager von Investmentfonds, Pensionskassen und Versicherungen an dem erzielten Ertrag gemessen werden.[553] Wer schlechtere Ergebnisse als der Markt erzielt, hat erheblichen Erklärungsbedarf. Aus diesem Grund wird vielfach dem Trend gefolgt, Aktien zu kaufen oder zu verkaufen, die gleichfalls von Managern anderer Fondsgesellschaften erworben oder abgestoßen wurden. Deutlich wird das "Herdenverhalten" auch daran, daß alle Fonds in solche Aktien investieren, die in der Vergangenheit besonders gute Renditen erzielt haben, wobei diese Anlagestrategie auch als Strategie der relativen Stärke bezeichnet wird.[554]

Im Hinblick auf eine zielgerichtete Investor-relations-Politik wäre es interessant zu erforschen, ob auch unter den Institutionellen unter dem Aspekt der Zufriedenheit mit der Informationspolitik einer Bank ein gewisser Loyalitätsgrad zu kreieren ist. Dann nämlich wäre es möglich, zumindest

---

552 Vgl. Süchting, J., Finanzmarketing, S. 656.

553 Vgl. Schreib, P., Anleger, S. 165.

554 Vgl. Schiereck, D., Börsenplatzentscheidungen, S. 61.

über einen gewissen Zeitraum, Entscheidungen Institutioneller in einem gewissen Maß bei Umschichtungen zu beeinflussen, so daß Titel eher gehalten werden oder z. B. bei der Erhöhung des Anteils von Bankaktien der gleiche Titel aufgestockt und nicht direkt und unmittelbar eine intensive Suche nach anderen Banktiteln erfolgen würde.

4.2.2.3.3 Kapitalanlagegesellschaften

An erster Stelle unter den institutionellen Investoren sind die Kapitalanlagegesellschaften zu nennen.

Kapitalanlagegesellschaften sind Unternehmen, deren Geschäftstätigkeit gemäß § 1 KAGG darauf ausgerichtet ist, die bei ihnen eingelegten Gelder in eigenem Namen und für gemeinschaftliche Rechnung der Anleger nach dem Grundsatz der Risikomischung in Wertpapieren, Grundstücken oder Erbbaurechten gesondert vom eigenen Vermögen anzulegen und über die sich daraus ergebenden Rechte der Einleger als Anteilsinhaber Urkunden (Investmentzertifikate) auszugeben. Die dem KAGG unterliegenden Investmentfonds bieten vor allem für Kleinanleger die Möglichkeit, an Aktien-, Renten- und Beteiligungsanlagen zu partizipieren, ohne durch ein direktes Engagement in eine einzelne originäre Anlageform den diesen immanenten Risiken voll zu unterliegen.[555] Kapitalanlagegesellschaften haben gemäß § 1 KAGG ihre Anlagepolitik nach dem Grundsatz der Risikodiversifikation auszurichten. Die Risikodiversifikation wird durch Grenzen erreicht, die sich auf das Volumen des Sondervermögens beziehen bzw. deren Basis das Volumen der emittierten Titel ist. Wertpapiere und Schuldscheindarlehen eines Ausstellers dürfen nur bis zu 5 % des Wertes des Sondervermögens umfassen, dies kann jedoch durch die Vertragsbedingungen auf 10 % erhöht werden, es sei denn, der Gesamtwert der Wertpapiere und Schuldscheindarlehen übersteigt 40 % des Wertes des Sondervermögens. Des weiteren dürfen max. 10 % eines Schuldtitels für das Fondsvermögen erworben werden.[556] Ein Katalog zulässiger Anlageformen sowie auch gesetzliche Restriktionen sind in § 8a-d KAGG kodifiziert.

---

555 Vgl. Demuth, A., Investmentfonds, S. 5 ff.; Andres, V., Hülfer, C., Vermögensverwaltung, S. 3 f.

556 Vgl. Mathes, M., Investmentfonds, S. 1075 ff. Im Rahmen des Zweiten und Dritten Finanzmarktförderungsgesetzes sind die Anlagemöglichkeiten erheblich erweitert worden. Wesentliche Änderungen betreffen hier die Zulassung von Geldmarktfonds, Staatsanleihefonds, neue Absicherungsinstrumente, Optionsscheine sowie das Wertpapier-Leihgeschäft.

Die zunehmende Bedeutung von Publikumsfonds[557] wird an dem raschen kontinuierlichen Wachstum der Fondsvermögen deutlich. Betrug das Fondsvermögen deutscher Publikumsfonds 1988 119,4 Mrd. DM, so verwalteten die Fonds 1996 bereits 421 Mrd. DM.[558] Der Anteil von Fonds an der privaten Ersparnisbildung beträgt inzwischen 15 %. Renten-, Immobilien- und Aktienfonds vereinigten den größten Anteil am Fondsvermögen auf sich. Hohe Bedeutung kommt hierbei den Aktienfonds zu. Ende Oktober 1996 existierten 249 Aktienfonds in Deutschland.[559] Das Aktienfondsvermögen hat sich in den letzten Jahren nahezu kontinuierlich gesteigert. Mit rund 80 Mrd. DM im Jahr 1995 haben die Kapitalanlagegesellschaften ihren Anteilsbesitz an inländischen Aktien in den letzten Jahren mehr als verdoppelt.[560]

In Deutschland wird rund 80 % des Fondsgeschäfts von bankverbundenen Kapitalanlagegesellschaften getätigt. Die bedeutendsten deutschen Fondsgesellschaften sind Töchter von Banken. Aufgrund der rechtlichen engen Verflechtung kann der Verdacht aufkommen, daß die Anlagepolitik der Fonds von den Interessen der Mutterbank beeinflußt wird.[561] So kann unter Umständen die enge Bindung der Kapitalanlagegesellschaft an die Vertriebskanäle der Mutterinstitute dazu führen, daß die Investoren zu Recht

---

557 Zusätzlich zu den vorrangig für die breite Privatkundschaft angebotenen Publikumsfonds werden von Kapitalanlagegesellschaften zunehmend für institutionelle Investoren Spezialfonds aufgelegt. Gemäß § 1 Abs. 2 KAGG sind Spezialfonds Sondervermögen, deren Anteilsscheine auf Grund schriftlicher Vereinbarungen mit der Kapitalanlagegesellschaft jeweils von nicht mehr als zehn Anteilsinhabern, die nicht natürliche Personen sind, gehalten werden. Der Anlegerkreis von Spezialfonds umfaßt Kapitalsammelstellen wie Pensionskassen und Versicherungsunternehmen. Größte Anlegergruppe bildeten die Versicherungen, die Ende 1995 einen Anteil von 53,2 % des von Spezialfonds zu diesem Zeitpunkt verwalteten Gesamtvermögens von rd. 108 Mrd. DM verzeichneten.

558 Vgl. Laux, M., Investmentfonds, S. 26.

559 Vgl. Bundesverband Deutscher Investmentgesellschaften, Geschäftsbericht, S. 30 ff.

560 Vgl. Gode, W., Aktienkauf, S. 18.

561 In den USA ist es den Banken hingegen gesetzlich untersagt, mehr als 5 % an Kapitalanlagegesellschaften zu erwerben. Auf diese Tatsache wird zurückgeführt, daß von den amerikanischen Kapitalanlagegesellschaften ein höherer Druck auf die Aktiengesellschaften ausgeht, da vergleichsweise unabhängige, finanzkräftige institutionelle Anleger, die mit den amerikanischen Pensions- und Investmentfonds vergleichbar sind, in Deutschland nicht existieren. Vgl. Bundesverband Deutscher Investmentgesellschaften, Jahresbericht, S. 30 ff.; Zeyer, F., Investmentfondsmanagement, S. 13.

oder Unrecht beim Erwerb der Aktien der Muttergesellschaft eine Unabhängigkeit der Kapitalanlagegesellschaft in der Fondspolitik bezweifeln.[562]

Neben dem Vermögen, das von Fonds verwaltet wird, kommt den Fondsmanagern im Hinblick auf eine zielgruppengerechte Gestaltung der Investor-relations-Politik eine weitere Bedeutung zu, die in ihrer Multiplikatorwirkung begründet liegt.[563] Zunehmend werden bei der Entscheidung, welche Titel für das Sondervermögen erworben werden, nicht nur quantitative Kriterien, sondern auch qualitative Kriterien berücksichtigt, die sich unter anderem auf das Informationsverhalten der Unternehmen beziehen.[564] Werden seitens der Unternehmen Informationen über die Geschäftspolitik nicht detailliert, zeitnah und transparent gegeben, wird dies auf Hauptversammlungen der betreffenden Unternehmen moniert, indem Maßnahmen und Strategien vorgeschlagen werden, die sich auf eine Verbesserung der Finanzkommunikation mit dem Kapitalmarkt richten.[565] Die Meinung der Kapitalanlagegesellschaften wird auch dadurch verstärkt, daß sie im Vergleich zu manchen Vertretern der Streubesitzaktionäre ihre Beiträge und Fragen sachlich vortragen und sich nicht in Nebensächlichkeiten verlieren.

4.2.2.3.4 Versicherungen

Der Sektor Versicherungen umfaßt die Lebensversicherungen, die Krankenversicherungen, die Schadens- und Unfallversicherungen, die Rückversicherungsunternehmen und die rechtlich selbständigen Pensions- und Sterbekassen.[566]

Die Übernahme von Risiken bildet primären Gegenstand der Geschäftstätigkeit von Versicherungen. Die Anlage von Kapital resultiert aus der Fristeninkongruenz zwischen Beitragszahlung und Eintritt des Versicherungs-

---

562 Oftmals gilt es auch den Vorwurf zu entkräften, daß die bankgebundenen Fondsgesellschaften Aktien aus nicht erfolgreichen Plazierungen erwerben müssen.

563 So verwaltet die DWS, eine 100-prozentige Tochter der Deutsche Bank AG, ein Anlagevolumen von mehr als 110 Mrd. DM, wovon ca. 10 Mrd. in deutsche Aktien investiert sind.

564 Vgl. Strenger, C. Investmentfonds, S. 213.

565 Vgl. Strenger, C., Kapitalmarktkommunikation, S. 3.

566 Vgl. Deutsche Bundesbank, Monatsbericht August 1996, S. 52.

falls.[567] Um eine ständige Zahlungsbereitschaft der Versicherungen zu gewährleisten, ist der aktienanlagepolitische Aktionsraum der Versicherungen durch quantitative und qualitative Restriktionen durch die allgemeinen Anlagegrundsätze des § 54 VAG, die die Rentabilität, Sicherheit und Liquidität berücksichtigen, sowie die speziellen Anlagevorschriften gemäß § 54a VAG begrenzt. In Aktien dürfen Versicherungsunternehmen derzeit maximal 30 % ihres Vermögens anlegen. Wenngleich der aktienpolitische Spielraum noch nicht ausgeschöpft ist, ist gleichwohl festzustellen, daß die Vermögensformen Aktien und Investmentzertifikate in der Anlagepolitik der Versicherungen an Bedeutung zugenommen haben.[568] Während 1990 das Aktienengagement von Versicherungen bezüglich ihres gesamten Geldvermögens 13,9 % betrug, waren es 1998 bereits 19 %.

Innerhalb der Versicherungen ist bei der Geldanlage eine unterschiedliche Gewichtung festzustellen. Während Rückversicherungen und Lebensversicherungen ein aktienorientiertes Anlageverhalten zeigen — ursächlich hierfür ist die Höhe der von dem Anlageerfolg der Versicherung abhängigen Überschußbeteiligung, die als Wettbewerbsfaktor eine wesentliche Rolle spielt —, dominieren bei Sach- und Krankenversicherern die Anlagen in festverzinsliche Wertpapiere, da hier die Liquidität der Anlage vorherrscht und nicht primär der Rentabilitätsaspekt im Vordergrund steht.[569]

Für die Investor-relations-Politik einer Bank sind Versicherungen als institutionelle Investoren besonders von Bedeutung, da Bankaktien das Postulat der Sicherheit erfüllen, somit über den Vorteil verfügen, als sogenannte "blue chips" eine zulässige Anlagealternative für das Vermögen der Versicherungen zu bilden. Des weiteren kommt hinzu, daß Versicherungen in der Regel ihre Anlageentscheidungen langfristig treffen und damit ebenfalls das Investor-relations-Ziel der Kursstabilisierung unterstützen.

Die Anlageentscheidungen über die Struktur des Portefeuilles werden in den Anlageausschüssen der Versicherungen getroffen.[570] Diese legen unter Berücksichtigung der gesetzlichen Vorgaben eine prozentuale Aufteilung des Vermögens in einzelne Anlageformen fest. Im Rahmen der Investor-

---

567 Vgl. Farny, D., Versicherungsbetriebslehre, S. 20; Schwebler, R., Versicherungsunternehmen, S. 34.

568 Vgl. Breipohl, D., Anlagepolitik, S. 73.

569 Vgl. Schierenbeck, H., Bankassurance, S. 45; Schwebler, R. Versicherungsunternehmen, S. 34.

570 Vgl. Lemmer, J., Anleger, S. 74.

relations-Politik einer Bank stellen somit die jeweiligen Leiter und stellvertretenden Leiter des Anlagegremiums geeignete Gesprächspartner dar.

4.2.2.3.5 Unternehmen

Als institutionelle Anleger sind auch die inländischen deutschen Unternehmen zu nennen. Diese investieren freie liquide Mittel überwiegend in Aktien. 1997 betrug der Anteil inländischer Aktien im Portefeuille der Unternehmen 66,5 %. Als Zielgruppe der Investor-relations-Politik einer Bank sind sie auch deswegen interessant, weil sie zu den langfristigen Anlegern zu zählen sind.[571] Die Finanzabteilungen der Unternehmen legen die Gelder entsprechend einer vom Anlageausschuß festgelegten Anlagepolitik an. Zur Steuerung einer systematischen und bewußten Anlagepolitik werden Anlagerichtlinien fixiert, die Kriterien der Sicherheit, Rentabilität und Liquidität beinhalten sowie qualitative und quantitative Restriktionen bezüglich der Arten von Wertpapieren festlegen.[572] Die zunehmende Professionalisierung der Finanzabteilungen schlägt sich zum einen in dem know-how des Personals sowie zum anderen in der technischen Ausstattung der Finanzabteilungen nieder. Große Unternehmen verfügen heute über die gleichen Informationssysteme wie Banken, mit der Konsequenz, daß Finanzmanager einzelner Unternehmen ähnlich differenzierte Informationsbedürfnisse haben wie z. B. die Manager von Kapitalanlagegesellschaften.

4.2.2.3.6 Banken

Den Banken kommt im Rahmen des Eigenhandels von Aktien grundsätzlich eine hohe Bedeutung zu.[573] Gleichwohl ist ihre Bedeutung als spezielle Zielgruppe einer Investor-relations-Politik vergleichsweise gering. Wenngleich Banken zwar beim Erwerb von Bankaktien grundsätzlich keinen direkten qualitativen und quantitativen Anlagerestriktionen unterliegen wie z. B. die Versicherungen, bei denen der Erwerb von Aktien auf 30 % der Gesamtkapitalanlage begrenzt ist, wirkt bei Banken die Belastung in Grundsatz I des BAKred restringierend. Da Aktien zu den in Grundsatz I erfaßten Aktiva zählen, binden sie Eigenkapital. Bislang ist die Höhe der von Banken gegenseitig erworbenen Bankaktien gering.

---

571 Vgl. Deutsche Bundesbank, Monatsbericht August 1995, S. 65.

572 Vgl. Richtsfeld, J., In-House-Banking, S. 244; Kaiser, J., Institutionelle, S. 152.

573 Vgl. Büschgen, H. E., Bankbetriebslehre, S. 640.

Als Zielgruppen der Investor-relations-Politik von Banken besteht bei ihnen im Gegensatz zu anderen Zielgruppen folgende Besonderheit. Für den Erfolg ihrer Investor-relations-Maßnahmen sind die Banken auch auf die Weitergabe der Informationen durch ihre Mitbewerber angewiesen, da diese als Multiplikatoren gegenüber ihren Kunden — als mögliche Investoren — fungieren. Dieses Problem ist jedoch nicht institutsspezifisch, sondern institutsübergreifend, so daß hieraus ein gleichgerichtetes Verhalten resultieren kann. Hinzu kommt, daß die publizierten Informationen der Banken ebenfalls über eine Vielzahl von Multiplikatoren wie beispielsweise bankenunabhängige Analysten sowie von Börsenbriefen und -empfehlungen verbreitet werden, so daß die zuvor angesprochene Erfolgsabhängigkeit von den anderen Banken als nicht so gravierend erachtet werden muß.

4.2.2.3.7 Sonstige institutionelle Anleger

Eine wachsende Internationalisierung der Aktionärsstruktur ist — einhergehend mit der Globalisierung der Finanzmärkte — bei vielen deutschen Aktiengesellschaften zu konstatieren.[574] Das Nettoinvestment ausländischer Anleger hat in der Vergangenheit kontinuierlich zugenommen.[575] Ursächlich für den zunehmenden ausländischen Anteilsbesitz an deutschen Unternehmen generell ist die Suche großer ausländischer institutioneller Investoren nach ertragreichen internationalen Anlagemöglichkeiten zur globalen Diversifikation ihrer Portefeuilles. Hierbei berücksichtigen insbesondere die Verwalter der US-Pensionsfonds deutsche Aktien in der strategischen asset allocation. Besondere Wertschätzung finden hier Unternehmen, die im DAX vertreten sind.[576] Das Ziel der Pensionsfonds besteht darin, durch den Erwerb deutscher Aktien den Ertrag der verwalteten Fonds zu verbessern.[577]

Die Relevanz, die den Pensionsfonds als eigenständiger Zielgruppe beizumessen ist, resultiert aus den hohen Anlagevolumina sowie aus erheblichen Unterschieden in dem Informationsbedarf dieser Anlegergruppe.

---

574 Bei der Deutsche Bank AG entfielen 1996 rund 40 % des Aktienkapitals auf ausländische institutionelle Investoren, während bei der Dresdner Bank AG der Anteil ausländischer Investoren am Aktienkapital ca. 35 % betrug. Vgl. Deutsche Bank AG, Geschäftsbericht 1996, S. 99; Dresdner Bank AG, Geschäftsbericht 1996, S. 78.

575 Vgl. Deutsche Bundesbank, Zahlungsbilanzstatistik, S. 27.

576 Vgl. Kollar, A., Aktien, S. 198.

577 Vgl. Reisen, H., Pensionsfonds, S. 19.

Bezüglich des Informationsverhaltens ist festzustellen, daß hier erhebliche Unterschiede zwischen deutschen und US-amerikanischen Unternehmen existieren. So sind die Anforderungen der ausländischen Institutionellen bezüglich der Offenlegung von Informationen höher, da diese von ihren Heimatmärkten kontinuierliche und weitreichende Transparenz gewohnt sind.[578] Zudem kommen noch Sachverhalte hinzu, die bei den US-Anlegern eine höhere Unsicherheit bei der Bewertung deutscher Aktien hervorrufen. Diese beruhen primär auf Unterschieden in der Rechnungslegung, auf unterschiedlichen Veröffentlichkeitsstandards sowohl hinsichtlich des Zeitpunkts als auch des Detaillierungsgrades. Des weiteren sind die länderspezifischen Gepflogenheiten zu berücksichtigen, die Herausforderungen für hiesige deutsche Vorstände induzieren. So bestehen institutionelle ausländische Anleger auf der persönlichen Erläuterung der Darstellung der Unternehmensstrategie sowie der Grundsätze der Rechnungslegung durch den Vorstand, wobei dies gleichzeitig eine Prüfung der Managementqualität beinhaltet.

Daß bezüglich einer umfangreichen Informationspolitik immer noch Nachholbedarf besteht, bestätigt eine von einer Unternehmensberatung durchgeführte Befragung bei namhaften Institutionellen. Hier bewerteten 100 Institutionelle in Großbritannien sowie 46 der 100 bedeutendsten Großanleger an der amerikanischen Ostküste das Informationsverhalten deutscher Aktiengesellschaften nur als mittelmäßig.[579]

Die hohen Anlagevolumina der US-Pensionsfonds auf den Aktienmärkten resultieren aus Prämienansammlungen der betrieblichen Altersversorgung.[580] Im Unterschied zu Deutschland und Frankreich, bei denen die betrieblichen Pensionsverpflichtungen (noch) vorwiegend durch Pensionsrückstellungen erfüllt und die Mittel überwiegend im Unternehmen verblei-

578 Vgl. Bauer, S., Aktionär, S. 233; o. V., Aktienkultur, S. 3.

579 So hielt 1993 der US-Pensionsfonds Calpers z. B. Anteile an 131 Unternehmen, jedoch lediglich von einem Drittel erhielten die Fondsmanager Unterlagen zur Einberufung der Hauptversammlungen. Vgl. Hannebohn, D., City-Scan-Untersuchung, S. 3.

580 Vgl. Baumann, K., Pensionsfonds, S. 5.

ben und nicht über den Kapitalmarkt investiert werden[581], beruhen die Altersversorgungssysteme in den USA, Großbritannien, den Niederlanden und der Schweiz auf Kapitalansammlungen in gesonderten Pensionsfonds, die diese Mittel entprechend den gesetzlichen Vorschriften am Kapitalmarkt anlegen.[582]

Die Notwendigkeit einer Kommunikation mit dieser Zielgruppe ergibt sich auch daraus, daß die Rücknahme eines Titels von der Empfehlungsliste durch einen Pensionsfonds unmittelbare Signalwirkung für andere institutionelle Anleger zeitigt. Als Beispiel hierfür sei die Vorlage des Zwischenberichts der Schering AG angeführt. Bei der Vorlage kam zum einen der Gewinneinbruch im ersten Quartal 1996 für die Verwalter der Pensionsfonds überraschend und zum anderen wurde die Ursache des Ertragseinbruches nicht adäquat erläutert. Konsequenz dessen war, daß ein US-Pensionsfonds die Scheringaktie von ihrer Priority List, einer Empfehlungsliste für Investoren, strich. Eine Kettenwirkung ergab sich, als andere Fondsmanager das Signal des Marktführers umsetzten und ebenfalls diese Titel von ihrer jeweiligen Empfehlungsliste strichen, wobei der Kurs dann um 15 % nachgab.[583]

Ein weiterer Grund für die zunehmende Bedeutung von Pensionsfonds als Zielgruppe der Investor-relations-Politik liegt darin, daß diese zum einen primär in Unternehmen und Banken investieren, die eine shareholder-value-orientierte Geschäftspolitik betreiben, sowie zum anderen aber auch erheblichen Einfluß auf die Geschäftsleitung ausüben, wenn diese nicht im Interesse der Aktionäre handelt.

---

581 In diesem Zusammenhang ist auch auf die Entwicklung in Deutschland zu verweisen, bei der in zunehmendem Maße die Finanzierung von Pensionsverpflichtungen der betrieblichen Altersvorsorge nicht über Pensionsrückstellungen, sondern als externe Finanzierung über Pensionsfonds erfolgt. Gefördert wird diese Entwicklung durch die Novellierung des Gesetzes über Kapitalanlagegesellschaften im Rahmen des Vierten Finanzmarktförderungsgesetzes, wobei hier als neuer Fondstyp nunmehr auch Pensionsfonds angelsächsischer Prägung zugelassen werden soll. Vgl. Bundesverband Deutscher Investment Gesellschaften, Geschäftsbericht, S. 36; Pötzsch, T., Finanzmarktförderungsgesetz, S. 200.

582 Vgl. Davis, E., Pensionskassen, S. 157 ff.; Staubli, M., Palit, O., Anlagen, S. 91.

583 Vgl. Antrecht, R., Enzweiler, T., Macht, S. 48.

Die Macht, die Aktionärsrechte zu stärken, besitzen Pensionsfonds aufgrund ihrer beträchtlichen Anlagevolumina.[584] Sie legen Grundsätze für die Unternehmen fest, die eine shareholder-value-orientierte Unternehmensführung gewährleisten sollen. Diese beinhalten unter anderem die Abschaffung der Höchststimmrechte (one share one vote) sowie die Offenlegung der von der Unternehmensleitung verfolgten Strategien zur Steigerung des Unternehmenswertes.[585] Damit die Vorstände sich nach den Forderungen der Pensionsfonds richten, haben die Verwalter der Pensionsfonds ein dreistufiges Kontrollkonzept entwickelt. In einem ersten Schritt erfolgt die Suche nach "underperformern"; das Unternehmen, das im Vergleich zur Marktentwicklung und anderen Unternehmen schwach abschneidet, kommt auf eine Beobachtungsliste. In einem zweiten Schritt werden die Mängel des Unternehmens schriftlich fixiert und quasi als eine Art Mängelliste zuzüglich einer verbindlichen Terminvorgabe dem Vorstandsvorsitzenden des Unternehmens zugeleitet. Werden die beanstandeten Mängel, ob zu Recht oder nicht zu Recht, in absehbarer Zeit nicht von dem Unternehmen behoben, trennt man sich von dem Titel bzw. es werden Maßnahmen forciert, die zu einer Steigerung des Unternehmenswertes führen. So hat z. B. der US-amerikanische Pensionsfonds Calpers die Zerschlagung von ITT und AT induziert bzw. 1996 die Fusion der Chase Manhattan Bank mit der Chemical Bank forciert.[586]

4.2.2.4 Gründe für eine ausgewogene Aktionärsstruktur

In den vergangenen Jahren hat bei den Banken eine deutliche Verschiebung innerhalb der Aktionärsstruktur stattgefunden. Auffällig ist, daß der Anteil des Streubesitzes bei allen Bankaktiengesellschaften abnahm. So halten individuelle Anleger im Vergleich zu den institutionellen Investoren nur ei-

---

584 So verfügt der New Yorker Pensionsfonds TIAA-CREF, der die Pensionen von knapp zwei Mio. Schul-, College- und Universitätsbediensteten verwaltet, über 325 Mrd. $ Anlagevolumen, wobei 1,8 Mrd. $ in den vergangenen vier Jahren in deutsche Aktien investiert wurden.

585 Vgl. Monks, A., Riesen, S. 339.

586 Vgl. Balzer, A., Nölting, A., Macht, S. 74.

nen vergleichsweise kleinen Anteil am gesamten Anlagekapital, während sie zahlenmäßig die größte Gruppe darstellen.[587]

Voraussetzung für eine zielgruppenspezifische Ansprache bildet die Identifikation aktueller und potentieller Aktionäre. Eine Möglichkeit hierzu stellt die Erhebung der Aktionärsstruktur dar. Die Durchführung der Erhebung der Aktionärsstruktur einer Bank gestaltet sich aufgrund der Anonymität des deutschen Aktienmarktes problematisch,[588] da Aktien in Deutschland zum überwiegenden Teil als Inhaberaktien und nicht als Namensaktien emittiert sind.[589]

Ein weiteres Problem in der direkten Ansprache resultiert aus der in Deutschland herrschenden Praxis des Auftragsstimmrechts. Wenngleich das Stimmrecht eines der elementaren Rechte des Aktionärs (§ 12 AktG) ist, erlaubt der Gesetzgeber aus Zweckmäßigkeitsgründen die Stimmrechtsausübung durch Nichtgesellschafter (Stimmrechtsvertretung). Für den Fall der Stimmrechtsausübung durch Kreditinstitute als Vertreter der Aktionäre hat das Aktiengesetz gesonderte Vorschriften erlassen. Das sogenannte Depotstimmrecht ist in § 128 Abs. 1 AktG gesetzlich kodifiziert und beinhaltet die Pflicht der Depotbank[590], den Aktionären Vorschläge für die Ausübung des Stimmrechts zu erteilen, wobei die Vorschläge im Interesse des Aktio-

---

587 So stellen die privaten Aktionäre zwar den Hauptteil der Aktionärsgruppe dar, z. B. bei der Deutsche Bank AG 96,9 %, ihr Anteil am Aktienkapital beträgt hingegen nur 37,7 %; während die institutionellen Aktionäre 1995 nur 3,1 % der Aktionäre stellen, halten sie 62,3 % des gezeichneten Kapitals. Vgl. Deutsche Bank AG, Geschäftsbericht 1995, S. 87.

588 Vgl. Iber, J., Aktionärsstruktur, S. 1106.

589 Im Gegensatz dazu werden in den USA z. B. analog zu der hohen Bedeutung, die dort der Kapitalmarktfinanzierung zukommt, bevorzugt Namensaktien emittiert. Ursächlich hierfür ist der Wunsch, daß die Beziehung zum Aktionär nicht durch Anonymität gekennzeichnet ist. Dieses Ziel wird erreicht durch eine namentliche Erfassung im Register der Gesellschaft. Die investorenfreundliche Namensaktie wurde früher bereits als eine Investor-relations-Maßnahme bezeichnet.

590 Der Begriff der Depotbank bezeichnet zum einen eine Bank, die die Verwahrung und Verwaltung von Wertpapieren für ihre Kunden übernimmt, und zum anderen entsprechend dem Gesetz der Kapitalanlagegesellschaften eine Bank, die mit der Verwahrung und Verwaltung der Sondervermögen von Investmentgesellschaften betraut ist.

närs sein sollten. Erhält das Kreditinstitut keine Weisung, hat es nach seinen eigenen Vorschlägen zu stimmen (§ 135 Abs. 5 AktG).[591]

Möglichkeiten zur Informationsbeschaffung über die Aktionärsstruktur bestehen in der Inanspruchnahme interner oder externer Quellen.[592] Bei erstgenannter Alternative verfügen Banken über den Vorteil, durch die Analyse der Kundendepots bzw. in ihrer Funktion als Depotbank an Daten zu gelangen.[593] Eine weitere Möglichkeit, Informationen über den Aktienbesitz zu erlangen, besteht in "Blindversendungen" von Fragebögen an andere mögliche Depotbanken mit der Bitte um Beantwortung, ob in dem betreffenden Institut Kunden die eigene Bankaktie besitzen. Informationen über Aktionäre im Ausland können über die eigenen Auslandstochtergesellschaften, die dort domizilierenden Banken sowie durch die Inanspruchnahme externer Dienstleister, sogenannte consulter shareholder identification groups, eingeholt werden.[594]

Amerikanische Beratungsunternehmen verfügen über umfangreiche Datenbanken, in denen Informationen über das Investitionsverhalten von Institutionellen sowie Geschäfts- und Finanzprofile von Unternehmen gespeichert sind. Vorteilhaft hieran ist, daß diese Klassifizierung es erlaubt, zielgerichtet einen Investorentyp anzusprechen, bei dem vermutet wird, daß dessen Investorenprofil zu der jeweiligen Bankaktie paßt.[595] In den USA ist z. B. eine Klassifizierung der Investoren in value investors und growth investors üblich. Growth investors investieren primär in wachstumsstarke Unternehmen, die in der Regel geringe Dividendenrenditen aufweisen, während value investors in Werte mit hohen Dividendenrenditen investieren.

---

591 Über die Diskussion um den "Mißbrauch" des Depotstimmrechts, das allerdings eine erhebliche Verkürzung der Problematik beinhaltet, sind in der Literatur zahlreiche Publikationen zu finden. Sie soll daher hier nicht weiter thematisiert werden. Vgl. hierzu Baums, T., Randow, P., Stimmrechtsvertreter, S. 5 ff.; Büschgen, H. E. , Universalbankensystem, S. 30 ff.; Kartte, W., Macht, S. 15 ff.; Lambsdorff, O., Macht, S. 12–15; Wenger, E., Depotstimmrecht, S. 73 ff.

592 Allgemeine Erhebungen über die Verteilung des Aktienbesitzes auf private und institutionelle Investoren und die Verteilung auf die Sektoren führt regelmäßig auch die Deutsche Bundesbank durch. Die Typisierung der Bundesbank basiert auf der Zugehörigkeit zu den volkswirtschaftlichen Sektoren private Haushalte, Unternehmen, Staat und Ausland. Vgl. Deutsche Bundesbank, Monatsbericht Mai 1997, S. 40.

593 Vgl. Breuer, J., Kommunikation, S. 74; Iber, H., Aktionärsstruktur, S. 1106.

594 Vgl. Mühlbrad, F., Anlagestrategie, S. 72 ff.

595 Vgl. Balfour, C., USA, S. 21.

Als gravierender Nachteil von Aktionärsstrukturerhebungen sind die erheblichen Kosten und die letztendlich fehlende Aktualität und Exaktheit aufgrund des täglichen Sekundärmarkthandels anzuführen.

Trotz der problematischen Erfaßbarkeit ist ein hoher Anteil privater Aktionäre für eine Bank erstrebenswert, da diese aufgrund der Langfristigkeit und Treue ihres Anlageverhaltens einen wesentlichen Beitrag zur Kursstabilisierung leisten.[596] Eine Streuung innerhalb der Aktionärsstruktur bewirkt somit eine ausgeglichenere Angebots- und Nachfragesituation und damit eine stabilere Kursentwicklung über die Zeit als bei einer stärkeren Konzentration der Aktien auf institutionelle Investoren, welche häufiger und innerhalb kürzerer Zeitspannen größere Aktienpositionen kaufen und verkaufen.[597]

Angestrebt werden sollte somit eine breite und ausgewogene Streuung des Aktienkapitals auf private und institutionelle Investoren, um die Problematik des gleichgerichteten Verhaltens beim Erwerb von Aktien, d. h. die Gefahr eines positiv korrelierten Verhaltens bei einer einseitigen Aktionärsstruktur zu reduzieren.

Eine Möglichkeit, das Ziel einer differenzierten Aktionärsstruktur zumindest bei Kapitalerhöhungen zu erreichen, besteht in der Anwendung des sogenannten Bookbuilding-Verfahrens. Dieses in den USA bereits seit 1930 praktizierte Preisfindungs- und Syndizierungsverfahren verfügt neben dem Vorteil der Ermittlung eines marktgerechten Preises auch über den Vorteil der Transparenz des Zeichnungsinteresses potentieller Investoren. Letzteres resultiert daraus, daß dem lead manager als book runner ab einer bestimmten Zeichnungshöhe institutioneller Anleger Angaben über deren Identität (Name und Nationalität), den Typ (Asset Management, Vermögensverwaltung, Versicherungen), die Preisvorstellung und die Qualität des Investors zu machen sind. Die Qualität eines Investors bemißt sich danach, wie stark sein Kaufinteresse ist und wie lange er erwartungsgemäß eine Aktie halten wird. Mittels Offenlegung von Typ und Qualität des Investors kann die emittierende Bank nach Beendigung der Zeichnungsfrist in der Zutei-

596 Vgl. Heinisch, M., Kleinaktionäre, S. 1; Graves, G., Investor Relations, S. 60; Oehler, A., Mesel, M., Kleinanleger, S. 563.

597 Vgl. Keutner, J., Euroaktien, S. 75; Eberstadt, G., Akzeptanz, S. 14; Graves, G., Investor Relations, S. 53 ff.

lungsphase genau bestimmen, welcher Investor in welcher Höhe berücksichtigt werden soll.[598]

In der Praxis ist festzustellen, daß aus Kosten- und Effizienzgründen sich viele Aktienbanken auf die Information und Kontaktpflege zu den Multiplikatoren sowie zu den institutionellen Aktionären konzentrieren und Versuche einer Ansprache der individuellen Aktionäre gering bleiben. Begründet wird dieses seitens der Banken einerseits damit, daß die Vielzahl der den Institutionellen zur Verfügung stehenden Informationsquellen ein differenzierteres Informationsbedürfnis induziert — so bewegen sich die Fragen auf einem höheren Niveau, z. B. beinhalten diese auch kritische Hinterfragungen der strategischen Entscheidungen des Managements einer Bank und das Begehren zu einem kontinuierlichen persönlichen Dialog mit der Geschäftsleitung —, sowie andererseits mit den höheren Anlagevolumina Institutioneller im Vergleich zu den Beträgen der individuellen Anleger. Auch wenn eine bevorzugte Ansprache der Zielgruppe der Institutionellen unter dem Aspekt der Anlagevolumina nachvollziehbar ist, sollte die Investor-relations-Politik einer Bank dennoch nicht nur eine Maßnahme sein, die sich primär auf die institutionellen Anleger richtet. Hinsichtlich der Informationsbedürfnisse sollten alle Aktionäre bestmöglich befriedigt werden. Möglich ist die Verfolgung einer abgestuften Informationspolitik, die dem Privatanleger zunächst in komprimierter Weise Informationen zukommen läßt, ihm gleichzeitig aber das Angebot offeriert, vertiefte Detailinformationen auf Wunsch zur Verfügung zu stellen.

Des weiteren unterstützt eine Investor-relations-Strategie, die sich vorrangig auf die institutionellen Anleger konzentriert, den ohnehin in Deutschland oftmals beklagten Trend zur Institutionalisierung der Aktionärsstruktur bzw. zur Dominanz institutioneller Anleger innerhalb der Aktienanlage, was als eine der wesentlichen Ursachen für eine Unterentwicklung des Aktiensekundärmarktes gilt.[599] So ist in Deutschland seit Jahren ein Trend zu beobachten, der einen stetigen Rückgang des Aktienbesitzes von individuellen Aktionären anzeigt, während im Vergleich hierzu inländische und

---

598 Vgl. ausführlich zu den Vor- und Nachteilen des Bookbuilding-Verfahrens Voigt, H. W., Bookbuilding, S. 340 ff.

599 Vgl. ausführlich zu weiteren möglichen Gründen für die im Gegensatz zu anderen Ländern unterentwickelte Aktienkultur in Deutschland, Büschgen, H. E., Börsen, S. 22 ff.

ausländische institutionelle Anleger ihre Aktienbestände nachhaltig erhöhten.[600]

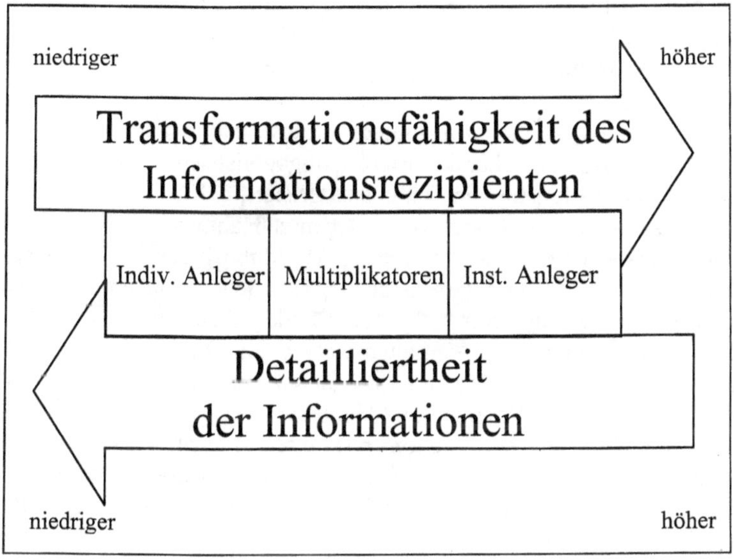

Abb. 10: Umfang der Informationsweitergabe in Abhängigkeit der Zielgruppe

4.2.3 Analyse der Wettbewerbsstruktur

4.2.3.1 Identifikation strategisch relevanter Konkurrenten auf dem Kapitalmarkt

Im Rahmen der Wettbewerbsanalyse sind von der Investor-relations-Abteilung einer Bank diejenigen Unternehmen zu analysieren, mit denen die Banken auf den Finanzmärkten um Eigenkapital konkurrieren, deren Beteiligungstitel somit in Konkurrenz zu den von den Banken emittierten Finanztiteln stehen.

Bei der Konkurrenzanalyse muß die Investor-relations-Abteilung zunächst die relevanten Konkurrenten ermitteln. Hierbei besteht die Möglichkeit nur Banken in die Konkurrenzanalyse einzubeziehen oder auch Wettbewerber

---

600 So hielten institutionelle Anleger im Jahr 1996 50 % der Aktien, bei dem Industriekonzern Thyssen sogar 78 % der Aktien. Vgl. von Rosen, R., Information, S. 77.

aus banknahen und -fremden Branchen. Des weiteren sollte sich die Analyse auf die Ziele, die anvisierten Zielgruppen sowie die eingesetzten Investor-relations-Instrumente der Konkurrenz erstrecken. Die Wettbewerbsanalyse sollte darüber Aufschluß geben, wer aus Perspektive der Aktionäre als Konkurrenz auf dem Kapitalmarkt anzusehen ist.

Die Notwendigkeit hierzu resultiert daraus, daß der relevante Markt, marktmorphologisch charakterisiert, oligopolistische Strukturen aufweist.[601] Oligopole sind dadurch charakterisiert, daß bei Überschreiten einer gewissen Reagibilitätsschwelle Gegenmaßnahmen der Konkurrenzinstitute zu erwarten sind. Dies impliziert, daß Maßnahmen unmittelbar beobachtet werden und unter Umständen direkt Gegenmaßnahmen bewirken oder zumindest erhöhte Aufmerksamkeit finden. Aus diesem Grund ist eine laufende Beobachtung der Verhaltensweisen der Konkurrenten notwendig, um deren zukünftige Strategien zu prognostizieren und zu antizipieren und diese bei der eigenen Strategie und Vorgehensweise zu berücksichtigen.[602] Somit sind die für investor relations relevanten Maßnahmen der anderen Institute zu beobachten, um mögliche Reaktionen der Kapitalmarktteilnehmer zu antizipieren. Beispielsweise sind hierzu Änderungen in der Bilanzierungspolitik anzuführen.[603]

Die Identifikation der aktuellen und potentiellen Wettbewerber kann instrumentell über das Konzept des relevanten Marktes erfolgen.[604] Das Konzept des relevanten Marktes fokussiert Produkte, die untereinander in Wettbewerbsbeziehungen stehen und sich gegenseitig ersetzen können, wobei die Abgrenzung des relevanten Marktes eine rein gedankliche, überwiegend auf räumlichen und sachlichen Kriterien beruhende Separierung von Märkten ist.[605]

---

601 Vgl. allgemein zur Konkurrenzforschung Römer, E., Konkurrenzforschung, S. 481 ff.

602 Vgl. Meffert, H., Marketing, S. 347; Becker, J., Marketing-Konzeption, S. 390.

603 Als die Deutsche Bank AG 1996 erstmalig einen Konzernabschluß nach IAS präsentierte, ergab sich für die anderen Banken die Notwendigkeit zu erklären, inwieweit sie ebenfalls eine Änderung der Bilanzierungsgepflogenheiten beabsichtigen bzw. aus welchen Gründen sie sich nicht der angelsächsischen Rechnungslegungsphilosophie anpassen. Um auf damit verbundene Fragestellungen adäquat reagieren zu können, ist die Beobachtung der Maßnahmen der Wettbewerber unabdingbar.

604 Vgl. Büschgen, H. E., Wettbewerb, S. 1 ff.

605 Vgl. Becker, J., Marketing-Konzeption, S. 395.

Bei einer sachlichen Abgrenzung des Marktes werden solche Güter einem bestimmten Markt zugeordnet, die hinsichtlich der Befriedigung spezifischer Bedürfnisse substituierbar sind.[606] Bei der Übertragung dieses Ansatzes auf Kapitalanlagefazilitäten treten an die Stelle der Produkte die Substitutionsbeziehungen zwischen verschiedenen Beteiligungstiteln mit einer entsprechenden Risiko-Renditestruktur. Diese wird geprägt durch das zugrundeliegende operative Geschäft. Um konkurrierende Aktien voneinander abzugrenzen, ist als Merkmal somit deren Substituierbarkeit heranzuziehen. Zu fragen ist nun, ob nur Titel innerhalb des Bankensektors oder auch Titel anderer Unternehmen, die auch Finanzdienstleistungen anbieten, konkurrenzrelevant sind.

Bezüglich der Beteiligungstitel innerhalb des Bankensektors ist zunächst festzustellen, daß der typische, für das Leistungsprogramm der Banken geltende Gruppenwettbewerb[607] innerhalb der Kreditwirtschaft bei der Analyse der Identifikation der Wettbewerber unberücksichtigt bleiben kann, da ein Gruppenwettbewerb zwischen Kreditbanken, Sparkassen und Genossenschaftsbanken um Aktienkapital nicht existiert, da letztgenannte rechtsformbedingt nicht als Anbieter von Aktien auf dem Kapitalmarkt auftreten.

Wird im folgenden auf die Finanztitel der Großbanken fokussiert, ist festzustellen, daß das Bemühen aller Banken, ein umfassendes Leistungsangebot zur Verfügung zu stellen, zu einer weitgehenden Angleichung des Leistungsangebots der Universalbanken und der Identität der Zielgruppen geführt hat. Deren Produkte und Produktgruppen stehen untereinander in enger Substitutionsbeziehung, so daß tendenziell eine Substitutionsbeziehung zwischen den Beteiligungstiteln angenommen werden kann. Hier wäre es wesentlich, durch die Investor-relations-Politik einer Bank die Stärken und Schwächen der Institute offensichtlich herauszustellen.

Zu fragen ist nun, ob Titel von Unternehmen, die auch Finanzdienstleistungen anbieten, aus Sicht des Aktionärs als Alternativanlage zu berücksichtigen sind und aus Sicht der Bank als Konkurrenten um Eigenkapital gelten. In diesem Kontext ist auf eine Entwicklung hinzuweisen, bei der sich in zu-

---

606 Vgl. Griesel, H., Bankenwettbewerb, S. 581 ff.

607 Das Konzept des Gruppenwettbewerbs, gleichwohl nicht unumstritten, geht davon aus, daß Wettbewerbsbeziehungen nicht zwischen den einzelnen Banken, sondern zwischen den Institutsgruppen des deutschen Bankensektors bestehen. Vgl. Büschgen, H. E., Ordnung, S. 1172.

nehmendem Maße Nichtbanken in Aktivitäten engagieren, die traditionell dem Bankensektor zugerechnet werden. Zu diesen als non und near banks bezeichneten Unternehmen gehören Warenhäuser, Automobilhersteller oder andere Industrieunternehmen, die nach einer gewissen Zeit oftmals ihr Angebot an Finanzdienstleistungen ausbauen, indem sie nach dem Erwerb von Vollbanklizenzen Banktöchter, sogenannte corporate banks, gründen.[608] Gemeinsamkeiten mit den von Banken offerierten Leistungen bestehen insbesondere im Privatkundengeschäft bei der Vergabe von Konsumentenkrediten.[609] So dominieren große Industrieunternehmen mit ihren Absatzfinanzierungsgesellschaften bereits einen wichtigen Sektor des Konsumentenkreditgeschäfts innerhalb der Automobilfinanzierung.[610]

Ursächlich für das verstärkte Eindringen von Industrie- und Handelsunternehmen in den Markt für Finanzdienstleistungen ist die Tatsache, daß insbesondere bei der Absatzfinanzierung im Konsumentenkreditgeschäft die Markteintrittsbarrieren für Kaufhauskonzerne, Versandhandelsunternehmen sowie Supermarktketten gering sind, da sie kein eigenes Vertriebssystem für die angebotenen Finanzdienstleistungen aufbauen müssen, sondern ihr Warenvertriebssystem nutzen können. Gegenüber den Banken haben sie auch den Vorteil, daß die Anbahnung des Finanzdienstleistungsgeschäfts mit dem zugrundeliegenden Absatzgeschäft zusammenfällt.

Engere Parallelen im operativen Geschäft zu Bankleistungen weisen auch die Versicherungen auf, die in großem Umfang Finanzierungsfazilitäten, z. B. in Form von Schuldscheinen und Hypothekarkrediten, als Anlagemöglichkeiten anbieten. Dennoch differieren in mehr oder weniger erheblichem Maße die zugrundeliegenden originären Geschäftstätigkeiten, die maßgeblich die Rendite eines Beteiligungstitels bestimmen, so daß die von diesen Unternehmungen emittierten Finanztitel nicht als Konkurrenz zu den eigenen Banktiteln zu sehen sind.

So bleibt der fundamentale Unterschied zwischen einem Industriekonzern und einer Bank bestehen, begründet in dem zugrundeliegenden Unternehmenszweck, der primär in der Produktion bzw. Distribution von Waren

---

608 Vgl. Büschgen, H. E., Wettbewerbsszenario, S. 61. So ist mit einer Bilanzsumme von 18 Mrd. DM im Finanzdienstleistungsbereich die Volkswagen AG mittlerweile der größte industrielle Anbieter Europas im Leasing- und Absatzfinanzierungssegment.

609 Zu einer ausführlichen, vergleichenden Analyse der Nichtbanken als Substitutionskonkurrenten auf dem Bankleistungsmarkt vgl. Stammer, K., Substitutionskonkurrenten.

610 Vgl. Richtsfeld, J., In-House-Banking, S. 30 ff.

liegt, möglicherweise flankiert durch produktions- und absatzbezogene Finanzierungsleistungen gegenüber Lieferanten und Abnehmern, und nicht in der Erstellung von Finanzdienstleistungen. Ein weiterer Unterschied liegt in der Inanspruchnahme der zugrundeliegenden Märkte. Während Unternehmen primär auf Gütermärkten tätig sind, agieren Banken als Mittler zwischen Kapitalgebern und -nehmern auf den Finanzmärkten.

Daß die Aktien von Industrieunternehmen, die Finanzdienstleistungen erstellen, von den Investoren nicht als Substitut für Banktitel gesehen werden, manifestiert sich in der Portefeuillepolitik der Anleger. Anleger strukturieren unter Diversifikationsgesichtspunkten ihr Portefeuille und verfolgen eine branchenorientierte Betrachtungsweise beim Erwerb von Beteiligungstiteln. So achten sie beim Erwerb von Aktien darauf, Konsumgüter-, Banken-, Versorger- und Chemiewerte in ihr Portefeuille zu nehmen.

Unter dieser Annahme ist für den Investor der relevante Markt der Bankaktienmarkt und nicht der Markt mit Unternehmen, die neben ihrem originären Geschäft als Anbieter von Finanzdienstleistungen auftreten. Eine weite branchenübergreifende Abgrenzung des relevanten Marktes für Beteiligungstitel der Banken erscheint somit nicht zielführend.

Unterstützung findet eine enge branchendeterminierte Abgrenzung durch die Existenz eines Subindex, dem CDAX-Kreditbanken, in dem alle Banken zusammengefaßt sind.

Für eine enge Abgrenzung des relevanten Marktes spricht auch die Sonderstellung der deutschen Banken innerhalb des Wettbewerbsgefüges. Die Wettbewerbssituation im deutschen Kreditgewerbe der Banken unterscheidet sich wesentlich von der anderer Wirtschaftszweige durch die gemäß § 102 GWB grundsätzliche Ausnahme vom Kartellverbot.[611] Danach stellt die Bankwirtschaft neben anderen Bereichen (z. B. Versicherungen) eine Bereichsausnahme vom grundsätzlichen Kartellverbot des GWB dar. Begründet wird das mit einer gesamtwirtschaftlichen Notwendigkeit, dem Bereich Banken als sehr vertrauensempfindlicher und bei Krisen anderer Unternehmen unter Umständen mitbeeinflussender Branche auch über Preiskartelle die begrenzte Möglichkeit zur Erhaltung ihrer Funktionsfähigkeit

611 Vgl. Kupitz, R., Ausnahmebereich, S. 9 ff.

zu gewähren.[612] Aus Perspektive der Investoren sind somit als direkte Konkurrenten um Eigenkapital ausschließlich Unternehmen der eigenen Branche zu identifizieren.

Eine weitere Möglichkeit der Abgrenzung des relevanten Marktes für Beteiligungstitel ist eine Separierung nach räumlichen Kriterien. Ein Argument, das bezüglich der geographischen Komponente eine internationale Abgrenzung des relevanten Marktes unterstützt, ist die für 1999 angestrebte europäische Währungsunion. Mit der Währungsunion werden auch die Finanzmärkte der Teilnehmerländer zusammenwachsen. Sie werden von den internationalen Investoren als ein gemeinsamer Börsenplatz angesehen.[613] Anlageentscheidungen werden fortan nicht mehr unter geographischen Gesichtspunkten, sondern unter branchenorientierten Aspekten getroffen. Das führt auch dazu, daß geographische Kriterien bei einem Aktieninvestment unberücksichtigt bleiben und zunehmend sektorale Kriterien bei der Strukturierung eines Portefeuilles an Bedeutung gewinnen.

Sind nun als Konkurrenten um die Eigenkapitalgeber die Mitglieder der eigenen Branche identifiziert und ist gleichfalls eine internationale Betrachtung des relevanten Marktes notwendig, sind im folgenden die Konkurrenten im Hinblick auf ihre Wettbewerbsposition zu analysieren.

4.2.3.2 Wettbewerber aus dem Bankenbereich

Zunächst werden mögliche Kennzahlen angeführt, die als Indikator für die Ertragsstärke einer Bank fungieren. Rückschlüsse auf die Positionierung und den Erfolg einer Bank finden sich wieder in der Entwicklung der

---

612 Nach § 102 Abs. 1 GWB gelten die §§ 1 (Unwirksamkeit wettbewerbsbeschränkender Vereinbarungen), 15 (Nichtigkeit von Verträgen über Preisgestaltung oder Geschäftsbedingungen) und 38 Abs. 1 Nr. 11 GWB (als Ordnungswidrigkeit wird angesehen, Empfehlungen auszusprechen, die durch gleichförmiges Verhalten eine Umgehung der Verbote der Kartellbehörde auslösen) nicht für Wettbewerbsbeschränkungen im Zusammenhang mit Tatbeständen, die der Genehmigung oder Überwachung nach dem Gesetz über das Kreditwesen unterliegen. Zu berücksichtigen ist jedoch, daß die Sonderstellung im Rahmen der fortschreitenden europäischen Wirtschafts- und Währungsunion ungewiß ist, da diese konfliktär mit der wettbewerbspolitischen Auffassung der EU-Kommission ist.

613 Die Einführung der neuen europäischen Aktienindices, Dow Jones STOXX Indices 1998 trägt dieser Entwicklung Rechnung. Ausführlich zu den einzelnen Dow Jones STOXX Indices vgl. Büschgen, H. E., Börsen-Lexikon, S. 249 f.

Marktanteile gemessen an der Bilanzsumme sowie der Entwicklung der Ertragsstruktur über die Abbildung bestimmter Kennzahlen.

4.2.3.2.1 Indikatoren für eine Wettbewerbsposition

Der Marktanteil der Banken in einzelnen Geschäftsfeldern ist definiert als Anteil einer bestimmten Bankleistung an der Gesamtheit der auf dem Markt erbrachten gleichartigen Leistungen. Der Marktanteil reflektiert die Marktposition und fungiert als Grundlage für die Prognose der nachhaltig erzielbaren Ertragskraft.

Ein Erfolgsvergleich der verschiedenen Banken geschieht durch die Abbildung von Kennzahlen, die als Relativkennzahlen zum Verhältnis von Eigenkapital und Geschäftsvolumen gesetzt werden.[614] Aussagefähige Kennzahlen, die die Entwicklung der Ertragslage einer Bank abbilden, sind die Bruttozinsspanne, die Provisionszinsspanne[615], die Aufwandsrentabilität und die Eigenkapitalrentabilität. Diese Kennzahlen basieren auf dem von der Deutschen Bundesbank entwickelten Analyseschema, mit dem diese die Ertragslage der deutschen Kreditinstitute miteinander vergleicht.[616]

Die Bruttozinsspanne ist definiert als der Quotient von Zinsüberschuß und Geschäftsvolumen. Der Zinsüberschuß als Einkommen des Produktivfaktors Kapital wird determiniert durch das Geschäftsvolumen des zinstragenden Geschäfts und die Zinsmarge, die sich berechnet als Differenz zwischen dem in Prozent ausgedrückten, durchschnittlich auf der Aktivseite erzielten Sollzinssatz und dem durchschnittlich auf der Passivseite gezahlten Habenzinssatz. Eine zunehmende Zinssensitivität der Bankkunden führt seit Jahren zu sinkenden Zinsüberschüssen. Betrug die Bruttozinsspanne 1990 noch 3,5 %, so reduzierte sie sich bei allen Großbanken sukzessiv auf nun-

---

614 Eine umfassende Kennzahlenhierarchie zur Abbildung der Ertragslage und zur Herstellung einer Vergleichbarkeit zwischen Banken hat Schierenbeck im Rahmen seines "Return on Investment-Analysekonzept" entwickelt. Vgl. ausführlich hierzu Schierenbeck, H., Bankmanagement, Bd. 2, S. 340.

615 Üblicherweise werden in der Bankpraxis eine Vielzahl von Beurteilungskennziffern in Form von Spannen abgebildet.

616 Darüber hinaus existieren weitere Analyseschemata zur Beurteilung der Ertragslage, z. B. das der Großbanken oder das der "Zeitschrift für das gesamte Kreditwesen", die sich insbesondere in der Zuordnung einzelner Ergebnisgrößen zur Gewinn- und Verlustrechnung unterscheiden. Da das von der Deutschen Bundesbank am verbreitesten ist, werden vorgenannte nicht weiter berücksichtigt.

mehr 2,5 %.[617] Ursächlich hierfür ist ein zunehmender Wettbewerb insbesondere im Passivgeschäft. Auf der einen Seite sind die Kunden, sowohl Privat- als auch Firmenkunden, zunehmend zinssensitiver geworden, auf der anderen Seite ist durch die seit dem Zweiten Finanzmarktförderungsgesetz zugelassenen Geldmarktfonds ein neues Anlageinstrument hinzugekommen mit der Konsequenz für die Banken, auch im Einlagengeschäft marktnahe Konditionen zu bieten, um Geldabflüsse zu verhindern.[618]

Aufgrund der erodierenden Zinsmargen gewinnt die Provisionsspanne, definiert als Provisionsüberschuß zum Geschäftsvolumen, zunehmend an Bedeutung. Provisionen werden erzielt aus bankbetrieblichen Dienstleistungen im Zahlungsverkehr, im Depotgeschäft und im Effektenkommissionsgeschäft. Der zunehmende Konkurrenzdruck im zinsabhängigen Geschäft ist verantwortlich für die steigende Bedeutung des zinsunabhängigen Geschäfts der Banken als Erfolgsquelle.[619] Der Gefahr tendenziell rückläufiger Erträge wird durch eine Ausweitung des Provisionsgeschäfts begegnet. Gleichwohl sind auch hier seit 1995 rückläufige Zuwächse zu verzeichnen aufgrund der zunehmenden Anzahl von Direktbanken, die Dienstleistungen weitaus kostengünstiger als die Filialbanken anbieten sowie der zunehmend von den Kunden genutzten Möglichkeiten des electronic banking und online banking.

Bedeutende Kennzahlen im internationalen Vergleich der Banken bilden die Aufwands- sowie die Eigenkapitalrentabilität.[620] Diese Zahl hat in den vergangenen Jahren zunehmend an Bedeutung erlangt. Ursächlich hierfür ist ihre Verwendung als Maßstab zur Effizienzbeurteilung einzelner Banken im internationalen Vergleich. Insbesondere werden hiermit Maßnahmen der Banken zur Reduktion der Kosten beurteilt, bilden diese doch ein entscheidendes Kriterium im Hinblick auf die Konkurrenzfähigkeit in einem zunehmend verteilten Markt. Bei deutschen Banken betrug das Verhältnis Verwaltungsaufwand und Ertrag im Jahr 1996 ca. 66 %, während z. B. US-

---

617 Vgl. Deutsche Bundesbank, Monatsbericht August, S. 13.

618 Ein Einfluß auf die Zinsspanne der Banken resultiert auch aus der Zinsstrukturkurve; bei einer normalen Zinsstruktur resultieren für die Banken größere Ertragsmöglichkeiten aus der Fristentransformation als aus einer inversen Struktur.

619 Vgl. Deutsche Bundesbank, Ertragslage Oktober, S. 34.

620 Vgl. Deutsche Morgan Grenfell, European Banking, S. 6 f.

amerikanische Banken ein cost/income ratio von 25 % aufwiesen.[621] Die bei deutschen Banken im Vergleich zu ausländischen Instituten sehr hohe Kennzahl liegt in den hohen Personalkosten und dem tendenziell zunehmenden Anteil der Sachkosten begründet.[622]

Eine schlechtere Kostenstruktur im Vergleich zu anderen internationalen Banken ist auch der Grund für die geringere Eigenkapitalrentabilität deutscher Banken.[623] Ermittelt wird diese aus dem Quotienten von Jahresüberschuß vor Steuern und Eigenkapital. Die Größe vor Steuern wird gewählt, um die aus unterschiedlichen Steuerbelastungen im internationalen Vergleich verzerrenden Einflüsse zu nivellieren.[624] Liegt diese bei US-amerikanischen Banken bei ca. 20 %, weisen deutsche Banken eine Rendite zwischen 10 und 17 % auf, wobei das Ziel angestrebt wird, ebenfalls eine Rendite von über 20 % zu erwirtschaften.[625]

Gleichwohl sind bei der Beurteilung der Kennzahlen die Probleme der Vergleichbarkeit der Banken zu berücksichtigen. So resultiert die Problematik der Vergleichbarkeit der Banken im nationalen Bereich wie auch der Einbeziehung international bedeutender Banken, z. B. der US-amerikanischen Banken Chase Manhattan Corporation, Merrill Lynch und Citicorp, im wesentlichen aus der Existenz[626] unterschiedlicher Banksysteme sowie unter-

---

621 Die im Vergleich schlechtere Kostenstruktur in Deutschland ist auch darauf zurückzuführen, daß der Technisierungs- und Rationalisierungsprozeß in den USA deutlich früher begonnen hat und die deutschen Banken erst seit Mitte der neunziger Jahre konsequent Rationalisierungspotentiale erschließen. Vgl. Brady, S., Capital, S. 1 ff.

622 Die beachtlichen Zuwächse der Sachkosten sind Ausdruck der gravierenden Umstrukturierungen und Restrukturierungsmaßnahmen im deutschen Bankensektor, die insbesondere im Privatkunden-, Investment- und Controllingbereich erfolgten. Diese bedingten zum einen Investitionen in die Informationstechnologien, beispielsweise stellten 25 % des Gesamtaufwands Aufwendungen für Handels- und Controlling-Systeme insbesondere für das Derivategeschäft dar, zum anderen entfiel ein weiterer Anteil auf die hohen Personalkosten bei den globalen Expansionsstrategien im Investmentbanking-Geschäft.

623 Vgl. Blanden, M., Times, S. 10 ff.

624 Vgl. Hartwig, D., Banken, S. 1.

625 Die Eigenkapitalrendite der Banken ist seit Anfang der 80er Jahre stetig von über 20 % auf 10 % gesunken. Vgl. Julius Bär AG, Banken, S. 3 ff.

626 Vgl. Haiss, P. R., Bank Ranking, S. 1170 f.

schiedlicher geschäftspolitischer Strategien.[627] Erstgenannter Aspekt findet seinen Niederschlag in den in Deutschland, England und USA grundsätzlich verschiedenen Typen von Banksystemen, dem Universal- und dem Trennbankensystem. Entsprechend dem Präfix "Universal" ist konstituierendes Merkmal dieses Systems eine bankbetriebliche Leistungserstellung, die sowohl das Depositen- als auch das Kreditgeschäft sowie das Effektenemissions-, Effektenkommissions-, Effekteneigen- und Effektendepotgeschäft umfaßt, während das Trennbankensystem durch eine klare leistungsprogrammpolitische Aufgaben- und Arbeitsseparation in commercial banking und investment banking charakterisiert ist. Die Basis einer leistungsprogrammpolitischen Beschränkung ist wie in den USA gesetzlich kodifiziert (Glass Steagal Act) oder stellt wie in England eine freiwillige geschäftspolitische Selbstbeschränkung der Kreditinstitute dar.[628] Sinnvoll ist daher nur ein Vergleich zwischen einzelnen Geschäftsfeldern, wie z. B. dem asset management oder dem Aktienemissionsgeschäft.[629]

Ein weiteres Problem der Vergleichbarkeit von Banken resultiert aus den unterschiedlich verfolgten Strategien bezüglich ihrer Wettbewerbspositionierung im EU-Bankenmarkt. Grob differenziert werden kann z. B. bei den deutschen Kreditbanken zwischen den sogenannten global players, die als Universalbank bzw. Allfinanzinstitut im "wholesale" und "retail banking" grenzenüberschreitend tätig sind[630], während im Vergleich hierzu die Europabanken nicht im wettbewerbsintensiven Geschäft mit Großkunden an internationalen Märkten weltweit auftreten, sondern in Deutschland und in verschiedenen europäischen Ländern das komplette Leistungsprogramm von Retail- und Wholesale-Bankdienstleistungen anbieten. Ihr komparativer Vorteil liegt in der genauen Kenntnis der lokalen Märkte, in engen und

---

627 Einschränkende Aussagekraft im Hinblick auf die Vergleichbarkeit einzelner Banken entfalten des weiteren differierende Betriebsgrößen sowie Unterschiede bei der Erstellung der Jahresabschlüsse durch unterschiedliche Rechnungslegungsvorschriften. Zu weiteren "Störfaktoren" vgl. ausführlich Rüsberg, L., Banken-Rating, S. 87 ff.

628 Zu einer ausführlichen Beurteilung der Effizienz von Universalbanken- versus Trennbankensystemen vgl. Büschgen, H. E., Universalbankensystem, S. 4 ff.

629 So wird regelmäßig von der Zeitschrift World Equity-Magazin an die erfolgreichste Bank bei internationalen Aktienplazierungen die Auszeichnung "European Equity House of the Year" verliehen. 1995 erhielt z. B. die Dresdner Bank - Kleinwort Benson den Titel.

630 Während z. B. die Deutsche Bank AG einen internationalen Marktanteil von rund 42 % aufweist, ist die Dresdner Bank AG mit einem Anteil der Erträge aus dem Ausland von 20 % vergleichsweise stark inlandsorientiert.

intensiven Kundenbeziehungen und im know-how.[631] Abschließend bleibt festzuhalten, daß das traditionelle Bankgeschäft zunehmend in einen Segmentwettbewerb übergeht, in dem etablierte Kreditinstitute in einzelnen Geschäftszweigen mit jeweils spezialisierten Wettbewerbern konkurrieren, wie z. B. im investment banking.[632]

4.2.3.2.2 Implikationen für die Investor-relations-Politik einer Bank

Die zuvor genannten Größen, die die Ertragskraft einer Bank und ihre Stellung im Wettbewerb determinieren, sind für die Investor-relations-Abteilung einer Bank eine fixe Determinante. Dennoch bestehen Möglichkeiten, diese Parameter investor relations wirksam zu gestalten.

In der Darstellung der Ertragszahlen einer Bank liegt für die Investor-relations-Abteilung einer Bank ein erhebliches Potential an Gestaltungsoptionen begründet, das primär darauf abzielt, sich im Vergleich zu den Wettbewerbern durch eine umfangreiche Interpretation der einzelnen Kennzahlen zu unterscheiden. Existieren z. B. bei einer Bank gravierende Abweichungen bestimmter Kennzahlen nach unten — so betrug das Verhältnis Aufwand zu Ertrag bei der Bayerischen Hypotheken- und Wechsel-Bank AG 57 % im Vergleich zu 71 % bei der Dresdner Bank AG und bei der Deutsche Bank AG[633] —, sollten mögliche Gründe für die vergleichsweise schlechtere Rentabilität erläutert werden. Des weiteren sollten detailliert Maßnahmen offengelegt werden, die ergriffen werden, um eine Verbesserung der Kennzahl zu erreichen.

Bei schlechteren Kennzahlen im Vergleich zu internationalen Banken sollte im Rahmen einer Investor-relations-Politik auf die mit der Vergleichbarkeit von Banken einhergehenden Problematik hingewiesen werden, auch wenn diese Problematik durch die Bildung sowie Verdichtung einheitlicher, allgemein anerkannter Kennzahlen als Vergleichsmaßstab zu reduzieren versucht wird.[634]

---

631 Vgl. Bayerische Vereinsbank AG, Konsolidierung, S. 3.

632 Vgl. Schulte, M., Betriebskosten, S. 172.

633 Vgl. o. V., Bank-Aktien, S. 4.

634 Vgl. allgemein zur Notwendigkeit der Vereinheitlichung von Kennzahlen Arbeitskreis "Externe Unternehmensrechnung" der Schmalenbach-Gesellschaft, Kennzahlen, S. 189 ff.

5. Instrumente einer Investor-relations-Politik bei Banken und ihre Kontrolle

5.1 Systematisierung der Instrumente

Wenngleich aus Übersichtsgründen im folgenden eine separate Darstellung der Instrumente erfolgt, resultiert der Erfolg der Investor-relations-Instrumente gleichwohl aus dem abgestimmten Einsatz der einzelnen Gestaltungselemente — ein Sachverhalt, der im Zusammenhang mit marketing-politischen Fragestellungen mit dem Begriff "optimaler Marketing-Mix" umschrieben wird.[635] Unabdingbare Voraussetzung für den "optimalen" Einsatz der Instrumente des Marketing-Mix ist jedoch die Kenntnis über deren absatzpolitische Wirkung. Reaktionsfunktionen, die die Wirkungsweise einzelner Instrumente sowie interdependente Beziehungen zwischen den Instrumenten berücksichtigen und ökonometrisch schätzen, sind in der Praxis bislang nicht vorhanden. Eine Quantifizierung des Begriffes "optimaler" Instrumenten-Mix ist damit schwer. Aus diesem Grund wird in der vorliegenden Arbeit nicht der Ausdruck eines *optimalen* Einsatzes der Investor-relations-Instrumente, sondern der eines *abgestimmten* Einsatzes verwendet. Die Instrumente der Investor-relations-Politik lassen sich nach verschiedenen Kriterien systematisieren: nach dem Kommunikationsmedium (schriftlich/mündlich bzw. unpersönlich/persönlich), nach der Größe des Adressatenkreises (kollektive, individuelle Maßnahmen) sowie nach dem jeweiligen Anlaß.[636] Basierend auf dem zuvor geschilderten Kriterium der Zielgruppenaffinität (welche Zielgruppen durch welche Instrumente) werden die Instrumente im folgenden in persönliche und unpersönliche differenziert.

---

635 Vgl. Becker, J., Marketing-Konzeption, S. 458.

636 Vgl. Lingenfelder, M., Walz, H., Investor Relations, S. 468; Kutzer, H., Publizität, S. 25.

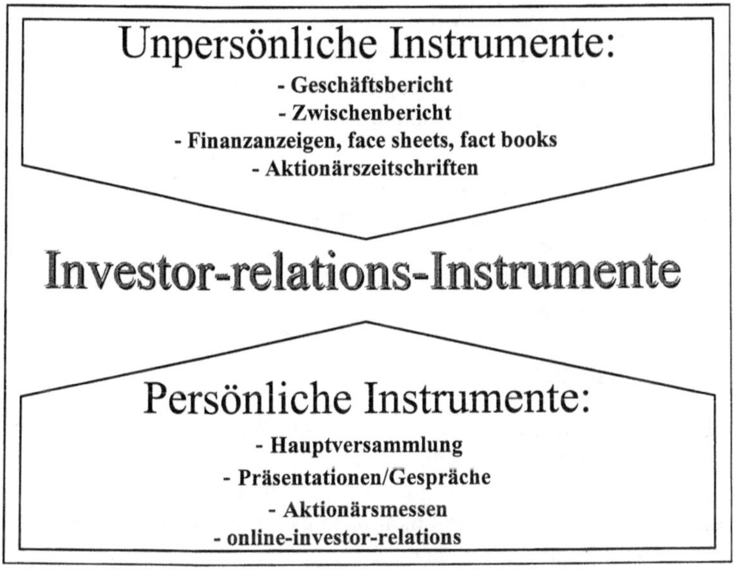

Abb. 11: Instrumente einer Investor-relations-Politik

Um einen effizienten Einsatz der Investor-relations-Instrumente zu gewährleisten, bildet die Identifikation der Zielgruppen eine unabdingbare Voraussetzung. Überlegungen hierzu waren Gegenstand des vierten Kapitel, innerhalb dessen die Zielgruppen der Bank, die Gegenstand eines Investor-relations-Konzepts sind, in private und institutionelle Investoren sowie die Meinungsmultiplikatoren segmentiert wurden. Im folgenden ist nun mittels einer instrumentenbezogenen Analyse zu untersuchen, welche Zielgruppen durch welche Instrumente erreicht werden können. Die Bewertung wird erleichtert, wenn Kriterien aufgelistet werden, die die Vorteilhaftigkeit einzelner Instrumente abbilden und mit denen beurteilt werden kann, für welche Zielgruppe ein effizienter Einsatz möglich ist.

5.2 Beurteilungskriterien der Instrumente

Ein wesentliches Kriterium, das Aussagen über die Geeignetheit von Investor-relations-Instrumenten zuläßt, stellt das Merkmal der Flexibilität dar. Dieses Kriterium beinhaltet zum einen eine inhaltliche Dimension im Hinblick auf die Gestaltung und zum anderen eine zeitliche Dimension im Hinblick auf den Einsatz der Instrumente, wobei das Kriterium der inhaltlichen Flexibilität teilweise durch die gesetzliche Publizität eine weitgehende Einschränkung erfährt. Da der Aufbau von Vertrauen jedoch eine weit über die gesetzlich vorgeschriebene Informationsweitergabe hinausgehende Ausgestaltung fordert, sollte Instrumenten, die eine inhaltliche Flexibilität aufweisen, dennoch besondere Bedeutung zukommen.

Der für eine Beurteilung der Instrumente ebenso wesentliche Aspekt ihrer Kosten wird aufgrund der Problematik der Quantifizierung des Erfolges von Investor-relations-Maßnahmen in einem eigenständigen Kapitel analysiert.

5.3 Unpersönliche Instrumente

Unpersönliche Instrumente sind dadurch charakterisiert, daß keine unmittelbare Kommunikation zwischen den Aktionären, den Multiplikatoren und der Bank stattfindet, sondern der Dialog mittelbar erfolgt. Unpersönliche Maßnahmen umfassen die Publikationen der Bank wie Geschäftsberichte, Zwischenberichte und die Finanzwerbung. Die meisten Aktionäre sind auf die Informationsweitergabe durch die Banken angewiesen, da sie nur in geringem Maß Möglichkeiten besitzen, zusätzliche Informationen zu beschaffen und dieses auch mit Kosten und Zeitaufwand verbunden ist. So stellt der Geschäftsbericht für sie das bedeutendste Informationsmedium dar.[637]

5.3.1 Geschäftsbericht

5.3.1 Inhaltliche Gestaltung

Der Geschäftsbericht von Aktiengesellschaften wird dazu genutzt, die Pflicht gem. § 175 Abs. 2 AktG zu erfüllen, nach der eine Aktiengesellschaft, nachdem die Hauptversammlung einberufen wurde, jedem interessierten Aktionär unverzüglich eine Abschrift des Jahresabschlusses, des Lageberichts, des Aufsichtsratberichtes sowie des Gewinnverwendungsvorschlags des Vorstands zur Verfügung zu stellen hat.

Der Geschäftsbericht ist die meistgelesene Publikation einer Gesellschaft. Er fungiert auch als Symbol einer bestimmten Unternehmenskultur, das in

---

637 Vgl. Döbel, T., Kür, S. 23.

dem Vergleich mit der "Visitenkarte des Unternehmens" zum Ausdruck kommt. Ihm kommt somit eine wichtige vertrauensbildende Funktion zu.[638]

Im Rahmen der gesetzlichen Pflichtpublizität wird die inhaltliche Gestaltung des Geschäftsberichts mit seinen Bestandteilen der Bilanz, der Gewinn- und Verlustrechnung, dem Anhang sowie dem Lagebericht durch die Vorschriften des dritten Buchs des HGB §§ 242 und 289 determiniert. Im Hinblick auf eine effiziente Investor-relations-Politik kommt der Darstellung des Lageberichts und des Anhangs erhebliche Bedeutung zu, da die Berichterstattung in Anhang und Lagebericht nicht abschließend kodifiziert ist, sondern vom Gesetzgeber nur ein Mindestumfang vorgegeben ist. Gleichwohl ist bei den inhaltlichen Gestaltungsmöglichkeiten zu berücksichtigen, daß zusätzliche Angaben sowie der Umfang der dort zu veröffentlichenden Informationen restringiert durch die Bestimmung des § 264 Abs. 2 HGB werden, nach der Angaben im Anhang und Lagebericht nur dann aufgenommen werden dürfen, wenn sie in einem sachlichen Zusammenhang mit dem Jahresabschluß stehen und somit der Vermittlung des nach § 264 Abs. 2 HGB geforderten Bildes von der Lage des Unternehmens dienen, ohne Klarheit und Übersichtlichkeit des Jahresabschlusses zu beeinträchtigen.

Adressaten des Jahresabschlusses sind neben den Anteilseignern Gläubiger, Arbeitnehmer, der Fiskus und die übrige interessierte Öffentlichkeit. Bezüglich der Zielgruppenbezogenheit des Instruments Geschäftsbericht ist somit festzustellen, daß durch die Heterogenität der Adressaten der Inhalt notwendigerweise ein Kompromiß sein muß. Hieraus ergibt sich die Schwierigkeit bei der Gestaltung des Geschäftsberichts, der die unterschiedlichen Informationsbedürfnisse der einzelnen Lesergruppen befriedigen können muß.[639] Gleichwohl ist durch das Kriterium der inhaltlichen Flexibilität eine zielgruppenspezifische aktionärsorientierte Ansprache möglich, wie im folgenden gezeigt wird. Diese äußert sich primär in einem aussagefähigen Lagebericht, einem informativen Anhang sowie einem ausführlichen Bericht über die Entwicklung der eigenen Bankaktie. Für den Aktionär stellen diese Informationen zusätzliche Anhaltspunkte zur Einschätzung der Ertragskraft dar.[640]

---

638 Vgl. Coenenberg, A., Entscheidungswirkungen, S. 323 ff.

639 Vgl. Graves, J., Investor Relations, S. 221.

640 Vgl. Kaufhold, K., u. a., Geschäftsbericht, S. 13.

Die Angaben im Anhang lassen sich differenzieren in Pflicht-, Wahlpflicht-, zusätzlich notwendige und freiwillige Angaben. Den freiwilligen Angaben kommt eine wesentliche Bedeutung zu, da die hierdurch gezeigte Bereitschaft der Banken, zusätzliche Informationen zu veröffentlichen, positive Wirkung auf die Glaubwürdigkeit der Investor-relations-Politik der Bank zeitigen. Daher sollen auch nur diese Gegenstand der folgenden Ausführungen sein.[641]

Die freiwilligen Angaben dienen dazu, die Informationsqualität des Jahrsabschlusses zu erhöhen, da die gesetzlich vorgeschriebenen Pflicht- und Wahlpflichtangaben zwar umfangreich sind, aber nicht unbedingt ein zutreffendes Bild über die Risikosituation der Banken gewährleisten. Mittels der freiwilligen Angaben soll die Beurteilung der Risikosituation der Banken erleichtert werden. Förderlich erscheinen diesbezüglich umfängliche Angaben, die sich entsprechend auf die in Kapitel 3 aufgeführten Felder von Informationsasymmetrien erstrecken, wobei insbesondere Angaben zum Management der Marktrisiken und Adressenausfallrisiken in verbaler als auch nonverbaler Form sinnvoll sind.

Gem. § 289 HGB sind Kapitalgesellschaften und damit auch die Banken gesetzlich zur Erstellung eines Lageberichts verpflichtet, mittels dessen der Geschäftsverlauf abgebildet wird. Der Lagebericht hat zwei Funktionen, die Verdichtungs- und die Ergänzungsfunktion. Die Verdichtungsfunktion beinhaltet die komprimierte Zusammenfassung der Angaben des Jahresabschlusses, während mittels der Ergänzungsfunktion die für die Beurteilung der Lage notwendigen Angaben bereitgestellt werden sollen. Dem Lagebericht kommt damit sowohl eine Rechenschafts- als auch eine Informationsfunktion zu. Bezüglich letztgenannter ist auf den in dem Lagebericht geforderten Ausblick einzugehen, mittels dessen die voraussichtliche künftige Geschäftsentwicklung der Bank dargestellt wird. Dabei werden nach den Kenntnissen zum Zeitpunkt der Bilanzaufstellung in verbaler Form Tendenzaussagen gemacht. Im Zusammenhang mit den Erwartungen über den weiteren Geschäftsverlauf wird ggf. über wichtige geschäftspolitische Maßnahmen nach dem Bilanzstichtag zu berichten sein. Sowohl der Teilbereich des Prognoseberichts als auch der Ausblick können im Hinblick auf

---

641 Zu den zuvor genannten Angaben vgl. Prahl, R., Vorschriften, S. 401 ff.; Biener, H., Berneke, W., Bilanzrichtlinien-Gesetz, S. 250; Selchert, F. H., Karsten, J., Inhalt, S. 1890 ff.

die Informationsinteressen der Aktionäre effizienter gestaltet werden.[642] Derzeit berichten die Banken primär über die erwartete volkswirtschaftliche Entwicklung. Aussagen über ihre eigene Zukunft, die z. B. konkret angestrebte Gewinne in den einzelnen Unternehmensbereichen betreffen, stellen eher die Ausnahme dar.[643] Vermehrt sollten Informationen in den Lagebericht einfließen, die Aufschluß geben über die zukünftig verfolgte Strategie sowie Entwicklungsziele für strategische Geschäftsfelder aufzeigen.[644] In diesem Zusammenhang ist die Veröffentlichung einer Segmentberichterstattung empfehlenswert. Denn auch das Ziel der Segmentberichterstattung ist darauf ausgerichtet, dem aktuellen und potentiellen Aktionär einen detaillierten Einblick in die finanzielle und wirtschaftliche Erfolgssituation einer Bank zu erlauben, um hierdurch eine bessere Prognostizierbarkeit zukünftiger Zahlungsmittelströme in betraglicher und zeitlicher Hinsicht zu erlauben. Bedeutung erlangt die Segmentberichterstattung bei Banken angesichts der zu beobachtenden Verfolgung einer zunehmend globalen und diversifiziert ausgerichteten Geschäftspolitik. Diese induziert, daß die im Konzernabschluß aggregierten Daten der einzelnen Geschäftsbereiche zu Informationsverzerrungen und -defiziten führen, da aus den aggregierten Daten den Aktionären ein den tatsächlichen Verhältnissen entsprechendes Bild der Vermögens-, Finanz- und Ertragslage vermittelt werden kann. Ursächlich hierfür ist, daß Verluste in einem Geschäftsbereich durch Gewinne in einem anderen Geschäftsbereich kompensiert werden. Aus diesem Grund wird gemäß IAS 14 die Veröffentlichung von spezifischen Informationen über die einzelnen Segmente (z. B. Produktgruppen, Geschäftszweige, pro-

---

642 Auch empirische Studien über die Qualität der Lageberichte stellten ein erhebliches Verbesserungspotential im Hinblick auf den Umfang und die Qualität der Lageberichterstattung fest. Kritisiert werden die überwiegend allgemein gehaltenen Aussagen, die eine hinreichende Präzision vermissen lassen, sowie der zugrundegelegte Zeithorizont von weniger als einem Jahr und das Treffen von Zukunftsaussagen ohne Angaben der den Erwartungen zugrundeliegenden Prämissen. Vgl. Streim, H., Lagebericht, S. 703 ff.; Sorg, P., Prognosebericht, S. 1962; Markwalder, D., Geschäftsbericht, S. 20 ff.

643 Vgl. Baden, K., Wilhelm, W., Gold, S. 166.

644 Unter der Überschrift "Effizienter Einsatz der Ressourcen" sind z. B. bei der Dresdner Bank AG erstmalig seit 1993 die Geschäftsbereiche genannt, die die Bank als strategische Wachstumsfelder definiert, zugleich werden aber auch die strategischen Konsolidierungsfelder genannt, mit denen Geschäftsbereiche bezeichnet werden, aus denen sich die Bank zurückziehen will. Vgl. Dresdner Bank AG, Geschäftsbericht 1995, S. 21. Ähnlich verfährt die Bayerische Vereinsbank AG. Benannt werden die strategischen Felder, wenngleich hier nicht über Wachstumsfelder, sondern über Kernkompetenzen gesprochen wird. Einschränkend im Hinblick auf die Aussagekraft ist anzumerken, daß zwar Angaben über die Höhe der derzeitigen Marktanteile erfolgen, über die mit den Strategien zukünftig angestrebten Marktanteile jedoch keine Aussagen gemacht werden. Vgl. Bayerische Vereinsbank AG, Geschäftsbericht 1995, S. 43.

fit center) gefordert, um im Rahmen einer segmentierten Rechnungslegung der Beeinträchtigung des Informationsgehalts der Jahresabschlüsse entgegenzuwirken und dem Investor eine risikogerechte Beurteilung seiner Investition zu ermöglichen. Segmentspezifische Informationen sind hinsichtlich der Merkmale "geographische Bereiche" und "wesentliche Tätigkeitsbereiche" zu geben. Dabei sind die Berichtssegmente einer Bank so zu bestimmen und abzugrenzen, daß sie den Informationsbedürfnissen aktueller und potentieller Investoren gerecht werden.[645] Hierbei gilt es, den Grundsatz der Segmenthomogenität zu beachten, d. h. die zu einem Segment zusammengefaßten Tätigkeitsfelder müssen in ihren ökonomischen Bedingungen (Wachstumsaussichten, Risiken, Gewinnspannen etc.) weitestgehend übereinstimmen. Zusätzlich muß die Segmentwesentlichkeit gegeben sein. Dies ist dann der Fall, wenn ein Bereich den überwiegenden Teil seiner Erlöse aus dem Geschäftsverkehr mit unternehmensfremden Dritten erzielt, und Segmentumsatz, Segmentvermögen oder Segmentergebnis mehr als 10 % der jeweiligen Gesamtgröße ausmachen. Sind diese Wesentlichkeitsvoraussetzungen erfüllt, liegt ein "reportable segment" vor, woraus eine Segmentierungspflicht für das Unternehmen erwächst. Es existieren verschiedene Kriterien, nach denen eine Segmentierung unter Beachtung der oben genannten Forderungen erfolgen kann. Die wesentlichen Segmentierungsmerkmale sind Tätigkeitsfelder und/oder geographisch bestimmte Märkte.[646] Bezüglich des sektoralen Segmentierungskriteriums kommen Produkte, Produktgruppen und Branchen in Betracht. Die Zuordnung steht im Ermessen der bilanzierenden Bank und wird determiniert von betriebsinternen Abläufen, wobei das Ziel, eine homogene Gruppe in einem Segment zu vereinen, prioritär zu berücksichtigen ist.[647] Nach geographisch bestimmten Märkten ist dann zu segmentieren, wenn das Unternehmen in mehreren Ländern oder Regionen tätig ist und dies entscheidend für die interne Unternehmensstruktur ist. Fokussiert wird hierbei auf Inlands- und Auslandsumsätze, wobei verschiedene Risikostrukturen und Gewinnchancen auch eine weitere Differenzierung der Absatzmärkte erfordern können.[648] Wesentliche Tätigkeitsfelder bei Banken sind z. B. die Unterneh-

---

645 Hatten auch deutsche Banken gemäß § 34 II Satz 2 Nr. 1 RechKredV eine Aufschlüsselung bestimmter Positionen nach Regionen in der Gewinn- und Verlustrechnung vorzunehmen, blieb deren Aussagekraft gering, da der Ausweis sich oft nur auf eine Gesamtsumme der Ertragsposten erstreckte.

646 Vgl. Haller, A., Park, B., Segmentberichterstattung, S. 503.

647 Vgl. Bernards, A., Segmentberichterstattung, S. 1364.

648 Bei Änderungen der Segmentabgrenzungen oder Bilanzierungsmethoden mit wesentlichem Einfluß sind sowohl Gründe als auch Auswirkungen zu nennen. Vgl. Selchert, W., Inhalt, S. 1889.

mensbereiche investment banking, corporate finance, private banking sowie retail banking.[649]

Des weiteren sind sowohl für den geographischen als auch für den Tätigkeitsbereich ein Segmentumsatz und ein Segmentergebnis anzugeben. Bezogen auf den Segmentumsatz veröffentlichen Banken die Erträge aus dem operativen Geschäft, während das Segmentergebnis als Differenz zwischen den Segmenterlösen und -aufwendungen das Betriebsergebnis darstellt.[650]

Da das Betriebsergebnis eine um außerordentliche Aufwendungen und Erträge bereinigte Größe ist, verfügt dieses über den Vorteil, eine bessere Vergleichbarkeit der Segmente untereinander zu bewirken.

Grundsätzlich ist festzustellen, daß die zusätzlichen Angaben zum Segmentergebnis einen verbesserten Einblick in die Rentabilität der einzelnen Unternehmensbereiche ermöglichen. Für den Investor werden defizitäre Bereiche, aber auch die ertragsstarken oder wachstumsstarken Geschäftsaktivitäten ersichtlich. Zudem erlaubt eine Segmentberichterstattung Einblicke in die Kapitalallokation, und es wird erkennbar, welche Geschäftsfelder ausgebaut werden, so daß des weiteren hierdurch eine Einschätzung der Unternehmensstrategie möglich wird.

Unter der Voraussetzung, daß ex ante das für das jeweilige Segment verantwortliche Vorstandsmitglied eine angestrebte Rentabilitätskennziffer genannt hat, dient die Veröffentlichung der Unternehmensbereichsrechnung der Nachprüfbarkeit der Geschäftstätigkeit bzw. wird gegenüber dem Aktionärskreis die Ergebnis- und Risikoverantwortung als Individualverantwortung des einzelnen Vorstandsmitglieds eindeutig ausgewiesen und zugeordnet. Dem oftmals in diesem Kontext von Kritikern angeführten Einwand, daß die Veröffentlichung detailliert aufgegliederter Rechnungslegungsdaten zu Wettbewerbsnachteilen infolge publizitätsinduzierter Konkurrenzwirkungen führt, kann entgegengehalten werden, daß die Segmentinformationen in der Regel kaum eine Tiefe erreichen, die der Konkurrenz von Nutzen und damit nachteilig für die publizierenden Banken sein kann.

---

649 Vgl. Haller, A., Park, B., Segmentberichterstattung, S. 499 ff.

650 Vgl. Bellavite-Hövermann, Y., Prahl, R., Bankbilanzierung, S. 117.

Eine Vergleichbarkeit und eine aussagefähige Segmentberichterstattung mit dem Ziel eines Informationsgewinns für den Investor ist jedoch nur dann gewährleistet, wenn eine auf die Unternehmensbereiche bezogene homogene Berichterstattung sowie eine einheitliche Abgrenzung der Segmente erfolgt.[651] So ist z. B. festzustellen, daß der Publizitätsumfang der Segmentberichterstattung bei den international tätigen Banken bislang sehr heterogen erfolgt. Eine Vielzahl der Banken nimmt lediglich eine geographische Aufgliederung vor, eine Differenzierung nach Unternehmensbereichen mit der Nennung erzielter Renditen erfolgt in der Regel nicht.[652]

Zusätzlich wird ein Vergleich der Segmentergebnisse zwischen den einzelnen Banken erschwert, begründet in der uneinheitlichen Abgrenzung der Segmente und der damit verbundenen Zuordnung der Aufwendungen und Erträge zu den einzelnen Geschäftsbereichen, wobei hier auf die grundsätzliche Problematik bei der Segmentberichterstattung hinzuweisen ist.[653] Diese resultiert daraus, daß die einzelnen Aufwendungen und Erträge den einzelnen Segmenten aufgrund der wirtschaftlichen Verflechtung der Segmente und den hieraus resultierenden zahlreichen Gemeinkosten nicht immer zweifelsfrei zugeordnet werden können.[654] Als Beispiel für eine unterschiedliche Abgrenzung der Segmente und der damit unterschiedlichen Zuordnung sind die Ergebnisse der strukturierten Finanzierung anzuführen. So werden bei einzelnen Banken die Ergebnisse aus dem Bereich der strukturierten Finanzierungen dem Geschäftsbereich investment banking zugerechnet, während diese in Abhängigkeit von der Größe des Kunden bei anderen Banken dem Unternehmensbereich commercial banking zugeordnet werden.

Im Hinblick auf eine bessere Vergleichbarkeit wäre es zweckmäßig, wenn sowohl die Anzahl der Segmente als auch die Segmentierungskriterien für die einzelnen Unternehmensbereiche vereinheitlicht und alle wesentlichen Tätigkeitsbereiche nach einheitlichen Grundsätzen behandelt würden. Grundsätze können z. B. das Gebot der Vollständigkeit beinhalten. Eine einheitlichte Berichterstattung wird — zumindestens bei den Großbanken — sichergestellt, wenn z. B. der Bundesverband deutscher Banken Emp-

---

651 Vgl. o. V., Shareholder-value, S. 17.

652 Vgl. Krumnow, J., Globalität, S. 3.

653 Vgl. Hartwig, D., Bankenjahr, S. 3.

654 Vgl. Baumann, J., Segmentberichterstattung, S. 4; Haase, K. D., Segmentpublizität, S. 455.

fehlungen für die Segmentsberichterstattung — ähnlich wie für das Derivategeschäft— auspricht.

Eine Präzisierung der monetären und strategischen Ziele kann durch die Bekanntgabe von Zielgrößen erfolgen, z. B. durch die angestrebte Rendite in den einzelnen Geschäftsbereichen.[655]

Um dem vielfach auf seiten der Banken erhobenen Einwand zu begegnen, der Umfang des Geschäftsberichts würde zu groß, können die vergleichsweise ausführlichen Stellungnahmen zu aktuellen wirtschaftspolitischen Fragen entfallen oder deutlich verkürzt werden.

In dem prüfungsfreien Teil des Geschäftsberichts ist es sinnvoll, auch ein separates Kapitel über die Kursentwicklung der eigenen Bankaktie zu publizieren. Seit Anfang der neunziger Jahre enthalten die meisten Geschäftsberichte der Banken ein eigenständiges Kapitel, das ausführlich über Kennzahlen, Kursentwicklung, Aktionärsstruktur und sonstige aktuelle Ereignisse unterrichtet. Wesentlich für den Investor ist der künftige finanzielle Erfolg seiner Kapitalanlage. Zur Abschätzung des Anlageerfolgs ist es daher nützlich, die Wertentwicklung der eigenen Bankaktie sowohl verbal als auch nonverbal zu erläutern. Grafische Darstellungen gewährleisten hierzu eine bessere Übersichtlichkeit, insbesondere dann, wenn bei der Zeichnung ein Vergleichsmaßstab zugrunde gelegt wird.[656] Eine Vergleichbarkeit für den Privatanleger wird insofern erschwert, als unterschiedliche Vergleichsmaßstäbe zur Messung der Performance der eigenen Aktie herangezogen werden. So bildet die Dresdner Bank AG den Kursverlauf ihrer Aktie im Vergleich zum FAZ-Index und dem CDAX-Kreditbanken ab, während die Deutsche Bank AG als Vergleichsgröße den DAX wählt. Ein weiterer Indikator, der das Interesse an der betreffenden Aktie widerspiegelt, ist die tägliche Erfassung der jeweiligen Umsätze in der Aktie. So vereinigte z. B.

---

655 Vgl. Schreib, H. P., Ansatz, S. 14.

656 Wenngleich diese Thematik bereits ansatzweise in den Geschäftsberichten behandelt wird, sind auch hier gravierende Unterschiede zu verzeichnen. Während die Bayerische Hypotheken- und Wechselbank AG der eigenen Aktie nur eine Seite widmet und Angaben über die Börsenplätze, an denen die Aktie notiert ist, fehlen, umfassen die Ausführungen der anderen Banken über die eigene Aktie mehrere Seiten. Zusätzlich erfolgen Angaben zu den Höchst- und Mindestkursen sowie die Aufzählung der ausländischen Börsen, an denen die betreffende Aktie notiert ist. Vgl. hierzu die entsprechenden Seiten in den Geschäftsberichten 1995 der genannten Banken.

die Deutsche Bank Aktie 1995 8,9 % aller Umsätze in inländischen Aktien auf sich.[657]

Bezüglich der zur Verfügung gestellten Kursinformationen sollten nicht nur, wie bislang üblich, Angaben über die Höchst- und Tiefkurse des vergangenen Jahres erfolgen, sondern darüber hinaus noch Aussagen darüber gemacht werden, an welchen Börsentagen die Höchst- und Tiefkurse festgestellt wurden und welche Gründe seitens der Unternehmensleitung als Ursache dafür in Frage kommen können.

Innerhalb des Themas "Eigene Aktie" erscheint es sinnvoll, die Telefonnummer der Investor-relations-Abteilung anzugeben und sicherzustellen, daß das Herstellen von telefonischen Kontakten nicht einem "Hürdenlauf" für den Aktionär gleichkommt, wie es noch bei der Mehrzahl der börsennotierten Aktiengesellschaften der Fall ist, bei der jede fünfte Telefonzentrale den fragenden Aktionär falsch weiterleitete.[658]

Die Veröffentlichung eines "financial calendar" mit den für die eigenen Aktionäre wichtigsten Terminen, z. B. Zeitpunkt der Dividendenzahlung, Publizierung des Zwischenberichts, die Jahrespressekonferenz und Veröffentlichung des Geschäftsberichts für das abgelaufene Geschäftsjahr stellt ebenfalls eine aktionärsfreundliche Maßnahme dar. So veröffentlichte z. B. die Commerzbank AG die Termine und die Orte für ihre Hauptversammlungen schon bis in das Jahr 2000. Bei anderen Großbanken erfolgte nur eine Ankündigung für das jeweils nächste Jahr.[659]

Der Aktionär als primäre Zielgruppe kann innerhalb des Geschäftsberichts durch einen sog. einleitenden "Aktionärsbrief" angesprochen werden. Mit dieser in der Regel auf den ersten Seiten zu findenden Ansprache gibt der Vorstand den Aktionären wesentliche Erläuterungen und einen kurzen Überblick zur Entwicklung der Bank, des Aktienkurses und der vorgesehenen Dividende.

Der Ermessensspielraum des publizierenden Kreditinstituts sollte im Hinblick auf die Ausführlichkeit der Berichterstattung als ein gestaltungsoffe-

---

657 Vgl. Deutsche Bank AG, Geschäftsbericht, S. 86.

658 Vgl. Germann, U., Aktiengesellschaften, S. 68; Schnitzler, L., Firmen-Informationen, S. 119.

659 Vgl. Deutsche Bank AG, Geschäftsbericht 1995, S. 87; Commerzbank AG, Geschäftsbericht 1995, S. 8.

nes Informationsinstrument genutzt werden, um sich über die Qualität des publizierten Lageberichts und Anhangs deutlich von den Wettbewerbern zu differenzieren.

5.3.1.2 Gestaltung des äußeren Erscheinungsbildes

Basierend auf den Erkenntnissen der verhaltenswissenschaftlichen Finanzmarktforschung ist im Hinblick auf die Gestaltung des Geschäftsberichts der sog. "Framing-Effekt" zu berücksichtigen, der besagt, daß Informationen eher aufgenommen werden, wenn sie gut und/oder auffällig präsentiert werden. Vor diesem Hintergrund ist daher zunächst eine übersichtliche und klare Gliederung des Geschäftsberichts sicherzustellen, die es der jeweiligen Zielgruppe ermöglicht, die sie interessierenden Sachverhalte leicht zu finden. Hilfsmittel in Form optischer Gestaltungsmöglichkeiten, die eine selektive Informationsaufnahme der Adressaten fördern, können die Strukturierung des Textes durch Überschriften, Zwischentitel und Absätze, eine entsprechende Formatierung durch Verwendung von Fettdruck und Unterstreichungen sowie die Verwendung unterschiedlicher Schriftarten und -größen sein.[660]

In diesem Zusammenhang muß allerdings auch darauf geachtet werden, daß nicht sämtliche Gestaltungselemente herangezogen werden, weil z. B. durch zu viele verschiedene Schriftarten und -größen die flüssige Lesbarkeit beeinträchtigt wird.

Zur zielgruppenadäquaten Gestaltung des Geschäftsberichts könnte jeweils der vollständige Berichtsteil durch eine kompakte Kurzzusammenfassung eingeleitet werden, so daß jeweils leichte Lesbarkeit und ausreichende Detailliertheit gleichzeitig gewährleistet sind.[661] Zur Komplexitätsreduktion und Erhöhung der Transparenz sollten die einzelnen Kapitel des Geschäftsberichts mittels aussagefähiger Zwischenüberschriften untergliedert werden.[662]

---

660 Vgl. Selchert, F. W., Anhang, S. 25; Kroeber-Riel, W., Bildkommunikation, S. 488.

661 Vgl. Rogola, F., Konturen, S. 18; Blohm, H., Geschäftsbericht, S. 60 ff.

662 Teilweise werden deutsche Geschäftsberichte als verwirrend, inhaltsarm und langweilig beurteilt. "Sprachlich entpuppen sich die Geschäftsberichte oft als Werk von Bürokraten: verquast, verschachtelt, langweilig. Der Text ist so wirr und geschraubt, daß selbst Fachleute nicht wissen, was gemeint ist." o. V., Geschäftsberichte, S. 24.

Um zu verhindern, daß das wahrgenommene Risiko einer Aktienanlage als zu hoch eingeschätzt wird, sind Grafiken hilfreich, die der Überschätzung der Angst entgegenwirken können. So kann man z. B. in den Geschäftsberichten die Renditeentwicklung von festverzinslichen Papieren im Vergleich zu Beteiligungstiteln aufnehmen. Als Beispiel hierzu kann das Rendite-Dreieck des deutschen Aktieninstituts angeführt werden, das die jährliche Durchschnittsrenditeentwicklung von Aktien über einen Anlagezeitraum von 35 Jahren abbildet. Als Vergleich wird ein Rentendepot, das zum gleichen Zeitpunkt erworben und wieder veräußert wurde, herangezogen. Im Vergleich der langfristigen Performance lag der durchschnittliche Renditevorteil für die Aktienanlage bei 7 %. Für den Einjahreszeitraum reduzierte er sich auf 2,84 %. Insbesondere in der Langfristbetrachtung sieht man anhand der Differenz der Renditen von Anleihen und Aktien die Höhe der Aktienrisikoprämie deutlich. Diese betrug in der Periode von 1975 bis 1993 rund 7,2 % p. a., da die Aktien einen Durchschnittsertrag (Kursveränderung und Dividende) von jährlich 12,54 % erwirtschafteten, während die Anleihen nur Erträge von 5,3 % im Jahr generierten.[663]

In diesem Zusammenhang sind die seit einigen Jahren von den Banken erstellten Stichwortglossare positiv anzuführen, die in kurzen prägnanten Worten Fachtermini erläutern sowie durch die Abbildung eines Indexverzeichnisses einen zielgerechten Zugriff auf bestimmte Sachverhalte erlauben.[664]

Zur Erhöhung der Verständlichkeit können auch visuelle Hilfsmittel beitragen. Gemeint sind hier in erster Linie Illustrationen, zu denen Fotos, Schaubilder etc. zählen.[665] Neben diesen visuellen Mitteln können weitere künstlerische Gestaltungsvarianten positive Attribute der Aktienbank suggerieren: ansprechender Einband, umweltfreundliche Papierqualität, angemessener Seitenumfang und ästhetische Typographie.[666]

Eine Möglichkeit, gerade für den eiligen Leser eine erste Information anzubieten, besteht in der Nutzung der Innenseite des Umschlags, um dort eine informative Übersicht über die wichtigsten Kennzahlen, auch Zahlen des Vorjahres in einem Vergleich, herzustellen.

---

663 Vgl. Deutsches Aktieninstitut, Anlage, S. 40.

664 Vgl. Deutsche Bank AG, Geschäftsbericht 1995, S. 94.

665 Vgl. Körner, G., Illustrationen, S. 26.

666 Vgl. Kunze-Thiele, A., Geld, S. 76.

Da nicht alle Adressaten an einer umfassenden Informationsversorgung interessiert sind, besteht unter diesem Aspekt auch die Möglichkeit der Erstellung von Kurzberichten, die in komprimierter Form die wesentlichen Informationen enthalten. Diese eignen sich zur Ansprache weiter Investorenkreise. Dabei bieten die beigefügten Leserservicekarten Interessierten eine Option zur Zusendung des ausführlichen Geschäftsberichts in mehreren Sprachen. Die Forderung der Veröffentlichung des Geschäftsberichts in mehreren Sprachen[667] ist angesichts der zunehmenden Verflechtung der Finanzmärkte nicht weiter erwähnenswert bzw. stellt eine Selbstverständlichkeit dar.

5.3.2 Zwischenberichte

Die zeitnahe unterjährige Information der Kapitalmarktteilnehmer wird durch die Verpflichtung zur Aufstellung eines Zwischenberichts gem. § 44 b BörsG und § 53 BörsZulV sichergestellt. Diese verpflichten börsennotierte Unternehmen zur halbjährlichen Berichterstattung über die Entwicklung der Geschäftstätigkeit und die wirtschaftliche Lage des Unternehmens. Die Darstellung muß in der Weise erfolgen, daß Investoren die geschäftliche Entwicklung im Vergleich mit den Vorjahreszahlen beurteilen können. Dies hat anhand ausgewählter Zahlenangaben und Erläuterungen zu erfolgen. Als obligatorische Zahlenangaben sind gem. § 54 Abs. 1 BörsZulV die Umsatzerlöse und das Ergebnis vor oder nach Steuern auszuweisen. Für Banken gelten die in § 55 BörsZulV geltenden Angaben sinngemäß. Analog sind Banken gem. Abs.1 S. 1 verpflichtet, die Bilanzsumme und die in der Anlage der BörsZulV aufgeführten Posten aus Bilanz und Gewinn- und Verlustrechnung zu veröffentlichen. Der Mindestumfang qualitativer Angaben zur Lage des Unternehmens ist in § 55 BörsZulV kodifiziert. Als besondere Sachverhalte, die wesentlichen Einfluß auf die zukünftige Entwicklung der Bank haben, sind Aussagen über die Entwicklung der Handelsgeschäfte in Wertpapieren, Devisen und Edelmetallen zu treffen.[668]

Dem Aktionär soll es hierdurch ermöglicht werden, durch frühzeitige Informationen über die Lage und den Geschäftsverlauf positive oder negative Tendenzen in der Entwicklung der Ertragskraft zu erkennen, um eine Beurteilung bezüglich Börsenkurs und Dividendenaussichten vornehmen zu können. Mit dem Zwischenbericht wird in erster Linie eine verbesserte Be-

667 Vgl. Hartmann, H., Investor Relations, S. 141.

668 Vgl. § 57 (2) S. 1 BörsZulV.

urteilung zukünftiger Erträge beabsichtigt. Der Zwischenbericht informiert nicht nur über die Entwicklung der Geschäftstätigkeit in den ersten sechs Monaten des laufenden Jahres, sondern bezieht — soweit möglich — auch die Aussichten für die verbleibenden Monate des Geschäftsjahres mit ein.[669]

Bezüglich des Kriteriums der Zielgruppenaffinität besteht der Vorteil des Zwischenberichts darin, daß dieser anlagerelevante Informationen an aktuelle und potentielle Aktionäre vermitteln soll. Somit stellt der Investor nach herrschender Meinung den primären Adressaten des Zwischenberichts dar.[670] Aus Investor-relations-Sicht sollte somit dem Zwischenbericht aufgrund seiner dezidierten Adressenorientierung — im Vergleich zum Jahresabschluß und Lagebericht wird ihm nicht in gleichem Maße eine ausgleichende Funktion divergierender Informationsinteressen verschiedener Adressatengruppen zugesprochen — als ein eigenständiges Publizitätsinstrument eine hohe Bedeutung zukommen.[671]

Förderlich in diesem Zusammenhang ist, daß auch beim Zwischenbericht ein inhaltlicher Gestaltungsspielraum besteht. Rekurrierend ist zunächst das Kriterium der inhaltlichen Flexibilität anzuführen, da eine Pflicht zur Veröffentlichung eines Zwischenergebnisses nicht besteht.[672] Es ist lediglich über die einzelnen Aufwands- und Ertragsposten zu berichten. Aus Investor-relations-Sicht empfiehlt sich gleichwohl die Veröffentlichung eines gemessen am Vorjahresergebnis zeitanteiligen Betriebsergebnisses, wie es die Universalbanken auch bereits machen. Zusätzlich informationserhöhend

---

669 Diese These wird dadurch gestützt, daß dem Zwischenbericht keine Gewinnverwendungsfunktion zukommt. Vgl. Bridts, C., Zwischenberichtspublizität, S. 46.

670 Vgl. Hebestreit, G., Zwischenberichtserstattung, S. 108; Köster, H., Grundsätze, S. 44; Kilgert, T., Großmann, P., Zwischenbericht, S. 192..

671 In der Praxis ist festzustellen, daß der Zwischenbericht als Instrument der Investor-relations-Politik eine zunehmende Bedeutung erfährt. Als erste Großbank hat die Deutsche Bank AG 1995 erstmals einen ausführlichen sog. "Mid-year Review" veröffentlicht. In dem Bericht, der sich explizit in der Ansprache an die Aktionäre und Analysten richtet, wurden die wesentlichen Ereignisse wie die Gründung der Bank 24, die Fusion der Frankfurter Hypothekenbank AG und Deutsche Centralbodenkredit AG sowie die Gründung der Tochtergesellschaft in Polen kurz kommentiert. Des weiteren wurden detailliert Veränderungen in den einzelnen wesentlichen Positionen der Gewinn- und Verlustrechnung wie Zinsüberschuß (Net-interest-income) und Provisionserträge erläutert. Die Veränderungen gegenüber dem Vorjahr wurden nicht nur numerisch dargestellt, sondern mittels Diagrammen grafisch unterlegt.

672 Begründet wird die fehlende Pflicht zur Ermittlung eines Zwischenergebnisses mit dem unverhältnismäßig hohen Kostenaufwand.

wirkt sich auch eine Darstellungsform des Zwischenberichts aus, die nicht nur numerisch ist, sondern wesentliche Ereignisse, die mit erheblicher geschäftspolitischer Auswirkung verbunden sind, kommentiert. Folglich ist es in den letzten Jahren üblich geworden, die Darstellung der Halbjahreszahlen in Berichtsform zu verschicken.

Im Hinblick auf die zunehmende Internationalisierung des Investorenkreises ist es sinnvoll, sich an internationale Usancen bezüglich der Zwischenberichterstattung anzupassen.[673] International üblich ist die Berichterstattung streng rhythmisiert, wobei eine Präsentation des Ergebnisses nach jedem Quartalsabschluß üblich ist. Somit ist zu überlegen, inwieweit die bisherigen Gepflogenheiten deutscher Banken, erst nach zehn Monaten ein Zwischenergebnis zu präsentieren, zu überdenken ist.[674]

Bei konsequenter Anwendung internationaler Publikationsrhythmen wäre auch ein schriftlicher Quartalsbericht zum 31. März anzufertigen. Zu einer Einführung dieses Termins konnte sich die Kreditwirtschaft bislang noch nicht durchringen. Ursächlich hierfür könnte der enge zeitliche Abstand zur Hauptversammlung sein. Um hier einen gewissen "news character" zu erhalten, werden die Banken vermutlich erst einmal davon absehen, Quartalsberichte für die ersten drei Monate zu publizieren. Zur Erhöhung der Vergleichbarkeit von Geschäfts- und Zwischenbericht sollte der Zwischenbericht inhaltlich und optisch auf den Geschäftsbericht abgestimmt sein.

Publizitätsintensivierend wirkt des weiteren, wenn neben dem Versand an alle Aktionäre eine Distribution durch Zeitungsinserate und über Werbeständer in den Geschäftsstellen des publizierenden Instituts erfolgt.

5.3.3 Finanzanzeigen, face sheets, fact books

Unter Finanzanzeigen werden entgeltliche Veröffentlichungen von durch Banken gestalteten Texten, Grafiken und Bildern in Zeitungen und Zeitschriften verstanden.

Finanzanzeigen als unpersönliches Publizitätsinstrument werden ergänzend zu den Pflichtpublikationen eingesetzt und intendieren neben dem Ziel ei-

---

673 Vgl. Gershon, F., Communication, S. 43 ff.

674 Dieser Entwicklung haben sich die Großbanken angeschlossen, die erstmalig 1996 ein Ergebnis nach drei Quartalen präsentierten.

ner ständigen Dialogbereitschaft die Steigerung des Bekanntheitsgrades und eine Erhöhung der Attraktivität des Banktitels. Primäre Zielgruppen dieses Instruments sind die aktuellen und potentiellen Aktionäre, da insbesondere letztgenannte sonst weniger mit Unternehmenspublikationen, wie z. B. Geschäftsberichten, in Berührung kommen. Um die von den Banken beabsichtigte Zielgruppe zu erreichen, ist es sinnvoll, dies in der redaktionellen Gestaltung bereits zum Ausdruck kommen zu lassen. Als Beispiel hierzu können Finanzanzeigen der Industrie angeführt werden, wie z. B. die der Firma Bayer AG "Mir gehört ein Stück von Bayer", sowie die Finanzanzeigenserie der BASF AG "The Blue-Chip-Innovators" oder SKW Trosberg AG "Dialog mit dem Anleger." Hier besteht grundsätzlich bei Banken ein hoher Innovationsbedarf, durch ein zielgruppenadäquates "wording", vergleichbar einer Sloganentwicklung, den "richtigen" Ton zu treffen. Die eher konservative Grundeinstellung zur Breitenkommunikation steht damit im Gegensatz zu den Interessen der Anleger, die gerne anhand eines hohen Wiedererkennungseffekts auf "ihre Bank" und deren Information aufmerksam gemacht werden möchten.

Eine zielgruppenbezogene Ansprache kann gefördert werden, indem bei der Auswahl der Printmedien berücksichtigt wird, inwieweit eine Kongruenz zwischen den Lesern und den gewünschten Adressaten besteht.[675] Es sollten somit Finanzanzeigen in denjenigen Zeitungen publiziert werden, in deren Leserschaft Interessenten für Beteiligungstitel vermutet bzw. durch Markttests ermittelt werden. Für die Adressaten von Banken kommen in erster Linie seriöse, überregionale Tageszeitungen mit einem ausführlichen Wirtschaftsteil sowie qualitativ angemessene Wirtschaftszeitungen und -zeitschriften in Frage.

Zugleich können diese Finanzanzeigen insbesondere zur Akquisition von potentiellen Aktionären eingesetzt werden, indem bei aufgetretenen Fragen die Leser mit einem Antwortcoupon dazu ermutigt werden, weitere Informationen über die Bank anzufordern.[676]

Bezüglich der inhaltlichen Flexibilität ist festzustellen, daß diese durch den zur Verfügung stehenden Anzeigenplatz limitiert ist, so daß nur relativ kurze Informationen präsentiert werden können. Bei der Gestaltung der Finanzanzeigen ist daher darauf zu achten, daß der Leser mit Informationen

---

675 Vgl. Frank, D., Finanzwerbung, S. 36.

676 Vgl. Bauer, S., Aktionär, S. 238; Demuth, A., Image-Jahrbuch, S. 11.

nicht überflutet wird. Dies impliziert einen kurzen und gut strukturierten Text, prägnante Überschriften sowie das vertraute Banklogo.

Demgegenüber verfügen Finanzanzeigen über den Vorteil einer hohen zeitlichen Flexibilität, so daß Anzeigen insbesondere dann geschaltet werden können, wenn besondere Ereignisse vorgefallen sind, die Erläuterungen seitens des Managements sinnvoll erscheinen lassen, um drohenden Mißverständnissen entgegenzuwirken, z. B. bei aufgedeckten Betrugsfällen, großen Kreditschieflagen oder dem Erwerb einer Investmentbank. Sie könnten aber auch als besonderer Vorabinformationsservice geschaltet werden, um relevante Fakten aus der Kurzbesprechung des Jahresergebnisses dem Investor möglichst prägnant und frühzeitig zukommen zu lassen.[677]

Eine einheitliche Gestaltung der Veröffentlichung bezüglich Design und Ausdrucksweise ist aus Gründen der Wiedererkennung zwingend notwendig. Grundsätzlich sollte über einen gewissen längeren Zeitraum hinweg eine einheitliche Überschrift gewählt werden, wie z. B. "Dialog mit dem Anleger".

Finanzanzeigen sollten somit ergänzend zur Unterstützung anderer Investor-relations-Tätigkeiten eingesetzt werden, da ihnen eine hohe Beachtungsintensität und loyalitätserhöhende Wirkung zugebilligt werden kann.[678] Diese ergibt sich jedoch nur dann, wenn eine regelmäßige und kontinuierliche Schaltung der Finanzanzeigen erfolgt und somit deutlich wird, daß die Bank das Ziel zur Bereitschaft einer ständigen Dialogfähigkeit auch ernsthaft verfolgt.

Als weitere unpersönliche Finanzinstrumente sind die von den Banken publizierten face sheets anzuführen.[679] Diese eignen sich insbesondere für die individuellen Aktionäre und beinhalten neben einer Kurzvorstellung der Bank allgemeine Informationen über das Anlageinstrument Aktie. Die Distribution der face sheets erfolgt über die Geschäftsstellen sowie auf Aktionärsmessen und der Hauptversammlung.

---

677 Vgl. Kutzer, G., Publizität, S. 45; Kühner, M., Beziehungen, S. 82; Vollar, J., Finanzwerbung, S. 148.

678 Vgl. Wünsche, G., Bankenwerbung, S. 19.

679 Z. B. die Broschüre der Deutsche Bank AG "DB at a glance".

Zur Intensivierung der Beziehungen zu Analysten und institutionellen Investoren wird in der Regel jährlich ein "fact book" publiziert. Dieses beinhaltet komprimiert und transparent alle wesentlichen aktien- und unternehmensrelevanten Informationen und wird diesen Personengruppen unaufgefordert zugesandt.[680]

Wesentlich bei der Gestaltung der Maßnahmen im Hinblick auf das Ziel der Generierung von Vertrauen und Glaubwürdigkeit ist eine Einheitlichkeit und Kontinuität in der Darstellung der grafischen Gestaltung und der verbalen Äußerungen.

5.3.4 Aktionärszeitschriften

Aktionärszeitschriften sind von den Unternehmen herausgegebene Publikationen, mit denen über Aktivitäten innerhalb der Unternehmensgruppe berichtet wird. Im Gegensatz zu Unternehmen des Chemiesektors[681] ist bei Banken die Herausgabe von Aktionärszeitschriften noch unüblich, was angesichts einer hohen Zielgruppenaffinität, über die dieses Instrument verfügt, nicht nachvollziehbar ist. Die über die Depotbanken versandten Aktionärszeitschriften erreichen den Aktionär ohne jegliche Streuverluste.

Vorteilhaft an einer Aktionärszeitschrift ist eine hohe inhaltliche und zeitliche Flexibilität, begründet in dem fehlenden Charakter einer Pflichtpublizität, die im Rahmen der Investor- relations-Politik einer Bank sinnvoll genutzt werden sollte. Gegenstand der Zeitung könnten unternehmensspezifische Sachverhalte sein, wie z. B die Vorträge des Vorstands und Auszüge aus Diskussionen auf der Hauptversammlung sowie besondere geschäftspolitische Ereignisse wie die Gründung einer Direktbank oder die Übernahme anderer Unternehmen. Zusätzlich könnten auch Themen allgemeinerer Art abgehandelt werden, die gleichwohl aktienpolitischen Bezug aufweisen, wie z. B. die Auswirkungen der europäischen Wirtschafts- und Währungsunion auf die Aktienmärkte. Auch wenn sich unter Umständen thematische Überschneidungen mit den Pflichtpublikationen ergeben, ist dies als nicht so gravierend zu erachten, da insbesondere die freiwilligen Publikationen die Bereitschaft der Bank untermauern, umfassend zu informieren, und deshalb sehr geeignet sind, eine Identifikation des Aktionärs

---

680 Vgl. Breuer, J., Kommunikation, S. 78.

681 Vgl. Loehr, H., Anleger, S. 1053. So beträgt die Gesamtauflage der von der Bayer AG zweimal im Jahr erscheinenden Aktionärszeitung eine halbe Mio. Exemplare.

mit seiner Bank bzw. eine emotionale Verbundenheit zu fördern. Dieses Ziel wird durch ein regelmäßiges Erscheinen der Zeitschrift unterstützt und induziert eine Erhöhung der Bindung des Individualaktionärs an "seine Bank".

5.4 Persönliche Maßnahmen

5.4.1 Hauptversammlung

Neben der primären Funktion als beschlußfassende Versammlung der Aktionäre bildet die Hauptversammlung[682] eine wichtige, für die Individualaktionäre letztendlich auch die einzige Gelegenheit, mit dem Vorstand persönlich in Kontakt zu treten bzw. Fragen direkt an ihn zu richten.[683] Diese Informationsfunktion der Hauptversammlung sowie das Auskunftsrecht des Anteilseigners sind gesetzlich in § 131 AktG kodifiziert.

Die Auskunftspflicht des Vorstands gegenüber den Aktionären erstreckt sich auf verschiedene Sachverhalte. Dem Aktionär sind auf Verlangen umfassende Informationen zu geben, die zu einer Beurteilung der Vermögens - und Ertragslage der Bank benötigt werden. Des weiteren sind auf Anfrage der Aktionäre nähere Erläuterungen zu den jeweiligen einzelnen Bilanzpositionen des Jahresabschlusses zu geben. Eine Einschränkung ergibt sich hier insofern, als über Sachverhalte nur dann Auskunft gegeben werden muß, wenn eine Kenntnis über diese notwendig ist für eine sachgemäße Beschlußfassung über die einzelnen Tagesordnungspunkte. Limitiert wird das Auskunftsrecht der Aktionäre nach § 131 (3) AktG durch ein fakultatives und verpflichtendes Auskunftverweigerungsrecht des Vorstands. Fakultativ sind Angaben über steuerliche Wertansätze oder die Höhe einzelner Steuern bzw. der mittelbare Hinweis hierauf, Angaben zu den Tageswerten von Bilanzpositionen sowie Bewertungs- und Abschreibungsmethoden über die Angabepflicht des § 284 (2) Nr. 1 HGB offenzulegen. Verpflichtend ist jedoch das Auskunftsverweigerungsrecht, wenn dadurch der Gesellschaft ein

---

682 Die Kompetenz der Hauptversammlung erstreckt sich gem. § 119 AktG auf folgende Sachverhalte: die Bestellung der Aufsichtsratsmitglieder der Anteilseigner, die Entscheidung über die Verwendung des Bilanzgewinns, die Entlastung der Mitglieder von Aufsichtsrat und Vorstand, die Bestellung des Abschlußprüfers, die Entscheidung über Satzungsänderungen, den Beschluß von Kapitalerhöhungen bzw. -herabsetzungen, die Bestellung von Prüfern bei der Gründung der Gesellschaft oder bei Vorgängen der Geschäftsführung sowie die Auflösung der Gesellschaft.

683 Vgl. Graves, J., Investor Relations, S. 301.

nicht unerheblicher Schaden zugefügt oder sich der Vorstand durch die Auskunftserteilung strafbar machen würde.

Im Rahmen der Investor-relations-Politik einer Bank wäre es somit wünschenswert, daß auf Hauptversammlungen über die gesetzlichen Angaben hinausgehend vermehrt Informationen über die momentane Geschäftslage und die zukünftigen Perspektiven an die Anteilseigner gelangen.[684] Schwerpunkt des Berichts sollten der Ausblick auf das laufende Geschäftsjahr und die kurz- und mittelfristigen Perspektiven sein. Einschränkend ist hier anzumerken, daß im Hinblick auf die zeitliche Komponente jedoch zu berücksichtigen ist, daß diese Informationen mit dem Informationsgehalt der börsenrechtlichen Zwischenberichte konkurrieren. Finden die Hauptversammlungen zeitlich in unmittelbarer Nähe zur Veröffentlichung des Zwischenberichts statt und gibt es bereits Angaben über den Geschäftsverlauf innerhalb der ersten Monate, kommt dem Informationsgehalt des Zwischenberichts nicht mehr eine so wesentliche Rolle zu.[685] Auch Aussagen zur Kursentwicklung der eigenen Aktie im Vergleich zu einem Branchenindex, zukünftig geplante Dividenden und gravierende Änderungen in der Aktionärsstruktur sind im Rahmen des Vortrags des Vorstands aufzugreifen.

Ein wesentliches Anliegen der Investor-relations-Abteilung muß es sein, einer "Hauptversammlungsverdrossenheit" entgegenzuwirken. Wenngleich sich der Trend zu einer rückläufigen Präsenz, wie er insbesondere Anfang der neunziger Jahre zu verzeichnen war, umzukehren scheint und die Präsenz auf Hauptversammlungen bei den Großbanken stieg, sollten dennoch intensive Bemühungen seitens der Banken vorgenommen werden, das Interesse an "ihrer Bank" und damit die Präsenz der Aktionäre zu steigern.[686]

Präsenzquoten unterhalb von 50 % sind für die Wahrnehmung der Aktionärsrechte äußerst unbefriedigend. Durch Ausübung des Stimmrechts, d. h. der Beteiligung an den Mehrheitsabstimmungen, kann der Aktionär Einfluß auf die unternehmerische Willensbildung nehmen; in der überwiegenden Zahl der Fälle wird das Stimmrecht jedoch nicht selbst ausgeübt, sondern

---

684 Dies sollte nicht als eine unangenehme Pflichtübung der Unternehmen aufgefaßt werden, wie es in dem oftmals geäußerten Ausspruch Carl Fürstenbergs zum Ausdruck gebracht wird: "Die Hundehütte ist für den Hund und die Hauptversammlung für die Katz."

685 Vgl. Treiber, K., Aktiengesellschaften, S. 601 f.

686 Vgl. Max, D., Hauptversammlung, S. 77; Stützle, R., Wagenbach, J., Hauptversammlung, S. 517.

erfolgt durch das Depotstimmrecht der Banken. Eine zielgruppengerechte Investor-relations-Politik könnte gegebenenfalls dazu beitragen, daß einzelne Aktionäre wieder selbst ihr Stimmrecht aufgrund des zeitnahen und ständigen Informationsflusses ausüben. Förderlich für eine Erhöhung der Präsenz auf der Hauptversammlung wäre es, die Hauptversammlung an einem Wochenende stattfinden zu lassen und nicht, wie bislang üblich, an einem Werktag.

Um die Hauptversammlung als wirkungsvolles Investor-relations-Instrument einzusetzen, ist es förderlich, einen perfekten Ablauf der Veranstaltung sowie eine gut strukturierte Durchführung zu gewährleisten.

Eine gute Organisation zeigt sich bereits bei der Festlegung des Zeitpunkts der Hauptversammlung Es sollte möglichst ein Termin gefunden werden, der nicht mit den Hauptversammlungsterminen anderer Banken kollidiert, um zu verhindern, daß Präsenz und Aufmerksamkeit der Zielgruppen beeinträchtigt wird. Der Termin sollte möglichst frühzeitig gelegt werden, damit die Anteilseigner zeitnahe Informationen erhalten. Auch die Einladungen sollten rechtzeitig verschickt werden, wobei der Gestaltung der Einladung zur Hauptversammlung große Aufmerksamkeit gewidmet werden sollte. Eine anregende und interessante Einladung sollte nicht den vollständigen Wortlaut der Vorschläge der Verwaltung umfassen, sondern prägnant die wissenswerten Fakten in den Vordergrund stellen.

Um eine informationsreiche Hauptversammlung zu schaffen, sollte eine hohe Qualität der Berichterstattung durch den Vorstand angestrebt werden, die sich darin äußert, daß die Fragen knapp, aber präzise beantwortet werden. Bei bestimmten Themenbereichen ist allerdings ein gewisser Zeitraum einzuräumen, falls auf Spezialisten zurückgegriffen werden muß, die nicht vor Ort sind, sondern in den jeweiligen Zentralen.[687]

Zur Unterstützung der Beziehungen zwischen Bank und Aktionär sollte mittels audiovisueller Darbietungen eine aufgelockerte und in einem angemessenen Zeitrahmen gehaltene Berichterstattung durch die Unternehmensleitung geschaffen werden.

Eine weitere Gelegenheit, zusätzlichen Kontakt zu "ihren" Aktionären zu schaffen, besteht in der Möglichkeit der Verfügbarkeit des Vorstands vor oder nach dem offiziellen Ende der Hauptversammlung, um Fragen einzel-

687 Vgl. Herdt, H. K., Hauptversammlung, S. 8.

ner Aktionäre zu beantworten. Zur Verringerung der über das Geschäftsjahr bestehenden Distanz kann auch eine veränderte Sitzordnung beitragen. Dies kann in der Weise erfolgen, daß die Sitze bzw. die Sitzreihen ansteigend aufgebaut werden und die Aktionäre von oben nach unten schauen und nicht, wie in der Vergangenheit üblich, von unten nach oben auf das Podium, wo Aufsichtsrat und Vorstand "thronen".

Um auch die nicht persönlich teilnehmenden Aktionäre zu informieren und eine Verbundenheit herzustellen, sollten die Rede des Vorstandssprechers sowie besonders wesentliche Fragen an den Vorstand und seine Antworten im Rahmen von Finanzanzeigen oder durch die Zusammenstellung einer bebilderten Kurzfassung publiziert bzw. ins Internet aufgenommen werden.[688]

Zu einer angemessenen Betreuung gehört auch die Verpflegung des Aktionärs, wobei diese jedoch nicht den Stellenwert einer Naturaldividende einnehmen darf. Sie sollte auf keinen Fall einen solchen Stellenwert erlangen, wie es bei Aktiengesellschaften im Raum Baden-Württemberg geschehen ist. Dort wurde eine Broschüre aufgelegt mit dem Titel "Schwäbische Aktien zom Fressa gern", in der die Aktionärsverpflegung aller 1994 stattfindenden Hauptversammlungen in Baden-Württemberg aufgeführt wurde.[689]

5.4.2 Präsentationen und persönliche Gespräche

Eine Präsentation und persönliche Gespräche sind "Kernstücke" der Investor-relations-Instrumente, da sie in höchstem Maße eine zielgruppenaffine Ansprache ermöglichen.[690] Eingesetzt werden diese Instrumente zu einer gezielten Betreuung von Analysten und Investoren. Diese Maßnahmen richten sich primär auf die institutionellen Investoren und die Analysten, da diese Zielgruppe und ihr differenziertes Informationsbedürfnis eine separate Betreuung erforderlich machen.

Der Vorteil von Präsentationen und persönlichen Gesprächen liegt in der sehr hohen zeitlichen und inhaltlichen Flexibilität. Einschränkungen bezüglich der zeitlichen Flexibilität könnten sich nur dann ergeben, wenn die Prä-

---

688 Vgl. Ackermann, P., Förderung, S. 142; Schreib, H. P., Hauptversammlung, S. 190.

689 Vgl. o. V., Tips, S. 32.

690 Vgl. Hannig, U., Investor Relations, S. 154; Hannebohn, D., City-scan-Untersuchung, S. 1 ff.

senz des Vorstands gewünscht wird und dieser naturgemäß nicht über viele freie Zeiträume verfügt. Inhaltliche Einschränkungen ergeben sich nur dann, wenn wettbewerbsrelevante Sachverhalte thematisiert werden sollen.

Dem Aufbau und der Pflege von Kontakten dienen des weiteren Face-to-face-Gespräche sowie Round-table-Gespräche.

Round-table-Gespräche vermitteln einem kleinen Kreis von wesentlichen Analysten und Portfoliomanagern vertiefende Informationen und Diskussionsmöglichkeiten. Solche Gruppenveranstaltungen werden von Mitarbeitern der Investor-relations-Abteilung durchgeführt, die Präsenz des Topmanagement ist hierzu nicht unbedingt erforderlich.

Face-to-face-Gespräche werden mit Investoren geführt, die über größere Aktienanteile verfügen oder die ein größeres Investment tätigen wollen.[691] Derartige Vorhaben einer intensiven und individuellen Kommunikation mit dem Investor erfordern intensive Vorbereitungen, da in der Regel ein Vorstandsmitglied dazugebeten bzw. erwartet wird.[692]

Diese Gespräche bieten den Vorteil des direkten Dialogs und insbesondere die Möglichkeit, offen gebliebene Fragen detailliert zu diskutieren und Mißverständnissen vorzubeugen. Gleichwohl erfordern sie ein hohes Maß an Zeit und Hintergrundwissen der Investor-relations-Mitarbeiter. Für die Spezifizierung einzelner Sachverhalte ist die Anwesenheit einzelner Vorstandsmitglieder vorteilhaft. Da diese in der Regel oftmals wenig Zeit haben oder im Ausland weilen, bieten sich als Alternative ortsunabhängige Telefon- oder Videokonferenzen an, die eine geringere Zeit- und Kostenbelastung verursachen und zudem kurzfristig einsetzbar sind.[693]

Um die aus dem direkten Kontakt mit dem Analysten resultierende Insiderproblematik zu vermeiden, hat die DVFA-Kommission Mitte 1995 ein Regelwerk verabschiedet, das Berufsgrundsätze für Portfoliomanager, Analysten und Wirtschaftsjournalisten beinhaltet. Aktueller Anlaß war die insbesondere für Analysten induzierte Rechtsunsicherheit durch die Verabschiedung des Zweiten Finanzmarktförderungsgesetzes. Für die Analysten ergab

691 Vgl. Link, R., Aktienmarketing, S. 337; Roop, J., Stephen, L., competitive, S. 4.

692 Bei ausländischen institutionellen Anlegern gilt hier die 90-Tage-Regel, die beinhaltet, daß viermal im Jahr persönliche Gespräche zwischen dem Fondsmanager und dem Vorstandsvorsitzenden einer Bank geführt werden müssen.

693 Vgl. Loehr, H., Anleger, S. 48.

sich insbesondere die Problematik der nicht eindeutigen Zuordnung als Primär-/Sekundärinsider.[694] In dem Abschnitt der DVFA-Standesrichtlinien "Spezielle Berufspflichten im Umgang mit Informationen und Analysen" wird bei den DVFA-Unternehmensgesprächen festgelegt: "Der Analyst darf bei diesen Kontakten darauf vertrauen, daß ihm keine insiderrelevanten Tatbestände mitgeteilt werden. Für die Herstellung der Bereichsöffentlichkeit ist weder der Analyst noch die DVFA zuständig, ausgehend von dem Grundverständnis, daß die Analysten durch ihre Berufsausübung nicht zu Primärinsidern werden."[695]

Grundlegend wichtig ist, daß in Analystengesprächen seitens der Banken nicht auch unbekannte Tatsachen vermittelt werden. Sind diese dann kursrelevant, so ist ihre Verwendung nicht uneingeschränkt gestattet, oder es muß sofort die Bereichsöffentlichkeit hergestellt werden.[696] Im Umgang mit Analysten ist es wesentlich, daß nicht nur eine selektive Öffentlichkeit hergestellt wird. Verstärkt werden daher Journalisten zu derartigen Gesprächen hinzugebeten. Sie sollen die Gewähr dafür bieten, daß eine unverzügliche Veröffentlichung erfolgt.[697]

Maßgebend für den Erfolg ist auch hier eine perfekte technische Ausgestaltung. In diesem Zusammenhang wird häufig von Analysten die im Vergleich zu amerikanischen Unternehmen unprofessionelle Gestaltung der Präsentationen deutscher Gesellschaften kritisiert. Nach ihrer Meinung drückt sich die Unprofessionalität hinsichtlich der eingesetzten Technik sowie der rhetorischen Fähigkeiten aus, die oftmals auf die konservative deutsche Mentalität bzw. die fehlende Verkäufermentalität zurückgeführt wird. Insbesondere im Bankbereich, dessen Gebaren durch "vornehme Zurückhaltung" bzw. "Diskretion" geprägt ist, ist eine marketingorientierte Verhaltensweise noch schwer zu vermitteln. Rhetorik- und Präsentationsschulungen können hier Abhilfe schaffen.

Bezüglich des Veranstaltungsablaufs ist eine ausreichende Diskussionsperiode sicherzustellen, um den individuellen Informationsbedürfnissen gerecht zu werden. Produktvorführungen und Betriebsbesichtigungen, wie dies bei

---

694 Vgl. Eisele, D., Insiderrecht, S. 80.

695 Vgl. Kruschwitz, L., Insiderregelung, S. 420 ff.

696 Vgl. Weiershäuser, Insider, S. 696; Schwarze, F., Spannungsfeld, S. 128; Möller, A., Insiderrecht, S. 104.

697 Vgl. o. V., Publizität, S. 8.

den Industrieunternehmen üblich ist, z. B. die Besichtigung der Installation moderner Fertigungsanlagen, haben den Vorteil, die Atmosphäre aufzulokkern; Banken müssen durch andere Mittel versuchen, dieses Defizit zu kompensieren.

Aufgrund ihrer im Vergleich zu den Anlegern relativ überschaubaren Zahl sind Analysten stärker persönlich, d. h. durch individuelle Gespräche und Präsentationen anzusprechen. Deshalb präsentieren sich Banken im Rahmen von DVFA-Unternehmensbesuchen vor den Analysten. Dies impliziert für den Einsatz von Investor-relations-Instrumenten eine differenzierte Informationsbearbeitungsstrategie. Analysten haben, wie dargestellt, aufgrund ihres hohen Ausbildungsniveaus andere Informationswünsche, die Diskussion mit ihnen basiert auf einem hohen substantiellen Niveau.[698] Da sich die Analysten auf einzelne Branchen spezialisiert haben, ist es für eine gezielte Ansprache unumgänglich, diejenigen herauszufiltern, die sich auf Finanzdienstleistungen spezialisiert haben.[699] Es ist notwendig, alle Branchenanalysten zu kennen sowie unter Umständen auch den Fall zu klären, warum es Bankanalysten gibt, die die betreffende Bank nicht analysieren. Bei einem Analystenteam mit hoher Reputation können Empfehlungen erheblichen Einfluß auf die Bewertung der zugrundeliegenden Aktie haben.[700] Für eine erfolgreiche Analystenpräsentation ist es notwendig, die Informationsbedürfnisse dieser wesentlichen Multiplikatoren zu kennen. Für DVFA-Veranstaltungen haben die Banken hierzu einen Katalog einzelner Fragen zusammengestellt.

Von besonderer Bedeutung sind hier die road shows, die Präsentationen an den bekannten Finanzplätzen im Ausland wie London, Glasgow, Edinburgh, New York und Boston. Diese finden ein- bis zweimal pro Jahr im Anschluß an die Veröffentlichung der Jahres- bzw. Halbjahresergebnisse statt.[701]

---

698 Die meisten Analysten verfügen über einen Hochschulabschluß in Betriebs- oder Volkswirtschaftslehre. Vgl. o. V., Regeln, S. 37.

699 Vgl. Diehl, U., Investor Relations, S. 177.

700 Empirische Untersuchungen in den USA haben eine signifikant hohe Korrelation zwischen den Empfehlungen der Analysten und deren Akzeptanz bei den Anlegern ergeben. Vgl. Chatlos, W., Investor Relations, S. 3 ff. Jährlich werden z. B. die besten Analystenteams mit dem "analysis award" geehrt. Als herausragend für das Research von Bankaktien wurde 1995 die Bank SG Warburg geehrt. Vgl. Demuth, A., Konzept, S. 1.

701 Vgl. Strutz, W., Investor Relations, S. 12.

Ziel der Präsentationen sind die Vorstellung der Bank als Anlageobjekt, die Kommentierung der geplanten Strategie und der Aufbau oder die Pflege von Kontakten. Zur Erzielung einer notwendigen Aufmerksamkeit oder von Synergieeffekten empfiehlt sich die parallele Schaltung von Finanzanzeigen in den wichtigsten internationalen Wirtschaftszeitungen wie der Financial Times, dem Wall Street Journal, der Zeitschrift Euromoney und dem International Herald Tribune.[702]

Stellen Hauptfilialen der Banken ein Forum für andere Unternehmen dar, um deren Aktie zu präsentieren — so hat die Bayerische Vereinsbank AG der Firma Escada die Möglichkeit gegeben, in den Räumen der Bank ihre Firma vorzustellen —, ist zu überlegen, ob Banken diese Möglichkeit in ihren Hauptfilialen als eine Investor-relations-Maßnahme nicht auch für ihre eigene Aktie nutzen sollten.[703] Der Vorteil dieser Möglichkeit besteht darin, Streuverluste, wie sie im Rahmen von Aktionärsmessen auftreten, geringer zu halten.

5.4.3 Aktionärsmessen

Aktionärsmessen bieten gleichfalls die Möglichkeit, in einen direkten Dialog mit dem Aktionär zu treten. Gleichwohl ist das Interesse der deutschen Unternehmen an derartigen Veranstaltungen gering; dies beweist die Tatsache, daß die bis 1995 existierende, in zweijährigem Rhythmus stattfindende Internationale Aktionärsmesse in Düsseldorf zu einer Internationalen Anlegermesse umfirmierte.[704] Ursächlich hierfür war das mangelnde Interesse der Unternehmen und das nicht ausreichend zur Verfügung stehende Personal, so daß auch andere Anlageformen einbezogen werden mußten, um genügend Aussteller zu akquirieren.[705] Daher sind als Anlageformen neben Aktien Versicherungen, Investmentfonds, Immobilien und festverzinsliche

702 Vgl. Paul, W., Investor-relations-Management, S. 923 ff.

703 Ebenfalls bot die Vereins- und Westbank AG im Rahmen der Veranstaltung "Publikumsgesellschaften präsentieren sich - Das Unternehmen hinter der Aktie" dem Spar-Unternehmen als Vertreter der Konsumgüterbranche die Möglichkeit, sich in ihren eigenen Räumen potentiellen privaten und institutionellen Aktionären zu präsentieren. Vgl. o. V., Spar, S. 15.

704 Fast alle im DAX enthaltenen Gesellschaften verzichteten 1996 auf eine Teilnahme an der Messe. Vgl. Palm, R., Chance, S. 29.

705 Vgl. o. V., Messe, S. 29.

Papiere vertreten. Auf seiten der Zielgruppe bestand hingegen sehr hohes Interesse, was die jährlich steigenden Besucherzahlen beweisen.[706]

Derartige Messen richten sich in erster Linie an diejenigen Personen, die noch keine Erfahrung, aber ein Interesse an dem Anlageinstrument Aktie haben, so daß eine zielgruppengerechte Ansprache begründet in dem speziellen Wesen der Aktionärsmesse gegeben ist.[707]

Hinsichtlich des Kriteriums der inhaltlichen Flexibilität ist ein für die Banken hoher Gestaltungsspielraum gegeben. So bietet sich zum einen die Möglichkeit, mit ihren Mitarbeitern fachspezifisches know-how zu vermitteln; zusätzlich können Bankbesuche und Börsenplanspiele für Schüler oder Studenten von Investmentclubs als Lehrmittel intensivierend eingesetzt werden, um die Bankaktie als Blue-chip-Anlagefazilität zu offerieren. Visualisierte Unternehmenspräsentationen, Vorträge zu bestimmten Themen und Diskussionen bestimmen dabei den Rahmen gezielter Kommunikation.[708]

Das Kriterium der zeitlichen Flexibilität wird maßgeblich durch die von dem Veranstalter gesetzten Termine und Öffnungszeiten determiniert, so daß diesbezüglich kein Gestaltungsspielraum existiert.

5.4.4 Online-Kommunikationsmaßnahmen

Die moderne Medientechnik bietet über die traditionellen Veröffentlichungen hinaus ein Medium, das neue Wege der Kommunikation mit potentiellen und aktuellen Aktionären über die Nutzung von Datennetzen aufzeigt. Grundsätzlich besteht die Möglichkeit der Nutzung verschiedener Datennetze, wobei grob unterschieden werden kann in kommerzielle, wie z. B. T-Online oder Compuserve, und nicht-kommerzielle Netze, wie z. B. das In-

---

706 Vgl. von Rosen, R., Aktionärsmesse, S. 3.

707 Vgl. Haubrock, A., Dialog, S. 54; Fritsch, U., Aktionäre, S. 25.

708 Vgl. Meier, F., Investor Relations, S. 60.

ternet. Auf letztgenanntes, das wegen seines Umfangs auch als "Netz der Netze" bezeichnet wird, wird im folgenden Bezug genommen.[709]

Eine zielgruppenbezogene Ansprache über das Datennetz kann durch die Bank nicht auf unmittelbarem Weg erfolgen, sondern nur mittelbar.[710] Inwieweit damit neue Aktionäre angesprochen werden, bleibt fraglich, gleichwohl kann davon ausgegangen werden, daß die hierdurch angesprochenen Zielgruppen, wie empirische Untersuchungen zeigten, in der Regel über eine akademische Ausbildung verfügen, ein höheres Einkommen haben und in hohem Maße technologieaffin sind.

Das Instrument der Online-Veröffentlichung verfügt über eine hohe inhaltliche Flexibilität, da die Gestaltung der Seite für den Aktionär ausschließlich im Ermessen der Bank steht und die veröffentlichten Informationen dazu beitragen, das angestrebte Ziel einer umfassenden Kommunikation der Bank mit den Kapitalmarktteilnehmern zu unterstützen. So kann man den internationalen Erfordernissen einer ausführlichen Information entgegenkommen, indem Seiten mit globalen Informationen in verschiedenen Sprachen zur Verfügung gestellt und um länderspezifische, untergeordnete Seiten ergänzt werden. Zudem unterstützt der weltweite Auftritt das Image einer international agierenden Bank. Hier können die Ergebnisse des Jahres- und Halbjahresabschlusses und der Entschluß über die Dividende zeitnah und aktuell veröffentlicht werden.

Mit einer inhaltlich ansprechenden Gestaltung wird auch der für das Internet typischen Problematik der Visibilität begegnet, die darin besteht, daß man durch die zunehmende Anzahl der Anbieter aus dem In- und Ausland im world wide web nicht mehr gesehen wird. Es muß unabdingbar sichergestellt werden, daß die Online-Seite dem Anwender nützliche Informationen und keine sog. "Datenfriedhöfe" bietet. In einer Umfrage wurde die regelmäßige Aktualisierung der Seiten von 72 %, der Informationsgehalt von 64 % der Befragten als besonders wichtig empfunden.[711] Die Nutzung der

---

709 Dieses mit hoher Geschwindigkeit wachsende Online-Netz mit über 30 Mio. Teilnehmern hat seinen Ursprung in akademischen Netzwerken zwischen Universitäten und Forschungseinrichtungen in aller Welt. Durch die steigende Anzahl nicht-universitärer Teilnehmer erfährt das Netz eine zunehmende Kommerzialisierung. Waren deutsche Banken anfänglich noch überwiegend mit Service- und Informationsangeboten im Internet vertreten, bestehen nun zunehmend Möglichkeiten, Transaktionen wie den Kauf und Verkauf von Wertpapieren abzuwickeln. Vgl. Büschgen, H. E., Bank-Lexikon, S. 970.

710 Eine Liste der im Internet vertretenen Banken bietet die Web-Seite http://www.ibi.de.

711 Vgl. Greis, W., Internet, S. 23; Rohner, K., Cybermarketing, S. 40 f.

Datennetze durch die Anwender unterliegt keinen zeitlichen Restriktionen, so daß hierdurch das Ziel der Bank unterstützt wird, aktuell und umfassend Informationen bereit zu stellen.

Wichtig ist dabei, die "Seite für den Aktionär" nicht nur als Informationsmedium zu gestalten, sondern auch die Dialogfähigkeit herzustellen. Die intelligenten technischen Verknüpfungsmöglichkeiten unterschiedlicher interaktiver Module sind geeignet, den Aktionär zur direkten Kontaktaufnahme zu führen. Die Kontaktaufnahme ist dann gegeben, wenn die Seite für den Aktionär den Namen des jeweiligen Investor-relations-Mitarbeiters (gegebenenfalls mit Paßphoto) enthält sowie die dazugehörige E-Mail-Adresse, so daß Fragen zielgerichtet gestellt und unmittelbar beantwortet werden können.[712] Durch diese Interaktionsmöglichkeit wird ein weiterer Vorteil der Online-Maßnahmen deutlich, der darin besteht, daß Informationswünsche bzw. offen gebliebene Fragen potentieller Investoren das Anlageobjekt Bankaktie betreffend direkt erforscht werden können. Eine solche Möglichkeit könnte z. B. dadurch genutzt werden, daß die Bank einen Wettbewerb zur Gestaltung und Verbesserung der Seite für den Aktionär initiiert.[713]

Wesentlich hierbei ist, daß die Seite nicht zu viele grafische Illustrationen enthält, da dies unter Umständen dazu führt, daß der Aufbau von den Anwendern als zu zeitaufwendig empfunden wird und die Seite der Bank im folgenden nicht mehr aufgerufen wird. So haben empirische Studien hierzu ergeben, daß eine Zeitdauer von über 20 Sekunden für den Aufbau einer Seite als zu lang erachtet wird.[714] Zur Förderung der Benutzerfreundlichkeit sollten somit primär Textversionen verwandt werden, um den zeitaufwendigen Aufbau bedingt durch grafische Illustrationen zu vermeiden.

---

712 So sind z. B. die Mitarbeiter der Investor-relations-Abteilung der Berliner Bank AG über http:/www.berlin.de zu erreichen. Die anderen Banken hatten bis Juli 1997 keine Extra-Seite für investor relations eingerichtet, sondern die Informationen um die Aktie in die allgemeine Präsentation des Unternehmens eingebettet.

713 So hat z. B. die Bayerische Hypotheken- und Wechselbank AG einen Wettbewerb zur Gestaltung und Verbesserung ihrer offerierten Leistungen auf der Web-Seite im Internet ausgeschrieben. Dieser erfuhr eine hohe Resonanz, die sich in 3000 Abrufen der Wettbewerbsseiten manifestierte, wobei — um ein Extrem zu nennen — einer der Teilnehmer einen Verbesserungsvorschlag einreichte, der über 500 Seiten umfaßte. Vgl. o. V., Virtuelle Filiale, S. 19.

714 Vgl. Steinriede, W., Technologie, S. 392.

Ein weiterer Vorteil der Online-investor-relations liegt in der damit erzielbaren höheren Wirkung in Relation zu anderen Instrumenten, da durch die audiovisuelle, interaktive Präsentation der Aktionär die von ihm gewünschte Information individuell selektiert; durch die bewußt gewollte Information entsteht eine höhere Aufnahmebereitschaft. Auch im Hinblick auf die Kontrolle verfügt das Internet über die Möglichkeit, durch die Messung der Abrufzahlen einzelner Seiten und der Verweildauer der Anwender die Effizienz festzustellen.[715]

5.5 Kontrolle des Investor-relations-Erfolgs

5.5.1 Problematik der Quantifizierung des Investor-relations-Erfolgs

Kontrolle bezeichnet allgemein den Vergleich zwischen Ziel und Zielerreichungsgrad bzw. eine laufende, systematische Überprüfung und Beurteilung aller eingesetzten Tätigkeiten auf der Basis der zuvor formulierten Ziele. Grundsätzlich lassen sich die Methoden der Kontrolle in die Ergebnis- und in die Wirkungskontrolle differenzieren.[716] Im Rahmen der Ergebniskontrolle wird versucht, den ökonomischen Erfolg der Investor-relations-Tätigkeiten zu ermitteln, während die Wirkungskontrolle die Auswirkungen der Investor-relations-Aktivitäten auf die anvisierten Zielgruppen analysiert. Ausgangspunkt der Wirkungs- und Erfolgskontrolle und Kriterium für die Bewertung der Maßnahmen stellen somit die Investor-relations-Ziele dar.

Als primäres Ziel der Investor-relations-Politik einer Bank wurde die Reduzierung der Eigenkapitalkosten bzw. die Reduzierung der Risikoprämie in den Renditeforderungen der Aktionäre genannt. Weitere Ziele waren unter anderem die Erhöhung des Bekanntheitsgrades der Bank sowie die Verstetigung der Eigentumsverhältnisse. Zu analysieren ist im folgenden, inwieweit eine Möglichkeit besteht, den angestrebten Zielerreichungsgrad der Reduzierung der Risikoprämie über die Methode der Erfolgskontrolle bzw. Wirtschaftlichkeitskontrolle zu ermitteln, und welche Möglichkeiten die Methode der Wirkungskontrolle bietet, den Realisationsgrad der Ziele Erhöhung des Bekanntheitsgrades und Verstetigung der Eigentumsverhältnisse zu kontrollieren.

---

715 Vgl. Hoffmann, S., Werbung, S. 32.

716 Vgl. Investor Relations Society, Guidelines, S. 10.

5.5.2 Das Konzept der Ergebniskontrolle

Ansatzpunkte für eine ergebnisorientierte Kontrolle ergeben sich, indem seitens der Bank versucht wird, die erhöhten Kapitalkosten aufgrund der Risikoprämie der Aktionäre zu quantifizieren.

Die Antizipation des opportunistischen Verhaltens des Managements einer Bank durch die Aktionäre kann als ein bankspezifisches Risiko des zugrundeliegenden Beteiligungstitels aufgefaßt werden, da es von Bank zu Bank variieren kann. Eine Möglichkeit, das titelspezifische Risiko zu ermitteln, besteht in der Messung der Residualvolatilität der Bankaktie. Diese mißt Kursschwankungen, die nicht durch allgemeine Marktschwankungen erklärbar sind.[717] Als Ursachen allgemeiner Marktschwankungen können z. B. Veränderungen der Effektivverzinsungen von Kapitalanlageobjekten auf konkurrierenden Teilmärkten, Änderungen der Konjunkturpolitik oder der Steuergesetzgebung angeführt werden. Hingegen sind als Gründe für titelspezifische Schwankungen firmenspezifische Ereignisse zu nennen, so z. B. der unerwartete Ausfall hoher Kreditengagements bei Banken.

Eine hohe Residualvolatilität bzw. extreme Kursschwankungen einer Bankaktie im Vergleich zum Gesamtmarkt könnten unter anderem darauf zurückgeführt werden, daß die Aktionäre andersartige Erwartungen haben. Ursächlich hierfür könnte neben dem Gefühl des Nichtinformiertseins aber auch sein, daß Aktionäre sich aus fundamentalen Gründen von dem Titel trennen.

Wenn es jedoch der Investor-relations-Politik einer Bank gelingt, bei aktuellen und potentiellen Aktionären Vertrauen aufzubauen, führt diese Tatsache im Zeitablauf dazu, daß selbst bei negativen unerwarteten Ereignissen die Aktionäre den Banktitel nicht sofort abstoßen, da sie sich grundsätzlich umfassend informiert fühlen. Basierend auf dieser Erkenntnis reduziert sich die Residualvolatilität der betreffenden Bankaktie im Vergleich zur titelspezifischen Volatilität des Beteiligungstitels von Banken, die keine systematische Investor-relations-Politik betreiben. Letztgenannte verfügen somit über eine höhere Residualvolatilität. Diese Differenz könnte dann als die Höhe der Mißtrauensprämie angesehen werden.

Um die Wirkung der Investor-relations-Politik einer Bank empirisch nachzuweisen, ist eine Untersuchung durchzuführen, in der die spezifische

---

717 Vgl. Steiner, M., Bruns, S., Wertpapiermanagement, S. 57.

Kursvolatilität einer Bankaktie vor Beginn einer systematischen Investor-relations-Politik und nach Aufnahme der Investor-relations-Tätigkeiten gemessen wird. Anschließend erfolgt ein Vergleich der Kursentwicklungen. Haben die Investor-relations-Maßnahmen einer Bank Vertrauen erzeugt, müßte zu dem Zeitpunkt, in dem eine Investor-relations-Strategie installiert worden ist, die Residualvolatilität abnehmen.[718]

Eine weitere Möglichkeit, den Erfolg der Investor-relations-Maßnahmen auf den Kurs zu überprüfen, besteht in einem gruppenbezogenen bankbetrieblichen Vergleich. Hier werden die Kursentwicklungen der Banktitel verglichen, und zwar zwischen den Bankgruppen, die eine Investor-relations-Politik betreiben, und zwischen denen, die darauf verzichten. Bewertungsunterschiede bei den Banktiteln ließen sich dann auf den Einsatz von Investor-relations-Maßnahmen zurückführen. Um eine Vergleichbarkeit herzustellen, müssen die in die Stichprobe einbezogenen Banken hinsichtlich Größe, Bilanzstruktur und Eigenkapital vergleichbar sein.

Bei Banken kommt im Hinblick auf die Analyse des Erfolgs der Investor-relations-Politik auf die Volatilität noch erschwerend hinzu, daß der Kurs einer Bankaktie weitaus stärker — im Gegensatz zur Kursentwicklung eines Chemie- oder Automobilunternehmens, der primär abhängig ist von der Branchenentwicklung — von gesamtwirtschaftlichen Einflußfaktoren determiniert wird. Als Spezifikum der Bankaktie ist der ihr innewohnende Diversifikationsgrad anzuführen, der zugleich auch die Grenzen des Erfolgs einer Investor-relations-Politik zeigt. Die Bankbilanz wird auch als Spiegelbild der gesamtwirtschaftlichen Entwicklung interpretiert.[719] Zudem haben markttechnische und außerökonomische Faktoren ebenfalls Einfluß und Auswirkungen auf den Kurs, wie z. B. Veränderungen der Effektivverzinsung von Kapitalanlageobjekten auf verschiedenen Teilmärkten wie dem Anleihemarkt. Des weiteren werden die Kurse beeinflußt von Börsentips, allgemeinen politischen Ereignissen, Währungs- und Konjunkturpolitik sowie Änderungen steuerlicher Vorschriften durch den Gesetzgeber.

Wenngleich bislang eine exakte Quantifizierung der eingesparten Mißtrauensprämie noch nicht empirisch nachgewiesen werden konnte, haben Studien, die sich mit dem Einfluß der Publizitätsgüte befaßt haben, einen deutliche Wirkungszusammenhang zwischen Publizitätsverhalten und Aktien-

---

718 Vgl. Keller, E., Bankbilanzen, S. 98; Wagenhofer, A., Informationspolitik, S. 65 ff.; May, A., Pressemeldungen, S. 80.

719 Vgl. Waschbusch, G., Jahresabschlußpolitik, S. 23.

kursbildung erbracht.[720] Ergebnisse der empirischen Kapitalmarktforschung belegen, daß eine hohe Publizitäts- bzw. Informationsgüte zu geringeren Volatilitäten bzw. im Zeitablauf konstanteren Volatilitäten führen.[721] So wurde nachgewiesen, daß Kursreaktionen bei Unternehmen mit geringer Publizitätsgüte höher ausfielen als bei Unternehmen mit hohem Publizitätsniveau, da bei letzteren Aktionäre aufgrund der stetigen Information die zukünftigen Renditen besser einschätzen konnten.

Wurde die Schwierigkeit aufgezeigt, die Erträge der Investor-relations-Politik für die Bank zu quantifizieren bzw. vice versa die Kosten, die die Banken auf indirektem Weg durch höhere Kapitalkosten zu tragen haben, zu quantifizieren, sind im folgenden Kosten zu nennen, die quantifizierbar sind. Um nicht auf die Kosten der Instrumente einzeln eingehen zu müssen, ist grundsätzlich festzustellen, daß die Kosten der Instrumente der persönlichen Kommunikation höher sind als die der unpersönlichen Kommunikation. Beispielsweise erfordern Präsentationen und road shows einen hohen technischen und bei Anwesenheit der Vorstandsmitglieder auch einen hohen persönlichen Aufwand. Hierbei sind insbesondere mögliche Opportunitätskosten zu berücksichtigen, die aufgrund des Zeitverlustes anfallen, in der das Management nicht für andere Tätigkeiten zur Verfügung steht.

Die Problematik bei der Ermittlung der Kosten ist nicht ihre Erfaßbarkeit bei einzelnen Instrumenten, sondern vielmehr deren Zuordnung. So gestaltet es sich als äußerst schwierig, zwischen den Kosten, die aufgrund der gesetzlichen Vorschriften anfallen, zu unterscheiden und sie von den Kosten zu separieren, die aufgrund der Investor-relations-Maßnahme entstehen.[722] Bei der Erstellung eines Geschäftsberichts ist es kaum möglich, kostenmäßig den Mehraufwand zu erfassen, der entsteht, wenn der Geschäftsbericht nicht nur entsprechend den gesetzlichen Mindestanforderungen, sondern investor-relations-wirksam und aussagekräftig gestaltet wird. Problematisch ist es ebenfalls, bei der Durchführung der Hauptversammlung die Kosten betragsmäßig zu erfassen, die bewirken sollen, daß die Aktionäre die Gestaltung der Hauptversammlung als ein emotionales Erlebnis bewerten.

---

720 Vgl. Keller, E., Möller, H., Informationswert, S. 50 ff.

721 Vgl. Berndsen, H., Unternehmenspublizität, S. 25; Coenenberg, A., Aktienkursentwicklung, S. 309 ff.

722 Vgl. Paul, W., Investor-relations-Management, S. 923.

5.5.3 Das Konzept der Wirkungskontrolle

Die Erhöhung des Bekanntheitsgrades kann gemessen werden durch Kontrollverfahren, die auf den Bereich der Wahrnehmung abzielen (kognitive Wirkungen). Für die Evaluierung des Erfolgs können Messungen im kognitiven Bereich durchgeführt werden, die prüfen, inwieweit die Investor-relations-Maßnahmen von den Investoren wahrgenommen wurden und inwieweit sich die Bank im Bewußtsein von institutionellen und individuellen Kapitalanlegern und Finanzanalysten etabliert hat.

Möglichkeiten hierzu bestehen in der Anwendung sog. Recall- und Recognition-Tests.[723] Hierbei handelt es sich um klassische Verfahren der Wirkungskontrolle, wobei der Recall-Test die Erinnerung durch mündliche oder schriftliche Befragungen erfaßt, während der Recognition-Test ein über Gedächtnishilfen gestütztes passives Erinnern mißt. So können z. B. die Besucher der Aktionärsmesse am Ausgang nach den dort beteiligten Banken als Aussteller befragt werden. Ziel ist es dann eine Aussage über die Höhe des Anteils der Besucher zu erhalten, die von den Investor-relations-Aktivitäten der einzelnen Bank Kenntnis genommen haben. Des weiteren könnten zur Kontrolle, inwieweit die Einführung des Banktitels an ausländischen Börsen eine Erhöhung des Bekanntheitsgrades der betreffenden Bank bewirkt hat, Kundenbefragungen durchgeführt werden, um dann festzustellen, wie hoch der Anteil derjenigen ist, die sich daran erinnern können, welche deutsche Bank sich amtlich hat notieren lassen.

Bei Recognition-Tests werden den Befragten Unternehmens-, Bank- oder Produktnamen vorgegeben. Sie sollen dann angeben, mit welchem Ereignis sie diese in Zusammenhang bringen. Intention einer Investor-relations-Strategie ist zugleich die Dokumentation einer geänderten Einstellung gegenüber den Investoren, d. h. die Bereitschaft einer Bank, sich mit den Informationsbedürfnissen aktueller und potentieller Investoren angemessen auseinanderzusetzen. Insbesondere ausländische Investoren kritisierten die restriktive Informationspolitik deutscher Banken.

Inwieweit diese geänderte Einstellung von einem als restriktiv zu einem als offensiv zu bezeichnenden Informationsverhalten von den Zielgruppen

---

723 Vgl. Scheuch, F., Dienstleistungsmarketing, S. 435; Nieschlag, R., Dichtl, E., Hörschgen, H., Marketing, S. 672 ff.

wahrgenommen wird, kann mittels Kontrollen durch Messungen im affektiven Bereich ermittelt werden.[724]

Messungen im affektiven Bereich haben das Ziel, Aussagen über Einstellungen und Einstellungsänderungen gegenüber der jeweiligen Bank treffen zu können. Diesbezügliche Analysen, als Einstellungs- bzw. Imageanalysen bezeichnet, könnten z. B. in der Form realisiert werden, daß man Versuchspersonen aus der Zielgruppe auffordert, den Banken bestimmte Eigenschaften zuzuordnen, die sie aus einem Begriffskatalog wählen. Im Hinblick auf die mit einer Investor-relations-Politik verfolgten Ziele müßte ein solcher Begriffskatalog interessensbezogen formuliert werden. Der Katalog sollte somit Eigenschaften beinhalten, die eine Bank bei ihrer verfolgten Investor-relations-Strategie als erstrebenswert erachtet, z. B. Verständlichkeit der vermittelten Informationen, die Aktualität der vermittelten Informationen, die Zuverlässigkeit bei telefonischen Auskünften, die Zuverlässigkeit bei der Versendung von Informationsmaterial, die frühzeitige Terminierung der Hauptversammlung.

Bei der Bewertung der Ausprägung der Merkmale durch die Zielgruppe bestehen zwei Möglichkeiten: Entweder können die Zielgruppen zwischen den Extremen der Merkmalsausprägung "trifft zu" oder "trifft nicht zu" ankreuzen, oder es können verschiedene Abstufungen im Hinblick auf den Zielerreichungsgrad angekreuzt werden. Anschließend kann die Bank die Auswertung mit ihren eigenen angestrebten Zielen vergleichen oder — falls die Möglichkeit besteht — ihre ausgewerteten Fragebögen mit den erzielten Ergebnissen anderer Banken vergleichen. Die Auswertung könnte dann als Anknüpfungspunkt fungieren, Verbesserungspotential in der Investor-relations-Strategie einer Bank zu erkennen, um sodann Maßnahmen zum Abbau der vorhandenen Defizite zu entwickeln und umzusetzen.

Aufgrund der Tatsache, daß sich Einstellungs- und Imageänderungen nur langfristig einstellen, ist zu berücksichtigen, daß die conditio sine qua non einer effizienten Wirkungskontrolle eine kontinuierliche Wiederholung dieser Meßmethode bildet.[725] Als Ergebnis der Wirkungskontrolle einer guten Investor-relations-Strategie müßte die betreffende Bank im Zeitablauf als investorenfreundliches und publizitäts-offensives Institut sowie den Dialog mit den aktuellen und potentiellen Investoren suchendes Institut eingeschätzt werden.

---

724 Vgl. Büschgen, H. E., Bankmarketing, S. 16.

725 Vgl. Bruner, M., Sponsoring, S. 20.

Die genannten Verfahren der Wirksamkeitskontrolle werden jedoch in der Praxis kaum angewendet. Als Gründe hierfür werden die damit verbundenen Kosten sowie die Zeitaufwendigkeit des Verfahrens angeführt, da hierdurch zu viele Personalressourcen gebunden werden. Letztgenannter Aspekt ist vermutlich als der gravierendste zu erachten, da die meisten Investor-relations-Abteilungen der Banken nur über einen sehr geringen Mitarbeiterstab verfügen.

Der in der Praxis am häufigsten verwendete Indikator zur Kontrolle der Investor-relations-Tätigkeiten ist die Auswertung der Medienresonanz bezüglich der eingesetzten Instrumente. Dieses im Vergleich zu den zuvor angeführten Verfahren zählt, wie häufig die Bank Gegenstand der Berichterstattung in einzelnen Zeitungen, Fachzeitschriften war, inwieweit z. B. internationale Zeitungen wie die Financial Times Berichterstattungen vornehmen und auf welcher Seite die Artikel plaziert sind.[726] Zusätzlich findet eine Auswertung über die Frequenz und die Art der Interview-Anfragen seitens der Finanzpresse statt. Da eine rein quantitativ orientierte Auswertung wenig aussagekräftig ist, berücksichtigen aus diesem Grund einige Banken auch zunehmend qualitative Aspekte der Publizität. Hierbei wird der Tenor der Berichterstattung ausgewertet, d. h. inwieweit eine Berichterstattung weitgehend neutral, überwiegend positiv oder tendenziell negativ behaftet ist. Im Hinblick auf das Ziel, Glaubwürdigkeit und Vertrauen bei den Investoren zu schaffen, sollte seitens der Bank auf eine neutrale Berichterstattung gedrungen werden. Wird über den Zeitablauf festgestellt, daß bei bestimmten Zeitungen immer wieder ein negativer Tenor in der Berichterstattung dominiert, wird versucht, die Gründe hierzu bei den betreffenden Wirtschaftsjournalisten zu eruieren.[727]

Bezüglich des Wirkungserfolgs der Investor-relations-Politik einer Bank auf die Zielgruppe der Finanzanalysten erfolgt eine Kontrolle durch die Auswertung der von den Finanzanalysten erstellten research reports über den betreffenden Banktitel.[728] Zum einen werden Frequenz und Umfang der research reports, die über die Bank erstellt werden, geprüft. So berichteten z. B. vor Aufnahme der Investor-relations-Tätigkeiten bei der Dresdner Bank AG nur vier internationale Wertpapierhäuser über die Bank, während seit der Etablierung der Investor-relations-Aktivitäten zunehmend alle

726 Vgl. Graves, J., Communications, S. 31.

727 Vgl. Goldmann, A., investor relations, S. 28; Breuer, J., Kommunikation, S. 78; Beiertz, G., Investor Relations, S. 13.

728 Vgl. Goldman, A., Investor relations, S. 28; Breuer, J., Kommunikation, S. 78.

führenden Wertpapierhäuser in kontinuierlichen Zeitabständen Finanzanalysen über die Dresdner-Bank-Aktie erstellen. Ebenfalls erfolgt auch bei den publizierten Finanzanalysen nicht nur eine quantitative, sondern auch eine qualitative Auswertung. Hierbei wird z. B. auf seiten der Bank überprüft, inwieweit realistische Prognosen über die Kursentwicklung bzw. realistische Einschätzungen über das erwartete Ergebnis nach DVFA gegeben werden. Wird nach Einschätzung der Bank die Entwicklung zu positiv dargestellt, besteht die Gefahr des Glaubwürdigkeitsverlusts gegenüber den Investoren bei Nichteintreffen des Szenarios. Zur Verbesserung der Qualität der publizierten Analysen bzw. zur Vermeidung von Mißverständnissen wird daher teilweise den Finanzanalysten angeboten, Entwürfe an die Investor-relations-Abteilung zu senden, um die fachliche Richtigkeit zu gewährleisten.

Weitere quantitative Auswertungen, die als Erfolgsindikatoren fungieren, sind die Höhe der Besucherzahl, die Messung der Besuchshäufigkeit und die Präsenz bei Hauptversammlungen, road shows und Aktionärsmessen.[729] Zusätzlich werden im Anschluß an Präsentationen sowie Face-to-face-Gesprächen im Rahmen eines "follow up" durch eine Direktbefragung der Teilnehmer die Reaktionen auf die zur Verfügung gestellten Informationen ermittelt. Ziel ist es, Aussagen über das Standing innerhalb der financial community sowie Hinweise auf verbesserungsbedürftige Sachverhalte zu erhalten. Als Erfolgsindikator kann ebenfalls die Anzahl der Kauforders für die betreffende Aktie im Anschluß des Gesprächs gewertet werden. Bei einer überzeugenden Darstellung sind Kauforders in Höhe zweistelliger Millionenbeträge keine Seltenheit.

Im Hinblick auf die erzielte Aktionärsloyalität besteht die Möglichkeit, regelmäßig Analysen der Anlegerstruktur durchzuführen. Der Streuungsgrad sowie die Zahl der Umschichtungen geben Aufschluß über die Aktionärsloyalität.[730] Hierzu müssen seitens der Bank grenzenüberschreitende Aktionärsstrukturerhebungen durchgeführt werden.

Die erzielte Aktionärsloyalität läßt sich aus der langfristigen Veränderung der Aktionärsstruktur erkennen, indem tatsächliche und angestrebte Zusammensetzung gegenubergestellt werden. Einschränkend wirken bei diesem Verfahren jedoch die damit einhergehenden hohen Kosten sowie die Aussagekraft solcher Strukturerhebungen. Grenzenüberschreitende Aktio-

729 Vgl. Cramer, A., Marktforschung, S. 126.

730 Vgl. Graves, J., Communications, S. 31.

närsstrukturerhebungen sind mit hohen Aufwendungen verbunden, da die Anfrage bei allen Banken, ob bei ihnen Depotkunden über den betreffenden Banktitel verfügen, sehr personalintensiv ist. Des weiteren ist zu berücksichtigen, daß die ermittelte Aktionärsstruktur nur eine momentane Bestandsaufnahme darstellt, insbesondere vor dem Hintergrund, daß der Handel in Banktiteln als sehr liquide zu charakterisieren ist.

5.6 Investor-relations in der Praxis

Seit Ende der achtziger und Anfang der neunziger Jahre ist insbesondere auf seiten der im DAX vertretenen Banken eine zunehmende Bereitschaft zu erkennen, die bis dato restriktive Informationspolitik gegenüber aktuellen und potentiellen Aktionären offensiver zu gestalten. Die zunehmende Bedeutung eines Investor-relations-Management spiegelt sich bei den Banken in einer seit Ende der achtziger und Anfang der neunziger Jahre zu beobachtenden Entwicklung der Implementierung eigenständiger Investor-relations-Abteilungen wider:[731]

Nachfolgend werden kurz institutionelle und funktionale Aspekte der Investor-relations-Politik von Banken skizziert, die im DAX vertretenen sind, Deutsche Bank AG, Dresdner Bank AG, Commerzbank AG, Bayerische Vereinsbank AG sowie Bayerische Hypotheken- und Wechselbank AG.

Bei allen Banken ist die Investor-relations-Abteilung hierarchisch direkt dem Vorstand untergeordnet. Die unmittelbare Vorstandsnähe dokumentiert die hohe Bedeutung, die der Investor-relations-Politik innerhalb der Institute zukommt. Ferner manifestiert sich die Relevanz einer systematischen Investor-relations-Politik für Banken in einer kontinuierlichen Erhöhung der Anzahl der in dieser Abteilung beschäftigten Mitarbeiter. Unterschiede zwischen dem Investor-relations-Management einzelner Banken ergeben sich im Hinblick auf die Priorität der eingesetzten Maßnahmen sowie der Fokussierung einzelner Zielgruppen innerhalb einer Investor-relations-Politik. Der zunehmende Anteil angelsächsischer Aktionäre findet im Rahmen der Investor-relations-Politik Berücksichtigung durch die Aufstockung der Abteilung durch Mitarbeiter, die aus dem angelsächsischen Raum stammen.

---

731 Die folgenden Ausführungen basieren auf einer im Januar 1998 durchgeführten schriftlichen Befragung der Banken über ihre Investor-relations-Tätigkeiten.

Die Investor-relations-Abteilung der Deutsche Bank AG besteht seit 1988 und hat sich seither von drei auf sieben Mitarbeiter vergrößert. Die Abteilung gehört zum Stab Kommunikation und ist hierarchisch dem Vorstandssprecher der Bank zugeordnet. Die Aufgabenzuordnung der Mitarbeiter erfolgt nach Regionen und nicht nach Zielgruppen. Bei der Zuteilung der Mitarbeiter zu Regionen werden der jeweilige Ausbildungs- und Erfahrungsstand berücksichtigt. Alle Investor-relations-Mitarbeiter verfügen über mehrjährige Erfahrungen aus anderen Geschäftsbereichen der Bank, z. B. aus dem Beteiligungsmanagement, aus dem investment banking und aus der volkswirtschaftlichen Abteilung. Die wichtigsten Zielgruppen der Investor-relations-Arbeit sind die institutionellen Anleger. Dominierende Maßnahmen für die Betreuung dieser Zielgruppe sind Präsentationen an den Finanzplätzen Frankfurt, New York, London, Edinburgh und Paris sowie die Durchführung von Einzelgesprächen. Eine Ergebniskontrolle des Erfolgs der Investor-relations-Tätigkeit erfolgt bislang nicht.

Bei der Dresdner Bank AG wurde die Abteilung investor relations 1991 gegründet. Zu Beginn der Aufnahme der Tätigkeit bestand die Abteilung aus zwei Mitarbeitern, zum Abschluß des Geschäftsjahres 1997 waren dort sieben Mitarbeiter beschäftigt. Jeder Mitarbeiter ist zuständig für eine bestimmte Region. Alle Mitarbeiter verfügen über eine akademische Ausbildung, wobei betriebs- und volkswirtschaftliche Studienausbildungen überwiegen. Die Mehrzahl der Mitarbeiter war vor ihrem Wechsel in die Abteilung investor relations als Finanzanalyst tätig. Grundlegende Voraussetzung für eine Investor-relations-Tätigkeit bilden finanzanalytische Kenntnisse sowie die Beherrschung der englischen Sprache. Ausgeprägte Kommunikationsfähigkeiten und detaillierte Kenntnisse über die Geschäftsstruktur der Bank werden vorausgesetzt. Bei den eingesetzten Investor-relations-Instrumenten dominiert im Tagesgeschäft die Beantwortung telefonischer Anfragen, wobei schwerpunktmäßig Anfragen von Analysten und institutionellen Investoren erfolgen. Grundsätzlich erfolgt in der Dresdner Bank AG der Einsatz der Investor-relations-Instrumente in abgestufter Form. Während die institutionellen Aktionäre vorwiegend in persönlichen Gesprächen und road shows informiert werden, dominieren bei den privaten Aktionären unpersönliche Kommunikationsmittel. Lag der Schwerpunkt der Akquirierung potentieller Aktionäre zu Beginn der Aufnahme der Investor-relations-Tätigkeiten zunächst in der Fokussierung angelsächsischer institutioneller Aktionäre, bemühte man sich in den Jahren 1996 und 1997 verstärkt um den inländischen individuellen Aktionär. Ursache hierfür ist das angestrebte Ziel der Bank, eine ausgewogene Aktionärsstruktur zu erhalten.

Die Commerzbank AG gründete ihre Investor-relations-Abteilung 1990, die organisatorisch dem Bereich Kommunikation und Volkswirtschaft zugeordnet ist. In der Abteilung sind zwei Mitarbeiter beschäftigt. Beide Mitarbeiter verfügen neben einer kaufmännischen Lehre über ein betriebswirtschaftliches Studium sowie über mehrjährige Erfahrungen im Bereich Kapitalmarkt-Research. Primäre Zielgruppen der Investor-relations-Politik sind Analysten und institutionelle Investoren, wobei dominierende Investor-relations-Maßnahmen zur Erreichung dieser Zielgruppe Einzelgespräche sind. Individuelle Aktionäre werden primär durch die Zusendung von Geschäfts- und Zwischenberichten informiert. Eine personelle Aufstockung der Abteilung ist bislang nicht vorgesehen.

Bei der Bayerischen Vereinsbank AG besteht die Investor-relations-Abteilung aus vier Mitarbeitern, der Aufbau der Abteilung erfolgte 1990 mit drei Angestellten. Die Mitarbeiter verfügen über eine akademische betriebs- oder volkswirtschaftliche Ausbildung. Eine Ausnahme hierzu stellt der Germanistik- und Politik-Studiumabschluß eines Mitarbeiters dar. Von einem Investor-relations-Mitarbeiter wird neben finanzanalytischem Wissen die Fähigkeit gefordert, komplexe bankwirtschaftliche Zusammenhänge zu erläutern. Primäre Zielgruppe der Investor-relations-Abteilung sind Finanzanalysten. Auf diese Gruppe sind auch die Instrumente abgestimmt. In der Mehrzahl werden "booklets" als grafisch unterlegte Folien mit den Erfolgskennzahlen der Bank eingesetzt. Zusätzlich werden Einzelgespräche mit Finanzanalysten und institutionellen Aktionären geführt. Aktionärsstrukturerhebungen werden alle zwei Jahre durchgeführt.

Bei der Bayerischen Hypotheken- und Wechselbank AG besteht eine Investor-relations-Abteilung seit 1993, die zunächst aus zwei Mitarbeitern bestand und dann auf drei Mitarbeiter aufgestockt wurde. Gemeinsam ist den Mitarbeitern, daß sie vor Aufnahme der Investor-relations-Tätigkeiten im Bereich institutionelle Vermögensverwaltung tätig waren. Die Arbeitsteilung zwischen den Mitarbeitern erfolgt ebenfalls nach Ländern. Primäre Zielgruppen sind die institutionellen Anleger aus dem angelsächsischen Wirtschaftsraum sowie die Aktienanalysten im In- und Ausland, wobei als wirkungsvollstes Instrument der Zielgruppenansprache road shows und persönliche Gespräche angesehen werden. Eine Wirtschaftlichkeitskontrolle erfolgte bisher nicht. Versucht wird jedoch, den Bekanntheitsgrad der "Hypo-Bankaktie" im Ausland mittels ausländischer Consultingfirmen zu ermitteln. Die Fusion der Bayerischen Vereinsbank AG und der Bayerischen Hypotheken- und Wechselbank AG wird eine Aufstockung der Investor-relations-Abteilung bewirken und zu einer Erweiterung der Länderbetreuung führen.

Die zunehmende Bedeutung einer systematischen Investor-relations-Politik als ein wesentlicher Erfolgsfaktor für die Bewertung der Banken durch den Kapitalmarkt manifestiert sich auch darin, daß die zuvor aufgeführten Banken alle Mitglieder im Deutschen Investor Relations Kreis e.V. (DIRK) sind. Dieser wurde 1990 in München von einigen Chemie- und Industrieunternehmen gegründet. Ein primäres Ziel des DIRK besteht darin, auf die Notwendigkeit der Implementierung einer systematischen Investor-relations-Politik in den Unternehmen und Banken hinzuweisen. Ein weiteres Ziel ist es, die Qualität der Beziehungen der einzelnen Mitglieder zu Investoren im In- und Ausland zu verbessern und einen nationalen und internationalen Erfahrungsaustausch zwischen den Mitgliedern zu fördern. Hierzu finden vierteljährliche Treffen in Frankfurt am Main statt. Kontakte auf internationaler Ebene ergeben sich anläßlich der International Investor Relations Conference. Seit Mitte der neunziger Jahre verzeichnet dieser Kreis eine erhebliche Zunahme an Mitgliedern. Allein 1997 hat der DIRK circa 20 Mitglieder gewonnen. Die zuvor genannten Banken traten 1992 dem Verein bei. Die erhebliche Mitgliederzunahme läßt den Rückschluß zu, daß die Bedeutung einer umfassenden Kommunikation mit dem Kapitalmarkt sukzessive erkannt wird und die Investor-relations-Politik in den Unternehmen und Banken eine zunehmende Etablierung erfährt.[732]

---

732 Dem DIRK gehörten Anfang 1998 27 von 30 DAX-Unternehmen an sowie 25 von 70 MDAX-Unternehmen. Vgl. Serfas, A., Weichen, S. 28 ff.

C Schlußbetrachtung

Als wesentliche Voraussetzungen, um die Ziele der Investor-relations-Politik einer Bank zu erreichen, wurden sowohl eine aktionärsorientierte Bankunternehmensführung als auch eine glaubhafte Informationspolitik gegenüber den Aktionären herausgearbeitet.

In der vorliegenden Arbeit wurde gezeigt, daß die Investor-relations-Politik einer Bank unter bestimmten Voraussetzungen die Eigenkapitalkosten einer Bank senken kann. Als wesentliche Voraussetzungen wurde für Banken die Notwendigkeit herausgearbeitet, sowohl eine an den Interessen der Aktionäre orientierte Unternehmensführung zu betreiben als auch eine *systematische* Investor-relations-Politik, die die Informationsasymmetrien zwischen Eigenkapitalnehmer und -geber langfristig glaubhaft reduziert, zu implementieren. Hierzu wurde ein Konzept entwickelt, das — unter Zugrundelegung der neoinstitutionalistischen Theorie der Finanzierung — Anforderungen erarbeitet, die die Investor-relations-Politik einer Bank erfüllen muß, um das Ziel zu erreichen, die Eigenkapitalkosten einer Bank zu reduzieren.

Dabei wurde offensichtlich, daß die Investor-relations-Politik einer Bank an das Investor-relations-Management höhere Anforderungen stellt als die Investor-relations-Politik an das Management von Unternehmen der Sachgüter produzierenden Industrie. Die erhöhten Anforderungen resultieren dabei primär aus den Spezifika der Bankleistung, in concreto der Unstofflichkeit und Erklärungsbedürftigkeit. Diese Besonderheiten der Bankleistung führen dazu, daß insbesondere für Banken die Bereitstellung umfassender Informationen über den internen und externen Leistungsbereich einer Bank eine conditio sine qua non für eine glaubwürdige Investor-relations-Politik einer Bank bildet. Exemplarisch wurde aufgezeigt, welche bankbetrieblichen Sachverhalte verstärkt innerhalb einer Investor-relations-Politik kommuniziert werden sollten. Zugleich wurde auch offensichtlich, daß es sich hierbei teilweise um Informationen mit einem höheren Komplexitätsgrad handelt, die einer besonderen Art der Darstellung bedürfen. Insbesondere Informationen bezüglich des Derivategeschäfts erfordern zuzüglich der numerischen Darstellung verstärkt eine verbale und grafische Erläuterung. Deutlich wurde auch, daß im Hinblick auf die Glaubwürdigkeit der Investor-relations-Politik, eine Bank einer Rechnungslegung folgen sollte, die in den Mittelpunkt die Informationswünsche der Aktionäre stellt.

Unabdingbar für den Erfolg einer Investor-relations-Politik ist des weiteren eine zielgruppengerechte Ansprache der Aktionäre und Multiplikatoren. In diesem Zusammenhang sind noch Verfahren zu entwickeln, die Aufschluß geben über zusätzliche Determinanten, die das Entscheidungsverhalten individueller und institutioneller Investoren bei dem Erwerb von Aktien beeinflussen. Hierzu müßten umfangreiche empirische Erhebungen durchgeführt werden, wobei zu berücksichtigen ist, daß zur Ableitung signifikanter Aussagen der Stichprobenumfang, d. h. die Anzahl der in die Befragung einbezogenen Probanden, sehr groß zu wählen ist. Dieses impliziert neben einem hohen Arbeitsaufwand ebenfalls unter Umständen nicht abschätzbare Kosten bei der Datenauswertung. In diesem Zusammenhang ist auch auf die Notwendigkeit hinzuweisen, die Zielgruppe der individuellen Aktionäre innerhalb der Investor-relations-Politik einer Bank stärker zu berücksichtigen. Wenngleich die Identifikation der individuellen Aktionäre im Vergleich zu den institutionellen Aktionären problematisch ist, sollte nach Möglichkeiten gesucht werden, auch bei der Zielgruppe der individuellen Aktionäre persönliche Instrumente der Investor-relations-Politik einer Bank einzusetzen. Eine individuellere Ansprache der Aktionäre durch die Investor-relations-Politik einer Bank hat zudem den Vorteil, dem sich abzeichnenden Trend des Delegationsverhaltens eines Großteils der individuellen Aktionäre an Kapitalanlagegesellschaften bzw. deren insgesamt passiven Verhaltensweise als Aktionär entgegenzuwirken.

Im Sinne einer prospektiven Betrachtung ist zu konstatieren, daß angesichts der zunehmenden Bedeutung einer aktionärsorientierten Unternehmenspolitik der Stellenwert einer systematischen Investor-relations-Arbeit kontinuierlich zunehmen wird. Vorstellbar ist in diesem Zusammenhang, daß Banken investor relations nicht nur für die eigene Bankaktie betreiben, sondern zur Erschließung neuer Ertragspotentiale als eigene Dienstleistung offerieren.[733]

Diesbezügliche Überlegungen erfahren vor dem Hintergrund eines zunehmend erhöhten Wettbewerbs im Finanzdienstleistungssektor eine besondere Relevanz. Als Gründe für eine erhöhte Wettbewerbsintensität ist in diesem Kontext zum einen die Umsetzung der EU-Wertpapierdienstleistungsrichtlinie aufgrund derer zunehmend Wertpapierhäuser in das bislang von

733 Bei der Börseneinführung der BASF-Aktie in Tokio hatten die begleitenden Banken die Aufgabe, die für ein Aktienengagement wesentlichen Zielgruppen im Rahmen von road shows und Round table-Gesprächen anzusprechen. Vgl. Paul, W., Investor Relations-Managment, S. 939.

Banken betriebene Segment des Emissionsgeschäfts eindringen, sowie das Suchen der Regionalbörsen nach neuen Betätigungsfeldern anzuführen. Angesichts der zunehmenden Zentralisierung des Börsenwesens in Deutschland suchen diese Einrichtungen verstärkt nach neuen Aufgaben, um quasi als Nischenanbieter ihre Existenz zu sichern. So offerieren bereits seit Anfang 1997 die Regionalbörsen Bremen und Berlin Dienstleistungen im Bereich der investor relations.[734]

Die Möglichkeit, investor relations als eigenständige Bankleistung anzubieten, ist innerhalb des Leistungsprogramms der Banken, dem Emissionsgeschäft zuzuordnen. Auf investor relations bezogene Leistungen könnten als eine separate Beratungsleistung im Rahmen der Erstellung des Emissionskonzepts offeriert werden, bildet doch das Emissionskonzept einen wesentlichen Faktor für eine erfolgreiche Börseneinführung. Stand früher bei der Erstellung des Emissionskonzepts die Feststellung des Emissionskurses im Mittelpunkt, haben empirische Untersuchungen gezeigt, daß die oftmals geringe Nachfrage individueller Anleger bei Neuemissionen u. a. darauf zurückgeführt werden konnte, daß zu wenig Informationen über das Unternehmen verfügbar waren.[735] So wurde bei der Erstellung des Emissionskonzepts die Bedeutung des Bekanntheitsgrades des neueinzuführenden Unternehmens für die erfolgreiche Plazierung eines going public vielfach unterschätzt. Deutlich wird hieraus, daß neben einem adäquaten Emissionskurs von gleich hoher Bedeutung die Bekanntmachung des Unternehmens in der Öffentlichkeit ist, um die nach Kapitalanlagemöglichkeiten suchenden Investoren von der Vorteilhaftigkeit des Aktienengagements in dem speziellen Titel zu überzeugen.

---

734 Die Börse in Bremen bietet z. B. für kleine und mittelständische Unternehmen eine Emissionsberatung an und leistet bei der Vorbereitung der Börseneinführung Hilfestellung bei der Erstellung eines Emissionskonzepts. Weitere Dienstleistungen erstrecken sich auch auf die Kapitalmarktkommunikation nach der Emission. Hierzu gehören Hilfestellungen bei den Treffen mit den Finanzanalysten, indem die Börse die eigenen Räumlichkeiten zur Verfügung stellt sowie Unterstützung bei der Vorbereitung, Durchführung und Nachbereitung von Hauptversammlungen und der Anfertigung von Aktionärsinformationen anbietet. Im Berliner Freiverkehr können sogar die an der Berliner Börse tätigen Maklerfirmen den Zulassungsantrag für die Einführung einer Aktie stellen, die Rolle der Bank erstreckt sich nur noch auf die technische Assistenz bei der Plazierung der Aktien und bei der Abwicklung der Emission. Vgl. Rettberg, U., Newcomern, S. 9; o.V., Beratung, S. 13.

735 Vgl. Titzrath, A., Going Public, S. 141.

Wenngleich aufgrund der gesammelten Erfahrungen, dem Aspekt des Marketing nunmehr bereits innerhalb des Emissionskonzepts eine im Vergleich zu früher höhere Beachtung zugesprochen wird, würde sich ein noch höherer Wirkungsgrad zeigen, wenn im Rahmen von investor relations eine auf die Beseitigung von Informationsineffizienzen gerichtete Vermarktung der Emission betrieben würde.[736] Hierbei muß die Leistung der Bank zunächst darin bestehen, das Unternehmen von der Relevanz einer kontinuierlichen Kommunikationspolitik mit Aktionären und Multiplikatoren zu überzeugen. Dem Unternehmen sollte die immense Bedeutung einer strategisch gestalteten investorengerechten Kommunikation verdeutlicht werden und auf die Notwendigkeit hingewiesen werden, in Zusammenarbeit mit der Bank eine unternehmensspezifische Investor relations-Strategie zu entwickeln.

Die Investor relations- Leistung der Bank sollte sich nicht nur auf den Zeitpunkt der Börseneinführung beziehen, sondern auch auf die Betreuung des Unternehmens nach der Börseneinführung. Nach der Börseneinführung erstrecken sich die Leistungen der Bank dann auf die Hilfestellung bei Erfüllung der Pflichtpublizität und auf die aktive Unterstützung des Emittenten beim Einsatz der Investor relations-Instrumente. Im einzelnen kann die Bank organisatorische Unterstützung bei der Vorstellung des Emittenten bei Analysten- und Investorentreffen leisten sowie für eine hohe Medienpräsenz des Unternehmens sorgen. Organisatorische Unterstützung kann des weiteren bei der Organisation von road shows, bei Pressearbeit und Präsentationen von Unternehmen erfolgen.[737]

Eine weitere Aufgabe für die Zukunft wird darin bestehen, eine Investor-relations-Politik für Banken zu generien, die das Entscheidungsverhalten der Aktionäre einbezieht und Hinweise auf eine sinnvolle Kombination der Instrumente erlaubt. Eine mögliche Vorgehensweise für die Auffindung geeigneter Maßnahmen könnte darin bestehen, im Rahmen einer empirischen Untersuchung mögliche Unterschiede im Verhalten von Bankaktionären zu Aktionären der sachgüterproduzierenden Industrie zu erforschen.

---

736 Daß grundsätzlich die Möglichkeit besteht, die Komponenten des Leistungsbündels going public in die Transaktions- und Beratungsleistung zu separieren, zeigt die Existenz von Spezialagenturen, die sich u. a. auf die Professionalisierung der Unternehmenskommunikation mittelständischer Unternehmen spezialisiert haben, indem sie Unternehmen bei der Erfüllung der gesetzlichen und freiwilligen Kommunikations- und Publizitätserfordernisse unterstützen, so z. B. die Firma Axel Haubrock, Investor Relations, Düsseldorf.

737 Auch die Deutsche Börse AG selbst bietet Informationsleistungen an, wie z. B. die Errichtung einer news box, die über das Internet aktuell Investoren Unternehmensdaten zur Verfügung stellt.

Mittels einer Clusteranalyse können Merkmale entwickelt werden, die eine Klassifizierung der Aktionäre erlauben. Mögliche Merkmale, die die Zugehörigkeit zu einer Klasse bestimmen können, wären beispielsweise der Grad der Risikoneigung, die Fristigkeit des Anlagehorizontes, die Berufszugehörigkeit und das Geschlecht des Aktionärs. Kenntnisse über die Verhaltensmerkmale und Informationsbedürfnisse der Aktionäre einzelner Gruppen können dem Investor-relations-Management einer Bank Entscheidungshilfen geben, welche Klassen mit welchen Instrumenten angesprochen werden und in welcher Kombination der Instrumenteneinsatz erfolgen soll. Der auf die einzelnen Klassen abgestimmter Einsatz der Instrumente hat überdies den Vorteil, Streuverluste bei den einzelnen eingesetzten Maßnahmen zu reduzieren.

Literaturverzeichnis

Ackermann, J.: Wieviel Gewinn für wen?, in: Neue Züricher Zeitung vom 17.07.1997, S. 9.

Ackermann, P.: Die Förderung der privaten Aktienanlage, Bamberg 1989.

Adolf, G.: Kapitalkosten in Unternehmen, Stuttgart 1981.

Aichinger, C.: Firmenkunden im Rahmen des Zielgruppenmarketing von Banken, Bern 1990.

Akerlof, G. A.: The market for lemons: Qualitative uncertainty and the market mechanism, in: Quarterly Journal of Economics (1970), S. 488-500.

Albach, H.: Vertrauen in der ökonomischen Theorie, in: Zeitschrift für dic gesamte Staatswissenschaft, 140 Jg. (1990), Tübingen.

Albers, M.: Der Bank-Konzernabschluß, Frankfurt a. M. 1991.

Alewell, D.: Informationsasymmetrien in Arbeitsverhältnissen, in: ZfB, 64. Jg. (1994), H. 1, S. 57-79.

Amely, T.: Shareholder Value als strategisches Steuerungsinstrument, in: Die Sparkasse, 114. Jg. (1997), H. 6, S. 277-281.

Andres, V., Hülfer, C.: Vermögensverwaltung mit Fondspicking, Wiesbaden 1995.

Antrecht, R., Enzweiler, T.: Die unheimliche Macht, in: Capital, o. Jg. (1995), H. 7, S. 42-50.

Appleman, M.: Rediscovering investor relations, in: Financial Executive, (1984), Vol. 9, S.10-21.Arbeitskreis "Externe Unternehmensrechnung" der Schmalenbachgesellschaft: Empfehlungen zur Vereinheitlichung von Kennzahlen in Geschäftsberichten, in: Der Betrieb. 49. Jg. (1996), H. 40, S. 1989-2043.

Arrow, K. J.: The economics of agency, in: Principals and Agents R., hrsg. von Pratt, J., Zeckhauser, R., Vol. 5, Boston 1985, S. 37-51.

Assmann, H. D.: Handbuch des Kapitalanlagerechts, München 1990.

Baden, K.: Ihr Auftritt, Al, in: Manager Magazin, 24. Jg. (1994), H. 5, S. 159-170.

Baden, K.: Fehlberatung, in: Manager Magazin, 25. Jg. (1995), H. 4, S. 263-273.

Baden, K., Wilhelm, W.: Reden ist Gold, in: Manager Magazin, 26. Jg. (1996), H. 10, S. 159-183.

Baetge, J.: Die deutsche Rechnungslegung vor dem Hintergrund internationaler Entwicklungen, Düsseldorf 1994.

Baetge, J.: Möglichkeiten der Früherkennung negativer Unternehmensentwicklungen mit Hilfe statistischer Jahresabschlußanalysen, in: ZfbF, 41. Jg. (1989), H. 8, S. 792-811.

Baetge, J.: Rating von Unternehmen anhand von Bilanzen, in: Die Wirtschaftsprüfung, 48. Jg. (1994), H. 1, S. 1-10.

Baetge, J.: Wie aktionärsfreundlich ist die Unternehmenspublizität? Symposium des Deutschen Aktieninstitutes "Aktionärsdemokratie und Unternehmenspublizität", Düsseldorf 1994, S. 1 - 11.

Balfour, C.: Aktionärserhebungen in den USA, in: HB vom 25.01.1997, S. 21.

Ballwieser, W.: Zur Begründbarkeit informationsorientierter Jahresabschlußverbesserungen, in: ZfbF, 42. Jg. (1990), H. 8/9 S. 772-793.

Ballwieser, W.: Ergebnisse der Informationsökonomie zur Informationsfunktion der Rechnungslegung, in: Information und Produktion, hrsg. von Stöppler, S., Stuttgart 1985, S. 21-40.

Ballwieser, W.: Kapitalmarkt, Managerinteressen und die Rolle des Wirtschaftsprüfers, in: Schriften des Vereins für Socialpolitik, hrsg. von Schneider, D., Kapitalmarkt und Finanzierung, Bd. 165, Berlin 1986, S. 351-362.

Ballwieser, W.: Methoden der Unternehmensbewertung, in: Handbuch des Finanzmanagements, hrsg. von Gebhard, G., Gerke, W., Steiner, M., München 1993, S. 151-176.

Ballwieser, W., Schmidt, R.: Unternehmensverfassung, Unternehmensziele und Finanzierungstheorie, in: Unternehmensverfassung als Problem der Betriebswirtschaftslehre, hrsg. von Bohr, K., Regensburg 1981, S. 645-682.

Balog, J. S.: What an analyst wants from you., in: Financial Executive, (1995), Vol. 7, S. 47-52.

Balzer, A., Nölting, A.: Die schiere Macht, in: Manager Magazin, 27. Jg. (1997), H. 7, S. 73 - 89.

Bamberg, G., Coenenberg, A.: Betriebswirtschaftliche Entscheidungslehre, 3. Aufl., Oldenbourg 1993.

Barnea, A., Haugen, R., Sensbet, L.: Agency-Problems and Financial Contracting, Englewood Cliffs 1985.

Baseler Ausschuß für Bankenaufsicht: Überblick über die Änderung der Eigenkapitalvereinbarung zur Einbeziehung der Marktrisiken, Basel 1996.

Baseler Ausschuß für Bankenaufsicht: Richtlinien für das Risikomanagement im Derivativgeschäft, Basel 1994.

Bauer, C.: Das Risiko von Aktienanlagen, Köln 1992.

Bauer, C.: Volatilitäten und Betafaktoren - geeignete Risikomaße, in: Die Bank, o. Jg. (1991), H. 3, S. 172-175.

Bauer, S.: Der Aktionär wird König, in: Industriemagazin, o. Jg. (1990), H. 10, S. 233 - 239.

Baumann, J.: Segmentberichterstattung, Münster 1990.

Baumann. K.: Pensionsfonds reduzieren das Anlagerisiko, in: BZ vom 10.12.1996, S. 5.

Baumann, K.: Weiterentwicklung der Rechnungslegung in der EG, in: ZfbF, 43. Jg. (1991), H. 1, S. 95-109.

Baums. T.: Lehren aus dem Fall Krupp-Thyssen in: Wirtschaftsdienst, 25. Jg. (1997), H. 5, S. 259-160.

Baums, T.: Vollmachtsstimmrecht der Banken - Ja oder Nein?, in: Die Aktiengesellschaft, 41. Jg. (1996), H. 1, S. 11-25.

Baums, T., Fraune, C.: Institutionelle Anleger und Publikumsgesellschaft, in: Die Aktiengesellschaft, 40. Jg. (1995), H. 3 S. 97-113.

Baums, T., Randow, P.: Der Markt für Stimmrechtsvertreter, in: Arbeitspapier Nr. 1, hrsg. vom Institut für Handels- und Wirtschaftsrecht, Osnabrück 1995.

Baxmann, U., Weichsler, C.: Finanz- und Risikomanagement unter besonderer Berücksichtigung von Finanzderivaten, in: WiSt, 22. Jg. (1993), H. 1, S. 9-14.

Bayerische Hypotheken- und Wechselbank AG: Geschäftsbericht 1996, München 1997.

Bayerische Vereinsbank AG: Geschäftsbericht 1995, München 1996.

Bayerische Vereinsbank AG: Deutsche Aktien vor der Konsolidierung, München 1996.

Becker, F.: Finanzmarketing von Unternehmen, in: DBW, 54. Jg. (1994), H. 3, S. 295-313.

Becker, J.: Marketing-Konzeption, 5. Aufl., München 1993.

Beger, R., Gärtner, H. D., Mathes. R.: Unternehmenskommunikation, Grundlagen, Strategie, Instrumente, Frankfurt a. M. 1989.

Behm, U.: Shareholder-Value und Eigenkapitalkosten von Banken, Bern 1994.

Beiertz, G.: Investor Relations - was Banken davon haben, in: Der Bankkaufmann, o. Jg. (1992), H. 6, S. 11 - 13.

Beiker, H.: Überrenditen und Risiken kleiner Aktiengesellschaften, Köln 1993.

Bellavite-Hövermann, Y., Prahl, R.: Bankbilanzierung nach IAS, Stuttgart 1997.

Benölken, H., Wings, H.: Lean Banking, Wege zur Marktführerschaft, Wiesbaden 1994.

Bergler, R.: Psychologie des Geldes, Wien 1990.

Bernards, A.: Segmentberichterstattung in den Geschäftsberichten deutscher Unternehmen, theoretische und empirische Ergebnisse, in: Der Steuerberater, o. Jg. (1995), H. 8, S. 1363-1368.

Berndsen, H. P.: Unternehmenspublizität- Eine empirische Untersuchung zur Messung des Publizitätsverhaltens großer börsennotierter Aktiengesellschaften und der Auswirkung auf die Anlageentscheidungen am Aktienmarkt, München 1980.

Besig, H.: Integrierte Kommunikation in der Bank, wie ein großes Puzzle, in: bum, 25. Jg. (1995), H. 8, S. 8-15.

Bester, D.: Aufsichtsrechtliche Kontrolle internationaler Bankkonzerne, Bergisch Gladbach 1986.

Beyer, A.: Ganz oben steht die Qualität der Information, in: HB vom 14.11.1996, S. 18.

Beyer, T.: Kapitalbeschaffung bei Banken-Strategie und Pflege der Beziehungen, in: Finanzstrategie der Unternehmung, hrsg. vom Arbeitskreis Unternehmensfinanzierung Nürnberg, Nürnberg 1970, S. 87-101.

Bieg, H.: Auswirkungen der Bankrichtlinien der Europäischen Gemeinschaften auf die Bankaktivitäten. Saarbrücken 1989.

Bieg, H.: Bankbilanzen und Bankenaufsicht, München 1988.

Bieg, H.: Betriebswirtschaftslehre, Finanzierung, Freiburg im Breisgau 1991.

Biener, H.: Eigenkapitalausstattung der Kreditinstitute, in: Handwörterbuch des Bank- und Finanzwesens, hrsg. von Gerke. W., Steiner, M., 2. Aufl., Stuttgart 1995.

Biener, H.: Die negativen Aspekte der Harmonisierung, in: Rechnungslegung und Prüfung, hrsg. von Baetge, J., Düsseldorf 1993, S. 171-215.

Bimboese, B.: Financial und Investor Relations am Beispiel vom Going Public, in: Kommunikationsmanagement. hrsg. von Dörrbecker, A., Rommerskircher, B., Remagen-Rolandseck 1990, S. 138-146.

Birck, H., Meyer, H.: Die Bankbilanz, 3. Aufl., Wiesbaden 1989.

Birkigt, K. Stadler, M., Funck, H. J.: Corporate identity in Wissenschaft und Praxis, in: Grundlagen, Funktionen, Fallbeispiele, 4. Aufl., Landsberg am Lech 1988, S. 5-39.

Bischhoff J.: Das Shareholder-Value-Konzept Wiesbaden 1994.

Bittner, T.: Die Wirkungen von Investor Relations-Maßnahmen auf Finanzanalysten, Bergisch Gladbach, Köln 1996.

Bitz, M.: Finanzdienstleistungen, 4. Aufl., Oldenbourg 1998.

Bitz, M., Oehler, A.: Kapitalmarktforschung I, Überlegungen zu einer verhaltenswissenschaftlichen fundierten Kapitalmarktforschung, in: Kredit und Kapital, 26. Jg. (1993), H. 2, S. 247-273.

Bitz, M., Oehler, A.: Kapitalmarktforschung II, Überlegungen zu einer verhaltenswissenschaftlich fundierten Kapitalmarktforschung II, in: Kredit und Kapital, 26. Jg. (1993), H. 2, S. 374-416.

Blanden, M.: Times they are changing, in: The Banker, o. Jg. (1991), H. 1, S. 10- 17.

Blohm, H.: Der Geschäftsbericht als Mittel der Betriebsspolitik, Baden-Baden 1982.

BMF- Bericht der Studienkommission: Grundsatzfragen der Kreditwirtschaft, in: Schriftenreihe des Bundesministeriums der Finanzen, H. 28, Bonn 1979.

Boemle, M.: Der Jahresabschluß. Bilanz, Erfolgsrechnung, Anhang, Zürich 1992.

Böhler, H.: Methoden und Modelle der Marktsegmentierung, Stuttgart 1987.

Böhm, J.: Der Einfluß von Banken auf Großunternehmen, Hamburg 1992.

Böhme, M.: Die Zukunft der Universalbanken, Wiesbaden 1997.

Born, K. E.: Die ethische Beurteilung des Geldwesens im Wandel der Geschichte, in: Geld und Moral, hrsg. von Hesse, H., Issing, 0., München 1994.

Börner, C.: Investor relations bei Banken, in: Bank-Archiv, 43. Jg. (1995), H. 9, S. 690-698.

Börner, C.: Öffentlichkeitsarbeit von Banken, Wiesbaden 1994.

Börner, C., Lowis, S.: Ein Rahmenmodell für die Umsetzung des Shareholder-value-Konzepts, in: MuB, 28. Jg. (1997), Nr. 77, S. 87-132.

Brady, S.: Capital will be king, in: Euromoney Supplement, Banking in the new Europe, März 1991, S. 1-22.

Brandi, D. E.: Informationswirkungen der Jahresabschlußveröffentlichung auf Entscheidungen am Aktienmarkt, Augsburg 1977.

Braun, D.: Risikomanagement eine strategische Controlling Aufgabe, Stuttgart 1982.

Braun, T.: Hedging mit fixen Termingeschäften und Optionen, Heidelberg 1990.

Breidenbach, B.: Die wachsende internationale Verflechtung der Wertpapiermärkte und die Regelungspolitik der US-Securities and Exchange Commission, in: Zeitschrift für Wirtschafts- und Bankrecht, 44. Jg. (1990), H. 6, S. 22-23.

Breipohl, D.: Die Anlagepolitik eines international tätigen Versicherungsunternehmens, in: Aktienmärkte im Finanzsystem, hrsg. von Gebauer, R., Rudolph, B., Frankfurt a. M. 1995, S. 65-86.

Breuer, J.: Was die Börse übel nimmt - Kommunikation mit einer sensiblen Institution, in: Imageprofile '91, Das deutsche Image-Jahrbuch Financial Cornmunications, hrsg. von Demuth, A., Düsseldorf, Wien, New York 1991, S. 70-78.

Breuer, R. E.: Fehlt uns die Aktienkultur, in: HB vom 22.06.1994, S. 23.

Bridts, C.: Zwischenberichtspublizität, Düsseldorf 1990.

Brotte, J.: US-amerikanische und deutsche Geschäftsberichte, Wiesbaden 1997.

Brücks, M., Risse. A.: Ein Abschluß nach den Internationalen Accounting Standards für deutsche Konzerne, Wiesbaden 1996.

Bruhn, C.: Sponsoring als Instrument der Markenartikelwerbung, in: Markenartikel, 49. Jg. (1987), H. 5, S. 190-198.

Bruhn, C.: Sponsoring. Unternehmen als Mäzene und Sponsoren, Frankfurt a. M., Wiesbaden 1987.

Bruner, M.: Sponsoring als Kommunikationsinstrument, in: Sponsoring. Chance für die Kommunikationsarbeit, hrsg. von Dahlhoff, H. D., Bonn 1986.

Brunner, C.: Value Based Management, in: Schweizerisches Bankwesen im Umbruch, hrsg. von Geiger, H., Bern 1996, S. 81-95.

Brunner, W.: Das Mäzenatentum ist passe - Es lebe das Sponsoring, in: bum, 17. Jg. (1988), H. 8, S. 16-20.

Bruns, C.: Bubbles und Excess Volatility auf dem deutschen Aktienmarkt, Wiesbaden 1994.

Buchner, R.: Zum Shareholder Value-Ansatz, in: Wist, 23 Jg. (1994), H. 10, S. 513 - 516.

Bühner, R.: Shareholder value-Ansatz, in: DBW, 52. Jg. (1992), H. 3, S. 418-419.

Bühner, R.: Leitung, Rendite-Risiko-Effekte der Trennung von Eigentum und Leitung in diversifizierten Großunternehmen, in: ZfbF, 34. Jg. (1984), H. 10, S. 812-824.

Bühner, R.: Möglichkeiten der unternehmerischen Gehaltsvereinbarung für das Top-Management, in: Der Betrieb, 42. Jg. (1993), H. 44, S. 2181 - 2186.

Bühner, R.: Management-Wert-Konzept, 2. Aufl., Stuttgart 1990.

Bundesaufsichtsamt für das Kreditwesen: Diskussionsentwurf zur Bekanntmachung über die Änderung und Ergänzung der Grundsätze über das Eigenkapital und die Liquidität der Kreditinstitute, Berlin 1997.

Bundesaufsichtsamt für das Kreditwesen: Diskussionsentwurf des Gesetzes zur Umsetzung der Kapitaladäquanzrichtlinie sowie Vorentwurf zur Neufassung des Grundsatzes I, Berlin 1996.

Bundesaufsichtsamt für das Kreditwesen: Verlautbarungen über Mindestanforderungen an das Betreiben von Handelsgeschäften der Kreditinstitute, Berlin 1995.

Bundesverband deutscher Banken: Bankbilanzrichtlinie Gesetz - Arbeitsmaterialien zur Anwendung von Bilanzrichtlinie-Gesetz und Rechnungslegungsverordnung, Bonn 1995.

Bundesverband deutscher Banken: Bilanzpublizität von Finanzderivaten, Empfehlungen für die Berichterstattung über das Finanzderivategeschäft, in: Die Wirtschaftsprüfung, in: 48. Jg. (1995), H. 1, S. 1-6.

Bundesverband deutscher Investmentgesellschaften: Geschäftsbericht 1996, Berlin 1997.

Bürger, P.: Risikocontrolling - Optimaler Einsatz von Handelslimiten im derivaten OTC-Geschäft, in: Derivative Finanzinstrumente, hrsg. von Rudolph, B., Stuttgart 1995, S. 241-260.

Büschgen, H. E.: Leistungsorientierte Anreizsysteme in der Vertriebssteuerung von Banken, in: Handbuch Bankcontrolling, hrsg. von Schierenbeck, H., Moser, ., Wiesbaden 1994, S. 517-542.

Büschgen, H. E.: Bankbetriebslehre, Bankgeschäfte und Bankmanagement, 5. Aufl., Wiesbaden 1998.

Büschgen, H. E.: Bankmarketing, Düsseldorf 1995.

Büschgen, H. E.: Banken und Börsen , in: MuB, 26. Jg. (1995), Nr. 74, S. 12-28.

Büschgen, H. E.: Das kleine Bank-Lexikon, 2. Aufl., Düsseldorf 1997.

Büschgen, H. E.: Das kleine Börsen-Lexikon, 21. Aufl., Düsseldorf 1998.

Büschgen, H. E.: Börsenmäßiges Eigenkapital für kleine und mittlere Unternehmen, in: Bank-Archiv, 45. Jg. (1997), H. 2, S. 48-76.

Büschgen, H. E.: Internationales Finanzmanagement, -3 Aufl., Frankfurt a. M. 1997.

Büschgen, H. E.: Tendenzen der Geldvermögensbildung und ihre Konsequenzen für das Passivgeschäft, in: Sparkasse, 102. Jg (1985), H. 8 S. 194-199.

Büschgen, H. E.: Grundlagen betrieblicher Finanzwirtschaft, 3. Aufl., Frankfurt a. M. 1991.

Büschgen, H. E.: Globale Kapitalbeschaffung, in: MuB, 25. Jg. (1994), Nr. 71, S 17-54.

Büschgen, H. E.: Die marktwirtschaftliche Ordnung - Steuerungsprinzipien im gesamten Kreditwesen, in: ZfgK, 32. Jg. (1979), H. 48, S.1169-1175.

Büschgen, H. E.: Universalbanksystem versus Trennbankensystem: Vor- und Nachteile, in: MuB, 28. Jg. (1997), Nr. 79, S. 68-86.

Büschgen, H. E.: Wettbewerb zwischen Universalbanken, in: MuB, 10.Jg (1979), H. 30, S. 1-25.

Büschgen, H. E.: Veränderungen im Wettbewerbsszenario der Banken - neue Anforderungen an das bankbetriebliche Risikomanagement, in: MuB, 23 Jg. (1992), H. 62, S. 31-79.

Büschgen, H. E.: Zinstermingeschäfte, Frankfurt a. M. 1988.

Büschgen, H. E., Everling, 0.: Handbuch Rating , Wiesbaden 1996.

Busse v. Colbe, W. u. a.: Ergebnis nach DVFA/SG, 2. Aufl., Stuttgart 1996.

Busse v. Colbe W.: Der Jahresabschluß als Informationsinstrument, in: ZfbF, 37. Jg. (1985), H. 8, S. 761-782.

C & L Deutsche Revision: Anforderungen an den Einsatz von Finanzinstrumenten bei Industrieunternehmen, Frankfurt a. M. 1996.

Claßen, W., Enzweiler, T., Hillebrand, W.: 200 Geschäftsberichte auf dem Prüfstand: Wie deutsche Konzernchefs informieren, in: Capital, o. Jg. (1996), H. 10, S. 52 - 70.

Claussen, C. P.: Das neue Börsenaufsichtsrecht, in: Der Betrieb, 54. Jg. (1994), H. 19, S. 969-974.

Coase, R. H.: The Problem of Social Cost, in: Joumal of Law and Economics, (1960), Vol. 10, S. 1-44.

Coenenberg, A.: Jahresabschlußinformation und Aktienkursentwicklung, in: Aktuelle Probleme der Marktwirtschaft, hrsg. von Blum, R., Steiner, M., München 1984.

Coenenberg, A.: Bilanzpolitische Entscheidungen und Entscheidungswirkungen in manager- und eigentümerkontrollierten Unternehmen, in: BFuP, 35. Jg. (1983), H. 4, S. 321- 343.

Coenenberg, A., Fischer, T.: Prozeßkostenrechnung - Strategische Neuorientierung in der Kostenrechnung, in: DBW, 51. Jg. (1991), H. 1, S. 21 - 38.

Comment, J.: The relative Signalling power of Dutch-Auction and Fixed Price Self-tender Offers and Open-Market Share Repurchases, in: Journal of Finance, (1991), Vol. 12, S. 1265- 1266.

Commerzbank AG: Geschäfsbericht 1995, Frankfurt a. M. 1996.

Copeland, T. et al.: Unternehmenswert, Methoden und Strategien für eine wertorientierte Unternehmensführung, Frankfurt a. M. 1993.

Covill, L.: Are the floodgates open?, in: Euromoney, (1996), Vol. 3, S. 87-90.

Cornell,B., Shapiro, A.: Corporate Stakeholders and Corporate Finance, in: Financial Management, Spring 1987, S. 5-14.

Cramer, J.: Marketing bei Banken, Frankfurt a. M. 1975.

Cramer, J.: Die Marktforschung als Basis für den Einsatz des Marketing-Mix, in: Handbuch des Bankmarketing, hrsg. von Süchting, J., Heitmüller, H.-M., 3. Aufl., Wiesbaden 1998, S. 103-120.

Cramer, J.: Erwartungen und Verhaltensstrategien der Anleger, in: BZ vom 04.07.1994, S. 5.

Cutts, J., Klein, S.: Marketing in eigener Sache: Investor Relations und Roadshows internationaler Banken, in: Handbuch des Bankmarketing, hrsg. von Süchting, J., Heitmüller, H.-M., 3. Aufl., Wiesbaden 1998, S. 565-594.

Dahl, G.: Zwischenberichte börsennotierter Aktiengesellscha:ften, Wiesbaden 1995.

Damm, U.: Derivate zwischen Nutzen und Risiko, in: Die Bank, o. Jg. (1993), H. 9, S. 506-510.

Davis, E.: Pensionskassen. Altersversorgung und die internationalen Finanzsysteme, in: Sparkasse, 111. Jg. (1994), H. 4, S. 157-165.

Davis, S.: The Economics of the Firm, Oxford 1987.

Decker, 0. A.: Eine Principal-Agenten-theoretische Betrachtung von Eigner-Manager-Konflikten in der Kommanditgesellschaft auf Aktien und in der Aktiengesellschaft, Köln 1994.

Degenhart, H.: Zweck und Zweckmäßigkeit bankaufsichtlicher Eigenkapitalnormen, Berlin 1987.

Demuth, A.: Imageprofile '91, Das deutsche Image-Jahrbuch Financial Communications, hrsg. von Demuth, A., Düsseldorf, Wien, New York 1991.

Demuth, A.: Investmentfonds, Produkte, Fakten, Strategien, Wiesbaden 1995.

Demuth, A.: Ohne Konzept, in: FAZ vom 11.10.1995, Verlagsbeilage: Investor Relations, S. B 3.

Demuth, A., Garbett, T., Richter, G.: Unternehmenswerbung, Frankfurt a. M. 1990.

Deppe, H. D.: Bankbetriebliches Lesebuch, Bankbetriebslehre in drei Doppelstunden, Stuttgart 1978.

Deppe, H. D.: Bankbetriebliches Wachstum. Funktionalzusammenhänge und Operations Research in Kreditinstituten, Stuttgart 1969.

Detzel, M.: Die Attraktivität deutscher Aktien für ausländische Privatanleger, Frankfurt a. M. 1993.

Deutsche Bank AG: Geschäftsbericht 1993, Frankfurt a. M. 1994.

Deutsche Bank AG: Geschäftsbericht 1994, Frankfurt a. M. 1995.

Deutsche Bank AG: Geschäftsbericht 1995, Frankfurt a. M. 1996.

Deutsche Bank AG: Geschäftsbericht 1996, Frankfurt a. M. 1997.

Deutsche Börse AG: Insiderhandelsverbot und Ad-hoc-Publizität, Leitfaden zur Ad-hoc-Publizität, 1994.

Deutsche Börse AG: Geschäftsbericht der deutschen Börsen 1995, Frankfurt a. M. 1996.

Deutsche Börse AG: Diverse Statistiken, Frankfurt a. M. 1997.

Deutsche Bundesbank:

Die Aktie als Finanzierungs- und Anlageinstrument, Monatsbericht Januar, 49 Jg. (1997), Frankfurt a. M. 1997.

Deutsche Bundesbank: Statistische Beihefte zu den Monatsberichten der Deutschen Bundesbank, Bankenstatistik, diverse Jahrgänge.

Deutsche Bundesbank: Monatsbericht August, 48. Jg. (1996), Frankfurt a. M. 1996.

Deutsche Bundesbank: Monatsbericht Oktober 48. Jg. (1996), Frankfurt a. M. 1996.

Deutsche Morgan Grenfell: European Banking, January, London 1996.

Deutsche Morgan Grenfell: Shareholder Value in Germany, Frankfurt a. M. 1996.

Deutsches Aktieninstitut: Die Anlage in deutschen Aktien wird mit den Jahren immer attraktiver, in: HB vom 9./10.08.1996, S. 40.

Deutsches Aktieninstitut: Fact book, Düsseldorf 1996.

Deutsches Aktieninstitut: Aktienförderung in Deutschland, Düsseldorf 1996.

Diamond, D. W., Verrecchia R. E.: Disclosure, Liquidity and the Cost of Capital, in: The Joumal of Finance (1993), Vol. 46, S. 28- 35.

Diamond, D.: Financial Intermediation as delegated Monitoring, in: Review of Economics Studies, (1984), Vol. 51, S. 393 – 414.

Diefenbach H.: Information und Informationssysteme – strategische Waffe im Bankenwettbewerb, in: bum, 17. Jg. (1988), H. 10, S. 35-37.

Diefenbach, H.: Zu der Dominanz der Information im Bankbetrieb, Wiesbaden 1995.

Diehl, U.: Börsenkommunikation mit der Investment-Community, in: BZ-Seminar "Börsenkommunikation" für Aktiengesellschaften, Frankfurt a. M. 1996.

Diehl, U.: Investor-Relations, in: BFuP, 45. Jg. (1993), H. 2, S. 173-184.

Döbel, T.: Lästige Pflicht oder freudige Kür, in: Süddeutsche Zeitung vom 07.07.1994, S. 23.

Dohmke, H. M.: Rendite und Risiko von Aktien kleiner Börsengesellschaften, Frankfurt a. M. 1984.

Döring, J.: Gesamtrisikomanagement von Banken, München 1996.

Dresdner Bank AG: Geschäftsbericht 1994, Frankfurt a. M. 1995.

Dresdner Bank AG: Geschäftsbericht 1995, Frankfurt a. M. 1996.

Drill, M.: Investor relations, Bern 1995.

Drill, M.: Kampf um das Kapital, in: Schweizer Bank, o. Jg. (1995), H. 11, S. 55-56.

Drill, M.: Creating Shareholder Value in: Schweizer Bank, o. Jg. (1996), H. 10, S. 85-88.

Drill, M.: Wettbewerb um die Gunst des Investors, in: Schweizer Bank, o. Jg. (1993), H. 7, S. 53-55.

Drukarczyk, J.: DCF-Methoden und Ertragswertmethode - einige klärende Anmerkungen, in: Die Wirtschaftsprüfung, 48. Jg. (1995), H. 10. S. 329- 335.

Drukarczyk, J.: Theorie und Politik der Finanzierung, 2. Aufl., München 1993.

Drukarczyk, J.: Unternehmensbewertung, München 1996.

Dürr, M.: Investor relations - Handbuch für Finanzmarketing und Unternehmenskommunikation, 2. Aufl., Oldenbourg 1995.

Dürselen, K.: Wesentliche Änderungen des Kreditwesengesetzes im Rahmen der Vierten KWG-Novelle, in: Zeitschrift für Bankrecht und Bankwirtschaft, 5. Jg. (1993), H. 4. S. 266-274.

Dyllik, T.: Das Anspruchsgruppen-Konzept, in: DBW, 44. Jg. (1984), S. 372 - 392.

Eberstadt, G.: Akzeptanz verbessern, in, FAZ vom 11. 09.1995, Verlagsbeilage, Investor Relations, S. B 8.

Eberstadt, G.: Ist eine zentrale Aufsicht auch des Wertpapiermarktes erforderlich, in: BZ vom 08.07.1996, S. 4.

Eckardstein, D.: Finanzmarketing, in: Marketing-Enzyklopädie, hrsg. von Dummer, W., Bd. 1, München 1974, S. 719 - 724.

Edwards, G., Eller, G.: Overview of Derivatives Disclosures by Major U.S. banks, in: Federal Reserve Bulletin, (1995), Vol. 1, S. 817-831.

Ehren, H., Nolting, H.: Die schiere Macht, in: Capital, o. Jg. (1997), H. 8, S. 61-73.

Eisele, D.: Insiderrecht und Compliance, in: Zeitschrift für Wirtschafts- und Bankrecht, 47. Jg. (1993), H. 10, S. 1021-1026.

Eller, R., Spindler, C.: Zins- und Währungsrisiken optimal managen: Analyse, Risiko Strategie, Wiesbaden 1994.

Ellis, C.: Repurchase Stock to Revitalize Equity, in: Harvard Business Review, (1985), S. 119-128.

Ellis, C.: How to manage Investor Relations, in: Financial Analysts Journal, (1985), Vol.3/4, s. 34 - 49.

Elschen, R.: Agency-Theorie, in: DBW, 48. Jg. (1988), H. 2, S. 248-250.

Elschen, R.: Shareholder Value und Agency-Theorie, in: BFuP, 43. Jg. (1991), H. 3, S. 209 - 220.

Endres, M.: Entwicklungslinien der Bankorganisation, in: Die Bank, o. Jg. (1994), S. 4-9.

Endres, M.: Mehr Ordnung in die Betriebswirtschaftslehre, in: Journal für Betriebswirtschaft, 42. Jg. (1991), H. 6, S. 273 - 286.

Engelhard, W.: Dienstleistungsorientiertes Marketing, in: Integration und Flexibilität, eine Herausforderung für die allgemeine Betriebswirtschaftslehre, hrsg. von Dietrich, A. u. a., Münster 1989, S. 69-89.

Erdland, A.: Eigenkapital und Einlegerschutz bei Kreditinstituten, Berlin 1981.

Everling, O.: Credit Rating durch internationale Agenturen, Wiesbaden 1991.

Fabian, G.: Human Capital - Kostenfaktor oder Erfolgsfaktor, in: Bank Magazin, 23. Jg. (1996), H. 6, S. 32-35.

Falthauser, K.: Der Staat und die Banken, in: ZfgK, 40. Jg. (1992), H. 22, S. 1079-1096.

Fama, E. F.: Efficient Capital Markets, in: Journal of Finance (1970), Vol. 5, S. 383-410.

Farny, D.: Versicherungsbetriebslehre, 3. Aufl., Karlsruhe 1996.

Fischer, L.: Der Typus des Aktionärs, in: HB vom 25.03.1996, S. 23.

Fischer, T.: Risikomanagement im Investment Banking, in: Die Bank, o. Jg. (1994), H. 1, S. 636-642.

Fitzner, V.: Derivatepublizität deutscher Kreditinstitute, in: Die Wirtschaftsprüfung, 50. Jg. (1997), H. 6, S. 177-187.

Flassak, H.: Der Markt für Unternehmenskontrolle, Bergisch Gladbach 1995.

Follack, P.: Der Eigenkapitalbegriff: Eckpfeiler einer internationalen Harmonisierung der Bankenaufsicht, in: Bank-Archiv 37. Jg. (1988), H. 10, S. 667-682.

Förschle, G., Kroner, M., Mandler, M.: Internationale Rechnungslegung: US-GAAP, HGB und IAS, Bonn 1994.

Frank, D.: Finanzwerbung mit Wirkung in: Imageprofile'91, Das deutsche Image-Jahrbuch Financial Communications, hrsg. von Demuth, A.. Düsseldorf, Wien, New York 1991, S. 36-51.

Franke, G.: Neuere Entwicklungen auf dem Gebiet der Finanzmarkttheorie, in: WiSt, 22. Jg. (1993), H. 8, S. 381- 398.

Franke, G.: Kapitalmarkt und Separation, in: ZfB, 53. Jg. (1983), H. 7, S. 239- 260.

Franke, G., Hax, H.: Finanzwirtschaft des Unternehmens und Kapitalmarkt, 3. Aufl. Berlin 1994.

Frankenberg, P.: Jahresabschlüsse im internationalen Vergleich, in: ZfB, 62. Jg. (1992), H. 8, S. 269- 292.

Frankenberger, W.: Strategische Überlegungen an der Schwelle zum neuen Bankbilanz- und Bankaufsichtsrecht, in: Bank-Information, o. Jg. (1993), H. 2., S. 19-24.

Frei, N., Schlienkamp, C.: Aktie im Aufwind, Wiesbaden 1997.

Frey, B. S.: Ist das Modell des homo oeconomicus unpsychologisch, in: Zeitschrift für die gesamte Staatswissenschaft, 136. Jg (1980), S. 82-97.

Frey, D.: Die Angst der Deutschen vor dem Kapitalmarkt, in: Imageprofile '91, Das deutsche Image-Jahrbuch Financial Communications, hrsg. von Demuth, A., Düsseldorf Wien, New York 1991, S. 18ff.

Frey, D.: Die deutsche Mentalität, in - FAZ vom 25.08.1992, S. B 3.

Friedman, M.: Capitalism and Freedom, Chicago 1962.

Friedrichs, P.: Managementpotentialanalyse und -prognose, in: Human Resources Management in Banken, hrsg. von Meler, H., Schindler, U., Wiesbaden 1996, S. 145-168.

Fritsch, U.: Deutschland braucht viel mehr Aktionäre, in: Das Wertpapier, 38. Jg. (1990), H. 17, S. 25.

Fritsch, U.: Publikums-Aktionäre rücken in den Mittelpunkt der Geldwelt, in: Das Wertpapier, 40. Jg. (1992), H. 18, S. 19.

Früh, H.: Rechnungslegung im Börsengang, in: Going public, hrsg. von Volk, G., Stuttgart 1996, S. 27-48.

Garcia, M.: Creating Effective Relationships with the Financial Market, in: The Handbook of Investor Relations, hrsg. von Nichols, D. R., Homewood/Illinois 1989, S. 100- 111.

Gebauer, H.: Technisch-organisatorische Existenzbedingungen und bankbetriebliche Geschäftspolitik, Göttingen 1991.

Geipel, U., Müller, P.: Erfahrungen mit Investor Relations, in: Die Bank, o. Jg. (1993), H. 3, S. 144-146.

Gerhard, J.: Dienstleistungsproduktion: eine produktionstheoretische Analyse der Dienstleistungsprozesse, Bergisch Gladbach 1987.

Gerke, W.: Die Börseneinführung von Daimler-Benz an der NYSE, in: WiSt, 22 Jg. (1993), H. 8, S. 417-418.

Germann, U.: Was Aktiengesellschaften neben Kursen und Dividenden bieten, in: Das Wertpapier, 44. Jg. (1996), H. 25, S. 67-74.

Gershon, F.: A discussion of corporate financial communication, in: Midland Journal (1994), Vol. 2, S. 43-79.

Gerth. V.: Marktrisikosteuerung durch Derivative Product Companies, in,: Beiträge zur Theorie der Finanzmärkte, Nr. 9, Frankfurt a. M. 1994.

Göbel, A.: Konzernrechnungslegung nach den International Accounting Standards, in: Der Betrieb, 47. Jg. (1994), H. 6, S. 2457-1464.

Göbel, A.: Rechnungslegung nach den IAS vor dem Hintergrund des deutschen Rechnungslegungsrechts, in: Der Steuerberater, o. Jg. (1994), H. 9, S. 874-880.

Göbel, A., Fuchs, M.: Die Anwendung der International Accounting Standards in den Konzernabschlüssen deutscher Kapitalgesellschaften, in: Der Betrieb, 48. Jg. (1995), H. 25, S. 1521-1577.

Gode, W.: Aktienkauf und Investmentfonds, in: HB vom 07.07.1996, S. 18.

Goldmann, A.: How to develop an investor relations program, in: Financial Executive. (1982), Vol. 50, S. 26-33.

Gomez, P.: Shareholder value, in: Handwörterbuch des Bank- und Finanzwesens, hrsg. von Gerke, W. u. a., 2. Aufl., Frankfurt a. M. 1995, S. 1720-1728.

Gomez, P.: Wertmanagement: Vernetzte Strategien für Unternehmen im Wandel, Düsseldorf 1993.

Gottschalk, A.: Der Stimmrechtseinfluß der Banken in der Aktionärsversammlung, Göttingen 1988.

Göppl, H.: Operating-Leverage als weiteres Bankrisiko?, in: ZfB, 56. Jg. (1986), H. 11, S. 1117-1128.

Götz, E.: Technische Aktienanalyse und die Effizienz des deutschen Kapitalmarktes, Heidelberg 1990.

Graham, B.: Security Analysis, 5. Aufl., Berlin 1992.

Graves, J.: A recipe for investor relations success, in: Financial Executive (1994), Vol. 5, S. 22-30.

Graves, J.: Stop wasting communications, Financial Executive, (1984), Vol. 5, S. 23-28.

Greis, W.: Internet vernetzt elektronische Märkte, in: Schweizer Bank, 11. Jg. (1996), H. 3, S. 22-23.

Griesel, H.: Funktionsweise und charakteristische Merkmale des Bankenwettbewerbs als Gegenstand wissenschaftlicher Bankbetriebslehre, in: Bankbetriebliches Lesebuch, L. Mühlhaupt zum 65. Geburtstag, hrsg. von Deppe, H., Stuttgart 1978.

Gröschel, U.: Von der 4. zur 7. KWG-Novelle. in: Sparkasse, 110. Jg (1993), H. 12, S. 225-230.

Groß, H., Knippschild, M.: Internationale Harmonisierung der Bankenaufsicht, in: Konsequenzen für das TreasuryManagement, hrsg. von Schierenbeck, H., Rolfes, B., Frankfurt a. M. 1994.

Groß, H., Knippschild, M.: Instrumente und Organisation der Risikosteuerung von Handelsaktivitäten, in: Risikosteuerung von Derivaten, hrsg. von Krumnow, J., Wiesbaden 1996, S. 87-112.

Grossman, S., Stiglitz, J. E.: On the impossibility of informationally efficient markets, in: American Economics Review, (1980), Vol. 70, S. 393-408.

Grunwald, W.: Über die Grenzen unternehmensinterner Öffentlichkeit, in: Zeitschrift für Organisation, o. Jg. (1995), H. 2, S. 95-99.

Grusond, M.: Die Ad-hoc-Publizitätspflicht nach amerikanischem Recht und die Auslegeung von § 15 WpHG, in: Die Aktiengesellschaft, 37. Jg. (1992), H. 7, S. 173-181.

Guatri, L.: Theorie der Unternehmenswertsteigerung, Wiesbaden 1994.

Gumpel, R., Schiessi, K.: Kapitalmarktregeln für Emissionen und Akquisitionen in den USA, in: Der Betrieb, 41. Jg. (1988), H. 35, S. 1432-1446.

Günther, T.: Zur Notwendigkeit des Wertsteigerungs-Managements, in: Wertsteigerungs-Management, hrsg. von Höfner, K. u. a., Frankfurt a. M. 1994, S. 13-58.

Günther, T., Otterbein, S.: Dic Gcstaltung der Investor relations am Beispiel führender deutscher Aktiengesellschaften, in: ZfbF, 48. Jg. (1996), H. 4, S. 389-417.

Gutenberg, E.: Unternehmensführung, Organisation und Entscheidungen, Wiesbaden 1962.

Guthardt, H.: Risikosteuerungs- und -kontrolle im Aktivgeschäft der Banken, in: Controlling in Banken und Sparkassen, hrsg. von Mühlhaupt, L., Schierenbeck, H., Frankfurt a. M. 1981.

Haas, D.: Informations- und Kommunikationssysteme, Mittel zur Problemlösung im Bankbetrieb, Bern, Stuttgart 1991.

Hachmeister, D.: Der Discounted Cash Flow als Maß der Unternehmenswertsteigerung, Frankfurt a. M. 1996.

Hachmeister, D.: Shareholder value, in: DBW, 57. Jg. (1997) H. 6, S. 823-839.

Hagen, P., Jacobs, W.: Risikosteuerung im Eigenhandel, in: Die Bank, o. Jg. (1995), H. 1 1, S. 664-671.

Hagenmüller, K., F., Jacob, A. F.: Der Bankbetrieb, Bd. 1, 5. Aufl., Wiesbaden 1987.

Hahn, G. von: Die Zielgruppen der Öffentlichkeitsarbeit: Sie verlangen Detailkenntnis, in: bum, 23. Jg. (1994), H. 2, S. 22-29.

Haiss, P.R.: Bank Ranking: Comparing like with alike, in: Bank-Archiv, 37. Jg. (1989), H. 12, S. 1170-1181.

Haller, A.: Die Rolle des IASC bei der weltweiten Harmonisierung der externen Rechnungslegung, in: Der Betrieb, 46. Jg. (1993), H. 24, S. 1297-1305.

Haller, A.: Das Verhältnis von steuerlicher und handelsrechtlicher Rechnungslegung in den USA, in: Der Betrieb, 48. Jg. (1988), H. 48, S. 723-733.

Haller, A.: Die Generally Accepted Accounting Principles - Die Normen der externen Rechnungslegung in den USA, in: ZfbF, 42. Jg. (1990), H. 42, S. 777-785.

Haller, A., Jakoby, S.: Verbreitung und Entwicklungsstand der Finanzierungsrechnung in Deutschland, in: Der Betrieb, 47. Jg. (1994), H. 13, S. 641-649.

Haller, A., Park, B.: Grundsätze ordnungsmäßiger Segmentberichterstattung, in: ZfbF, 46. Jg. (1994), H. 6, S. 499-524.

Hannebohn, D.: City-scan-Untersuchung, Düsseldorf 1994.

Hannig, U.: Investor Relations, in: Banking & Finance, o. Jg. (1991), H. 5, S. 154-156.

Hansmann, A., Scher, B.: Praxis und Theorie der Unternehmung, Frankfurt a. M. 1989.

Hardtmann, G.: Die Wertsteigerungsanalyse im Managementprozeß, Wiesbaden 1996.

Hartmann, H.: Die große Publikumsgesellschaft und ihre Investor Relations. Berlin 1968.

Hartmann, U.: Shareholder-Value als unternehmerische Aufgabe, in: BZ vom 24.02.1994, S. 19.

Hartmann-Wendels, T.: Agency-Theorie und Publizitätsptlicht nicht börsennotierter Kapitalgesellschaften, in: BFuP, 44. Jg. (1992), H. 5, S. 413-425.

Hartmann-Wendels, T.: Dividendenpolitik bei asymmetrischer Informationsverteilung, Wiesbaden 1986.

Hartwick, D.: Es war kein gutes Bankenjahr, in: BZ vom 02.04.1996, S. 3.

Hartwig, D.: Gutes Wetter für die Banken, in: BZ vom 7.07.1996, S. 3.

Haubrok, A.: Neue Wege für den Dialog mit dem Anleger, in: Das Wertpapier. 38. Jg. (1990), H. 17, S. 1060.

Haubrock, A.: Gezielte Kommunikation als Voraussetzung für den Gang an die Börse, in: going public, hrsg. von Volk, G., Stuttgart 1996, S. 27-48.

Hauschild, J.: Zielsysteme, in: Handwörterbuch der Organisation, hrsg. von Grochla, E., 2. Aufl., Stuttgart 1975, Sp. 2419-2430.

Häuser, K.: Innovationen auf Finanzmärkten, Frankfurt a. M. 1986.

Häuser, K., Bruns, G.: Aktienrendite und Renditenparadoxie, Frankfurt a. M. 1985.

Häuser, K., Steiner, M.: Marktorientierte Unternehmensstrategien von Börsen, in: Handbuch Finanzdienstleistungen, hrsg. von Brunner, W. L., Vollrath, J., Stuttgart 1993, S. 409-430.

Hax, H.: Theorie der Unternehmung - Information, Anreize und Vertragsgestaltung, in: Betriebswirtschaftslehre und ökonomische Theorie, hrsg. von Ordelheide, D., Rudolph, B., Stuttgart 199 1, S. 52-66.

Hax, H., Hartmann-Wendels, T., Hinten, T. von: Moderne Entwicklung der Finanzierungsstheorie, in: Finanzierungshandbuch, hrsg. von Christians, F. W., 3.Aufl., Wiesbaden 1988, S. 691-711.

Hayek, F.: The Use of Knowledge in Society, in: American Economic Review, (1945) Vol. 35, S. 519 -530.

Healy, P., Palepu, K. G.: The Effect of Firm's Financial Disclosure Strategies on Stock Prices, in: Accounting Horizonts, (1993), Vol. 7, S. 1-11.

Hebestreit, G.: Zwischenberichterstattung in Großbritannien und Deutschland, Bergisch Gladbach 1991.

Heinen, E.: Grundlagen betriebswirtschaftlicher Entscheidungen. Das Zielsystem der Unternehmung, Wiesbaden 1976.

Heinisch, E.: Hochglanz allein stellt Kleinaktionäre nicht mehr zufrieden, in: Blick durch die Wirtschaft, vom 25.09.1990, S. 1.

Hellmann, N.: Globalität in den Bankkonzernabschlüssen, in: BZ vom 1996, S. 1.

Henes, F.: Börsenrechtliche Zwischenberichtspublizität, Stuttgart 1995.

Henkel, H.: Neue Beschränkungen für das Kreditgewerbe, in: ZfgK, 43. Jg. (1995), H. 26, S. 308 - 312.

Herdt, H. K.: Aufgaben der Finanzpresse für das Finanzmarketing, in: Marketing für Finanzprodukte und Finanzmärkte, hrsg. von Gebauer,W., Rudolph, B., Frankfurt a. M. 1985, S. 181-195.

Herdt, H. K.: Die Hauptversammlung als Informationsquelle, in: BZ Seminar "Im Mittelpunkt der Aktionär", vom 23.07.1994, Frankfurt a. M. 1994.

Herdt, H. K.: Ansätze eines zielgruppenorientierten Marketing in Kreditinstituten, in: Semesterbericht des Institutes für Kredit und Finanzwirtschaft der Universität Bochum, hrsg. von Süchting, J., Bochum 1988, S. 33 -36.

Herter, R.: Unternehmenswertorientiertes Management, München 1994.

Herrhausen, A.: Bankenmacht in einer demokratischen Gesellschaft, in: Alfred Herrhausen: Denken - Ordnen - Gestalten. Reden und Aufsätze, hrsg. von Weidemann, K., Berlin 1990, S. 299-319.

Heß, S., Kern, H.: Ansätze zu einer allgemeingültigen Marktbearbeitungsstrategie für osteuropäische Bankenmärkte in: Bank- Archiv, 45. Jg. (1997), H. 1, S. 47-53.

Hill, W.: Stakeholder value versus Shareholder Value, in: Shareholder-Value-Konzepte in Banken, hrsg. von der Baseler Bankenvereinigung, Wien 1997, S. 79-94.

Hielscher, U.: Investmentanalyse, 2. Aufl., München 1996.

Hinterhuber, H.: Der Stand der Corporate-identity-Politik in der Bundesrepublik Deutschland, in: PR-Magazin, o. Jg. (1989), H. 8, S. 27-34.

Hinterhuber, H.: Strategische Unternehmensführung, 4. Aufl., Berlin 1989.

Höfer, A., Klein, M.: Derivate in der Praxis, in: Derivative Finanzinstrumente, hrsg. von Rudolph, B., Stuttgart 1995, S. 171-192.

Hoffmann, S.: Werbung im Internet, München 1996.

Holdijk, R.: Eigenkapitalprobleme der deutschen Sparkassen, Wiesbaden 1989.

Holmström, B.: Moral hazard and observability, in: Bell Journal of Economics (1970) Vol. 10, S. 74-91.

Hörter, S.: Shareholder Value-orientiertes Bank-Controlling, Ingoldstadt 1998.

Hörter, S.: Maximierung des Shareholder Value und gesellschaftliche Verantwortung, in: Theorie und Politik der Banken im Wandel, hrsg. von Schuster, L., Ingoldstadt 1996, S. 118-132.

Hölscher, R.: Erfolgsrisiken bei Banken, in: Risikovorsorge, hrsg. von Kolbeck, R., Frankfurt a. M. 1985.

Hölscher, R.: Risikokosten-Management in Kreditinstituten, Frankfurt a. M. 1987.

Homan, K., Bloome-Drees, F.: Unternehmensethik - Managementethik, in: DBW, 55. Jg. (1995), H. 1, S. 95-115.

Hopf, K.: Informationsmärkte und Allokation, Bonn 1970.

Hopt, K.: Ökonomische Theorie und Insiderrecht, in: Die Aktiengesellschaft, 40. Jg. (1995), H. 11, S. 353 - 362.

Horning, K. H.: Ansätze zu einer Konsumsoziologie, Freiburg 1970.

Horvarth, P.: Strategisches Kostenmanagement, in: Controlling - Konzeptionen für die Zukunft, hrsg. von Horvarth, P., Gassert, H., Solaro, D., Stuttgart 1991, S. 71-90.

Iber, J.: Entwicklung der Aktionärsstruktur deutscher börsennotierter Aktiengesellschaften, Kiel 1987.

IDW-Verlag: Leitfaden zur Anwendung der IAS, Düsseldorf 1996.

Investor Relations Society: Practice Guidelines, London 1993.

Jacob, A. F.: Finanzierungsregeln, Vertrauenskapital und Risikoaversion, in: Unternehmensdynamik, hrsg. von Kistner, K.. Schmidt, R., Wiesbaden 1991, S. 111- 131.

Jacob, A., Klein, S.: Investment Banking, Wiesbaden 1996.

Jährig, A., Schuck, D.: Handbuch des Kreditgeschäfts, 6. Aufl., Wiesbaden 1994.

Janisch, M.: Das strategische Anspruchsgruppenmanagement, Bamberg 1992.

Jehle, E.: Reformvorschläge zur Verstärkung der eigentümerbezogenen Managementkontrolle in Publikumsgesellschaften, in: ZfbF, 34. Jg. (1982), H. 12, S, 1065-1084.

Jensen, M.C., Meckling, W. H.: Theory of the firm: Managerial Behavior Agency Costs and Ownership Structure, in: Journal of Financial Economics, (1976), S. 305-360.

Julius Bär AG: Perspektiven der deutschen Banken, Frankfurt a. M. 1996.

Kaas, K. P: Kontraktgütermarketing als Kooperation zwischen Principalen und Agenten, in: ZfbF, 44. Jg. (1992), H. 8, S. 884-901.

Kaas, K. P.: Marktinformationen: Screening und Signalling unter Partnern und Rivalen, in: ZfB, 65. Jg. (1995), H. 12, S. 357- 370.

Kaas, K. P.: Marketing als Bewältigung von Informations- und Unsicherheitsproblemen im Markt, in: DBW, 50. Jg. (1990), H. 4, S. 539-549.

Kaden, J.: Publizität der Unternehmen, Hamburg 1989.

Käfer, K.: Die Bilanz als Zukunftsrechnung, Frankfurt a. M. 1962.

Kaiser, J.: Banken und institutionelle Investoren, Bern, Stuttgart 1990.

Kallfass, H.: Staatliche Zusammenschlußkontrolle oder unreglementierte Märkte für Unternehmenskontrolle, in: Wirtschaft und Wettbewerb, 42. Jg. (1992), H. 5, S. 597-605.

Kaltenhauser, H.: Risiko-Management von derivativen Finanzinstrumenten, in: ZfbF, 45. Jg. (1993), H. 2, S. 346-350.

Karmann, A.: Principal-Agent-Modelle und Risikoallokation, in: WiSt, 21. Jg. (1992), H. 11, S. 557-562.

Kartte, W.: Die Macht der Banken, in: Zfgk, 43. Jg. (1995), H. 24, S. 15-16.

Kaufhold, K., Körner, G., Kuhn, K.: Der Geschäftsbericht als Firmenportrait, Köln 1989.

Keller, E.: Entscheidungswirkungen von Bankbilanzen am Aktienmarkt, Heidelberg 1992.

Keller, E., Möller, H.: Die Auswirkungen der Zwischenberichterstattung auf den Informationswert von Jahresabschlüssen am Kapitalmarkt, in: ZfbF, Sonderheft Nr. 31, hrsg. von Bühler, W., Düsseldorf 1993, S. 35-61.

Keppler, M.: Risiko ist nicht gleich Volatilität, in: Die Bank, o. Jg. (1994), H. 11, S. 610-614.

Kessler, F.: Taking America, in: Financial Times vom 25.05.1997, S. 15.

Keutner, M.: Die Emission von Euro-Aktien aus der Sicht der Marktteilnehmer, Stuttgart 1986.

Kiener, S.: Die Principal-agency-Theorie aus informationsökonomischer Sicht, Heidelberg 1990.

Kilgert, T., Großmann, P.: Der Zwischenbericht - Eine neuartige Form der Rechnungslegung für börsennotierte Unternehmen, in: Die Wirtschaftsprüfung, 43. Jg. (1990), H. 7, S, 189-197.

Kirsch, W.: Entscheidungsprozesse, Entscheidungen in Organisationen, Wiesbaden 1971.

Klage, J.: Corporate Identity im Kreditwesen, Wiesbaden 1991.

Kleber, H.: Amerikanische Rechnungslegungsgrundsätze: Vorbild für Europa, in: BFuP, 45. Jg. (1993), H. 4, S. 380-389.

Kleekämper, H.: Aktuelle Entwicklungen beim IASC, in: BFuP, 47. Jg. (1995), H. 5, S. 414-431.

Kleekämper, H.: Aktivitäten und Tendenzen im IASC, Düsseldorf 1995.

Klein, S.: Fremdkapitalmarketing, Wiesbaden 1996.

Klien, W.: Wertsteigerungsanalyse und Messung von Managementleistungen, Wiesbaden 1995.

Klöppelt, H.: International Private Banking - ein Markt für Anspruchsvolle, in: Die Bank, o. Jg. (1996), H. 4, S. 201 - 207.

Kloock, J., Sieben, G., Schildbach, T.: Kosten- und Leistungsrechnung, 7. Aufl., Düsseldorf 1995.

Kloster, U.: Kapitalkosten und Investitionsentscheidungen, Frankfurt a. M. 1988.

Knoblich, H., Beßler, H.: Informationsbetriebe. Eine typologische Studie, in: DBW, 45. Jg. (1985), H. 5, S. 558-575.

Knoll, H.: Die Übernahme von Kapitalgesellschaften, Baden-Baden 1992.

Koch, H.: Kriterien der strategischen Unternehmensplanung, in: DBW, 51. Jg. (1991), H. 1, S. 39-48.

Koch, J.: Produktionsfaktoren im Bankbetrieb, Nürnberg 1989.

Kohl, H.: Internationalisierung der Kapitalmärkte und Rechnungslegung. Vortrag auf der Euroforumkonferenz am 01.12.1993, Bonn 1993.

Kohl, H., Hübner, F.: Die New Yorker Börse, in: FAZ vom 31.03.1995, S. 18.

Kohlhaussen, M.: Bilanzpressekonferenz der Commerzbank AG, in: BZ vom 02.04.1998, S. 5.

Kohlhaussen, M.: Eigenkapitalstrategie einer Großbank, in: Handwörterbuch des Bank- und Börsenwesens, hrsg. von Gerke, W., Steiner, M., 2. Aufl., Frankfurt a. M. 1995, S. 325-348.

Kolbeck, R.: Bankbetriebliche Planung, Wiesbaden 1971.

Kollar, A.: Aktien im internationalen Kapitalverkehr, in: Aktienmärkte im Finanzsystem, hrsg. von Gebauer, R., Rudolph, B., Frankfurt a. M. 1995, S. 85-214.

Köllhover, D.: Moderne Verfahren der Bilanz- und Bonitätsanalyse im Firmenkundengeschäft, in: ZfbF, 41. Jg. (1989), H. 8, S. 974-981.

König, R. J.: Ausschüttungsverhalten von Aktiengesellschaften, Besteuerung und Kapitalmarktgleichgewicht, Hamburg 1988.

Kopp, H.: Erwerb eigener Aktien, Wiesbaden 1996.

Köppen, J.: Das Eigenkapital der Kreditinstitute, Wiesbaden 1977.

Kopper, H.: Eigenkapital ist Schlüsselfaktor, in: BZ vom 21.11.1992, S. 3.

Kopper, H.: Shareholder value und Banken, in: Forum, März 1997, S. 3-5.

Körner, G.: Illustrationen von Publikationen, in: Industriemagazin, o. Jg. (1991), H. 1, S. 20.

Kosmider, H.: Wie die Informatik besser werden kann, in: Die Bank, o. Jg. (1991), S. 630-637.

Köster, H.: Grundsätze ordnungsgemäßer Zwischenberichterstattung börsennotierter Aktiengesellschaften, Düsseldorf 1992.

Krönung, H.: Die Bank der Zukunft, Wiesbaden 1996, S. 2.15.

KPMG: Financial Instruments, Frankfurt a. M. 1995.

KPMG: International Accounting Standards. Eine Einführung in die Rechnungslegung nach den Grundsätzen der IASC, 2. Aufl., Düsseldorf 1996.

Krahnen, J. P.: Finanzwirtschaftslehre zwischen Markt und Institution, in: DBW, 53. Jg. (1993), H. 6, S. 793 - 805.

Kramer, H.: The risk police: how the SEC oversees derivatives, in: Wall Street Journal vom 03.04.1996, S. 13.

Kramer, R.: Ethik des Geldes, Berlin 1966.

Kreikebaum, H.: Strategische Unternehmungsplanung, 4. Aufl., Stuttgart 1989.

Kreps, D.: A course in Microeconomic, Theory, London 1990.

Kreutzer, T. R.: Externe Prognosen der Zahlungsunfähigkeit und Überschuldung von Banken, Berlin 1989.

Kroeber-Riel, W.: Verhaltensorientierte Absatztheorie, in: Handwörterbuch der Absatzwirtschaft, hrsg. von Tietz, B., Stuttgart 1974, Sp. 159-167.

Kroeber-Riel, W.: Weniger Informationsüberlastung durch Bildkomunikation in: WiSt, 16. Jg. (1987), H. 10, S. 485-489.

Kroeber-Riel, W.: Konsumentenverhalten, in: Handwörterbuch des Marketing, hrsg. von Tietze, B., Köhler, R., Zentes, J., 2. Aufl., Stuttgart 1995, Sp. 1234-1246.

Kropp, M.: Öltermingeschäfte als Auslöser der Krise bei der Metallgesellschaft, in: WiSt, 23. Jg. (1994), H. 10, S. 301-304.

Kröske, J.: Ein Big Bang für die Aktienkultur, in: BZ vom 07.11.1996, S. 15.

Krüger, W. et al.: Erfolgsfaktoren im Bankenbereich, in: Die Bank, o. Jg., H. 5, S. 254- 262.

Krümmel, J.: Bankpolitik, finanzielle Unternehmensführung und die Theorie der Finanzmärkte, Berlin 1988.

Krümmel, J.: Bankzinsen. Untersuchungen über die Preispolitik von Banken, Bonn 1964.

Krümmel, J.: Bankenaufsichtsziele und Eigenkapitalbegriff, Frankfurt a. M. 1983.

Krümmel, J.: Bedeutung und Funktionen des Eigenkapitals in der modernen Kreditwirtschaft, in:Bank-Archiv, 35. Jg. (1985), H. 2, S. 187-198.

Krumnow, J.: IAS-Rechnungslegung für Banken, in: Die Bank, o. Jg (1996), H, 7, S. 396-403.

Krumnow, J.: Bildung und Auflösung stiller Reserven nach der EG- Bankbilanzrichtlinie, in: Die Bank. o. Jg. (1988), H. 61, S. 301 - 308.

Krumnow, J.: Nuancen der Bankenpublizität in der EU-Bankbilanzrichtlinie und nationale Umsetzung, in: ZfbF, 47. Jg. (1995), H. 10, S. 891-898.

Krumnow, J.: Auch in der Bilanzierung Globalität beweisen, in: BZ vom 24.02.1996, S. 3.

Krumnow, J.: Derivative Instrumente als Herausforderung für Bankcontrolling und Bankorganisation, in: Zeitschrift für Bankrecht und Bankwirtschaft, 48 Jg. (1994), II. 5, S. 1-7.

Krumnow, J.: Konzerne können nicht global handeln und provinziell bilanzieren, in: HB vom 26.02.1996, S. 18.

Krumnow, J. u. a.: Rechnungslegung der Kreditinstitute. Kommentar zum Bankbilanzrichtlinien-Gesetz und zur RechKredV, Stuttgart 1994.

Kruschwitz, L.: Insiderregelung, in: WISU, 19. Jg. (1990), H. 7, S. 420-429.

Krystek, U., Müller, M.: Investor Relations, in: Der Betrieb, 46. Jg. (1993), H. 36, S. 1785-1789.

Kübler, F.: Aktie, Unternehmensfinanzierung und Kapitalmarkt, Köln 1989.

Kübler, F.: Sind zwingende Bezugsrechte wirtschaftlich sinnvoll?, in: Zeitschrift für Bankrecht und Bankwirtschaft, 48. Jg. (1994), H. 5, S. 1-7.

Kübler, F., Schmidt, R.: Gesellschaftsrecht und Konzentration, Berlin 1993.

Küffer, K.: Der Gang eines mittelständischen Unternehmens an die Börse, Göttingen 1989.

Kühner, M.: Die Pflege der Beziehungen zu den Aktionären, in: Finanzstrategie der Unternehmung, Arbeitskreis Unternehmensfinanzierung, Nürnberg 1970, S. 75-85.

Kümmel, A.: Bewertung von Kreditinstituten nach dem Shareholder Value Ansatz, Hohenheim 1994.

Kuntze, W.: Finanzinnovationen aus der Sicht der Bankenaufsicht, in: Rechnungswesen im Dienste der Bankpolitik, hrsg. von Krumnow, J., Metz, M., Stuttgart 1987, S. 267-276.

Kunz, C.: Information, Technologie und Bankgeschäft, Idstein 1988.

Kunze-Thiele, A.: Über Geld spricht man nicht, in: Absatzwirtschaft, 27. Jg. (1984), H. 3, S. 72-77.

Kupitz., R.: Die Kreditwirtschaft als wettbewerbspolitischer Ausnahmebereich, Frankfurt a. M. 1983.

Küppers, B.: Überlegungen zur internen Information und Kommunikation bei Kreditinstituten, in: bum, 25. Jg. (1996), H. 9, S. 31 -34.

Küting, K. H.: US-amerikanische und deutsche Bilanzierung im Vergleich, in: BFuP, 5. Jg. (1993), H. 4, S. 357-379.

Küting, K. H., Hayn, S.: Börseneinführungsmodalitäten in den USA, in: Die Wirtschaftsprüfung, 46. Jg. (1993), H. 12, S. 404 - 416.

Küting, K. H. u. a.: Shareholder-Value: Grundüberlegungen zu Benchmarks der Kommunikationsstrategie in der externen Berichterstattung, in: Der Steuerberater, o. Jg. (1995), H. 47, S. 1846-1851.

Kutzer, H.: Viele haben die Rolle der Aktie noch nicht erkannt, in: HB vom 20.11.1993, S. 13.

Kutzer, H.: Publizität nicht als notwendiges Übel begreifen, in: HB vom 07.05.1995, S. 15.

Lake, D., Graham, J.: Investor Relations, London 1990.

Lambsdorff, 0.: Die Macht der Banken, in: ZfgK, 43. Jg. (1995), H. 24, S. 12 - 15.

Lang, R.: Internationales Emissionsgeschäft, Wiesbaden 1993.

Laux, H.: Entscheidungstheorie, Berlin 1982.

Laux, H.: Risiko, Anreiz und Kontrolle, Berlin 1990.

Laux, M., Päsler, R.: Investmentfonds, Frankfurt a. M. 1992.

Leffson, H.: Bank annual reports, London 1993.

Lehmann, S.: Neue Wege in der Bewertung börsennotierter Aktiengesellschaften, Wiesbaden 1994.

Lemmer, J.: Anforderungen institutioneller Anleger an das nationale und internationale Wertpapiergeschäft der Banken, in: Aktienmärkte im Finanzsystem, hrsg. vom Institut für Kapitalmarktforschung, Frankfurt a. M. 1995, S 135-158.

Leong, K.: Value at risk, London 1995.

Leverkus, J. C.: Das Verhalten der Kleinaktionäre in seiner Bedeutung für die Eigentumspolitik, Berlin 1969.

Lewis, G., Stelter, D.: Steigerung des Unternehmenswertes, in: Schweizerisches Bankwesen im Umbruch, hrsg. von Geiger, H., Bern 1996, S. 33-50.

Leysinger, M.: Maßstab des unternehmerischen Erfolges, in: Schweizerisches Bankwesen im Umbruch, hrsg. von Geiger, H., Bern 1996, S. 81-95.

Liener, G.: Internationale Unternehmen brauchen eine globalisierte Rechnungslegung, in: ZfB, 62. Jg. (1992), H. 3, S. 269-292.

Lingenfelder, M.. Walz, H.: Investor Relations als Element des Finanzmarketing, in: WiSt, 17. Jg. (1988), H. 9, S. 467-469.

Lingner, U.: Anlagestrategien für die nationalen und internationalen Options- und Futures-Märkte, 2. Aufl., Wiesbaden 1991.

Link, R.: Aktienmarketing in deutschen Publikumsgesellschaften, Wiesbaden 1991.

Link, R.: Die Hauptversammlung im Rahmen des Aktienmarketing und der Investor Relations, in: Die Aktiengesellschaft, 39. Jg. (1994), H. 8, S. 364 - 369.

Link, R.: Investor Relations im Rahmen des Aktienmarketing von Publikumsgesellschaften, in: BFuP, 45. Jg. (1993), H. 2, S. 105-131.

Link, R.: US-Privatplazierungen erleichtert, in: Die Bank, o. Jg. (1990), H. 10, S. 640-644.

Lister, M.: Ergebnismessung bei Derivaten, in: BZ vom 07.03.1996, S. 5.

Loehr, H.: Wie Bayer sich um die Anleger bemüht, in: Das Wertpapier, 38. Jg. (1990), H. 17, S. 1053-1054.

Loehr, H.: Bewertung von Unternehmen an den Kapitalmärkten, in: Handbuch des Finanzmanagements. hrsg.von Gebhard, G., u. a., München 1993, S. 177-195.

Loistl, 0.: Zur neueren Entwicklung der Finanzierungstheorie, in: DBW, 50. Jg. (1990), S. 47-83.

Loistl, 0.: Insiderregelung und informationseffiziente Kapitalmarktregulierung, in: Die Bank, o. Jg. (1993), H. 8, S. 456 - 460.

Loistl, 0.: Empirisch fundierte Messung kursrelevanter Tatsachen, in: Die Bank, o. Jg. (1995) H. 4, S. 232 -237.

Lückmann, R.: Investor Relations: Eine glänzende Visitenkarte allein reicht nicht aus, in: HB vom 28.01.1997, S. 14.

Mahoney, W. F.: Investor Relations. The Professional's Guide to Financial Marketing and Communications, New York 1991.

Maier, M.: Shareholder-Marketing - Eigene Aktionäre als Zielgruppe kommunikationspolitischer Maßnahmen, München 1995.

Maleri, R.: Grundlagen der Dienstleistungsproduktion, 2. Aufl., Berlin 1991.

Mandler, U.: Harmonisierung der Rechnungslegung in: WISU, 23. Jg. (1994), H. 13, S. 200-202.

Mansch, H., Wysocki, K.: Finanzierungsrechnung im Konzern, in: ZfbF, 48. Jg. (1996), H. 1, S. 48-64.

Markowitz, H.: Portfolio-selection, in: Journal of Finance, (1952), Vol. 7, S. 77-91.

Markwalder, D.: Manche lieben's trocken, in: Der Organisator, o. Jg. (1993) H. 3, S. 20-42.

Masulis, R. W.: Stock Repurchase by Tender Offer: An Analysis of the Causes of Common Stock Price Change, in: The Journal of Finance, (1980), Vol. 35, S. 305 - 321.

Mathes, M.: Kapitalanlagesellschaften und Investmentfonds, in: Handwörterbuch des Bank- und Finanzwesens, hrsg. von Gerke, W., Steiner, M., 2. Aufl., Stuttgart 1995, Sp. 1075-1078.

Max, D.: Die Leitung der Hauptversammlung, in: Die Aktiengesellschaft, 36. Jg. (1991), H. 3, S. 77-94.

May, A.: Pressemeldungen und Aktienindices, Münster 1990.

Mauritz, P.: Konzepte der Bilanzierung und Besteuerung derivativer Finanzinstrumente, Wiesbaden 1997.

Meffert, H.: Marktorintierte Führung von Dienstleistungsunternehmen, in: DBW, 54. Jg. (1994), H. 4, S. 519-541.

Meffert, H.: Marketingforschung und Käuferverhalten, 2. Aufl., Wiesbaden 1992.

Meffert, H.: Marketing, 8. Aufl., Wiesbaden 1996.

Meier, F.: Kluge Aktionäre, in: Wirtschaftswoche, o Jg. (1992), H. 20, S. 64.

Meier, F.: Investor relations, in: Wirtschaftswoche, o. Jg. (1994), H. 20, S. 60.

Meleri, R.: Die tatsächlichen Risiken im Umgang mit Derivaten, in: Der Schweizer Treuhänder, o. Jg. (1995), H. 4, S. 297-299.

Meister, E.: Bankenaufsichtliche Limitierung von Risiken aus Derivaten, in: Risikosteuerung von Derivaten, hrsg. von Krumnow, J., Wiesbaden 1996, S. 113 - 134.

Menn, B.: Was bedeutet die Übernahme IAS für deutsche Unternehmen?, in: ZfbF, 48. Jg. (1996), H. 2, S. 121-145.

Merbecks, A.: Zur Organisation des Risikomanagements in Kreditinstituten, Wiesbaden 1996.

Merril Lynch: Global Banking Review, London 1996.

Metzler, F. von: Neue Wege im Börsenmarketing, in: FAZ vom 28.08.1990, S.

Meyer, A.: Dienstleistungsmarketing, Erkenntnisse und praktische Beispiele, 5. Aufl., Augsburg 1992.

Meyer, A.: Kommunikationspolitik von Dienstleistungsunternehmen, in: Integratives Dienstleistungsmanagement, hrsg. von Corsten, H., Wiesbaden 1994, S. 259 - 301.

Meyer, D.: Asymmetrische Information, Institutional Choice und die Funktion von Wertorientierungen, in: Jahrbuch für Sozialwissenschaft, Hamburg 1990, S. 104-121.

Meyer, M.: Der Börsengang der Telekom, in: bum, 25. Jg. (1996), H. 11, S. 45-60.

Michaelis, E.: Organisation unternehmerischer Aufgaben, Frankfurt a. M. 1985.

Milde, H.: Dividendenhöhe als Signal, in: WiSt, 19. Jg. (1990) H. 7, S. 334-339.

Mindermann, H.: Investor relations vernachlässigt, in: Die Bank, o. Jg. (1992), H. 4, S. 224 - 226.

Möller, A.: Das neue Insiderrecht, in: BfuP, 46. Jg. (1994), H. 2, S. 99-113.

Möller, H. P.: Probleme und Ergebnisse kapitalmarktorientierter empirischer Bilanzforschung in Deutschland, in: BFuP, 35. Jg. (1983), H. 4. S. 285 - 302.

Möller, H. P.: Die Informationseffizienz des deutschen Aktienmarktes, in: ZfbF, 37. Jg. (1985), H. 14, S. 500 - 518.

Monks, A.: Schlafende Riesen, in: Corporate Governance, hrsg. von Feddersen, D., Hommelhoff P., Schneider, U., Köln 1996.

Monopolkommission: Hauptgutachten, Baden-Baden 1995.

Moody Investor Services AG: Group comparison London 1997.

Morschäuser, B.: Personalabbau in Banken, in: ZfgK 44. Jg. (1996), H. 4, S. 140-144.

Moser, R., Quast, M.: Organisation des Risikomanagements in einem Bankkonzern, in: Handbuch Bankcontrolling, hrsg. von Schierenbeck, H., Moser, R., Wiesbaden 1995, S. 663 -686.

Mühlbrad, F.: Erfolgreiche Anlagestrategien für Aktien, Zürich 1985.

Mühlbrad, F.: Kennziffer Fondsengagement, in: Die Bank, o. Jg. (1992), H. 2., S. 72-77.

Müller, A.: Bankenaufsicht und Gläubigerschutz, Baden-Baden 1981.

Müller, H., Fischer, L., Koop, J.: Merkmale unterschiedlicher Aktionärsgruppen, in: Sparkasse, 111. Jg. (1994), H. 3, S. 123- 126.

Müller, H., Fischer, L., Koop, J.: Privatleute scheuen das Aktien-Risiko - Nur wenige sehen auch die Chancen, in: HB vom 8/9.04.1994, S. 12.

Müller, H., Fischer, L., Koop, J.: Zur Psychologie privater Aktionäre, ihre Motivation, in: Sparkasse, 111. Jg. (1993), H. 3, S. 480- 517.

Müller, W.: Informationsprodukte, in: ZfB, 65. Jg. (1995), H. 9, S. 1017-1044.

Nagler, M.: Risiken der Aktienanlage, Münster 1986.

Nagos, P.: Externe Brichterstattung - Information für "Stakeholders", Zürich 1991.

Narr-Lindner, G.. Harenberg, R.: Schering Investor Relations Information Policy and Communication, Düsseldorf 1990.

NASD: Investor Relations- A practical guide, Washington 1989.

Neuber, F.: Wir brauchen bessere Finanzingenieure, Händler und Analysten, in: ZfgK, 43. Jg. (1995), H. 1, S. 30 - 32.

Neuss, W.: Die Aussagekraft von Agency Costs, in: ZfbF, 41. Jg. (1989), H. 6, S. 472 -490.

Neuss, W.: Ökonomische Agency-Theorie und Kapitalmarktgleichgewicht, Wiesbaden 1989.

Neuss, W.: Emissionskredit und Reputationseffekt, in: ZfB, 63. Jg. (1993), H, 9, S. 897-915.

Nichols, D. R.: The handbook of Investor relations, Illinois 1989.

Niedernhuber, G.: Ausschüttungsregeln für Aktiengesellschaften, Hamburg 1988.

Nieschlag, R., Dichtl, E., Hörschgen, H., Marketing, 17. Aufl., Berlin 1994.

Noller, K.: Der Zugang zum US-Kapitalmarkt für ausländische Emittenten, in: Die Bank, o. Jg. (1993), H. 1, S. 420-422.

Nolte, D.: Grundzüge der Bankenrichtlinie, in: Die Wirtschaftsprüfung, 40. Jg. (1987), H. 19, S. 561-572.

o. V.: Auf dem Weg zur Aktienkultur, in: BZ vom 05.07.1994, S. 3.

o.V.: Mit zweifelhaften Argumenten rechtfertigen Vorstände die leichtfertige Handhabung von Aktionärsinteressen, in: HB vom 19.05.1994, S. B 3.

o.V.: Das Ausland erteilt den deutschen Aktiengesellschaften schlechte Noten, in: HB vom 27.04.1994, S. 18.

o. V.: Steiniger Weg einer Bankenfusion, in: BZ vom 07.08.1997, S. 3.

o.V.: Restrukturierung der Deutsche Bank AG, in: HB vom 03.04.1998, S. 12.

o.V.: Innovative Wege zum Dialog mit den Aktionären, in: BZ vom 19.11.1996, S. 3.

o.V.: Eigenkapitalrentabilitat in der deutschen Kreditwirtschaft, in: ZfgK, 45. Jg. (1997), H. 24, S. 1207-1216.

o. V.: Ergebnisse unverzüglich publizieren, in: BZ vom 23.07.1996, S. 5.

o.V.: IASC- Neuer Exposure Draft zur Bilanzierung von Finanzinstrumenten angekündigt, in: Der Betrieb, 50. Jg. (1997), H. 47, S. 25.

o. V.: Die virtuelle Filiale, in: FAZ vom 10.04.1997, S. 19.

o. V.: Förderverein soll Finanzplatz stärken, in: HB vom 12. 12.1996, S. 3.

o.V.: Geschäftsberichte, in: Markt und Wirtschaft, Köln 1995, S. 24 -30.

o. V.: Mißratene HV-Kultur, in: BZ vom 17.04.1996, S. 3.

o. V.: Das neue Informatiksystem zieht neue Interessenten an, in: HB vom 12.08.1996, S. 16.

o. V.: Auch die Analysten selbst vermissen oft börsenrelevante Informationen der AG, in: HB vom 09.02.1992, S. 38.

o. V.: Structure your Investor Relations for the Good Times, in: Financial Executive, (1984), Vol. 10, S. 20-27.

o. V.: Interessenkonflikte, Commerzbank stellt sich auf die Seite Thyssens, in: Frankfurter Allgemeine Zeitung vom 20.03.1997, S. 17.

o. V.: Dresdner Bank AG plant Kapitalerhöhung, in: BZ vom 15.08.1997, S. 3.

o. V.: Deutsche Bank sorgt sich um niedrigen Marktwert, in: BZ vom 21./22.05.1998, S. 5.

o. V.: Eine Messe für die private Anlage, in: HB vom 28.08.1996, S. 29.

o. V.: Deutscher Nachholbedarf bei Investor Relations, in: BZ vom 05.07.1994, S. 4.

o. V.: NatWest Group kauft eigene Aktien zurück, in: BZ vom 31.07.1996, S. 1.

o. V.: Attacke aus dem Netz, in: Manager Magazin, 26. Jg. (1996), H. 4, S. 58.

o. V.: Neue Offenheit der Allianz, in: BZ vom 08.10.1996, S. 5.

o. V.: Optionspläne werden eingeführt, in: BZ vom 29.06.1996, S. 17.

o. V.: Pensionsfonds, erst durch Förderung attraktiv, in: BZ vom 30.07.1996, S. 17.

o. V.: Keine Angst vor Publizität, in: HB vom 26.09.1994, S. 8.

o. V.: Nur wenige wagen sich an die Publizität von Derivaten, in: BZ vom 10.06.1995, S. 18.

o. V.: Großbanken suchen neuen Publizitätsrhythmus, in: BZ vom 14.11.1994, S. 3.

o. V.: Für deutsche Analysten gelten jetzt international akzeptierte Regeln in: HB vom 17.05.1995, S. 7.

o. V.: Value at risk- models, in: Bank of Enland Quarterly report, May 1995, S. 105.

o. V.: Shareholder-value am Anfang, in: Die Woche vom 2708.1997, S. 13.

o. V.: Shareholder Value und Aktienkultur - eine Umfrage bei den DAX-Werten, in: ZfgK, 44. Jg. (1996), H. 10, S. 481-491.

o. V.: Kleinaktionäre zweifeln am Sinn der Hauptversammlungsdiskussion, in: FAZ vom 09.05.1994, S. 25.

o. V.: Spar präsentiert sich bei Vereins- und Westbank AG, in: HB vom 18.04.1995, S. 15.

o. V.: Strategiewechsel der Deutschen Bank, in: BZ vom 24.09.1997, S. 3.

o. V.: Kulinarische Tips für den Anleger, in: HB vom 19.07.1994, S. 32.

o. V.: Geteilte Meinung über die Unterbewertung deutscher Bankaktien, in: BZ vom 25.09.1996, S. 4.

o. V.: Bayerische Vereinsbank und Bayerische Hypotheken- und Wechselbank schließen sich zusammen, in: HB vom 05.08.1997, S. 20.

O'Brien, P., Bhushan, R.: Analyst following and institutional ownership, in: Journal of Accounting Research, (1995), Vol. 28, S. 55-76.

Oberender, P.: Zur Problematik der Marktabgrenzung unter besonderer Berücksichtigung des relevanten Marktes, in: WiSt, 10. Jg. (1975), H. 12, S. 575-577.

Oeckl, A.: PR-Praxis. Der Schlüssel zur Öffentlichkeitsarbeit, Düsseldorf, Wien 1997.

Oehler, A.: Verhaltensmuster privater Anleger, in: Diskussionsbeitrag Nr. 10, Hagen 1993.

Oehler, A.: Anormalien im Anlegerverhalten, in: Die Bank, o. Jg. (1991), H. 11, S. 600-607.

Oehler, A., Mesel, K.: Kleinanleger als stabilisierender Faktor für die deutschen Wertpapiermärkte, in: Die Bank, o. Jg. (1990), H. 10, S. 560-564.

Ordelheide, D.: Institutionelle Theorie und Unternehmung, in: Handwörterbuch der Betriebswirtschaft. hrsg. von Wittmann, W. u. a., 5. Aufl., Stuttgart 1993, Sp. 1838-1855.

Ordelheide, D.: Bedeutung der neoinstitutionalistischen Theorie für die Theorie der Rechnungslegung, in: Betriebswirtschaftslehre und Theorie der Verfügungsrechte, hrsg. von Budäus, D., Gerum, E., Zimmermann, G., Wiesbaden 1988, S. 271-295.

Otto, H. J.: Die Verteilung der Kontrollprämie bei Übernahme von Aktiengesellschaften und die Funktion des Höchststimmrechts, in: Die Aktiengesellschaft, 39. Jg. (1994), H. 4, S. 167-177.

Padberg, E.: Nicht ohne Marketing, in: Gang an die Börse, hrsg. von Herdt, H. K., Padberg, E., Walther, K., 3. Aufl., Düsseldorf 1988.

Paefgen, T. C.: Investor-Relations-Management zwischen Scylla und Charybdis, in: Zeitschrift für Bankwirtschaft und Bankrecht, 45. Jg. (1991), H. 12, S. 433 - 442.

Päffgen, R.: Die Neuregelung des US-amerikanischen Kapitalmarktes für Privatplazierungen, in: Zeitschrift für Bankwirtschaft und Bankrecht, 44. Jg. (1990), H. 10, S. 190.

Palm, R.: Chance vertan, in: HB vom 27.04.1997, S. 75.

Pape, U.: Strategische Unternehmensbewertung und Discounted Cash Flow-Methode, in: WISU, 25. Jg. (1996), H. 1, S. 57-63.

Paul, W.: Umfang und Bedeutung der Investor Relations, in: BFuP, 45. Jg. (1993), H. 2, S. 133 - 161.

Paul, W.: Finanzmarketing als Management der Investor Relations, in: Marketing für Finanzprodukte und Finanzmärkte, hrsg. von Gebauer, W. u. a., München 1993, S. 35-64.

Paul, W.: Investor Relations-Management, in: ZfbF, 43. Jg. (1991), H. 10, S. 923-945.

Paul, W.: Börseneinführung in Tokio - demonstriert am Beispiel der BASF, in: ZfbF, 44. Jg. (1992), H. 10, S. 914-955.

Paul, W., Zieschang, M.: Wirkungssweise der Investor Relations, in: Der Betrieb, 47. Jg. (1994), H. 30, S. 1485-1487.

Peiner, W.: Streuung von Risiko und Kontrolle, in: Blick durch die Wirtschaft vom 04.09.1996, S. 9.

Pellens, B., Fülbier, R.: Publizitätspflichten nach dem Wertpapierhandelsgesetz, in: Der Betrieb, 47. Jg. (1994), H. 18, S. 1381 - 1388.

Peltzer, M.: Die Führungskräfte motivieren, in: BZ vom 25.5.1996, S. 3.

Peltzer, M.: Insiderhandel und Kapitalmarkteffizienz in der Bundesrepublik Deutschland, in: Zeitschrift für Wirtschafts- und Bankrecht, 45. Jg. (1991), H. 1, S. 69-79.

Peltzer, M.: Hostile Takeovers- in der Bundesrepublik Deutschland, in: Zeitschrift für Wirtschafts- und Bankrecht, 43 Jg. (1989) S. 69-79.

Pernsteiner, H.: Informationsinteressen von Kleinanteilseignern, in: BankArchiv, 39. Jg. (1991), H. 4, S. 251-259.

Perridon, L., Steiner, M.: Finanzwirtschaft der Unternehmung, 9. Aufl., München 1997.

Pfaff, D.: Gewinnverwendungsregelungen als Instrument von Agency-Problemen, Heidelberg 1988.

Pfeiffer, H.: Die "Macht der Banken" und die Fakten, in: Die Bank, o. Jg. (1987), H. 6, S. 270 - 275.

Pflaum, D., Pieper, W.: Lexikon der Public Relations, Landsberg/Lech 1989.

Picot, A.: Ökonomische Theorien der Organisation, in: Betriebswirtschaftslehre und ökonomische Theorie, hrsg. von Ordelheide, D., Rudolph, B., Büsselmann, E., Stuttgart 1991, S. 143 - 170.

Piltz, K.: Gewinnverwendungspolitik der Aktiengesellschaft, in: Finanzierungshandbuch, hrsg. von Christians, F. W., 3. Aufl., Wiesbaden 1988, S. 627-660.

Plaut, T.: Wie Wertpapier-Analysten informiert werden wollen, in: Imageprofile 1991, Das deutsche Image-Jahrbuch Financial Communications, hrsg. von Demuth, A., Düsseldorf, Wien, New York 1991, S. 105-114.

Pohle, K.: Die Kommunikationspolitik einer Industrieunternehmung auf den Finanzmärkten, in: Semesterbericht des Instituts für Kredit- und Finanzwirtschaft der Universität Bochum hrsg. von Süchting, J., o. Jg. (1988), H. 8, S. 23-26.

Pöhler, A.: Das internationale Konsortialgeschäft der Banken, Lage 1988.

Polan, R.: Ein Meßkonzept für die Bankloyalität, Wiesbaden 1995.

Posner, D.: Der Erwerb eigener Aktien in der US-amerikanischen Unternehmenspraxis, in: Die Aktiengesellschaft, 9. Jg. (1994), H. 7, S. 312-320.

Pötzsch, T.: Der Diskussionsentwurf des Dritten Finanzmarktförderungsgesetzes, in: Die Aktiengesellschaft, 42 Jg. (1997), H. 5, S. 193-206.

Prahl, R.: Informationen über Derivate für externe Adressaten, in: Risikosteuerung von Derivaten, hrsg. von Krumnow, J.,Wiesbaden 1996, S. 136-163.

Prahl, R.: Die neuen Vorschriften des HGB für Kreditinstitute, in: Die Wirtschaftsprüfung, 44. Jg. (1993), H. 29, S. 438-445.

Prahl, R., Naumann, T.: Die Bewertungseinheit am Bilanzstichtag, in: Zeitschrift für Bankrecht und Bankwirtschaft, 6. Jg. (1994), H. 1, S. 18-35.

Pratt, J., Zeckhauser, R.: Principal and Agents, Boston 1985.

Preyer, H., Reinhard, L.: Die Identifizierung und das Management von Zinsrisiken im Finanzbereich, in: Derivative Finanzinstrumente, hrsg. von Rudolph, B., Stuttgart 1995, S. 193-210.

Price Waterhouse: Managing Financial Risk - Performance Measurement, o. 0. 1991.

Raffee, H.: Gegenstand, Methoden und Konzepte der Betriebswirtschaftslehre, in: Vahlens Kompendium der Betriebswirtschaftslehre, Bd. 1 hrsg. von Bitz, M. u. a., 3. Aufl., München 1994, S. 1-48.

Rappaport, A.: Shareholder Value- Wertsteigerung als Maßstab für die Unternehmensführung, Stuttgart 1994.

Ramm, U.: Investor-Relations, Mode oder Notwendigkeit, in: BZ vom 26.04.1990, S. 4-5.

Rasch, S.: Der Aktienmarkt für kleine und mittelgroße Unternehmen, Baden-Baden 1996.

Raster, M.: Shareholder-Value-Management- Ermittlung und Steigerung des Unternehmenswertes, Wiesbaden 1995.

Rau, F.: Was kann die Aktienanalyse heute leisten - und was nicht?, in: ZfgK, 41. Jg. (1993) H. 18, S. 846-847.

Reckinger, G.: Agenturen entdecken ein neues Betätigungsfeld: Public relations rund um die Börseneinführung, in: HB vom 07. 0.3.1994, S. 18 - 19.

Rehkugler, H., Voigt, M.: Die Qualität des Anlageberaters, in: Die Bank, o. Jg. (1992), H. 6, S. 316-322.

Rehkugler, H., Zimmermann, H. G.: Neuronale Netze in der Ökonomie, München 1994.

Reisen, H.: Aktienmärkte, Alterssicherung, Pensionsfonds und die aufstrebenden Aktienmärkte, Vortragsunterlagen des Vereins für Socialpolitik, Hamburg 1995, S. 1-75.

Reuss, P, Emmerich, G.: Zur Vorsorge für "allgemeine Bankrisiken" Handelsrechtliche Gestaltungswahlrechte und ökonomische Implikationen, Göttingen 1995.

Reuter, A.: Effektives Risikomanagement in Kreditinstituten, in: Betriebswirtschaftliche Blätter, 42. Jg. (1994), H. 5, S. 243-248.

Reuter, H.: Aktienmarkt und Aktieninformationsdienst, Göttingen 1980.

Richtsfeld, J.: In-House-Banking: Neue Erfolgsstrategien im Finanzmanagement internationaler Unternehmen, Wiesbaden 1994.

Ridder-Aab, C.: Die moderne Aktiengesellschaft im Lichte der Theorie der Eigentumsrechte, Frankfurt, New York 1980.

Risse, A.: Standard-Setting beim IASC - Mitwirkungsmöglichkeiten aus deutscher Sicht, Bonn 1995.

Rogola, D.: Konturen gefragt, in: Public relations-Magazin, 21. Jg. (1990), H. 3, S. 13 -16.

Rohner, K.: Cybermarketing, Zürich 1996.

Röhrich, M.: Feindliche Übernahmeangebote. Eine wettbewerbspolitische Beurteilung anhand von Fallstudien aus den USA, Baden-Baden 1992.

Röller, W.: Das Selbstverständnis der Banken in einer offenen Wirtschaft und Gesellschaft, in: Bankenmacht und Ethik, hrsg. von Jacob, A., Stuttgart 1990, S. 1-13.

Römer, E.: Konkurrenzforschung: Informationsgrundlage der Wettbewerbsstrategie, in: ZfbF, 40. Jg. (1988), H. 4, S. 481-501.

Rominski, D.: Erfolgskontrolle, in: Absatzwirtschaft, 25. Jg. (1995), S. 84-85.

Roop, J., Stephen, L.: Investor relations as a competitive weapon, in: The Journal of Business Strategy, (1988), Vol. 18. S. 4-18.

Roquette, S.: Das Engagement ausländischer Gesellschaften im US-amerikanischen Kapitalmarkt, in: Zeitschrift für Wirtschafts- und Bankrecht, 48. Jg. (1994), H. 3, S. 138-142.

Rosen, R. von: Aktio messen als Bühne für Mid Caps, in: Sonderbeilage zur Börsenzeitung vom 09.09.1995, S. 3.

Rosen, R. von: Chancengemeinschaft, Deutschland braucht die Aktie, München 1997.

Rosen, R. von: Going Public: Defizite und Perspektiven, in: ZfgK 43. Jg. (1995), H. 8, S.374-385.

Rosen, R. von : Wertpapierbörsen: Information ist der beste Anlegerschutz, in: WISU, 20 Jg. (1991), H. 2, S. 77-78.

Rosenstil, R.: Psychologie des Geldes, Stuttgart 1981.

Ross, S. A.: The Economic Theory of Agency: The Principal's Problem, in: American Economic Review, (1973) 63.Vol, S. 134-139.

Rübel, M.: Devisen- und Zinstermingeschäfte in der Bankbilanz, Berlin 1990.

Ruda, W.: Ziele privater Kapitalanleger, Wiesbaden 1988.

Rudolph, B.: Das effektive Bankeigenkapital. Zur bankaufsichtlichen Beurteilung stiller Neubewertungsreserven, Frankfurt a. M. 1991.

Rudolph, B.: Derivative Finanzinstrumente - Entwicklung, Risikomanagement und bankaufsichtsrechtliche Regelungen, in: Derivative Finanzinstrumente, hrsg. von Rudolph, B., Stuttgart 1995, S. 3-37.

Rudolph, B.: Betriebswirtschaftliche Beurteilung des Insiderhandelsverbotes, in: BfuP, 46. Jg. (1994), H. 2, S. 114-123.

Rudolph, B.: Möglichkeiten des Einsatzes derivativer Sicherungsinstrumente bei Währungsrisiken, Stuttgart 1996.

Rüsberg, L.: Banken-Rating, Rendite, Risiko und Wachstum von Kreditinstituten,Wiesbaden 1997.

Sabel, H.: Bankmarketing, in: Bankpolitik, finanzielle Unternehmensführung und die Theorie der Finanzmärkte, hrsg. von Rudolph, B., Wilhelm, J., Berlin 1988, S. 197-243.

Sadowski, D., Schröder, M.: Freiwillige Publizität und personalpolitische Reputation, in: ZfbF, 46. Jg. (1994), H. 4, S. 127-143.

Sappington, D. E.: Incentives in principal-agent-relationships, in: Journal of Economic Perspectives, (1996), Vol. 5, S. 45-66.

Schäfer, H.: Information als zentraler Bestandteil der Qualität von Bankdienstleistungen, in: Sparkasse, 111. Jg. (1994), H. 2, S. 54-60.

Schäfer, K.: Einsatz und Bewertung von Optionen, in: Derivative Finanzinstrumente, hrsg. von Rudolph, B., Stuttgart 1995, S. 45-130.

Scharff R.: Value at risk- und die Praxis, in: BZ vom 23.08.95, S. 3.

Scharpf P., Epperlein, J.: Rechnungslegung und interne Kontrolle von derivaten Finanzinstrumenten, in: Derivative Finanzinstrumente, hrsg von Rudolph, B., Stuttgart 1995, S. 131- 170.

Scharpf, P., Epperlein, J.: Risikomanagement derivativer Finanzinstrumente, in: BFuP, 47. Jg. (1995), H. 2, S. 209-229.

Scharpf P., Lutz, G.: Risikomanagement, Bilanzierung und Aufsicht von Finanzderivaten, Stuttgart 1996.

Scheffler, J.: Hedge-Accounting: Jahresabschlußrisiken in Banken, Wiesbaden 1994.

Schell, G.: Die Ertragsermittlung für Bankbewertungen, Frankfurt a. M. 1988.

Scheuch, F.: Dienstleistungsmarketing, München 1982.

Schiereck, D.: Internationale Börsenplatzentscheidungen institutioneller Investoren, Wiesbaden 1995.

Schiereck, D.: Institutionelle Investoren, in: Sparkasse, 109. Jg. (1992), H. 8, S. 393 - 395.

Schiereck, D.: Zur Notierung deutscher Aktiengesellschaften an ausländischen Börsenplätzen, in: Die Aktiengesellschaft, 38. Jg. (1993), H. 8, S. 319-323.

Schiereck, D.: Die Ziele eines Anlegers bei der Wahl des Börsenplatzes, in: Zeitschrift für Wirtschafts- und Bankrecht, 50. Jg. (1996), H. 3, S. 185-195.

Schierenbeck, H.: Bankassurance, 2. Aufl., Wiesbaden 1998.

Schierenbeck, H.: Neuorientierung der Vertriebssysteme für Banken - Trends und Herausforderungen, Bern 1994.

Schierenbeck, H.: Ertragsorientiertes Bankmanagement, Bd. 1; Grundlagen, Marktzinsmethode und Rentabilitäts-Controlling, 5. Aufl., Wiesbaden 1997.

Schierenbeck, H.: Ertragsorientiertes Bankmanagement, Bd. 2; Risiko-Controlling und Bilanzstruktur-Management, Wiesbaden 1997.

Schierenbeck, H.: Ertragsorientiertes Bankmanagement im Visier des Shareholder Value-Konzepts, in: Shareholder Value-Konzepte in Banken, hrsg. von der Baseler Bankenvereinigung, Wien 1997.

Schildbach, T.: Jahresabschluß und Markt, 2. Aufl., Heidelberg 1989.

Schindler, U.: Die Personalfunktion in Banken - Herausforderungen und Veränderungen, in: Human Resources Management in Banken, hrsg. von Meler, H., Schindler, U., Wiesbaden 1996, S. 67-86.

Schmidt, A.: Neuordnung Bayerische Vereinsbank AG, in: BZ vom 05.06.1995, S. 3.

Schmidt, R. H.: Aktienkursprognose, Wiesbaden 1976.

Schmidt, R. H.: Ein neo-institutionalistischer Ansatz der Finanzierungstheorie, in: Unternehmensführung aus finanz- und bankwirtschaftlicher Sicht, hrsg. von Rühli, E., Thommen, J. P., Stuttgart 1981, S. 135-154.

Schmidt, R. H.: Grundformen der Finanzierung - eine Anwendung des neoinstitutionalistischen Ansatzes der Finanzierungstheorie: Kredit und Kapital, 14. Jg. (1981), H. 2, S. 186-221.

Schmidt, R. H.: Neuere Property-Rights-Analysen in der Finanzierungstheorie, in: Betriebswirtschaftslehre und Theorie der Verfügungsrechte, hrsg. von Budäus, D., Gerum, E., Zimmermann, G., Wiesbaden 1988, S. 240-267.

Schmidt, R. H.: Wertpapierbörsen, München 1988.

Schmidt, R., Terbergen, E.: Grundzüge der Investitions- und Finanzierungstheorie, 3. Aufl., Wiesbaden 1996.

Schmittke, J.: Die nervösen neunziger Jahre, in: Die Bank, o. Jg. (1993), H. 12, S. 697-701.

Schmitz, R.: Die Aktionäre der Aktiengesellschaft: Beziehungen über das Gesetz hinaus, in: ZfgK, 41. Jg. (1993), H. 18, S. 838-844.

Schmitz, R.: Emissionsgeschäft, in: Handwörterbuch des Bank- und Börsenwesens, hrsg. von Gerke, W., Steiner, M., 2. Aufl., Stuttgart 1994, S. 512-521.

Schneeweiß, H.: Entscheidungskriterien bei Risiko, 3. Aufl., Berlin 1980.

Schneider, D.: Zur Reduktion von Finanzierungskosten, in: Schriften des Vereins für Socialpolitik, hrsg. von Schneider, D., Kapitalmarkt und Finanzierung, Bd. 165, Berlin 1986, S. 341-362.

Schneider, D.: Wider Insiderhandelsverbot und die Informationseffizienz des Kapitalmarktes. in: Der Betrieb, 46. Jg. (1993), H. 19, S. 1429-1435.

Schneider, D.: Kapitalmarkt und Publizität, Berlin 1987.

Schneider, R.: Intransparentes Direktbanking, in: BZ vom 02.08.1996, S. 3.

Schnitzler, L.: Firmeninformationen aussagefähiger Gestalten, in: HB vom 28.03-1996, S. 14.

Schoenen, M.: Die Rolle des Analysten, in: FAZ vom 27.05.1996, S. 11.

Scholz, C, Sydow, J.: Banken und Sparkassen: Von der Netzwerkkooperation zur Virtualisierung, Berlin 1996.

Schörner, P.: Gesetzliches Insiderhandelsverbot, Wiesbaden 1991.

Schredelseker, K.: Der Nutzen von Bilanzinformationen für Kapitalanlageentscheidungen, in: Der Wirtschaftsprüfer im Schnittpunkt nationaler und internationaler Entwicklungen, hrsg. v. Gross, G., Düsseldorf 1985, S. 129-141.

Schreib, H. P.: Investor Relations aus Sicht der Anleger, in: BFuP, 45. Jg. (1993), H. 2, S. 163 -171.

Schreib, H. P.: Shareholder value kein neuer Ansatz, in: HB vom 23.07.1996, S. 14.

Schreib, H. P.: Die Hauptversammlung als Polit-Bühne, in: Das Wertpapier, 35 Jg. (1987), H. 3, S. 189-190.

Schreib, H. P.: Was sind Investor Relations, was sollen sie sein?, in: Das Wertpapier, 38. Jg. (1990), H. 17, S. 1043-1044.

Schröck, G.: Risiko- und Wertmanagement in Banken, Wiesbaden 1997.

Schüller, A.: Property rights und Ökonomische Theorie, München 1983.

Schulte, M.: Integration der Betriebskosten in das Risikomanagement von Kreditinstituten, Wiesbaden 1994.

Schulte, S.: Internationaler Aktienemissionsmarkt, Frankfurt a. M. 1991.

Schulte-Mattler, H.: Bankaufsichtliche Eigenkapitalnormen und Marktrisiken im Vergleich. in: Die Bank, o. Jg. (1994), H. 2, S. 93-98.

Schulte-Mattler, H.: Baseler Vorschlag zur Erfassung und Begrenzung von Marktrisiken, in: Die Bank, o. Jg. (1994), H. 1, S. 28-33.

Schulte-Mattler, H.: Kapitaladäquanzrichtlinie schafft einheitliche Aufsichtsregeln, in: Die Bank, o. Jg. (1992), H. 8, S. 460-467.

Schulte-Mattler, H.: Bankaufsichtsrechtliche Eigenkapitalnormen für Marktrisiken im Vergleich, in: Die Bank, o. Jg. (1994), H. 2, S. 93-98.

Schulte-Mattler, H., Traber, U.: Marktrisiko und Eigenkapital - Bankenaufsichtliche Normen für Kredit- und Marktrisiko, Wiesbaden 1995.

Schuster, L.: Trend im deutschen Bankwesen, in: ZfgK, 43 Jg. (1995), H. 18, S. 918-923.

Schwalbach, J.: Managervergütung und Unternehmenserfolg, in: Forschungsbericht Nr. 90, hrsg. vom Institut für Allgemeine Betriebswirtschaftslehre, Berlin 1990.

Schwark, E.: Insider-Geschäfte auf dem Wertpapiermarkt, in: Der Betrieb, 34. Jg. 1981), H. 40, S. 1605-1609.

Schwarze, H. J.: Insiderregelungen im Spannungsfeld der Praktikabilität, in: BFuP, 46. Jg. (1994), H. 1, S. 124 - 135.

Schwebler, R.: Versicherungsunternehmen und Kapitalmarkt, in: Strukturwandel am deutschen Kapitalmarkt, hrsg. von Bruns, G., Häuser, K., Frankfurt a. M. 1989, S. 23 - 40.

Schwetzler, B.: Die Kapitalkosten von kurzfristigen Rückstellungen, in: BFuP, 48 Jg (1996), H. 4, S. 450-470.

Seger, F.: Banken, Erfolg und Finanzierung, Wiesbaden 1997.

Selchert, F. H., Karsten, J.: Inhalt und Gliederung des Anhangs, in: Der Betrieb, 38. Jg. (1985), H. 28, S. 1889-1894.

Semler, J.: Unternehmensüberwachung durch den Kapitalmarkt, in: Corporate Governance, hrsg. von Picot, A., Stuttgart 1995, S. 29-87.

Semler, J.: Leistung- und erfolgsbezogene Vorstandsvergütungen, in: Rechenschaftslegung im Wandel, Festschrift für Wolfgang Dieter Budde, hrsg. von Forschle, G. u. a., München 1995, S. 599-614.

Serfas, A.: Die Weichen sind gestellt, in: Vision & money o. Jg. (1998), H. 1, S. 28-32. hrsg. von der Deutsche Börse AG, Frankfurt a. M. 1998.

SGZ-Bank: Die Umsetzung des Shareholder-Value-Konzeptes durch die DAX-Unternehmen, Frankfurt a. M. 1997.

Sieben, G., Bretzke, M., Rwaley, A.: Beurteilungsfaktoren von Managementleistungen, in: BFuP, 25 Jg. (1997), H. 1, S. 65-90.

Siegert, T.: Eigenarten bankbetrieblicher Leistungen. Ein Beitrag zur theoretischen Bankbetriebslehre, Köln 1975.

Siegert, T.: Shareholder-value als Lenkungsinstrument, in: ZfbF, 47. Jg. (1995), H. 4, S. 580-607.

Simon, H.: Führungsnachwuchs von morgen, in: WISU, 22. Jg. (1993), H. 10, S. 763-768.

Singer, J.: Kundenloyalität als Marketingziel, in: bum, 23. Jg. (1994), H. 6, S. 36-39.

Smith, A.: An Inquiry into the nature and causes of the Wealth of Nations, New York, London 1974.

Sorg, P.: Prognosebericht und Publizitätspraxis der AG, in: Der Betrieb, 47. Jg. (1994), H. 35, S. 1962-1969.

Spence, M.: Job Market Signalling, in: Quartely Journal of Economics, (1973), Vol. 10, S. 355-374.

Spremann, K.: Agent and Principal, in: Agency-Theorie, Information and Incentives, hrsg. von Bamberg, G. Spremann, K., London 1987, S. 3-37.

Spremann, K.: Investition und Finanzierung, 3. Aufl., München 1990.

Spremann, K.: Asymmetrische Information, in: ZfB, 60. Jg. (1990), H. 4, S. 561-586.

Spremann, K.: Zur Reduktion von Agency-Kosten, in: Kapitalmarkt und Publizität, hrsg. von Schneider, D., Berlin 1987, S. 341-350.

Spremann, K.: Reputation, Garantie, Information, in: ZfB, 58. Jg.(1988), H. 5, S. 613 - 629.

Spremann, K.: Der Beta-Faktor als Risikomaß?, in: Schweizer Treuhänder, o. Jg. (1995), H. 8, S. 24-38.

Stammer, K.: Nichtbanken als Substitutionskonkurrenten auf dem Bankleistungsmarkt. Eine vergleichende Analyse für das deutsche und US-amerikanische Bankensystem, Frankfurt a. M. 1987.

Staubli, M., Palit, 0.: Anlagen von Versicherungen, in: Handbuch Anlageberatung und Vermögensverwaltung, hrsg. von Cramer, J., Rudolph, B., Freiburg 1995.

Stehle, R.: Eigenkapitalquoten und Fremdkapitalstruktur börsennotierter deutscher Aktiengesellschaften, in: ZfB, 64. Jg. (1994), H. 7, S. 811-837.

Steiner, M.: Finanzierungstheorie und Finanzpraxis - Rationalprinzip gegen Prinzip Hoffnung, in: Die Unternehmung, 39, Jg. (1985), H. 2, S. 308 - 324.

Steiner, M.: Finanzinnovationen im Jahresabschluß, in: BFuP, 47. Jg. (1995), H. 2, S. 242- 259.

Steiner, M.: Meinungsspiegel zu investor relations, in: BFuP, 45. Jg. (1993), H. 2, S. 187.

Steiner, M.: Risikobeurteilung von Emittenten durch Ratingagenturen, in: WiSt, 21 Jg. (1992), H. 10, S. 509-515.

Steiner, M., Bruns, C.: Wertpapiermanagement, 4. Aufl., Stuttgart 1996.

Steiner, M., Heinke, V.: Rating aus Sicht der modernen Finanzierungstheorie, in: Handbuch des Bankrating, hrsg. von Büschgen, H. E., Everling, 0., Wiesbaden 1997, S. 579-695.

Steiner, M., Tebroke, H.: Konzepte der Rechnungslegung für Finanzderivate, in: Die Wirtschaftsprüfung, 48. Jg. (1995), H. 6, S. 533-546.

Steinriede, W.: Technologie als bankbetrieblicher Wettbewerbsfaktor, in: Die Banken auf dem Weg ins 21. Jahrhundert, hrsg. vom Internationalen Banker Forum, Wiesbaden 1996.

Steitzner, H.: Bankgeschäfte auf der Datenautobahn, in: FAZ vom 10.08.1996, S. 14.

Stewart, G. et al.: The EVA Financial Management System, in: Journal of Applied Corporate Finance, (1995), Vol. 8, S. 32-46.

Stewart, G.: The quest for value, New York 1990.

Stockinger, J.: Bonitätsanalyse im Firmenkundengeschäft, Münster 1989.

Streim, H.: Zum Stellenwert des Lageberichts im System der handelsrechtlichen Rechnungslegung, in: Unternehmenstheorie und Besteuerung, Festschrift für Dieter Schneider, hrsg. von Elschen, R. u. a., Wiesbaden 1995, S. 709-721.

Strenger, C.: Strategien im europäischen Markt für Investmentfonds, in: Aktienmärkte im Finanzsystem, hrsg. vom Institut für Kapitalmarktforschung, Frankfurt a. M. 1994, S. 213-228.

Strenger, C.: Kapitalmarktkommunikation der Unternehmen, in: BZ-Seminar ."Im Mittelpunkt der Aktionär", Frankfurt a. M. 1994, S.3.

Strutz, E.: Wertmanagement von Banken, Bern, Stuttgart 1993.

Strutz, W.: Ehrliche Information und Gleichbehandlung, in: BZ vom 04.11.1993, S. 3.

Stützle,R., Wagenbach, J.: Die Leitung der Hauptversammlung, in: Zeitschrift für das Handels- und Wirtschaftsrecht, 40. Jg. (1991), H. 4, S. 516-544.

Süchting, J.: Die Theorie der Bankloyalität - noch eine Basis zum Verständnis der Absatzbeziehungen von Kreditinstituten?, in: Handbuch des Bankmarketing, hrsg. von Süchting, J., Heitmüller, H.-M., 3. Aufl., Wiesbaden 1998, S. 1-25.

Süchting, J.: Bankmanagement, 4. Aufl., Stuttgart 1998.

Süchting, J.: Besteht bei Kreditinstituten eine Eigenkapitallücke?, in: Unternehmensverfassung als Problem der Betriebswirtschaftslehre, hrsg. von Bohr, K. u. a., Regensburg 1981, S. 603-643.

Süchting, J.: Finanzmanagement, 6. Aufl., Wiesbaden 1995.

Süchting, J.: Finanzmarketing auf den Aktienmärkten, in: ZfgK, 39. Jg. (1986), H. 14, S. 654-659.

Swoboda, P.: Betriebliche Finanzierung, 2. Aufl., Heidelberg 1993.

Swoboda, P.: Zur Erfolgsabhängigkeit der Managerentlohnung in Österreich und zur Transparenz des österreichischen Managermarktes, in: Journal für Betriebswirtschaft, 37. Jg. (1987), H. 1, S. 210-226.

Terberger, E.: Der Kreditvertrag als Instrument zur Lösung von Anreizproblemen, Heidelberg 1987.

Thakor, A.: Corporate Investments and Finance, in: Financial Times vom 15.06.1995, S. 15.

Thielemann, A.: Kursaussetzungspraxis an der Börse Frankfurt, in: BZ vom 27.04.1995, S. 21

Thiemann, B.: Geld ist in Bewegung gesetztes Vertrauen, in: FAZ vom 24.10.1995, S.B 4-B 5.

Thomae, H.: Die Motivation menschlichen Handelns, Köln, u. a. 1965.

Tiemann, K.: Investor relations, Wiesbaden 1997.

Tippelskirch, A.: Strategien der Banken in Mittelosteuropa, Düsseldorf 1995.

Titzrath, A.: Die Bedeutung des going public, in: ZfB, 65. Jg. (1995), H. 2, S. 133-155.

Titzrath, A.: Das Shareholder Value- Konzept, Bedeutung für deutsche Unternehmen, in: Aktienmärkte im Finanzsystem, hrsg. von Gebauer, R., Rudolph, B., Frankfurt a. M. 1995, S. 25-46.

Treiber, K.: Die Zwischenberichterstattung von börsennotierten Aktiengesellschaften, in: Die Wirtschaftsprüfung, 44. Jg. (1991), H. 19/20, S. 600-605.

Trippen, K.: Der Engpaß Eigenkapital bei internationalen Bankkonzernen, in: Bilanz-Management in Kreditinstituten, hrsg. von Rolfes, B.,Schierenbeck, H., Frankfurt a. M. 1994, S. 117-130.

Trobitz, H., Wilhelm, S.: Going Public aus Sicht der emissionsbegleitenden Bank, in: BFuP, 47. Jg. (1996), H. 2, S. 164-182.

Trommsdorff, V.: Konsumentenverhalten, Stuttgart 1989.

Trouet, K.: Die Hauptversammlung - Organ der Aktiengesellschaft oder Forum der Aktionäre, in: Journal für Betriebswirtschaft, 20. Jg. (1986), H. 20-21, S. 1302-1309.

Türk, B.: Von der Lean Production zum Lean Banking, Wiesbaden 1996.

Urban, H.: Investor relations - eine Aufgabe, in: HB vom 07.11.1989, S. B4-B 5.

Vogelsang, M.: Die Macht der Banken ein gesellschaftspolitisches Problem in der Analyse moderner ökonomischer Theorieansätze, München 1995.

Voigt, H.: Bookbuilding, der andere Weg zum Emissionskurs, in: Die Bank, o. Jg. (1995), H. 6, S. 339-343.

Volkart, R.: Begriff und Informationsgehalt des Cash-Flow in: Der Schweizer Treuhänder, o. Jg. (1996), H. 1, S. 23-30.

Volkart, R.: Umsetzungsaspekte von Discounted Cash Flow-Analysen, in: ZfB, 67. Jg. (1997), H. 2, S. 105-124.

Volkart, R.: Wertkommunikation und Managementverhalten, in: Die Unternehmung, 51. Jg. (1997), H. 2, S. 119-133.

Vollmar, J.: Finanzwerbung, in: ZfgK, 36. Jg. (1989), H. 14, S. 148-154.

Voss, B.: Bilanzpolitik bei Banken, in: MuB, 26. Jg. (1995), Nr. 35, S. 12-30.

Wagenhofer, A.: Informationspolitik im Jahresabschluß, Heidelberg 1990.

Wagner, F. W.: Ausschüttungszwang und Kapitalentzugsrechte als Instrument marktgelenkter Unternehmenskontrolle?, in: Kapitalmarkt und Finanzierung, hrsg. von Schneider, D., Berlin 1987, S. 409- 425.

Wagner, W.: Rating mittelständischer Unternehmungen, Frankfurt a. M. 1991.

Walter, I.: Das Modell der Universalbank auf dem Prüfstand des Shareholder-value-Ansatzes, in: Neue Züricher Zeitung vom 19.06.1996, S. 23.

Walther, W.: Risiko-Management im derivativen Geschäft, in: Derivative Finanzinstrumente, hrsg. von Rudolph, B., Stuttgart 1995, S. 279-289.

Waschbusch, G.: Das bankspezifische Bewertungsprivileg des § 340 f HGB, in: ZfbF, 46. Jg. (1994), H. 11, S. 1046-1064.

Waschbusch, G.: Die handelsrechtliche Jahresabschlußpolitik der Universalaktienbanken, Stuttgart 1991.

Weber, M: Neue Verhaltensannahmen als Basis für Modelle der Finanzierungstheorie, in: Ordelheide u. a., Betriebswirtschaftslehre und Ökonomische Theorie, Stuttgart 1990, S. 311-327.

Wegmann, J.: Die Bestimmung des Emissionspreises als Unternehmensbewertungsproblem, in : BFuP, 48 Jg. (1996), H. 2, S. 149-160.

Weidekind, S.: Zur Entwicklung eines Finanzierungsmarketing, Wiesbaden 1994.

Weiershäuser, E.: Die Banken als Insider, in: ZfgK, 43 Jg. (1995), H. 14, S. 696-710.

Weinhard, C.: Banken, neue Medien und virtuelle Strukturen, in: ZfB Ergänzungsheft, (1997), H. 2, S. 1-31.

Weisgerber, T.: Informationskultur in Wertpapiermitteilungen, in: Zeitschrift für das Wirtschafts. und Bankrecht, 49. Jg. (1995), H. 1, S. 19-20.

Wenger, E.: Universalbankensystem und Depotstimmrecht, in: Der Markt für Unternehmenskontrolle, hrsg. von Gröner, H., Berlin 1992, S. 73 -103.

Wenger, E., Terberger, E.: Die Beziehung zwischen Agent und Principal als Bausstein einer Ökonomischen Theorie der Organisation, in: WiSt, 18. Jg. (1988), H. 10, S. 506-514.

Wermuth, D.: Kapitalmarktpolitische Aspekte der Wertpapieraufsicht, in: Sparkasse, 111. Jg. (1994), H. 1, S. 19-22.

Werner, T.: Bankenrechnungslegung - Vertrauen durch Rechenschaft, in: Die Bank, o. Jg. (1995), H. 3, S. 170-176.

Wichmann, E.: Die Rolle der Aktienfonds im Investment-Sortiment, Bonn 1993.

Wickel, S.: Banken im Wandel, Wiesbaden 1995.

Widmer, A.: Innovationsmanagement in Banken, Bamberg 1986.

Wiedmann, H.: Vergleich der deutschen Rechnungslegungsvorschriften mit den internationalen Rechnungslegungsgrundsätzen, Düsseldorf 1994, S. 99-121.

Wienkamp, H.: Anreizförderung durch systematisches Gehaltsmanagement, in: Human Resources Management in Banken, hrsg. von Meler, H., Schindler, U., Wiesbaden 1996, S. 261-309.

Williamson, 0. E.: Economic Institutions of Capitalism, New York, London 1987.

Wilson, D.: Value at risk in 0peration, in: Risk, (1995), H. 12, S. 24-25.

Windmöller, R., Breker, N.: Bilanzierung von Optionsgeschäften, in: Die Wirtschaftsprüfung, 48. Jg. (1995), H. 25, S. 389-401.

Winter, S.: Derivative Finanzinstrumente der dritten Generation, in: Derivative Finanzinstrumente, hrsg. von Rudolph, B., Stuttgart 1995, S. 211-240.

Wißmeier, U. K.: Corporate Identity, Stuttgart 1987.

Witt, P.: Was bei der Ausgestaltung von Aktienoptionen für Führunsgskräfte zu beachten ist, in: Blick durch die Wirtschaft vom 13.03.1998, S. 3.

Wittich, G.: Die ersten Erfahrungen des Bundesaufsichtsamtes für den Wertpapierhandel, in: BZ vom 03.07.1995, S. 4.

Wittmann, W.: Information, in: Handwörterbuch der Organisation, hrsg. von Grochla, E., 2. Aufl., Stuttgart 1980, Sp. 894-904.

Wöhe, G.: Allgemeine Betriebswirtschaftslehre, 19. Aufl., München 1996.

Wohlschieß, V.: Unternehmensfinanzierung bei asymmetrischer Informationsverteilung, Wiesbaden 1996.

Wolf, G., Gröschel, U.: Führungsdefizite?, in: Sparkasse, 111. Jg. (1994), H. 2, S. 71-79.

Wünsche, G.: Grundlagen für Bankenwerbung aus verhaltenswissenschaftlicher Sicht, Wiesbaden 1982.

Wünsche, G.: Corporate identity als Teil einer umfassenden Unternehmensstrategie bei Kreditinstituten, in: Boening, D., Hockmann, H. J., Wiesbaden 1993, S. 225-239.

Wünschel, G., Swoboda, U.: Die Bedeutung von Zielgruppen für die fokussierte Universalbank, in: Die Bank, o. Jg. (1994), H. 5, S. 275-279.

Zachert, M.: Erschließung des US-amerikanischen Eigenkapitalmarktes durch das American Depositary Receipt, in: Der Betrieb, 46. Jg. (1993), H. 50, S. 1985-1995.

Zachert, M.: Zugangshindernisse und Zugangsmöglichkeiten zum US- amerikanischen Eigenkapitalmarkt aus Sicht eines deutschen Unternehmens, in: Die Aktiengesellschaft, 39. Jg. (1994), H. 5, S. 207-223.

Zechner, J.: Managerverhalten und die optimale Kapitalstruktur von Unternehmen, in: Journal für Betriebswirtschaft, 32. Jg. (1983), H. 9, S. 180-197.

Zemke, G.: Bankjahresabschluß als Informationssystem, Göttingen 1995.

Zimmerer, C.: Die Bilanzwahrheit und die Bilanzlüge, 2. Aufl., Wiesbaden 1981.

Zimmermann, H.: Das Management von Aktienkursrisiken mit Derivaten, in: Risikosteuerung von Derivaten, hrsg. von Krumnow, J., Wiesbaden 1996, S. 5-86.

Zimmermann, H.: Performance Messung im Asset-Management, in: Controlling: Grundlagen, Informationssysteme, Anwendungen, hrsg. von Spremann, K., Wiesbaden 1992, S. 40-109.

Zöllner, W.: Aktienrechtsform in Permanenz - Was wird aus den Rechten des Aktionärs?, in: Die Aktiengesellschaft, 39. Jg. (1994), H. 8, S. 336-363.

FSC
www.fsc.org
MIX
Papier | Fördert
gute Waldnutzung
FSC® C083411

Kolibri 360 GmbH
Ferdinand-Jühlke-Straße 7
99095 Erfurt, Deutschland
produktsicherheit@kolibri360.de

Druck:
CPI Druckdienstleistungen GmbH
im Auftrag der
Kolibri 360 GmbH
Ferdinand-Jühlke-Str. 7
99095 Erfurt